中国社会科学院文库
历史考古研究系列
The Selected Works of CASS
History and Archaeology

中国社会科学院创新工程学术出版资助项目

中国社会科学院文库 · 历史考古研究系列
The Selected Works of CASS · History and Archaeology

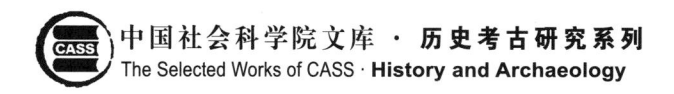

法国与晚清中国

FRANCE AND CHINA (1840-1911)

葛夫平 著

中国社会科学出版社

图书在版编目(CIP)数据

法国与晚清中国/葛夫平著.—北京：中国社会科学出版社，2022.5（2023.7重印）
（中国社会科学院文库）
ISBN 978-7-5227-0181-3

Ⅰ.①法… Ⅱ.①葛… Ⅲ.①中法关系—史料—清代 Ⅳ.①D829.565

中国版本图书馆 CIP 数据核字（2022）第 072960 号

出 版 人	赵剑英
责任编辑	吴丽平
责任校对	赵雪姣
责任印制	李寡寡

出　　版	中国社会科学出版社
社　　址	北京鼓楼西大街甲 158 号
邮　　编	100720
网　　址	http://www.csspw.cn
发 行 部	010-84083685
门 市 部	010-84029450
经　　销	新华书店及其他书店
印　　刷	北京君升印刷有限公司
装　　订	廊坊市广阳区广增装订厂
版　　次	2022 年 5 月第 1 版
印　　次	2023 年 7 月第 2 次印刷
开　　本	710×1000　1/16
印　　张	19
插　　页	2
字　　数	322 千字
定　　价	98.00 元

凡购买中国社会科学出版社图书，如有质量问题请与本社营销中心联系调换
电话：010-84083683
版权所有　侵权必究

《中国社会科学院文库》出版说明

《中国社会科学院文库》（全称为《中国社会科学院重点研究课题成果文库》）是中国社会科学院组织出版的系列学术丛书。组织出版《中国社会科学院文库》，是我院进一步加强课题成果管理和学术成果出版的规范化、制度化建设的重要举措。

建院以来，我院广大科研人员坚持以马克思主义为指导，在中国特色社会主义理论和实践的双重探索中做出了重要贡献，在推进马克思主义理论创新、为建设中国特色社会主义提供智力支持和各学科基础建设方面，推出了大量的研究成果，其中每年完成的专著类成果就有三四百种之多。从现在起，我们经过一定的鉴定、结项、评审程序，逐年从中选出一批通过各类别课题研究工作而完成的具有较高学术水平和一定代表性的著作，编入《中国社会科学院文库》集中出版。我们希望这能够从一个侧面展示我院整体科研状况和学术成就，同时为优秀学术成果的面世创造更好的条件。

《中国社会科学院文库》分设马克思主义研究、文学语言研究、历史考古研究、哲学宗教研究、经济研究、法学社会学研究、国际问题研究七个系列，选收范围包括专著、研究报告集、学术资料、古籍整理、译著、工具书等。

中国社会科学院科研局
2006 年 11 月

前　　言

　　1840年爆发的鸦片战争是中国历史的一个分水岭。随着西方列强的入侵，中国由封建社会逐渐成为半殖民地半封建社会，中国历史经历前所未有的变化。我们习惯上称1840—1911年间的70余年历史为晚清史。晚清史的一个最大特点，便是外国势力在华的存在。一系列的不平等条约赋予外国列强各种权益和特权，在此基础上形成了长达一百余年的中外不平等关系。其影响所及，不光是外交，还牵涉中国的内政和各个领域。

　　法国是西方列强中与晚清中国发生关系的重要国家之一。从1840年鸦片战争爆发到1911年清朝覆灭，正是世界历史由资本主义进入帝国主义阶段。法国与其他西方列强一起纷纷向远东扩张，使用武力敲开中国的大门，逼签一系列不平等条约，掠夺路矿利权，抢占势力范围。在晚清列强发动的五次对华战争中，法国单独发动的有一次，与他国联合发动的计两次，鸦片战争和甲午战争法国虽未参加，但在外交上均扮演了重要角色。法国公使与英国公使最早入驻北京，法国也是中国最早派驻使节的国家之一。法国是继英美之后最早在中国辟有专管租界（上海法租界）的国家，到19世纪末又拥有广州湾租借地，并以中国西南三省为其势力范围。法国还攫取了中国邮政管理权。在长江流域及中国其他地方，法国有可观的工商业利益，在东南沿海则有福州船政局。在对华企业投资和政府借款方面，法国直接和间接投资总数约占外国在华投资总数的1/5。除了政治、经济利益外，法国在中国还享有保教权，在这一领域具有特殊的地位和影响。总之，法国在晚清中国对外关系中扮演一个举足轻重的角色。

　　鉴于法国在晚清中外关系中的地位，晚清中法关系史的研究早在20世纪二三十年代就引起中国学界的关注。1935年出版的邵循正先生的研究生毕业论文《中法越南关系始末》利用大量中外文资料，特别是法国档案文献，从国际形势和中法两国政局的变化对中法战争进行了深入透彻的分析，迄今仍是中法战争研究的一部经典之作。此前，上海商务印书馆于1928年"新时代史地丛书"中也出版过一本束世澂的《中法外交史》小册子。另外，1950年史哲研究社曾出版过张雁深的《中法外交关系史考》一书。然而，由于受语言和资料条件的限制，国内学术界有关晚清中法关系史的研究，长期以来主要集中在中法战争和法国与孙中山和辛亥革命的关系这两个专题上。在中法战争方面较新的研究成果有黄振南的《中法战争诸役考》（广西师范大学出版社1998年版）和《中法战争管窥》（中国文史出版社2005年版）、廖宗麟的《中法战争史》（天津古籍出版社2002年版）。在法国与孙中山和辛亥革命的关系问题上，代表性的论文有张振鹍的《辛亥革命期间的孙中山与法国》（《近代史研究》1981年第3期）、《辛亥革命期间的孙中山与法国》（续篇）（《近代史研究》1983年第3期）；吴乾兑的《1911年至1913年的法国外交与孙中山》（《近代史研究》1987年第2期）。

在中法关系综合研究方面，国内学术界虽有两本著作问世：杨元华的《中法关系史》（上海人民出版社2006年版）和鲜于浩、田永秀的《近代中法关系史稿》（西南交通大学出版社2003年版）。但杨书系在作者的《从黄埔条约到巴拉迪尔访华》（福建人民出版社1995年版）一书上改编而成，重点在当代中法关系，晚清中法关系仅占52页的篇幅，参考中文研究成果和文献写成，为普及性读物。鲜书虽然有些内容涉及晚清中法政治关系，但全书偏重中法经济和文化关系，并且该书有关晚清部分内容也基本利用相关的中文资料和研究成果，未能利用法文档案和文献。

就法国学界来说，受法国汉学研究传统的影响，很少有学者专门从事有关晚清中法关系史的研究，只有个别学者做过一些专题研究。如梅朋、傅立德著《上海法租界史》（倪静兰译，上海译文出版社1983年版），为一部研究上海法租界史的专著。卫青心著《法国对华传教政策》（黄庆华译，中国社会科学出版社1991年版），为一部研究1842—1856年间法国对华传教政策的专著。另外，受中国学界的影响，一些学者就法国与辛亥革命的关系发表过一些专题论文，如巴斯蒂的《法国外交与中国辛亥革命》（《国外中国近代史研究》第4辑）、《法国的影响及各国共和主义者团结一致：论孙中山与法国政界的关系》；白吉尔的《二十世纪初法国对孙中山的政策——布加卑事件（1905—1906）》（后两篇均载《孙中山和他的时代》上册，中华书局1989年版）。

要之，既往中外学界的研究成果，与晚清中法关系的重要性相比，是不相称的，亟待加强。

本书较为广泛地挖掘和利用中法文外交档案和文献资料，就1840—1911年70年间中法关系史上的一些重大事件和问题进行专题研究，以期为推进晚清中法关系史研究尽绵薄之力。需要说明的是，鉴于中法战争史既往学界已做了比较深入的研究，出版了许多论著，目前本人在这一研究领域并未有新的突破，而本书又非一部中法关系通史著作，故本书未将中法战争专列一章加以论述。

全书共八章。第一章主要论述鸦片战争前后中法不平等关系的确立，内容涉及法国国王特使真盛意、海军部"埃里戈纳"号舰长士思利和新任法国驻广州领事拉第蒙冬等人的"冒牌"外交，以及拉萼尼使团来华谈判和中法《黄埔条约》的签订，并对早期中法关系做了扼要追溯，指出士思利、真盛意和拉第蒙冬的在华活动，虽然彼此不和，各行其是，并都超出了法国政府授权的范围，但他们所提的一些对华政策和主张后来却为法国政府所采纳，他们的活动还使当时的清朝官员对中法之间签订条约有了充分的思想准备，从而为不久中法较为顺利地签订《黄埔条约》奠定了基础。拉萼尼使团的来华和中法《黄埔条约》的签订以及有关教务的谈判，则标志着法国的对华政策实现了从窥视到加入侵华行列的转变，它不但为法国在中国获得了与英、美等国相同的特权，而且获得了在中国的保教权，从而确立了法国在近代中国的地位和影响力，对后来的法国对华政策产生了深远的影响，打开了近代中法不平等关系之门。

第二章对于法国为何与英国联合发动第二次鸦片战争，以及法国在战争中扮演的角色和法国与英国的关系等做了较为深入的考察和分析，指出马神甫事件只是法国参加第二次鸦片战争的一种借口，法国参战的原因是多方面的，既有国内因素，也有国际因素，既有政治动机，也有经济考虑，以及外交政策自身的延续性。在1856—1860年英法联军之役中，1857—1858年第一阶段法国参战兵力有限，1860年第二阶段实际参战兵力则几乎与英国相当。但无论是第一阶段还是第二阶段，法军都是卖力的，给予英军有力的配合。在外交上，法国则与英国在合作的同时展开激烈竞争，以弥补军事上与英国相比所处的劣势。法国与英国竞争的一个重要手段是拉拢俄、美等国，以牵制英国。法国与英国虽然存在一些矛盾和分歧，但是联合侵华仍是这一时期法国对华政策的基调。而法国的参与，也使清政府"以夷制夷"的外交策略难以实现。这次英法联军之役，为日后列强公开联合武装侵华开创了一个恶劣的先例。

第三章对法国在中日甲午战争中的态度和反应做了深入的考察，并分析其动机，指出法国在中日甲午战争爆发前后一再宣称在朝鲜问题上没有直接利益，表面上持观望态度，实则法国一开始就将中日战争视为巩固法俄同盟和进一步侵略中国西南边疆的天赐良机，乐见中日开战，并始终与俄国保持一致立场，抵制英国在调停中扮演主导角色。在战争胜败趋于明朗和日本侵略中国的野心暴露之后，法国从观望走向干涉，积极参加俄、英、法和俄、法、德三国干涉行动，以维护欧洲整体利益和巩固法俄同盟，防止日本取代欧洲主宰中国，劝说俄国和欧洲相关国家警惕日本占领台湾和澎湖列岛的严重后果，同时从中国索取回报。在三国联合干涉还辽过程中，法国捐弃与宿敌德国的矛盾，尽力调解德、俄分歧，维持三国的共同行动，积极争取英国、西班牙等国的支持，并主张以牺牲中国的利益满足日、俄两方的要求，以促使辽东问题尽快解决。

第四章就中日甲午战争后法国的对华政策演变做了细致考察和深入剖析，指出19世纪末的门户开放政策，长期以来被学术界视为英、美特别是美国的对华政策。其实，"门户开放"与"势力范围"一样，很大程度上是当时列强面对的一个共同政策选项。尽管法国内部围绕这两个政策曾出现三种不同意见，但它们彼此并不完全对立和矛盾。法国政府对美国三次门户开放照会的反应和积极态度，表明它最终采取了在维持自己势力范围的前提下支持和拥护门户开放政策。法国拥护门户开放政策的动机，一方面是由于法国在列强瓜分中国势力范围的竞争中未能取得优势地位，不满足于既得权益，期待借助门户开放政策扩大法国在华利益；另一方面也是为了促成列强共同出兵镇压义和团运动，同时防止其他列强乘机获取中国领土。"势力范围"和"门户开放"对法国政府来说，只是两种不同的侵华方式，彼此并不矛盾，各有其目的和用途。

第五章从近代中外关系史角度，就上海第二次四明公所案发生的背景与经过、中法之间的交涉、英法之间的矛盾与妥协、上海法租界的扩界等问题做了深入的考察和分析，指出第二次四明公所案并非近代化市政建设与落后的国民意识和风俗习惯之间的矛盾，而是当时列强掀起的瓜分中国势力范围的一个组成部分。在交涉过程中，清政府利用"地方外交"和"以夷制夷"策略，虽然一定程度上达到了为中央政府减压的目的，抵制了法方的一些侵略要求，使得法国政府最终放弃浦东和南向的扩界图谋，但"地方外交"和"以夷制夷"策略的作用是有限的，不但无法实现清政府的愿望，反而使清政府的外交显得进退失据，最后落得被夷协谋、得不偿失的结局。英、法等列强在瓜分中国势力范围过程中虽然存在利益矛盾和冲突，但他们最终都会以牺牲中国的利益达成妥协。

第六章对义和团运动时期法国的对华政策以及它在军事、外交上所扮演的角色做了较为系统的考察，指出法国作为在中国传教势力最大的国家，它在最初促成帝国主义列强共同出兵镇压义和团运动过程中，扮演了元凶的角色。在 1900 年 6—8 月八国联军进攻天津和北京的联合军事行动中，法国在军事上与其他列强保持一致，派兵参加了联军的每一次军事行动，在镇压义和团和武装侵华中扮演了重要的角色。在外交方面，法国所起的作用更加突出。在各列强之间，法国极力协调各方立场，不时为侵华行动献计献策。法国最先建议列强对中国实行武器禁运，以便从根本上削弱清政府的抵抗力量。在义和团运动时期，法国虽然与俄国存在同盟关系，并在一些问题上与俄国保持一致，但其对华政策并不完全被法俄同盟所左右，而是把维护列强的联合置于对华外交的最优先地位。

第七章对义和团运动时期列强在上海的驻军，特别是撤军问题，做了深入考察，并对列强在长江流域的激烈竞争及其对他们在华政策和彼此关系所造成的深刻影响做了剖析，指出义和团运动时期，列强围绕上海驻军和撤军问题展开的交涉，一方面反映了上海的重要地位，另一方面也具体揭示了列强之间的矛盾，是 19 世纪末列强争夺势力范围的一个延续。英国最早提出上海驻军问题，显然将自己视为上海和长江流域的主人，而德、法、日等国的驻军要求和提出的撤军条件及其他列强的反应，无疑否定了英国在上海和长江流域的特殊地位，一定程度确定了上海是列强的共同"乐园"这一事实。因此，上海驻军和撤军问题是义和团运动时期英国对华政策的一个失败之举，表明随着德、法、日、俄、美等列强在华势力的扩大，大英帝国的优势地位正在逐渐丧失，英国并不是上海和长江流域的惟一主人。

第八章对清末最后 10 年间法国对中国政局的反应做了较为全面的考察和分析，指出孙中山为首的革命党人的活动地区正是法国的势力范围及法属殖民地越南，这就使得法国政府较早与革命党人发生较多接触和联系。法国政府最终选择与清政府合作取缔革命党人在法属印度支那境内从事革命活动，主要出于自身利益考虑，同时害怕革命者的活动影响越南人民起来反抗法国的殖民统治，从而引火烧身。法国驻华外交官和法国政府虽然看到中国社会危机四伏，但站在法国的立场上，他们对中国国内掀起的民族主义运动和民众的起义充满敌意，没有意识到同时也不愿看到清朝政府在即将到来的辛亥革命中覆灭。因此，在武昌起义爆发之后，法国虽然在革命军与清军交战中持中立政策，但并不愿意看到革命党人夺取政权，建立民主共和国家，其立场明显站在旧势力和旧政权一边，支持袁世凯北洋政府。

总之，作为欧洲大国，法国在晚清列强侵略中国的过程中扮演了重要角色，同时也体现出自己的特点。作为"教会的长女"，法国在侵华过程中特别重视谋取和维护天主教在华利益和特权，在两次鸦片战争中通过中法《黄埔条约》和《天津条约》获得在中国的保教权。其次，将对华政策与法国印度支那殖民扩张战略紧密结合。为配合和实现其印度支那大战略，法国不但单独冒险发动中法战争，且在后来中日甲午战争、瓜分势力范围及对清末政局的反应中，都将其作为对华政策的一个重要考量。最后，法国在对华政策上坚定奉行欧洲中心主义。在侵华过程中，法国与其他列强虽然也存在利益冲突和矛盾，但始终将维护列强的一致、特别是欧洲国家的利益与团结置于优先地位，以牺牲中国利益来最大限度地贯彻其欧洲中心主义思想，这在两次鸦片战争、中日甲午战争及八国联军侵华战争中都有明显表现。

和平与发展是当今世界的主题。但历史具有巨大惯性，在今日中欧和中西关系上，我们仍不时看到19世纪欧洲中心主义的阴影继续影响和干扰中法和中欧关系的良性互动和发展，这是很值得所有相关国家加以警惕和反省的。揭示历史伤疤，不只是为历史而历史，更不是制造历史仇恨，而是为了汲取历史教训和智慧，增进不同国家之间的相互理解，改进人类社会的相处之道。这也是我撰写本书的初衷之一。希望世界能更友爱、更美好。

资料是历史研究的基础。作为晚清历史的重要参与者和见证人，法国政府形成和保存了大量相关的档案文献。但受语言等主客观条件的限制，既往国内学界利用不多，以致中法关系史在近代中外关系史研究中成为一个"冷门"、薄弱的领域。本书的研究得以完成，在晚清中法关系史领域有所推进，主要就得益于数次赴法访学，搜集了大量一手的法文档案资料，其中有不少系首次挖掘和利用。但受时间和精力所限，还有些专题资料未及搜集或消化，期待有兴趣的学者继续这一研究工作，共同推进国内的中法关系史研究。

本书是国家社会科学基金项目《晚清中法政治关系研究（1840—1911）》（批准号 08BZS038）的最终成果。在此，感谢全国哲学社会科学工作办公室和中国社会科学院为本项目研究与拙著的出版提供经费资助与学术支持；感谢中国社会科学院近代史研究所领导、同事在本项目研究过程中给予的宝贵支持与帮助；感谢中国社会科学院国际合作局欧洲处和法国人文科学之家基金会为本人赴法查阅资料提供交流机会与资助；感谢法国汉学家魏丕信（Pierre-Etienne Will）教授、巴斯蒂（Marianne Bastid-Bruguière）院士和法国外交部档案馆、法国国家图书馆、法国国家科学研究中心、法兰西学院、法国高等社会科学院等机构工作人员的热情帮助；感谢中国社会科学出版社赵剑英社长的宝贵支持；感谢黄春生先生审读拙稿并提出宝贵建议；感谢责任编辑吴丽平女士认真细致的工作和在配图方面提供的热情帮助；感谢各位亲友的支持、帮助与鼓励。

目　　录

第一章　法国与鸦片战争 ……………………………………（1）
    一　早期中法关系追溯 …………………………………（1）
    二　遣使中国 ……………………………………………（5）
    三　加入侵华行列 ………………………………………（29）
    四　中法《黄埔条约》的签订 …………………………（51）

第二章　法国与第二次鸦片战争 ……………………………（60）
    一　借口教案发动战争 …………………………………（60）
    二　联合英国武装侵华 …………………………………（67）
    三　扩大侵华战争 ………………………………………（78）
    四　抢掠圆明园，逼订《北京条约》 …………………（91）

第三章　法国与中日甲午战争 ………………………………（102）
    一　乐见中日开战 ………………………………………（102）
    二　从观望走向干涉 ……………………………………（108）
    三　参与还辽谈判 ………………………………………（122）

第四章　势力范围还是门户开放？ …………………………（132）
    一　参与瓜分中国、掠夺路矿利权 ……………………（132）
    二　法国政府内部关于对华政策的讨论 ………………（139）
    三　响应美国门户开放倡议 ……………………………（147）

第五章　四明公所案与上海法租界的扩界 …………………（157）
    一　第二次四明公所案的起因、经过及实质 …………（157）

二　中法初步交涉 ………………………………………………（166）
　　三　第二季的中法交涉 …………………………………………（172）
　　四　法英谈判与扩界问题的解决 ………………………………（181）

第六章　加入八国联军，镇压义和团运动 ……………………（190）
　　一　力促列强联合出兵侵华 ……………………………………（190）
　　二　法国的军事行动 ……………………………………………（199）
　　三　法国的外交活动 ……………………………………………（210）
　　四　法国与辛丑和议 ……………………………………………（220）

第七章　驻军上海与撤离上海 …………………………………（229）
　　一　"东南互保"与上海驻军问题的提出 ………………………（229）
　　二　中国的撤军要求与各国的态度 ……………………………（237）
　　三　撤离上海 ……………………………………………………（247）

第八章　法国与清朝的覆灭 ……………………………………（253）
　　一　避难与引渡：从中立走向法清合作 ………………………（253）
　　二　法国外交官对清末政局的观察与研判 ……………………（261）
　　三　辛亥革命与法国的因应 ……………………………………（269）

参考文献 …………………………………………………………（281）

第一章　法国与鸦片战争

1840—1842年的鸦片战争不只是中英两国之间的战争，而且从根本上改变了近代中国与西方列强的关系。战争期间，美国、西班牙、荷兰、葡萄牙等资本主义国家都密切注视这场战争的动向，作为英国的邻居、同时也为西方大国之一的法国也不例外，频频派遣使团来华，调整对华政策。中法《黄埔条约》的签订，既标志着法国的对华政策实现了从窥视到加入侵华行列的转变，法国在近代中国的地位由此确立，同时也标志着近代中法不平等关系的确立。

一　早期中法关系追溯

中国和法国，一在东亚，一在西欧，都是文化灿烂的大国。但在古代很长一段历史时期里，因山河修阻，云天遥隔，彼此并没有交往，甚至不知道对方的存在。

中法两国第一次接触发生在13世纪中叶。当时，蒙古势力强盛，建立了一个地跨欧亚的大帝国，定都和林（今乌兰巴托，1264年迁都大都，即今天的北京）。而西欧国家则在罗马教皇和法国国王统治下，企图同蒙古建立联系，想说服蒙古大汗信奉基督教，共同攻打小亚细亚的突厥人，为此曾多次遣使蒙古。1248年，法王路易九世（1206—1270）派遣以隆如美（Andre de Longjumeau）为首的使团前来蒙古。次年，隆如美一行抵达和林，适逢贵由大汗（定宗）去世，王位未定，隆如美只带回皇后要求法国归顺的一封复信。1253年，路易九世又派鲁勃吕克（Guillaume de Rubrouck）东来。鲁氏从君士坦丁堡启程，沿黑海北面经陆路于同年12月抵达和林，受到蒙哥大汗的接见，在和林住了4个月。但鲁勃吕克的传教和联合蒙古的使命也未能实现，蒙哥大汗在给法国国王的复信中不但只字不提联合之事，且再次要求法国国王归顺蒙古帝国。自此之后，法国国王知道联合蒙古无望，便不再遣使中国。中法两国真正建立联系实则开始于17世纪。

17世纪，即在中国的明末清初，随着上一世纪新航路的开辟和新大陆的发现，在欧洲大陆掀起了一股"东方热"，欧洲各国的商人、冒险家、传教士，抱着各自的目的，纷纷前来中国。在此背景下，法国也紧随葡、荷、英诸国之后，派人重莅华土。1611年，法国耶稣会士金尼阁第一个来华，次年回国征集教士，于1618年再次来华，1628年死于杭州，葬在杭州方井南。金尼阁曾利用意大利人利玛窦的遗稿，编成一部《基督教在华远征史》，第一次向欧亚介绍中国土地、制度、风俗习惯、法律、道德和宗教思想。他还与中国学者王征一起编译名为《奇器图说》的著作，其中有很多是关于水法（喷水）器械方面的内容。他所著的《西儒耳目资》，按照读音汇编汉字，是第一部按拉丁字母编排的字典。

1643年法国国王路易十四即位后，一度国势强盛，为与荷、英等国竞争，积极发展法国在远东的势力。1685年，路易十四正式以法国政府名义，派遣白晋（Joachim Bouvet）、张诚（Joan Franciscus Gerbillon）等5名耶稣会士来华，命他们在宣教之余，注意搜集科学和艺术方面的情报。这些传教士带着路易十四致康熙皇帝的信以及科学仪器，于1687年7月抵达宁波，1688年到了北京，受到康熙的接见。由于这些传教士懂得一些科学，多才多艺，一度颇受朝廷的重视，尤其是白晋和张诚两人，他们曾参与修订历法、制造新炮和修复旧炮以及中俄交涉等工作，并将《实用几何学》译成满文和汉文。白晋还教康熙皇帝数学。1693年康熙生病，白晋等用金鸡纳霜治好他的病，康熙为此专拨皇城里的一所房子供法国传教士之用。同年还派白晋回法国再招一些传教士来中国服务，并让白晋带去很多礼物送给法国国王路易十四，其中的书籍构成今日法国国家图书馆汉文藏书的一部分。白晋在国内物色到7名耶稣会士，于1698年第二次来到中国。这批传教士在中国的最大贡献是测绘地图。从康熙四十七年（1708年）到康熙五十七年（1719年），白晋、雷孝思（Regis）、杜德美（Jartoux）等从测绘长城全图开始，然后测绘清代十七省的分省地图，历经11年，最后完成中国文化史上的一件大事——《皇舆全览图》，并将原稿送到法国，由著名刻版家安维尔（Anville）刻成。

在法国传教士中，另一位值得一提的是蒋友仁（Michel Bénoit）。他曾受乾隆皇帝的委托，仿照法国宫殿，设计圆明园的畅春园，其中谐奇趣、蓄水楼、花园、蓄雀笼、方外观、竹亭等12处的喷水池和白石雕刻全部模仿路易十四时代的风格。十分遗憾的是，1860年，这座象征18世纪中法文化交流的建筑物被英法联军付之一炬。

在17世纪法国传教士来华传教的过程中，还出现了中国人随西方传教士去法国求学的现象。1681年，比利时耶稣会士柏应理（Philippe Couplet）带中国人黄嘉略和沈某二人去葡萄牙和法国。沈于1693年回国，黄则留在巴黎，与一法国女子结婚，1716年死于巴黎。他曾在法国皇家图书馆工作，负责编纂汉法字典，遗稿由傅莘续成。巴黎图书馆现还藏有黄嘉略亲笔写的法文借书条，时间是1716年12月19日。1721年，另一位名叫胡约翰的中国人随傅圣泽神甫到法国。胡居法时，曾协助解释康熙送给法王路易十五的中国书籍。

在早期赴法的中国学者和学生中，较为著名的是高类思（1733—1787）和杨德望（1734—1787）。高、杨二人都是北京人，出国前在北京随法国传教士蒋友仁学习3年，1751年被送到法国继续学习法文、拉丁文和神学。路易十五每年给他们每人1200锂奖学金。1764年他们准备回国前曾拜访当时的法国国务秘书贝尔丹（Bertin）。贝氏又挽留他们继续学习一年，专攻自然科学，并安排他们参观里昂丝织厂和圣德田武器工厂等，学习绘画和铜版雕刻术。回国前高类思和杨德望还受到法国著名政治家、经济学家杜尔果（Turgot，1727—1781）的接待。杜氏是中国的崇拜者。交谈中，杜氏向高、杨提出52个问题，希望他们回国后加以调查研究，能给他满意的答复。这52个问题包括以下四类：财富与土地类30个；技术类15个；博物类4个；历史类3个。1765年1月，高、杨在法学习14年后启程回国，法国政府赠送了工艺品、新式利器、装饰玻璃、陶瓷、手提印刷机、望远镜、暗箱、显微镜、金表等礼品。1766年1月，高、杨回到北京。回国后，他们与法国传教士共同编成《中国兵法论》《米谷保存法》《中国古代论》等论文，对杜尔果所提问题予以答复。

在派遣耶稣会士来华的同时，法国也曾尝试与中国开展商业贸易。在16世纪，即有法国人保尔密哀（Binot Paulmier de Gonneville）、维拉查诺（Giovanni Verrazano）、巴尔蒙第哀（Jean Parmentier de Dieppe）等分别于1503年、1523年和1528年东航，开辟航道，但均未能抵达中国。17世纪，法国又曾多次组织"印度公司"和"中国公司"，但也始终未能在中国打开局面。据比较可靠的说法，法国第一艘来华的商船是"昂菲德里特"号（l'Amphitrite）。1697年耶稣会士白晋回国后，上奏法国国王说，康熙皇帝要求与法国通商，希望每年有法国船只来华。于是，路易十四批准建造"昂菲德里特"号驶华。该船载重量为500吨。出发前，路易十四指示舰长第拉洛克（Dela Roque）沿途注意考察中国海岸线、登陆港口、风汛、潮汐、水流，并尽可能搜集中国港口、海岸线的地图及中国人的航海记录，另注意打听亚洲和欧洲国家与中国贸易情况，同时提醒舰长尊重中国当地的风俗习惯，避免与地方当局发生争端。

"昂菲德里特"号于1698年3月起航，同年11月到达广州。1700年1月驶回法国，1701年又作第二次航行。两次共载来约20名传教士。第一次从中国运回大量丝绸、瓷器，第二次运回大批漆器。法语把中国漆器叫作"昂菲德里特"，原因即在于此。此后，法国国内一方面因受封建行会的束缚，对中国的丝绸等物品持抵制态度。1716年，商会竟下令将所有从印度、中国运来的丝棉织品统统烧掉。另一方面，法国政府又一直没有放弃对华贸易的努力。1704年，"法国总理"号及"圣法兰西斯"号商船，携部分资金东来，试图在广州设一巨大货栈。1705年，"中国公司"改称"对华贸易王国公司"，享受对华贸易权。1712年，另一新的对华贸易公司成立，获得对华贸易50年的权利。该公司于1713—1714年先后遣船三艘来华。1719年5月，该公司又与印度公司合并，于广州设商行一所，与中国贸易，获利颇丰。1770年印度公司解体后，法国海军大臣地布因（De Boynes）于第二年以王国理事部代替该公司的广州理事部，并命提摩梯为理事长。1776年，为负责在中国的贸易，法国国王明令更改以往商业行政方式，在广州设立领事，并提醒广州领事在处理民刑事件中应极端谨慎，避免使中国政府产生反感而损害商务的发展。

随着中法交流的增多，17、18世纪法国国内一度还对中国的文化、艺术产生极大兴趣，形成一股"中国热"。首先，在哲学思想领域，当时法国有名的大哲学家、大著作家，如伏尔泰（Voltaire）、魁奈（Quesnay）、杜尔果、狄德罗（Diderot）、孟德斯鸠（Montesquieu）、卢梭（Rousseau）及其他许多学者，无不大谈中国文化。伏尔泰盛赞"中国文化在思想领域里的发现和达伽玛和哥伦布在自然世界里的发现具有同等重要意义的大事"[①]。他本人在其著作里极力表达了希望恢复中国文化在世界史上的地

---

① 转引自张芝联《历史上的中法关系》，《历史教学》1980年第3期，第17页。

位。在其名著《各民族风俗论》(1786)中，他把中国历史放在首要的地位。在《哲学辞典》一书中，他将许多有关中国的事情列入条目，对孔子、康熙、乾隆、中国的自然神论、理学、教育制度等多加肯定。他还把元曲《赵氏孤儿大报仇》改编为《中国孤儿》剧本，副标题为"孔子伦理五幕剧"。以魁奈、杜尔果为代表的法国重农学派，也对中国充满敬意，他们认为土地的产品是国民财富的真正和唯一的基础，中国就是一个最好的榜样。魁奈有"欧洲的孔子"之称。杜尔果则曾说动法国国王路易十五于1756年仿照中国皇帝举行亲耕"籍田"的仪式。而法国一些具有辩证思想和革命要求的思想家则看到了中国文化落后的一面，展开批评。如以创立"三权分立"学说著名的孟德斯鸠在其名著《法意》一书中谈到中国王朝的政治制度时，就指责中国政府专制多而共和的意味太少，对耶稣会士赞美的中国道德提出质疑。百科全书派的代表人物狄德罗虽然承认中国有古老的文明，但他认为到近代，中国已停滞不前，与历史进步的潮流背道而驰。他对中国伏羲、神农等传说人物表示怀疑。激进派思想家卢梭对中国的专制制度和儒家学说也没有好评。他指出，中国文明进步并不能纠正社会的弊病，他嘲弄中国人缺乏"斗争精神"。这些法国思想家们对中国封建专制和文化所作的批判，在19世纪反馈回中国，对中国近代资产阶级知识分子起了思想启蒙的作用。

除中国的思想体系在法国引起反响外，中国的艺术也对法国产生了影响。当时，中国的艺术品和工业品在法国宫廷里随处可见，法国市场上也到处是中国物品。法国人不但学会了中国的瓷器烧制技术、织物染色技术，且在绘画、建筑方面也仿照中国画风和园林艺术。从艺术史角度来说，中国艺术品传入法国所产生的最重要的一个后果是，素来盛行于法国的古罗马风格的巴洛克式艺术在17世纪末被富有中国风味的洛可可式艺术所取代。洛可可艺术风格的特点是轻盈、活泼、曲线丰富、色调灰淡、光怪陆离，重自然逸趣，同谨严匀称的古典风格完全相反。

然而，好景不长，随着19世纪法国资本主义的发展，中法之间这种有益的文化交流被侵略与反侵略的关系所取代。

二 遣使中国

1840—1842年爆发的中英鸦片战争，既是外国资本主义侵入中国的发

图 1-1　清外国人所绘广州十三行商馆区

端，同时也是中外不平等关系的开始。法国政府虽然没有直接加入这场罪恶的侵略战争，但它趁火打劫，紧随英、美两国之后，也将不平等条约强加给中国。

中英战争爆发时，法国在华的势力和影响远远落在英、美两国之后。17世纪曾活跃一时的法国传教活动到18世纪20年代发生所谓的"礼仪之争"后即逐渐衰落。当时，一些在华传教士在罗马教皇的支持下，干涉中国传统礼仪，对此康熙皇帝下令凡遵守罗马教皇谕旨的一律遣送回国，只有愿意尊重中国风俗习惯的教士方可"领票传教"。1723—1735年雍正皇帝在位时，鉴于一些传教士在各省霸占土地并干预中国传统习俗引起地方极大反感，明令禁止天主教士传教，只留下一些对历法和科学有研究的传教士在北京供职，其余一律遣送澳门（后改为广州）。在对华贸易方面，法国虽作过一些努力，但终因国内政局动荡、清政府实行限关政策，也未能打开局面，来华的商船一年中通常仅1—4艘，且非每年都有。19世纪30年代末随着中英冲突的加剧，法国政府开始重新考虑和检讨它的远东政策，明确表示"法国身处一场世界性运动的中心，绝不能落在他人后面"[①]。

---

① Note sur la Mission en Chine, Archives du Ministère des Affaires Etrangères, *Mémoires et documents*, *Chine*, Volume 4, p. 104.

战争爆发前夕，法国在远东的唯一领事——法国驻马尼拉领事巴罗（Théodore – Adolphe Barrot）就对中英冲突加剧可能产生的后果保持高度的警惕，及时将中国的事态报告法国政府，并建议法国政府在必要的时候派遣军舰到中国海域。1838年1月他亲自前往澳门和广州考察。事后，他不但写了一份题为《中国之行》的考察报告，还要求法国政府将马尼拉领事馆提升为总领事馆，兼管中国、印度支那、马来西亚等地的事务。在他的这一建议于1839年7月间被法国政府采纳后，巴罗很快就指派实习领事沙厘（Charles – Alexandre Challaye）前往广州，恢复法国驻广州的领事馆，着重搜集中国方面的情报。[①] 与此同时，鉴于中国事态的发展，法国国内也出现要求遣使来华的呼声。1840年3月19日和4月16日，法国宫廷律师贝莱（A. S. Bellée）两次向当时的总理兼外交部长梯也尔（Thiers）进言，呼吁派遣使团来华，恢复法国从前在中国的地位。[②]

1840年中英战争正式爆发后，法国为了解远东局势的变化，同时有效保护法国在中国海域的政治和商业利益，并确保法国在中国海上的地位，制定新的积极的对华政策。1841年3月，法国政府作出决定，派遣远东问题专家真盛意（Dubois de Jancigny）[③]作为国王特使，前往中国及附近地区进行实地考察。

根据法国政府所颁训令，真盛意此行所负的使命：一是监视英国在远东的动向，搜集有关中英战争的情报；二是获取有关中国市场和资源的信息，以便为建立法中贸易关系提供参考。真盛意本人对此行更是雄心勃勃，表示他不仅要从政治和商业的角度去了解英国人远征中国的真实性质、作战情况、目前所取得的成绩和将来可能产生的后果，还应从人种学的角度进行仔细的研究。他希望驱逐舰把他送到英国远征军所到过的每个

---

① Henri Cordier, *La Mission Dubois de Jancigny dans l'Extrême – Orient（1841 – 1846）*, Paris: Champion & Larose, 1916, p. 30; pp. 93 – 94.

② A. S. Bellé, *Programme d'une Mission en Chine*, Les 19 mars et 16 avril 1840, Archives du Ministrère des Affaires étrangères, *Affaires divers politiques*, Chine, Volume 1, pp. 2 – 15.

③ 真盛意，1795年生于巴黎，法兰西第一帝国时曾在军队服役，有过一段短暂的戎马生涯，后去了东印度群岛，以海达尔王国王副官的身份在那里一直逗留到1829年，1834—1835年负责一个使欧团。他因在《两个世界》杂志上发表一系列关于亚洲的文章而引起人们的注意。他发表的关于英国在印度与中国的文章重要的有：《中国事件》（1840年5月15日）、《英国在中国和印度的扩张》、《远征中国》（1840年）、《1840年的英属印度》（1841年4月15日）等。他对印度和远东问题的熟悉，使外交部作出了派遣他到中国执行政治和商业双重使命的决定。

地方或者至少附近,"以便我可以查看这支远征军所留下的痕迹,它所留下的印象,它所取得或者可以得到的政治和商业成果。只要形势许可,我将与中国当局和沿海主要城市的各阶层人士接触,以便获得有关该国的商业、资源、政治的确切情报和我们与之建立有利的通商关系的可能性"。最后,他希望将这次探险迅速推进到白河口,直至长城脚下,以便使中国人明白:"从现在起,英国人在遥远的海域所做的一切,法国有一天也会做的,如果它的政治和商业利益要求它在那里飘扬其国旗的话。"①

真盛意此次的远东之行,法国政府各有关部门都十分重视,极力予以支持:农业商业部专门为真盛意提供有关法国商业利益方面所需要的情报,并为他配备一名得力助手昌时忌(Henri de Chonski),着重负责搜集工商情报;同时,该部部长居宁-格列丹纳(Cunin-Gridaine)还向外交部长基佐(Guizot)建议,在暹罗湾或交趾支那海岸谋取一个合适的、可靠的基地,以便与附近的中国海域地区建立更密切的贸易关系。② 海军部则派出一艘大型驱逐舰"埃里戈纳"号(l'Erigone)和一艘小型护卫舰"水神"号(la Naiade)负责护送。"埃里戈纳"号由海军上校士思利(Jean-Baptiste Thomas Médée Cécille)③ 指挥,装备有46门大炮,400名水手。后应外交部的要求,海军部又派出护卫舰"宠妃"号(la Favorite),由海军少校巴日(Théogène François Page)指挥,该船在完成考察波斯湾和阿拉伯湾的任务后,即赴中国海域,协助真盛意完成使命。④

真盛意一行于1841年4月28日乘坐"埃里戈纳"号自布雷斯特启程,同年12月7日抵达澳门。⑤ 根据真盛意1842年1月10日写给农业商业部部长的报告,当时广州的清朝官员对他们的到来不但没有敌意,反而

---

① Dubois de Jancigny, Note sur la Mission projetée aux Indes Orientales et en Chine, 24 mars 1841, Archives du Ministère des Affaires étrangères, *Mémoires et documents*, *Chine*, Volume 24, pp. 5 – 6.

② Cunin-Gridaine, le Ministre de l'Agriculture et du Commerce, au Ministre des Affaires étrangères, 13 avril 1841, H. Cordier, *La Mission Dubois de Jancigny dans l'Extrême-Orient (1841 – 1846)*, p. 83.

③ 士思利,1787年10月16日生于鲁昂,1829年10月30日被任命为海军中校,1838年6月17日提升为海军上校,1844年6月2日任海军准将,1847年12月23日任海军少将,1849年1月2日任驻英大使,1853年12月31日当选为上议员,1873年11月8日去世。

④ L'Amiral Duperré, le Ministre de la Marine, au Ministre des Affaires étrangères, 17 avril 1841, Cordier, *La Mission Dubois de Jancigny dans l'Extrême-Orient (1841 – 1846)*, pp. 83 – 84.

⑤ H. Cordier, *La Mission Dubois de Jancigny dans l'Extrême-Orient (1841 – 1846)*, p. 34, note 1;另据澳门出版的《中国丛报》报道,真盛意一行到达澳门的时间为1842年12月8日, *The Chinese Repository*, December 1842, p. 586。

将他们当作朋友加以欢迎,希望法国在中英战争中向中国提供帮助和支持。他在报告中这样写道:"中国人对法国驱逐舰出现在珠江水面感到很激动,他们似乎被告知,法国人是他们天生的朋友,法国人是来帮助维护他们的独立的。他们对我们的官员很尊重、殷勤和信任。他们说:'法国人很好,他们是来反对英国人的暴力的,他们站在我们这一边,等等。'尽管我可以这样做,但是我还是小心地抛弃中国人的这种想法:即法国在目前的形势下可以为中国的利益积极参与战争。"①

利用清朝官员对他们所抱的幻想,法国国王特使真盛意和"埃里戈纳"号舰长士思利各行其是,都想在法国打开中国门户方面邀取头功,他们的活动远远超出法国政府授权的范围,甚至不惜为此彼此闹矛盾。士思利在1842年2月初擅自与清朝官员靖逆将军奕山、两广总督祁𡎴等在广州十三行巨商潘仕成的乡村别墅举行秘密会谈。为避免外交礼节方面出现不愉快的争执,双方的代表均坐在一张圆桌的周围。清朝官员"对他十分尊重,很有礼貌,这是我们所指望的最文明国家的代表的言谈举止。他们提出大量有关欧洲现状、欧洲列强之间的相互关系,以及欧洲国家在军事技术上的优越性等方面的问题。士思利先生对这些问题做了详细的回答,令他们非常满意"②。

会谈中,士思利首先对中英战争发表了自己的看法,指出:"从目前的形势来看,中国要抵抗英国人的强大攻势是不可能的。中国的朋友很少。如果俄国、美国或法国与英国处于战争状态,那么他们就会向中国提供武器和兵力,中国也就有救了。但是,现在英国与这些国家关系都很好,这对中国来说是一件不幸的事情。"因此,他劝说清政府"要尽早求和,因为你们越是等待,英国人就会越苛求"。③接着,靖逆将军奕山、两广总督祁𡎴便把话题转到此次会谈的真正议题,他们希望法国能在目前的这场危机中帮助中国。对于清朝官员提出的关于法国是否愿意出面干预或

---

① Dubois de Jancigny au Ministre de l'Agriculture et du Commerce, le 10 janvier 1842, H. Cordier, *La Mission Dubois de Jancigny dans l'Extrême – Orient (1841 – 1846)*, pp. 94 – 95.

② Dubois de Jancigny au Ministre des Affaires étrangères, le 30 janvier 1842, H. Cordier, *La Mission Dubois de Jancigny dans l'Extrême – Orient (1841 – 1846)*, pp. 95 – 97. 按:据卫青心研究,会谈日期为2月4日([法]卫青心:《法国对华传教政策》上卷,黄庆华译,中国社会科学出版社1991年版,第166页),这与真盛意1月30日的报告时间有冲突。

③ Cécille au Ministre de la Marine, 15 mars 1842, Archives du Ministère des Affaires étrangères, *Mémoires et documents*, Chine, Volume 17, pp. 32 – 102.

图 1-2　清外国人所绘道光皇帝像

居间调停的问题，士思利表示这需要中国派遣使者去法国，代表皇帝请求法国国王出面调停。士思利还表示愿意护送该大使到法国。对于这一建议，奕山和祁㙷很吃惊，表示帝国的荣誉和朝廷的惯例势必会反对大使的派遣，他们还补充道，没有一个中国官员敢向皇帝提出这样的建议，这会冒被杀头的危险。而士思利不了解当时清朝体制，建议由他本人将上述办法写成书面意见，以便皇帝可以体面地走出目前的困境，官员们亦可避免倡议的风险，只是将该书面意见递交皇帝，由皇帝本人做出明智的决定。①除就中英战争发表自己的意见之外，士思利还乘机向清朝官员提出两个要求：一是要求中国方面取消对法国商船所征收的特别税，二是请求释放一位遭流放的中国教徒。一直到会谈快结束时，士思利才向清朝官员婉转地透露，有关中法两国的关系问题可与法国国王派来的特使联系。

对于此次会谈，靖逆将军奕山也在奏折中向道光皇帝做了汇报。根据

---

① Dubois de Jancigny au Ministre des Affaires étrangères, le 30 janvier 1842, H. Cordier, *La Mission Dubois de Jancigny dans l'Extrême – Orient (1841–1846)*, pp. 95–97.

奕山的报告，士思利是通过传教士罗神甫（和尚玉遮）与中国官员建立联系的，称有军务需要密商。而奕山等"以该国向通贸易，素称恭顺，乃英夷与兵犯顺，扰及海疆，阻挠各国生意，未始不怨恨英夷。今既据禀请当面密陈军务，正可因势利导，驾驭羁縻，为以夷攻夷之计"。于是便答应会谈。会谈中，士思利解释法国政府派其来华的原因，是听说中英构兵，担心法国商船因此受累，故前来保护，并从中调解。奕山等为争取法国的支持，也表示法国的利益会受英国暴行的损害，称"尔国王既遣尔带兵船前来，果能出力报效，本将军等必当据实奏明大皇帝，格外优待恩施"。但士思利并无意在中英战争中帮助中国，表示"我们与英夷虽属敌国，但现在新和，无隙可乘，不能妄动"，并劝中国"不如息事罢兵，早了此局方妥"。当奕山等问他有何息事之法，士思利则回答道："伊愿与英夷讲说，伊若允从则已，如不允从，即向其藉词交兵等语。"奕山等表示英逆屡次犯顺，现在侵犯宁波、定海等处，致干圣怒，简派扬威将军，各路参赞，带领各省官兵前往剿办。此时不敢擅准令士思利讲说。士思利说，"大人们既不敢奏，我先出外洋与英夷兵头讲说，如有何信息，再来回报"。会谈结束后，奕山等当即酌加赏赉，士思利与充当翻译的罗神甫等人即行告退。[①]

在与中方秘密会谈后，士思利把会谈的细节告诉了法国国王特使真盛意。另外，清朝官员也根据士思利在会谈结束时透露的信息，了解到真盛意的存在，为摸清法方的来意，又派人与真盛意联系。3月14日早上，潘仕成奉命致函真盛意，表示欢迎和看望之意，开始与真盛意接洽。而真盛意从一开始就将礼仪问题放在首要的位置，向潘仕成传达三层意思：一是他不能与地位低于钦差大臣或者两广总督的官员进行重要的会谈；二是他不愿意通过间接的方式与当局联系，他只想与高级官员们本人举行会谈；三是会谈的内容主要是有关政治问题，会谈应在尽可能短的时间内举行，为了避免所有礼仪问题，可以安排在第三者家里会面。法国领事馆翻译沙厘向潘仕成解释说，似乎有必要让中国高层当局知道真盛意使命的真实性质与目的，这些使命使真盛意无法同意与低级官员进行会谈，特别是在士思利舰长与中国高级官员会谈以后。经过16日、17日、18日的往返磋

---

① 《奕山等又奏法兰西兵头真时尔等来省求为英人讲和情形片》，《筹办夷务始末》（道光朝）第4册，中华书局1964年版，第1716—1717页。

商，19日，双方约定以下四事：1. 根据中方高级官员的建议，会谈将在20日早上在潘仕成的乡间别墅举行；2. 出席会谈的中方高级官员有钦差大臣、两广总督等人；3. 真盛意由沙厘、蒙热（Monge）和昌时忌陪同前往会谈地点；4. 根据中国高级官员的建议，会谈暂时保密。

1842年3月20日中午，中法双方代表如期在潘仕成的乡间别墅举行秘密会谈。出席会谈的法方人员有：法国国王特使真盛意、法国驻广州领事馆实习领事沙厘、真盛意使团成员蒙热和昌时忌；中方人员有：靖逆将军奕山、两广总督祁𡎴、广东巡抚梁宝常、广州知府易长华等。

在会谈正式开始之前，双方首先在有关"国王"与"皇帝"的称谓问题上发生了争议。这个问题由真盛意的发言引发，他一开始即表示，想趁这一机会表达法国对天朝帝国的友好感情和法国国王个人对中国皇帝的敬意和真诚的友谊。当他听到中方的翻译称清朝的君主为"皇帝"，称法国的君主为"国王"时，当即表示异议，询问根据汉语的意思，"国王"是否指地位比"皇帝"低下的"亲王"，如果这样的话，他要求用一个与中国皇帝同样或相应的称谓来称呼法国的君主，指出法兰西王国或帝国的君主多次使用"皇帝"的称呼，而欧洲或者世界上其他国家的许多君主虽然也用"皇帝"，但事实上是"亲王"，其力量远没有法国国王强大。无论如何，法国君主的名称可以与中国君主的名称相提并论。在中方翻译的解释和清朝官员表示理解并承认法国国王的地位、尊严和权力丝毫不亚于世界上最强大的君主的地位、尊严和权力后，真盛意才在称谓问题上罢休，强调："法国国王与中国皇帝的友好关系只能建立在完全平等的基础之上。"[①]

在解决法国人看来事关尊严和外交礼仪的君主称呼问题后，双方代表一起进入专门为会谈准备的一层客厅，开始正式会谈。中方首先提出在现在的形势下法国怎样帮助中国？帮助到何种程度？真盛意则反问现在的形势究竟怎样？并就时势发表他的看法。或许是翻译没有完全理解他的意思，或许是翻译故意将那些可能伤害中国面子的东西轻描淡写地翻译出来，在中国官员看来，真盛意的谈话过于空泛，因此便直截了当地询问真盛意：1. 法国是否愿意充当中英之间的调停人？2. 他认为中英达成和议

---

① Jancigny au Ministre des Affaires étrangères, le 15 mai 1842, Archives du Ministère des Affaires étrangères, *Mémoires et documents*, Chine, Volume 24.

的基础是什么？对此，真盛意根本无意向中国提供帮助，反而要求清政府接受英国的侵略要求，提出将下列条件作为中英议和的基础：

1. 永久割让香港岛给英国；
2. 英国将现在被其军队占领的其他地方归还给中国；
3. 中国的主要港口向一切友好国家的商船开放，制定关税，取消行商的政治干涉；
4. 英国和其他友好列强的大使或者全权公使进驻北京，同时在各通商口岸设立领事机构；
5. 中国应支付一定的战争赔款；
6. 对因收缴鸦片而遭受损失的英国贸易支付一定的赔款；
7. 解决鸦片进口问题。

至于法国是否愿意充当调停人的角色问题，真盛意则提出许多前提条件，表示这个问题取决于许多因素：首先，应由中国以正式和适当的方式提出调停的请求；其次，如果钦差大臣没有足够的权力，那么应该征求皇帝的意见；第三，必须马上作出决定；第四，他将尽其所能，让法国国王了解现在形势的真实情况；第五，法国很乐意以一种对中国来说比较体面的方式解决中英冲突，这不仅对中国有利，而且对所有的文明国家有益；第六，在目前的情况下，他不得不把中国政府希望法国调停的意思转告国王政府。

会谈持续了3个多小时，于下午4点结束。在真盛意看来，广州的清朝官员对于尝试让皇帝了解真相极其犹豫，而习惯、礼仪的严格规定，还有制约中国当局与外国人建立正式关系的各种严厉的规定等无数困难，在相当长的时期里会使他们在面对这些关系时对最重要的事情做出草率处理。尽管真盛意认为他所提出的讲和条件实际上与英国全权公使到达中国时通知中方的条件很接近，但在此次会谈中，这些高级官员并没有承认有必要在适当的时候在真盛意所建议的基础上与英国进行谈判。真盛意确信这些高级官员对于他们的处境和皇帝可能仍坚持的抵抗政策到底能有什么结果是非常清楚的，只是不想让皇帝知道罢了。

这次会谈结束后，真盛意建议中方指定一位参加讨论的官员继续保持与其联络，一起商量这次会谈中涉及的具体问题和其他一些可能出现的问题。中方指定潘仕成与真盛意保持经常的联系。此后，真盛意和手下人员与潘仕成和中方的翻译人员前后有4次来往，继续就会谈的内容交换意见，主要是清朝官员就真盛意所提问题作出答复，另外真盛意也向中方提出士思利已经提出过的要求：一是要求取消对法国商船所征收的附加税；二是释放一位因法国传教士泰朗第（Taillandier）事件而受连累的年轻的中国教徒，他是巴黎外方传教会的信徒。[1]

在进行4次意见交流之后，潘仕成将奕山、祁𡎚、梁宝常和易长华等人的意见分别写在3张纸上。其中，第一张纸就真盛意建议的中英和谈基础作出答复。广州的清朝官员表示，他们不可能把谈判的条件递交皇帝，无论该条件是关于如何阻止英国人继续其破坏活动，还是真盛意提出的英国人在缔结和约时可能会提出的要求。如果他们敢于提交类似的建议，那么他们将会遭受琦善那样的革职处分，甚至可能有被处死的危险。因此，他们的行动不会给国家带来任何有益的结果，但会使他们遭受不容置疑的损害。他们仍然对法国的支持抱有幻想，希望法国帮助他们摆脱困境，表示"希望法国元首的才智和经验告诉他们摆脱困境的办法，而不使他们遭受危险"。

在第二张纸中，广州的清朝官员就法国提出的公行制度问题进行辩解，指出公行制度的存在实际上对外国人有利，当一位行商不偿还外国人的债务时，后者可以求助于其他行商，并由他们来偿还这笔债务，而那位欠债的行商则要遭流亡。如果没有公行制度，外国人可能会因各种方式受骗或者被偷，而且没有办法对付那些欺骗他们的人，只有不断向当局求援才有机会得到公正的处理。此外，行商对中国政府也是必要的，如果他们的特权被取消，那么政府只能自己负责关税的征收，这将带来极大的不便，而且会造成国库的巨大损失。因此，维持公行制度对各方都有利。

在第三张纸中，广州的清朝官员就目前中英战争的形势表达他们的看法，强调英国的武力侵略不可能达到目的，指出即使敌人在战争中占领了某一地方，也不会有什么益处，因为中国的风俗习惯是被掠夺者会向掠夺者要求归还他们所掠夺的东西。受损害的国家一定会找到某种办法，或者使用谋略或者使用武力收回其财产。在被英国占领的省份或者城市中，当地居民并没有向他们屈服，相反，他们一直敌视英国人。即使英国人能保住其胜利果实达十年之久，他们仍会遭到不断的进攻，永远不得安宁。被

---

[1] Jancigny au Ministre des Affaires étrangères, Macao, le 15 mai 1842, Archives du Ministère des Affaires étrangères, *Mémoires et documents*, *Chine*, Volume 24.

英国人击败的中国人总会再来报复的。中国人的风俗习惯与外国人的风俗习惯完全不同,因此,即使英国人占领了整个东部沿海,他们也不可能让中国人与他们通商;即使他们能够征服全中国,情况也是一样。中国人只会憎恨他们而丝毫不会愿意与他们保持关系。①

真盛意打算4月3日离开广州,要求2日能够得到中方对所有问题的最终答复。2日晚上,潘仕成派人送来急件,要求真盛意将行程推迟到4日。3日下午1点钟的时候,潘仕成与两广总督的秘书兼翻译到达真盛意住处,他们受委托转告真盛意:帝国的习惯不许高级官员没有皇帝的特别命令就写信给一位外国使节,潘仕成奉命代表高级官员写信给真盛意,让法国政府相信中国对法国的友好感情以及高级官员对与国王代表建立直接关系感到非常高兴。潘仕成受托告诉真盛意:1. 希望法国能够同意在当前的这场英国与中华帝国的冲突中进行调停;2. 中国政府已经决定今后免除对法国商船所征收的附加税,该税迄今都在交纳,税率提高到每艘船100两②,中国政府采取这一措施是为了向法国证明中国愿意与法国建立友好关系;3. 交给真盛意一张礼物清单,这些礼物表示钦差大臣、两广总督和广东巡抚对真盛意的尊重和友好,并祝愿他顺利到达澳门;4. 向真盛意保证,中国当局将尽一切努力,设法解决他所关注的释放那位年轻的中国天主教徒问题。

4月3日晚上,潘仕成又受靖逆将军和两广总督的委托,向真盛意转交一封信函。靖逆将军和两广总督在信函中向真盛意解释说:鉴于中华帝国的法律不许这种直接的通信往来,因此他们只好派潘仕成将他们的愿望告诉真盛意,他们很感激真盛意来广州与他们一起讨论与英国缔结和约的办法,请真盛意转达他们对法国部长们的问候,并告诉部长们,一直存在于中法两国间的友好关系由于真盛意的充满善意的行为而更加巩固。同时,靖逆将军和两广总督又向真盛意表示,他所提许多重要建议很难照办,他们不敢告诉皇帝。不过,如果真盛意能够设法解决这些困难,那么所有的大臣(包括潘仕成在内)都会非常感激。希望真盛意能将所有的事情如实转达法国部长们。另外,靖逆将军和两广总督向真盛意通报,已根

---

① Jancigny au Ministre des Affaires étrangères, Macao, le 15 mai 1842, Archives du Ministère des Affaires étrangères, *Mémoires et documents*, *Chine*, Volume 24.

② 合760法郎。

据他的要求，下令给所有的行商，从今以后不得再向法国商船征收超过别国的附加税。① 真盛意认为其广州之行的最重要的目的已经达到，于是便于4日离开，7日回到澳门。②

根据法国政府的授权，无论是士思利还是真盛意，他们都无权以法国的名义与中方谈判；而在与中方的会谈中，他们俩都只字不提自己的真实身份，虽不备国书，仍俨然以法国的谈判代表自居。就此来说，两次会谈一定程度上可以说是士思利和真盛意利用了清朝官员当时对外交惯例的无知。事实上，士思利和真盛意本人对他们的身份和使命是十分清楚的，在与清朝官员会谈之后，他们就分别乘船北上，执行他们的任务，追踪中英战争的最新发展。

"埃里戈纳"号舰长士思利在广州与清朝官员会谈后，即于4月21日驾舰尾随英军北上，7月抵达吴淞口，因船太大，不能驶入长江，便投书苏淞太道，要求会见，并为其提供船只。8月13日，士思利又不顾清朝方面的劝阻，强占沙船，带上20余名官兵溯江而上，于26日抵达南京，并出席了29日的中英《南京条约》签字仪式。9月4日始顺长江南下，12日乘坐停在吴淞口外的"埃里戈纳"号前往马尼拉。在目睹中英《南京条约》签订的过程后，士思利的对华政策主张明显转趋积极。10月10日，他在写给海军部长的报告中，除抱怨他与真盛意的矛盾影响法国在华利益、要求法国政府重新派遣一名有威望和经验丰富的人到中国负责远东的事务外，在对华政策上则建议法国政府应采取更加强硬的态度，指出："今日中国人所敬畏的是大炮，外交照会奏效太慢。"同时，他还建议法国占领中国的海南岛和台湾。③后来由于中国官员多次表达对士思利的好感，本应结束在华使命返回法国的士思利，却得到提升，并继续留在中国，在

---

① 按：真盛意为了证实这一点，令其秘书昌时忌写信给行商，询问他们是否收到4月3日中国官员信中所提到的关于取消对法国商船征收附加税的命令。4月24日行商们联名回复昌时忌的信。内容如下："致昌时忌秘书大人：您写信给我们询问至今为止一直向贵国商船征收的每船100两的附加税问题，我们是根据政府的命令征收这些税的，且收入归国库。今后，将根据你们的首领与我们官员达成的协议，我们不再向你们的商船征收超过英国人和美国人的税。请接受我们的敬意！"

② Jancigny au Ministre des Affaires étrangères, Macao, 15 mai 1842, Archives du Ministère des Affaires étrangères, *Mémoires et documents*, *Chine*, Volume 24.

③ Cécille au Ministre de la Marine, 10 octobre 1842, Archives du Ministère des Affaires étrangères, *Correspondance Politique*, *Chine*, Volume 1, pp. 107 – 110.

图1-3 《南京条约》签订现场

日后拉萼尼使团访华时还扮演了重要的角色。

在此特别值得一提的是，士思利在1844年2月5日还曾致函两广总督祁㙤，以"一位中国朋友"的身份，向中国提出一系列建议。他认为中国不应处在孤立状态，中国应与其他国家结盟，指出"一个没有联盟的国家犹如一个没有朋友的人"，"中国不能再希望停留在这种与世隔绝的状态。最近它所遭受的不幸一定会使皇帝明白这种体制是多么的致命，与一个强大的国王联盟对皇帝陛下会多么有利，他会把他从困境中解救出来"。其次，中国要保持国家的独立，在自己的国家成为主人，为此就必须强大，必须建立一支精良的陆军和海军，而不能依靠人口的众多，警告"中国与欧洲国家的远离不再是安全的保证。航运的改进缩短并方便了经海路把数量庞大的军队送到地球的最边远地区的路线，这使所有的人应该明智地考虑问题，并予以密切关注。……在战争艺术方面，中国要落后于欧洲国家，虽然中国有着悠久的文明和令人羡慕的明智的政府，在这个政府中有许多杰出的、博学的人。……胜利不可能属于人数众多的军队，而是属于最强大的军队，它拥有最巧妙的战术"。

他认为中国要建立这样一支军队，就必须派遣明达之士去战争艺术最先进的国家研究它们的组织，而不能停留在通过通商口岸的外国商人来了解世界，指出："对于皇帝来说，最重要的事情之一是要了解外国，它们的军事力量、它们的优势以及它们彼此的利益（或者兴趣）。但是你们不能通过通商口岸那些为利润所诱惑的商人来判断所有这一切。你们所看到的只是那些贪婪的商人和冒险家，这些人只会误导你们对其国家的看法。如果你们想得到启发，唯一的办法就是派遣受过教育、能够正确判断人和事、具有敏锐的观察能力的人去欧洲。他们会给中国的君主带去从事实中得出的正确观念。"

为了让法国在这方面走在其他欧美国家的前面，士思利大夸法国对中国友谊的真诚、无私，以及法国的强大及其友谊的价值，宣称"被武力卷入到西方文明之中的中国，与位于该文明之首的法国建立正常的关系，对中国是多么有利。阁下不会不注意到，法国单独就可以派遣百万武装部队，像法国这样一个大国的友谊，具有一种特别无私和伟大的性质，它与其他国家的友谊不是建立在同样的原则之上，这些国家在中国只看到一个对其商品开放的巨大市场，他们的商人可以在那里获取巨额利润"。

为了消除清朝官员的担忧，他还担保，中国派遣的高级官员一定会受到法国国王的欢迎，"他将受到热情周到的招待，并得到一切伟大的君主信任的使者所得到的荣耀。他将会很容易接近国王，我们会向他提供一切渠道，搜集有关法国的陆海军、行政管理和工业方面的信息。他可以参观军队、造船厂、大型军工厂，总之，他可以参观所有他感兴趣、想了解的东西"。以他对中国人的初步了解，士思利认为当时清朝官员之所以不能迈出这一步，原因不外是对长途旅行的畏惧和来自中国法律和风俗习惯的障碍，为此，他主动表示："如果旅行的困难可能构成一个障碍的话，那么，我可以把我所指挥的一艘军舰供阁下支配，它将根据您的命令把任命的代表送到法国，并将其带回中国。如果中国的法律或者几个世纪以来的习惯不允许皇帝给他的使者以一个正式的头衔的话，那么他可以仅仅以一位普通游客的身份去，如果这是一位卓越的人，他同样会受到欢迎，皇帝的目的照样可以达到。"他希望清朝政府能认真考虑他的建议。①

在为法国谋取在华利益方面，真盛意也不甘落后于他的同伴。他在广州与清朝官员会谈后，于4月4日离开广州回澳门。由于与舰长士思利存

---

① Le Commandant Cécille au Vice – Roi des deux Kouang, le 5 février 1844, H. Cordier, *La Mission Dubois de Jancigny dans l'Extrême – Orient* (1841 – 1846), pp. 152 – 154.

在矛盾，他一直到 7 月 17 日才乘坐巴日舰长指挥的"宠妃"号北上跟踪英军。由于路上遇上大风，"宠妃"号于 8 月 23 日方抵达吴淞口外，等真盛意一行转乘舢板船赶到南京时已是 9 月 17 日，错过了中英《南京条约》的签字仪式。尽管如此，真盛意还是为他的南京之行感到自豪，他在写给政府的报告中自诩"这会给中国人一种非常有利于将来发展两国关系的印象"①。

11 月 10 日回到澳门后，他便擅自以法国政府代表的名义与清朝官员会谈，试图在中英《南京条约》的基础上为中法两国签订一个临时协定。为此，他多次派实习领事沙厘和秘书昌时忌前往广州与清朝官员接触。1843 年 7 月 5 日，他又分别致函两广总督祁𡎴和刚到任的钦差大臣耆英，建议清朝方面尽快派一位地位相当的人物与他们会谈，商定某些基本原则或临时条约，作为中法两国未来关系的基础。② 真盛意在给两广总督祁𡎴的函中称：

> 至于目前，我并不打算研究中国与英国的协定从商业上讲能多大程度上对中国与法国最近开始的谈判产生什么具体的影响。我特别希望钦差大臣能与我（在法国领事的配合下）尽早达成某些原则，作为未来我们两国政治和商业关系的基础。为此，我认为有必要写信给钦差大臣阁下，我希望阁下能对这一重要问题立即做出决定的必要性和时机与我取得完全一致的看法。在合适的时候我们再来讨论细节。③

同日，真盛意又致函钦差大臣耆英，在祝贺耆英到任的同时也表达了相同愿望，指出："根据法国国王和人民的希望，我希望看到早就存在于我们两国之间的关系在目前的形势下能够更加巩固，并在天朝帝国和我王所辖领土内进一步发展。为了达到这一目的，有必要马上研究如何建立两

---

① Jancigny au Ministre des Affaires étrangères, le 25 septembre 1842, Archives du Ministère des Affaires étrangères, *Mémoires et documents*, *Chine*, Volume 24.

② Jancigny à Ki Koung, Macao, le 5 juillet 1843; Jancigny à Ki-Ying, 5 juillet 1843, H. Cordier, *La Mission Dubois de Jancigny dans l'Extrême-Orient (1841-1846)*, pp. 118-120. 按：在收到真盛意的信后，7 月 14 日和 15 日，祁𡎴和耆英先后回复真盛意，表示愿意与法国签订这样一个协定，以便法国分享商业利益，Archives du Ministère des Affaires étrangères, *Mémoires et documents*, *Chine*, Volume 24。

③ Jancigny à Ki Koung, le 5 juillet 1843, H. Cordier, *La Mission Dubois de Jancigny dans l'Extrême-Orient (1841-1846)*, p. 118.

国的关系以及商定作为未来两国关系基础的一些基本原则和临时协定，然后将该协定交我们各自的君主批准。"真盛意要求耆英"立即派遣一位地位适当、了解时势的官员到这里来，并给他必要的指示"，以便建立正常的和有益的联络。①

对于真盛意的这一要求，两广总督祁墳和钦差大臣耆英于7月14日、15日分别给真盛意回信，表示愿意本着一视同仁原则，给予法国与英国一样的外交和贸易待遇。两广总督祁墳在信中指出："鉴于任何国家都不应受到不公正的对待，不应被剥夺皇帝的恩赐，因此，新税则将对所有的国家一视同仁。钦差大臣奉命来广州处理对外事务，任何国家都不会不受到他的关注。总之，我们希望合理地满足你们的愿望。我们的唯一目的是让中国人与外国人、商人与百姓能和睦相处。"②钦差大臣耆英在信中首先表示对法国、法国商人和中法友谊悠久历史的赞美，称"法国无疑是欧洲最强大、最繁荣的国家之一，它与中国的友好关系和贸易往来可以追溯到很久以前。法国在粤商人始终具有模范的行为，这一直是我内心的看法。现在我们同意制定新的税则，并取消向商人征收的附加税，以便所有国家都可以平等地获得商业利润和利益。我们从未认为法国商人不能分享这些利益"。接着，耆英告诉真盛意已指定一位地位较高的委员接待沙厘和昌时忌，并与他们会谈，请真盛意将其手上的一份有关关税等问题的详细文件翻译成中文，并尽快寄给他，以便他与两广总督、广东巡抚一起研究所有的条款。此外，他会再派一位地位适当、聪明能干、富有经验的官员前往澳门，以便与真盛意一道磋商相关问题。③

7月31日，真盛意代表法国政府与中方代表耆英和祁墳签订了一份《中法临时协定草案》，共14款，另附一条秘密条款。其主要内容如下：

1. 签约是为了维持中法两国久已存在的和平友好的关系，为了扩大和巩固两国的贸易往来，同时也为了明确两国人民相关的权利与义务；中法

---

① Jancigny à Ki-Ying, le 5 juillet 1843, H. Cordier, *La Mission Dubois de Jancigny dans l'Extrême-Orient (1841–1846)*, pp. 119–120.

② Ki Koung à Jancigny, le 14 juillet 1843, H. Cordier, *La Mission Dubois de Jancigny dans l'Extrême-Orient (1841–1846)*, p. 119.

③ Ki-Ying à Jancigny, le 15 juillet 1843, H. Cordier, *La Mission Dubois de Jancigny dans l'Extrême-Orient (1841–1846)*, pp. 121–122.

两国的关系建立在完全平等的基础上，两国政府的联系将通过双方政府的代表直接进行。

2. 中法两国一经建立商业关系，均可在彼此的港口或通商口岸享有最惠国待遇，按新税则征收进出口税及船只停泊税；所有由法国商船输入中国的床单和其他法国毛织品、钟表、珠宝、五金制品、金银丝、青铜器、巴黎化妆品等商品，将来都按5%的税率纳税；除生丝外，由法国商船从中国出口的所有丝线或者丝织品交纳与过去相同的税，并受同样的限制；对法国商船征收的港口税、锚地停泊费、吨税应在新税则所规定的比例内，并与第二段第三条的规定相符；对法国商船运入中国货物的进口税以及法国商船运入中国的前述商品的特别税的征收，须接受在中国通商口岸的法国领事或者其代表的监督。

3. 在临时协定获得两国政府批准并换文后，正式定名为《通商航行条约》，有效期为10年；两国的有关机构负责条约的执行，如有中国的下层机关或者人民违反条约规定，那么将按违抗皇帝命令治罪，根据帝国的法律予以处罚，并由法国领事或者其代理人提出起诉。

4. 在临时协定变成正式条约期间，居住在中国境内的法国人以及在通商口岸的法国船只和商人，其生命和财产将受到特别的保护，并与英国商船和英国人一样受中英条约的规定制约。

附加的秘密条款则规定：为中国运输武器的法国商船，可以免纳关税。[1]

真盛意对他所做的这件事感到极为得意，在写给法国政府的报告中吹嘘说：即将来华的"拉第蒙冬（Ratti‑Menton）[2]先生看到的将是一项已经拟定好了的临时贸易协定，他所做的只是继续业已开始了的、同中国政

---

[1] Projet d'une Convention provisoire entre la France et la Chine, H. Cordier, *La Mission Dubois de Jancigny dans l'Extrême‑Orient (1841–1846)*, pp. 122–125.

[2] 拉第蒙冬，1799年4月3日生于波多黎各，1822年4月17日任实习领事，1824年5月任法国驻热那亚总领事馆随员，1825年任法国驻卡利亚里（意）领事馆主事（gérant），1826年任法国驻那不勒斯领事馆主事，1827年任法国驻巴勒莫（意）领事馆主事，1833年5月15日任法国驻第比利斯副领事，1837年8月23日任法国驻直布罗陀领事，未去履任，1939年7月8日任法国驻大马士革领事，1842年9月21日任法国驻广东领事，1846年10月1日任法国驻加尔各答领事，1849年3月3日任法国驻利马总领事和代办，1855年6月23日任法国驻哈瓦那总领事，1862年8月16日退休。H. Cordier, *La Mission Dubois de Jancigny dans l'Extrême‑Orient (1841–1846)*, p. 126注3。

府的谈判。"①

但是，真盛意的身份是"国王特使"，根据训令，他没有资格进行谈判和签约。正如法国外交部长基佐在 1843 年 10 月 24 日给真盛意的信中所指出的，"促使您与中国进行商约谈判的动机是值得称赞的，但是我不得不说它超出了您使命的目标与范围，这在您出发时我给您的训令中有明确的规定。您被派遣到中国，并不是作为政治代表，也没有谈判资格，而仅仅是负责考察当地情况，特别是有关当时正在进行的该帝国与英国之间的战争形势，搜集有关这场令人瞩目的战争所产生和可能产生的后果的各种事实与情报，以及那些可能引起法国商业界兴趣和扩大对华贸易的途径的信息。但是，您没有资格，也没有权力去缔结条约。如果在签约的时候，中国全权代表要求您出示全权证书，那么您会处于一个非常尴尬的境地，且无法掩饰这种尴尬。"②

真盛意信中所提到的拉第蒙冬，是法国政府于 1842 年 9 月 21 日新任命的法国驻广州首席领事，这是法国政府在中英《南京条约》签订后不久所采取的一个新的举措，旨在加强法国在华的影响。拉第蒙冬曾在致清朝钦差大臣耆英的信中这样明确表示说："自从法兰西国王陛下政府获知和平重建以来，其第一个想法就是要派遣一位领事驻扎广州。他相信这一措施将有助于扩大中法两个帝国早已存在的友好关系。"③ 拉第蒙冬在任领事期间也为法国打开中国门户尽了力。1843 年 7 月 29 日在到中国后不久，他在写给外交部长基佐的一份报告中即建议法国政府采取更为积极的对华政策，以扩大法国在远东的势力。他大胆地指出，英国在亚洲的扩张必定会导致英俄在亚洲的矛盾激化，这就为法国扩大在亚洲的势力提供了机会；为此，法国应在红海、暹罗湾和东京湾各占领一个港口或岛屿，在中国漫长的海岸线上则要取得一个类似香港的岛屿，以便与中国之间建立更短、更安全的航线。④

---

① Jancigny au Ministre des Affaires étrangères, le 31 juillet 1843, H. Cordier, *La Mission Dubois de Jancigny dans l'Extrême – Orient (1841 – 1846)*, p. 126.

② Guizot à Jancigny, le 24 octobre 1843, H. Cordier, *La Mission Dubois de Jancigny dans l'Extrême – Orient (1841 – 1846)*, pp. 151 – 152.

③ Ratti – Menton à S. A. le Haut Commissaire Impérial（此信无日期）, H. Cordier, *La Mission Dubois de Jancigny dans l'Extrême – Orient (1841 – 1846)*, pp. 150 – 151.

④ Ratti – Menton à Guizot, Ministre des Affaires étrangères, le 29 juillet 1843, Archives du Ministères des Affaires étrangères, *Correspondance politique*, *Chine*, Volume 1, pp. 182 – 187.

9月6日，拉第蒙冬与"阿尔克墨涅"号（l'Alcmene）舰长富尼埃－杜普朗（Fornier－Duplan），还有法国驻广州领事馆主事利乌尔（Rivoire）、8位军官及其他许多随行人员前往潘仕成美丽的别墅（也是前两次中法会谈的地点），与清朝的钦差大臣耆英和两广总督祁土贡举行了1个多小时的正式会谈。

会晤中，拉第蒙冬除向中方递交法国外交部长基佐的信件外，还交给钦差大臣另一封他与富尼埃－杜普朗舰长共同拟定的关于发展中法关系的信函，提出在商业上分享中国给予英国人的权益的要求。不过，拉第蒙冬十分谨慎，他认为在与中国刚刚建立关系时，应该表现得谦逊一些，不要提出一些会带来极大不便的要求，避免带来被拒绝后的失望，"当我们取得与英国类似的地位时，那么我们就得到了我们目前所能希望的一切，不能使这一地位具有伤害中国自尊心的不利之处"①。为此，他以书面的方式向钦差大臣耆英提出这一要求，称"两国的和谐关系虽然持续了两个多世纪，但是在目前的情况下，我的主人法兰西国王只希望他的臣民能够分享天朝帝国给予其他国家人民同样的特惠。因此，我很荣幸请求阁下给我一份盖有印章的正式文件，其内容与英国人和美国人为处理他们与中国的关系所取得的各节相似。这份文件将由我交给法国政府，它将会由此看到对法国同情中国的回报"②。

对于拉第蒙冬的这一要求，钦差大臣耆英慨然应允，声称既然中国政府对英国人都如此慷慨，尽管中国人与英国人在过去和近来有过纠纷，那么中国政府对法国也应友好对待，法国与中国维持了长久的友谊，而且皇帝希望所有的欧洲人能够受到同样的对待。

在此一要求得到满足后，拉第蒙冬又趁机提出以下要求：给他一份有关通商章程的文件；另外，希望两广总督能给一个收到法国外交部长基佐信件的回执。这两个要求也都被耆英和祁土贡接受。拉第蒙冬认为促使他们来到广州的两大问题（一个是接待他的问题；另一个是关于法国分享中国给予英国的商业利益问题）都解决了。在他们离开以前，舰长富尼埃－杜

---

① Ratti－Menton au Ministre des Affaires étrangères, le 8 septembre 1843, Archives du Ministère des Affaires étrangère, *Correspondance politique*, *Chine*, Volume 1, pp. 188－199.

② Ratti－Menton à S. A. le Haut Commissaire Impérial, annexe du letter de Ratti－Menton au Ministre des Affaires étrangères, le 8 septembre 1843, Archives du Ministère des Affaires étrangère, *Correspondance politique*, *Chine*, Volume 1, pp. 188－199.

普朗趁机向钦差大臣提出士思利舰长曾向两广总督提出过的要求，即释放那位年青的中国教徒问题。钦差大臣耆英亦答应致函北京的刑部尚书，提醒这件事。

在会谈结束时，中法双方代表脱帽行礼道别。拉第蒙冬对这一交往礼节大为赞赏，认为清朝官员接受这一外交礼仪，这是一个新时代的开始，"它证明在经历了最近的一系列事件以后，这个国家的官员思想已发生重大变化，使人希望与欧洲的关系不仅仅停留在这些改善上。在《南京条约》签订以前，在华领事们没有任何政治性质，他们只被认为是其同胞的调停人，而且应该注意的是，这种调停也仅仅限于行商。但自从最近的通商章程订立以来，在广州派驻了一位英国领事，不过领事的设置并没有大事炫耀，只是通过英国全权公使的一个正式通知。我与富尼埃－杜普朗舰长一致认为，我携带有您的国书，无论从国书本身还是从它的目的来说，预料到将来国王终将派遣使节驻扎北京，因此让中国高级官员习惯于过去未曾使用的礼仪是合适的。同样，虽然条约没有规定驻在国发给领事证书这一外交惯例的应用，但是这些中国官员已经明白，国王派驻中国的领事在到达中国时都要出示外交部长给驻在国当局的国书"①。

根据 6 日会谈达成的协议，钦差大臣耆英和两广总督祁埧如实履约，不但让手下将新订的海关税则和一份虎门条约的副本一起交给拉第蒙冬，同时也写了致法国外交部长基佐的复函。在 9 月 12 日致基佐的信件中，他们首先礼节性地赞美法国的强大和中法关系历史的悠久，称"很久以前，我们就知道法兰西帝国是欧洲的一流国家之一，它与我们帝国的贸易已长达三个世纪，两国一直和平友好相处，从未发生纠纷、争议与不和。法国商人在处理事情时常常有条不紊，他们的行为总是符合法律与正义"。然后他们向法国外交部长通报了道光皇帝已下令准许外国人在广州、福州、厦门、宁波和上海五口通商，他们负责制定有关通商和税收的章程，声称"税收的微薄无疑证明了我们对来自远方的外国人的慷慨大方。法国商人经商与英国人一样出色，我们对法国商人也将给予与英国人和其他国家的人民从我们的皇帝那里得到的恩惠"。最后，他们还对拉第蒙冬做了一番表扬，指出："刚刚抵达广州的一等领事拉第蒙冬先生，携带有尊敬

---

① Ratti – Menton au Ministre des Affaires étrangères, le 8 septembre 1843, Archives du Ministère des Affaires étrangère, *Correspondance politique*, *Chine*, Volume 1, pp. 188 – 199.

的大臣的国书。另外，他曾在欧洲其他国家担任过许多不同的职位，在这些地方，他以其谨慎、和蔼与随和的性格受人注目。他将很容易引导法国商人，并使之认真阅读有关税则的全部规定，扩大我们的贸易关系和友好往来。这就是我们给尊敬的法国大臣的回复。为了避免误解，我们请您使用与我们所用的相同的称呼"。①

而在9月10日写给拉第蒙冬的信中，他们满足了拉第蒙冬在会谈中提出的要求，明确表示法国商人将与英国人和其他国家的商人享有同样的特权，"今后，各国商人都可以一体均沾中国皇帝的恩惠。皇帝欢迎外国人，向他们开放其取之不尽的资源和利润。既然法国与中国具有悠久的友好关系，其商人迄今态度温和，遵守秩序，行为合乎公道，那么法国就更有理由享受这样的待遇。任何其他国家都将不再受到特殊的优待"。他们向这位法国领事介绍了新的中外通商制度，今后外国人可以在五口通商，税收也更为简单，"为了促进商业贸易，我们将广州、福州、厦门、宁波与上海五口开放，税则中所指定的各项税收和根据吨位对商船所征收的吨税是唯一可以收取的税，其他税收今后一概取消，通商章程中的其他规定是出于我们皇帝对外国商人的仁慈和善意，皇帝希望解除对他们的束缚，向他们开放更大的利源，可以说，皇帝的恩惠泽及四方"。为了防止中外贸易中可能出现的麻烦或争执，他们还提请法国领事注意让法国商人服从有关走私、敲诈、汇率、商品没收等规定，"对于走私、敲诈、汇率的确定、商品的没收等的规定参照其他国家的有关规定，其他国家的代表表示赞同。可敬的一等领事同样应使其商人服从这些规定，以免引起麻烦或者争执。当商船到达某一港口时，它们只能在限定的地方停泊和从事交易，不能超越界线。它们也不能到指定的上述五个口岸以外的其他中国港口进行买卖。这些规则正在制定之中，一旦皇帝批准，我们将会正式通知"。为了使法国商人能够及时了解并遵守中国新的对外贸易政策、规定和税则，耆英和祁墇还让拉第蒙冬请人将其翻译成法文，在其国家公布。在信末，他们赞扬拉第蒙冬在会谈中所表现出来的彬彬有礼，承认拉第蒙冬的领事身份和地位，"可敬的领事来广州执行任务，并携带贵国大臣的国书，其中提

---

① Ki Ying, Haut Commissaire Impérial; Ki Koung, Vice – Roi des Provinces des Deux Kouang, A Son Excellence Monsieur Guizot, Grand Minsitre de France chargé du Département des Affaires étrangères, le 12 septembre 1843, annexe du letter de Ratti – Menton au Ministre des Affaires étrangères, le 20 septembre 1843, H. Cordier, *La Mission Dubois de Jancigny dans l'Extrême – Orient* (1841 – 1846), pp. 137 – 142.

到领事在其他国家任职期间所表现出来的才能、智慧、和蔼与礼貌。因此，我们将以最隆重的礼节来招待他，将他置于与英国领事完全平等的地位"①。

值得注意的一个细节是，耆英、祁埙致基佐的信件抬头写了双方的职务和名字，而且在法国外交部长 Minsitre 前面加了 Grand，以便与中国的大臣相当；但耆英、祁埙给拉第蒙冬的信件，只有发件人的职务和名字，没有收件人的信息，我们只是通过信里的内容来判定收件人。这可能与鸦片战争时期中外官员交往礼仪和相关规定，以及双方的身份地位的平行问题有关，而当时外方对平等问题特别敏感、特别在意。

上述 9 月 6 日中法会谈和耆英、祁埙致基佐、拉第蒙冬的信件，表明中法外交和通商关系的基本原则已经确立，也就是说，法国可以享有与英国和美国同样的权益和地位。然而，根据法国政府的规定，拉第蒙冬事实上也没有与中国政府举行谈判的资格，法国外交部长基佐曾明确指出："拉第蒙冬是作为领事被派往广州的，他仅仅是一个领事，绝无与中国政府谈判的任务。"②

一个值得注意的现象是，当时法国在华代表、军官与外交官为了为法国谋取利益，不但不遵守法国政府的训令，擅自越权，冒充政府谈判代表，而且他们之间也常常为邀名夺利，不顾法国国家利益，彼此拆台，在会谈中向清朝官员透露彼此不好信息，这在我们前面叙述的海军部派遣的士思利舰长与外交部派出的国王特使真盛意各自与中方谈判的情况已有所揭示。更有甚者，士思利在得知法国政府将任命拉第蒙冬为法国驻广州领事的消息后即于 1843 年 4 月 15 日致函两广总督，通报 "我已得到通知，法国国王已任命拉第蒙冬伯爵为驻华领事，这位高级官员不久即可到达。他负有建立天朝帝国和法兰西王国之间政治与贸易关系的特殊使命，这对两国都极为有利"。"在我离开后，阁下若有重要信件交给法国国王政府，我请您等待该领事的到来，他是陛下唯一授权与中国皇帝政府处理外交关系的人。"③ 士

---

① Ki Ying, Haut Commissaire Impérial; Ki Koung, Vice Roi des deux Provinces de Kouang – Toung et de Kouqng – Si, Importante Communiacation Officielle faite à M. de Ratti – Menton, le 10 septembre 1843, H. Cordier, *La Mission Dubois de Jancigny dans l'Extrême – Orient* (1841 – 1846), pp. 139 – 142.

② Journal des Débats, le 29 mai 1844, 转引自卫青心《法国对华传教政策》上卷，黄庆华译，中国社会科学出版社 1991 年版，第 236 页。

③ Cécille au Vice – Roi des deux Kouang, le 15 avril 1843, H. Cordier, *La Mission Dubois de Jancigny dans l'Extrême – Orient* (1841 – 1846), p. 117.

思利明知当时真盛意正在与中国官员洽谈，他向两广总督提前透露这一消息，实际上是要否定真盛意作为国王特使的身份，暗示中方不必与真盛意商谈两国关系事宜。而据拉第蒙冬说，真盛意在给法国政府的正式信函中则告发士思利和巴日两位海军高级官员，并让沙厘也那样做。拉第蒙冬还说，"几个月以前我就得知，真盛意卷入了一个假冒官员的问题。这给我们法国人的品德披上了一层极坏的外衣"①。

而拉第蒙冬与真盛意两人之间的矛盾更大，直至两人都因此被法国政府召回。在1843年7月11日抵达中国后不久，拉第蒙冬就与法国国王特使真盛意产生矛盾和争吵。当时协助真盛意工作的法国驻广州领事馆实习领事沙厘向中国官员介绍拉第蒙冬的身份时，称拉第蒙冬和自己一样是领事，真盛意地位高，是总领事，有法国国王的荣誉勋章，并拒绝在领事馆工作上协助拉第蒙冬。另外，发行很广的《中国丛报》也曾报道：真盛意为商务代表，沙厘为领事。拉第蒙冬对真盛意和沙厘的做法十分恼怒，称真盛意为"假冒代表"②，同时命令沙厘立即停止直接或间接地参与真盛意与中方的谈判，不许沙厘与真盛意协商并受其领导，自7月21日起，沙厘与中国当局也不再有任何关系。③当沙厘向拉第蒙冬提议真盛意可以协助他的工作时，拉第蒙冬则坦言他不相信真盛意"有权执行国王政府的任务，所以我就断然拒绝，并说明我不愿意和这样一个人合作"。

如前所述，真盛意虽然没有谈判的资格和权力，但是他作为法国国王特使的身份是毫无疑问的。拉第蒙冬是法国驻广州领事，在促进法国在华利益方面，两人应该有共同的目标。但他们俩因为个人权力之争，竟然不顾国家的利益与声誉，互相攻击，甚至将争端公之于报纸，对法国造成极为不利的影响。拉第蒙冬认为法国领事馆被置于真盛意的控制之下，"我不能忍受的是他们把我当成傻瓜，并使国王授予我的权力失去威信。这个阴谋策划得如此奇特，甚至可以说如此巧妙，以致我到现在都不敢将自己

---

① Ratti‑Menton à Drouyn de Lhuys, directeur de la Direction Commerciale et du Contentieux au Ministère des Affaires étrangères, le 29 juillet 1843, H. Cordier, *La Mission Dubois de Jancigny dans l'Extrême‑Orient (1841‑1846)*, pp. 129‑132.

② Ratti‑Menton à Drouyn de Lhuys, directeur de la Direction Commerciale et du Contentieux au Ministère des Affaires étrangères, le 29 juillet 1843, H. Cordier, *La Mission Dubois de Jancigny dans l'Extrême‑Orient (1841‑1846)*, pp. 129‑132.

③ Challaye à Jancigny, le 21 juillet 1843, H. Cordier, *La Mission Dubois de Jancigny dans l'Extrême‑Orient (1841‑1846)*, p. 127.

介绍给两广总督"①。7 月 29 日,拉第蒙冬就此致函法国外交部商业与诉讼司司长吕伊斯(Drouyn de Lhuys),诉说真盛意和沙厘的不是,并请后者转告外交部长基佐。在与中方的接触中,他也不管是否得体不时指出真盛意乃"假冒领事"。他与真盛意的矛盾尤其是在澳门的报纸上公开他们之间的书信,以致他们的冲突在当地轰动一时。

  法国代表之间的不和与相互攻击,也让当时的清朝官员感到为难和不解,不知道究竟谁是法国政府真正的代表,当与谁会谈。因此,在拉第蒙冬刚到澳门,要求与中国官员会见时,广州知府在对其进行礼节性访问时就提出几个问题:1. 要求会见两广总督的动机何在? 2. 在对沙厘采取处罚后,为何不对真盛意采取严厉的惩罚措施呢? 3. 为何士思利舰长第一次会谈离开时向他们建议与真盛意联系呢? 虽然因为拉第蒙冬携带有法国外交部长的国书,可以证明他的领事身份,不便拒绝会见,但从中也说明法国代表之间的矛盾还是引起中方的怀疑至少困惑。在 9 月 6 日会谈前一日,钦差大臣和两广总督的代表又提出真盛意的身份问题,只是与拉第蒙冬一起的法国舰长富尼埃 - 杜普朗说明国书已完全能够说明这一问题,中方代表才不再坚持。②耆英、祁墳在 9 月 10 日给拉第蒙冬的官方信函末也提及此事,希望法国方面引以为戒,指出:"从今以后,如果有人在这一城市自称领事,并希望与我们进行会谈的话,如同此前真盛意和沙厘两位先生所做的那样,我们会拒绝与他们的会晤。我们明确宣布这一决定,希望避免将来的一切麻烦。至于区分真假代表问题,这也许能加深我们彼此的了解,我们正式向可敬的领事表示,我们希望您采取必要的措施。"③

  法国政府对于拉第蒙冬与真盛意的矛盾尤其是在澳门的报纸上公开他们之间的书信以致他们的冲突在当地轰动一时,极为不满。1843 年 10 月 24 日,法国外交部长基佐致函真盛意,"我对拉第蒙冬与您之间通信的内容,特别是它们被公开发表在澳门的一份报纸上,感到十分的遗憾。另

---

① Ratti - Menton à Drouyn de Lhuys, directeur de la Direction Commerciale et du Contentieux au Ministère des Affaires étrangères, le 29 juillet 1843, H. Cordier, *La Mission Dubois de Jancigny dans l'Extrême - Orient (1841 - 1846)*, pp. 129 - 132.

② Ratti - Menton au Ministre des Affaires étrangères, le 8 septembre 1843, Archives du Ministère des Affaires étrangère, *Correspondance politique*, Chine, Volume 1, pp. 188 - 199.

③ Ki Ying, Haut Commissaire Impérial; Ki Koung, Vice Roi des deux Provinces de Kouang - Toung et de Kouang - Si (Importante Communiacation Officielle faite à M. de Ratti - Menton), le 10 septembre 1843, H. Cordier, *La Mission Dubois de Jancigny dans l'Extrême - Orient (1841 - 1846)*, pp. 139 - 142.

外，尽管我也承认这一轰动一时的事件不是由您首先挑起，但是它不仅有损法国的尊严，而且也影响使节的地位和必要性。拉第蒙冬先生本应举止谨慎、得体，但其轻率的行为使其不能恰当地完成任务，并为国家谋取利益，因而受到国王政府的责备"①。于是，基佐命令拉第蒙冬结束在中国的使命，任命代理法国驻马尼拉总领事北古（De Bécour）接替拉第蒙冬的位置。

上述士思利、真盛意和拉第蒙冬的活动，虽然各行其是，甚至彼此不和，但他们的目的又完全是一致的，都试图与清朝政府缔结一个与中英《南京条约》类似的协定，以便为法国争得与英国相同的特权。再者，他们的活动虽然一定程度上都超出了政府授权的范围，但在实际上为法国政府制定新的对华政策奠定了基础，不但他们所提的一些对华政策和主张后来为法国政府所采纳，而且他们的活动还使当时的清朝官员对中法之间签订条约有了充分的思想准备，从而为不久中法较为顺利地签订《黄埔条约》创造了条件。

三　加入侵华行列

尽管自从中英冲突开始，法国即及时作出了反应，多艘法国军舰被派往中国海面，显示法国的实力和态度，并先后派遣国王特使真盛意和法国驻广州领事拉第蒙冬考察中英战争的情况，收集中国各方面的情报，他们的活动也确乎为建立近代意义的中法关系开辟了道路。但在中英《南京条约》签订之后，法国的政策显然不能适应形势的发展。在得知中英《南京条约》签订的消息之后，法国政府也及时调整其对华政策，明确表示法国与中国及周边国家的商业关系与法国在这一地区的武力配备不相称②，指出中国对外贸易口岸由原来的广州一口增加到现在的五口，加上香港的割让，不仅会迅速提高英国商品在中国市场的重要性（战前英国就在广州对外贸易中占有五分之四份额），而且美国、荷兰、普鲁士、比利时等也正沿着英国人开辟的道路前进，而法国与中国的年贸易额不足 200 万法郎。

---

① Guizot, Ministre des Affaires étrangères, à Jancigny, le 24 octobre 1843, H. Cordier, *La Mission Dubois de Jancigny dans l'Extrême – Orient（1841 – 1846）*, pp. 151 – 152.

② 当法国获知中英战争结束的消息后，法国政府即决定向中国海面派遣一支由 2 艘驱逐舰、3 艘小型护卫舰和相当的军事力量组成的海军舰队。

法国必须采取更积极的措施,为其商人打开中国市场提供便利和保护。正是在这种背景下,法国政府在决定召回拉第蒙冬与真盛意的同时于1843年冬任命资深外交官、前法国驻希腊公使拉萼尼(Lagrené)① 为特命全权公使前往中国,实现法国对华政策目标。1843 年 11 月 9 日,法国外交部长基佐在给拉萼尼下达的训令中,较为全面地阐述了法国的对华政策和拉萼尼使团的具体使命。

在这道训令中,法国政府明确规定拉萼尼的首要使命是负责与中国谈判并缔结中法两国商业关系协定,该协定必须与亨利·璞鼎查(Henry Pottinger)以英国的名义在南京签订的通商条约相类似。基佐认为这是法国商人将来要在中国取得成功的首要条件,他们要与其竞争者享有相同的待遇,这样的协定是必不可少的。基佐在训令中指出:"尽管法国对茶和中国其他商品的消费至少在最近的将来,似乎不可能达到很大的规模,像其他那些其习惯和口味与我国不同的国家那样增加,但是,我们可以在这个国家的众多市场上销售我们的工业产品,其中首先是毛、棉织品,巴黎五光十色的化妆品,也许还有酒。"他要求拉萼尼设法为法国的航行和商业取得中国让予英国的全部权益:也就是说《南京条约》和其后签订的《虎门附约》给予英国商人的全部权益。鉴于钦差大臣已明确宣布,新税则除适用中英贸易外,也适用于中国与其他所有国家的贸易,因此,基佐告诉拉萼尼"不必再为法国商业要求与英国相同的权利"。至于针对英国商业所做的特殊规定,"除非在您到达中国以前的这段时间的实践表明有必要为我国的特殊利益在上述两个协定之外再作某些改正或补充",否则,拉萼尼不必为法国提出特殊的要求。基佐强调,这些权益必须置于一个正式条约的担保之下,否则,即使中国政府"同意法国船舶进入刚刚向英国贸易开放的四个港口,并在那里接待我们的领事或者领事代理,允许我们的商行享受给英国的全部好处,乃至满足您向它提出的特殊要求,您的使命尚没有完成"。"实际上,对于英国来说,7 月 21 日公布的海关税则和通商章程,如果缺少这一必要的手续,那么也就没有任何意义。"因此,拉萼尼使华的主要目的,不仅为法国商业和航行获得与英国相同的权益,而

---

① 拉萼尼,1800 年 3 月 14 日生于皮卡第,1822 年进入法国外交部,历任法国驻圣彼得堡使馆秘书,驻希腊全权公使,1846 年从中国返回法国后,升任法国上议院议员,1849 年当选立法议会索姆省代表,1851 年 12 月 2 日政变后退隐,嗣后又出任北方铁道委员会委员,1862 年 4 月 27 日去世。

且首先要取得与英国同样的保证。"显然，这一目的只有通过缔结中法友好通商及航行条约才能达到。"①

为了打开中国市场，法国外交部长基佐还给拉萼尼布置一个任务，令他在与中国成功缔结通商航行条约之余留意考察中国的工商业和农业情况，搜集相关情报，以使法国的工商业主掌握在中国市场取得成功的必要信息，指出"您使命的首要成果之一，应该使我们的商人和工厂主获得中华帝国商业法规的确切情况和法国工农业产品在中国市场取得成功的机会，以及中国货物在我国消费者中找到市场和采购回装货物等详细信息，后者对我们的船舶很有用。为此，先生您将从农商部长的备忘录中了解有关目前该部所掌握的有关中国的农业、商业和工业情况以及您所经过的国家或者您应该留意的那些国家的有关情况"②。

除了在中国谋取商业利益之外，法国也要求分享政治特权。鉴于中国割让香港给英国，以及战争赔款等其他政治性的要求，因此，基佐也让拉萼尼提出一些在中国人看来似为政治性的要求，如设立领事机构，对同胞行使领事裁判权，在通商口岸停泊军舰，以确保判决的执行。由于当初中方出于方便的考虑主动要求英国军舰停泊在通商口岸以维持秩序，所以基佐估计中方也有可能主动向拉萼尼提出这个要求。但是，基佐认为这不是义务而应视为权利，法国应该得到这一权利，而且根据自己的需要使用这一权利，所以他向拉萼尼指出："您不必把它看成是一种义务，而是把它当作获得必要权利的一种手段。对此不要犹豫，如果需要的话，甚至要促使中方提出此建议，因为如果我们的军舰不能像英国的军舰那样在通商口岸停泊的话，那么我们在中国并没有享有给予英国人的全部权利。我们将根据我们的需要行使这一权利。如果我们不能马上在所有的通商口岸停泊军舰的话，我们可以在其中选择对目前法国商业最有利的口岸，在那里您可以停泊一艘我们舰队的军舰，其任务是要使我们的国民尊重领事的权威。"

---

① Instructions du Guizot, Ministre des Affaires étrangères à M. de Lagrené, envoyé extraordinaire et ministre plénipotentiaire de France en Chine, Paris, le 9 novembre 1843, Archives du Ministère des Affaires étrangères, *Mémoires et documents*, *Chine*, Volume 4, pp. 130–139.

② Instructions du Guizot, Ministre des Affaires étrangères à M. de Lagrené, envoyé extraordinaire et ministre plénipotentiaire de France en Chine, Paris, le 9 novembre 1843, Archives du Ministère des Affaires étrangères, *Mémoires et documents*, *Chine*, Volume 4, pp. 130–139.

在此值得一提的是，在鸦片战争时期，由于中国刚刚向西方开放，礼仪问题是中外双方交往时所遇到的一个重要问题，西方人尤其重视所谓的"平等"问题，拒绝向中国皇帝行三跪九叩礼节。在这方面，法国外交部长基佐也事先向拉萼尼做了必要的交代。他在训令中首先要求拉萼尼在没有得到中方体面接待的保证前不能暴露自己作为法国特命全权公使的真实身份，"尽管您是以特命全权公使的身份离开法国的，但是，先生，您不要暴露这一身份和使用这些权力，直到您事先被保证将得到有利的接待时。事实上，重要的是，无论对于中国政府拒绝接受您的建议，还是对于那些您不可能同意的礼仪的要求，您都不要暴露自己的真实态度"。与此密切相关的是，要不要去北京的问题。基佐不主张拉萼尼去北京，一是因为中方不会邀请拉萼尼去北京，如果中方提出这样的建议，拉萼尼应正式声明，他将仿照前英国特使阿美士德（Amherst），拒绝履行叩头仪式，行屈膝下跪礼，不能向中国皇帝行与他向法国皇帝所行的不同礼节。基佐认为，"这一声明将防止中国当局坚持这样一种猜想，即以为您的使命是向'天子'宣誓，您的礼物则是藩属的贡品"。二是基佐认为拉萼尼被邀去北京，不会给法国带来实惠，却有可能招致英国人的妒忌并由此损害法国的利益。所以，在他看来，即使清廷同意一反常规，对拉萼尼免去要求许多中国高级官员行使的礼仪，邀请拉萼尼去北京，"也是非常遗憾的。因为这样的旅行会造成您与英国全权公使行动路线的不同，我担心因此对我们的利益带来或多或少令人不快的结果而不能取得任何实质性的好处"。总之，在礼节方面，基佐只要求拉萼尼从中国当局得到与英国代表同样的待遇，即"在广州或沿海的某一地方，与一位或数位全权代表，以与亨利·璞鼎查先生最近使华所采取的同样方式进行谈判，那么，您就已经实现了国王政府的目标"①。

为了更好地维护法国在远东的商业和政治利益，在派遣拉萼尼使团赴华的同时，法国政府决定派遣一支海军舰队驻扎中国和印度海域。随之也出现一个新的需求，那就是对海军基地的需求，直到那时为止，法国舰队只能向葡属澳门、英属香港或西班牙殖民地菲律宾寻求帮助、避难和修理

---

① Instructions du Guizot, Ministre des Affaires étrangères à M. de Lagrené, envoyé extraordinaire et ministre plénipotentiaire de France en Chine, Paris, le 9 novembre 1843, Archives du Ministère des Affaires étrangères, *Mémoires et documents*, *Chine*, Volume 4, pp. 130 – 139.

的地方。法国政府认为欧洲其他列强在这一地区都有殖民地，法国不能缺席，法国的国旗也一定要在中国海面上飘扬，"为我们的海军建立一个军事基地，为我们的贸易建立一个仓库"①。这一基地必须符合许多条件：靠近中华帝国；有一个很大的、封闭的、易于防守的内陆港口，以便船只不用担心那里频繁而又可怕的暴风雨；它必须是一个独立的地方，便于防御；气候适宜；水源清澈而丰富。

由于法国对这些地区不是十分了解，难以确定应该在哪里建立法国政府所期望的海军基地，所以基佐认为在这个问题上不能给拉萼尼确切的训令，告诉他法国以前考察过的一些地方。位于欧洲与中国的航线上，马六甲与新加坡附近有2个岛屿：阿南巴斯群岛（Anambas）和纳土纳群岛（Natunas），其居民属于马来西亚人，从航海的角度讲可能是合适的据点，但它们与英国人、荷兰人在新加坡、苏门答腊和婆罗洲的重要殖民地为邻，基佐认为潜伏着冲突的可能，所以，不是很理想。还有2个岛屿，是位于交趾支那海岸线上的昆仑岛和占婆岛，地理环境于健康不利，也不被看好。这些地方拉萼尼可以进一步考察，以确认它们的价值。交趾支那海岸线上还有一个地方是岘港（Tourane），法国人杜康伯（Du Camper）、布根维勒（Bougainville）和拉帕拉斯（Laplace）曾多次访问该半岛，都赞扬它的锚地，认为是交趾支那最开阔和最安全的停泊场地之一，但基佐认为这些长处不能弥补不利的气候条件以及因该半岛所处的大陆位置而带来的不便。从商业的角度讲，也不合适。基佐认为似乎应该优先考察大的群岛上的某个地方，如苏禄群岛（Soulou）上的巴西兰岛（Bassilan），尤其应该留心考察，它在西班牙属地菲律宾以南，位于棉兰老岛的南端和婆罗洲的北边，它似乎被一个伊拉诺斯部落（Illanos）所占领，在这个岛上，苏禄贵族只不过行使受争议的权力，在这里建立殖民地，在商业地位上很快可以与英国殖民地新加坡竞争，如果说新加坡位于欧洲、印度到中国的航路上的话，那么巴西兰岛则位于太平洋、美洲西海岸、澳大利亚、中国和菲律宾港口的航线上。拉萼尼首先必须核实的一点是，它是否有一个封闭的易于防守的港口，这是实现法国政府目标的主要条件。

在提供了上述几个候选据点的情况后，基佐叮嘱拉萼尼对这个计划一

---

① Note Confidentielle, le 9 novembre 1843, Archives du Ministère des Affaires étrangères, *Mémoires et documents*, *Chine*, Volume 4, pp. 140–143.

定要严守秘密，因为"从他到达中国海面的那一刻起，他的一切行动自然会受到密切的、带有妒忌性的监视"。因此，为了远离各种猜疑，海军司令必须亲自负责或者命令下属军官对那些被认为是合适的据点进行勘测，以便在那里建立新的殖民地。在完成这一预备工作并与海军司令士思利进行协商后，在确信已勘测的据点不仅从航海、军事、商业的角度值得法国选择，而且当地首领和居民的态度对法国也十分有利，使得占领轻而易举且毫不迟延，拉萼尼才可以马上前往该地，如果它们是独立的，就与当地的首领就割让问题进行谈判和签约，或者与其承认的宗主国进行谈判和签约，但必须向他们表示要得到法国政府的批准。在签订条约后，海军司令可以留下一艘军舰在被割让的据点上，以防当地首领违背其承担的义务，直至法国国王批准该条约为止，并以国王的名义占领该岛屿。只有在绝对必要的情况下，假定有其他国家窥视该地，可以允许将法国的国旗插在该岛上。①

需要指出的是，基佐11月9日的训令虽然已经非常详尽，对于拉萼尼的使命以及注意事项均做了一一交代，但考虑到路途遥远和通信的缓慢，基佐并没有规定拉萼尼不能越出训令的范围，"我丝毫不想将您的任务局限在我刚刚描述的框架里"，"中国与其周边国家的疆域在欧洲人的探索中显得如此辽阔，如此多的新奇事物激起他们强烈的好奇，那么大的差异吸引他们的注意，您的旅行将会提供真正的利益"。这就给拉萼尼的行动留下一定的自由空间，也使拉萼尼得以把握机会，最大限度地发挥个人才能，将出使成果扩大到极致，为法国带来超出预期的利益。

简而言之，拉萼尼此次赴华的使命包含商业的、政治的和军事的三重任务。法国不甘心在远东地区落后其他的欧洲国家，在刚刚开放的中国市场上须占有一席之地，获得与英国人和美国人同样的权益，在东南亚觅得一块殖民地或海军基地，并发挥与法国的国力相称的影响。法国的对华政策和远东政策由过去的消极旁观一变为积极介入。后来的事实证明，法国这一步对于它成为远东列强是非常关键的，也是非常及时的。

鉴于拉萼尼所负使命重大，法国政府为他的这次出使配备了一支庞大的队伍。随拉萼尼出使的有一等秘书斐里埃侯爵（le marquis de Ferrière le

---

① Charles Lavollée, *France et Chine*, Paris: Plon - Nourrit et Cie, Imprimeurs - Editeurs, 1900, pp. 13 - 17.

Vayer)、二等秘书大古伯爵（le comte Bernard d'Harcourt）；随员蒙热（前任真盛意使团原成员）、达拉安德（Fernand Delahante）、拉纪胥子爵（le vicomte de Laguiche）、达郎塔公爵（le duc de Tarente）、查鲁斯（le baron de Charlus）男爵；主事敏体呢（Montigny）；翻译加略利（J. M. Callery）；医生伊凡（M. Yvan）；《辩论日报》记者莱蒙（Xavier Raymond）。另外，还配备一些工商业人士和海关方面的专家，协助拉萼尼更好地完成法国政府的目标。这些人以"代表"的身份加入拉萼尼使团，他们的任务是研究法国产品在中国市场的销路，法国工厂主与对手竞争时所应采取的方式，以及判断中国和印度支那的哪些商品可以满足法国人的需要而不至于有太大失败的风险。与使团的其他成员一样，这些商务代表也直接受拉萼尼的支配，他们只听从拉萼尼的指示，也只向拉萼尼一个人汇报他们调查的结果，以使拉萼尼明了他应向中国政府提出的要求。他们包括财政贸易部代表兼海关首席监督伊蒂埃（Jules Itier）、海关雇员兼伊蒂埃秘书拉沃莱（Charles Lavollée）；工商业代表有丝织业代表埃德（Isidore Hedde），棉纺织业代表奥斯马纳（Auguste Haussmann），毛纺织业代表隆铎（Natalis Rondot），巴黎化妆业代表雷纳（Edouard Renard）。此外，还有拉萼尼的夫人和两个女儿，总计20人。[①] 海军部则派出6艘战舰[②]护送和协助拉萼尼的中国之行。同时，为避免使团内部出现分歧和不和，这次法国政府还吸取以前的教训，明确规定使团的所有成员都应服从拉萼尼一人的指挥，有关军事方面的问题则由拉萼尼征询海军准将、舰队司令士思利的意见。[③] 基佐要求拉萼尼"只要情形许可，最好您与我们海军舰队司令进行协商，这种事先的协商将有助于维持您和士思利先生之间关系的融洽。为了更好

[①] Charles Lavollée, *France et Chine*, p. 18. 按：这些人回国后对中法经济与技术交流以及法国工商业的发展作出了重要的贡献。

[②] 6艘战舰分别为：夏尔纳上校（Charner）指挥的"美人鱼"号，装备大炮50门；热努伊少校（Rigault de Genouilly）指挥的"胜利"号，装备大炮24门；帕里斯少校（pâris）指挥的"阿基米德"号火轮船，220马力，后来的《黄埔条约》就在此船签订；康代少校（Candé）指挥的"克莱奥帕特尔"三桅战舰，装备大炮50门；盖林少校（Guérin）指挥的"萨比娜"号，该舰不久即被"宠妃"号替代回国；富尼埃-杜普朗少校指挥的"阿尔克墨涅"号，装备大炮50门。在上述6艘战舰中，前三艘被专门用于这次远征，参见 Note sur la Mission en Chine, Archives du Ministère des Affaires étrangères, *Mémoires et documents*, Chine, Volume 4, p. 118。

[③] Instructions données par M. Guizot, ministre des Affaires étrangères, à M. de Lagrené, envoyé extraordinaire et ministre plénipotentiaire de France en Chine, le 9 novembre 1843, Archives du Ministère des Affaires étrangères, *Mémoires et documents*, Chine, Volume 4, pp. 130–139.

地完成任务，国王陛下的外交人员与协助完成任务的有关官员之间也应始终保持这种融洽的关系"。

在作了上述精心安排后，拉萼尼一行于1843年12月12日自布雷斯特启程，经过254天的航行，于1844年8月13日抵达澳门。

需要指出的是，出于共同利益，拉萼尼使团的访华从一开始就得到了英、美两国公使的支持和帮助。早在拉萼尼乘坐的"美人鱼"号（la Sirène）尚未启程离开法国时，拉萼尼就收到了英国驻华公使兼港督德庇时（Davis）的来信。此后在旅行过程中，他又在英国殖民地开普敦、马六甲、新加坡等地受到隆重的接待。英国方面传递的欢迎和善意的信息自然没有被这位细心而富有经验的法国外交代表所忽视。英国方面之所以没有如法国外交部长基佐所猜测和担心的那样——英国可能会对法国的对华政策表示妒忌和怀疑，有两个方面的因素。其一，英国政府认为，中国对西方越开放，对欧洲文明接受越多，那么中国与西方的关系也就越正常，排外体制就会被逐渐取代，这对英国和所有西方国家都有利。因此，英国不反对法国分享其从中国获取的利权，不反对法国与中国建立和发展关系。其二，在曾任法国驻英国大使的基佐接替梯也尔担任法国总理兼外交部长后，英法两国关系也有所改善，双方对此都非常重视和敏感，并不希望因为中国问题影响新近建立的友谊。所以，英国欢迎法国代表的到来。德庇时正是奉英国政府之命，于1844年7月19日致函尚未抵达中国的法国特命全权公使拉萼尼，愿意在拉萼尼出使中国期间提供所需的帮助，将刚刚签订的中英条约和通商章程全部中英文材料交给拉萼尼，供他参考，并在信中转达上述意思，即英国政府认为中西关系的正常化对所有西方国家有利；英、法两国的友好关系鼓励他们的代表互相提供帮助。[1] 8月16日，拉萼尼在到达澳门不久即回复德庇时，除向后者表达感谢外，说明在推动中西关系问题上，法国政府的想法与英国政府的想法一致，"阁下所告诉我的英国陛下政府为推动中国与西方所有国家的关系而下达的指示，与本国派遣由本人率领的使团赴华的想法是一致的。法国国王的大臣们与英国女王的大臣们实际上都认为，中国与西方文明接触越多，那么它与欧洲的

---

[1] Davis, Ministre plénipotentiaire, Gouverneur et commandant en chef de Hong-kong, à M. de Lagrené, envoyé extraordinaire et ministre plénipotentiaire de France en Chine, le 19 juillet 1844, Charles Lavollée, *France et Chine*, pp. 27 – 28.

联系在英国的支持下也就越多,从而对商业贸易的贡献也就越大"。并在信中向英国公使表达互助的意愿。①

除了英国公使的善意欢迎增强了拉萼尼的信心之外,美国特使顾盛(Cushing)所传授的有关与清朝官员谈判的经验,则为拉萼尼制定谈判策略提供了具体帮助。在拉萼尼使团抵达中国后,顾盛将其与中方谈判的各个阶段和所有细节均毫无保留地告诉了拉萼尼,虽然由于中美《望厦条约》条约还没有最终批准,不便将条约提供给拉萼尼参考,但他还是将条约序言提供给拉萼尼,并向后者指出中美条约与中英条约的不同之处。拉萼尼对于顾盛的慷慨和帮助非常欣赏和感激,在给基佐的信中多次提到。从这些信件中可见,拉萼尼从顾盛那里所得到的启发至少有以下几点。1. 除了英国人已经取得的特权外,顾盛为美国争取到了新的利权,换言之,中美条约超越了中英条约,由此拉萼尼希望自己也能像顾盛那样为法国、为西方世界取得新的权益,而不满足于英国人和美国人业已取得的成绩,中法条约也能超越中英、中美条约,提供一些新的利权,从而为法国赢得利益和荣誉。2. 根据顾盛传授的经验,拉萼尼认识到,为了实现这个新目标,需要耐心和等待,需要秘密准备,他在写给法国政府的报告中说道,顾盛等了4个多月时间,"这使我从中获得启发,并且有一天可以用来有力回击没有耐心的巴黎舆论界"②。也正是鉴于这种想法,当中方代表耆英提出推迟会谈的要求时,拉萼尼在排除尊严和礼节因素后便接受耆英的要求,以便自己趁机了解更多的信息,做更充分的准备,以掌握谈判的主动权。3. 根据顾盛在与清朝官员的谈判过程中屡屡以"北上""进京"进行要挟以达到自己的目的,拉萼尼在谈判过程中也如法炮制,向法国政府声称"正是由于这一精心设计的武器",美国公使才取得了决定性的胜利和最有争议的那些让步。③ 可以说,此时拉萼尼的"胃口"和谈判的方针已经不同于他离开法国的时候,也偏离了法国外交部长基佐定下的目标。

从上述法国、英国、美国代表在华的关系来看,融洽与慷慨的背后实际上隐藏着共同的利益和共同的观念:中国对西方门户开得越大,西方国

---

① M. de Lagrené à M. Davis, le 16 août 1844, Charles Lavollée, *France et Chine*, pp. 28 – 29.
② M. de Lagrené à M. Guizot, le 20 août 1844, Charles Lavollée, *France et Chine*, pp. 30 – 31.
③ M. de Lagrené à M. Guizot, le 1 septembre 1844, Charles Lavollée, *France et Chine*, pp. 34 – 41.

家就越有利可图；一国所取得的利益，别国得以均沾。正是这种共同的利益驱使列强在中国问题上常常能够走到一起，而鸦片战争时期就是列强在华合作的肇始。

礼仪问题是鸦片战争时期所有西方各国政府和使节在与中国政府和官员打交道时极为重视的一个问题，如果说敲开中国的大门，进入中国的市场，与中国建立商贸关系是西方人当时追求的物质利益的话，那么与中国建立在西方人眼里"平等"的外交关系，迫使中国人接受西方世界的国际交往原则，则是西方人所追求的另一重大利益，即政治"权利"和精神利益。以爱面子、好荣誉著称的法兰西人在这方面自然不会亚于英国人和美国人，从他们与中国人的实际交往来看，他们对礼仪的重视程度甚至超过务实的盎格鲁-撒克逊人。这不仅表现在基佐给拉萼尼的训令中，也体现在法国来华的各位使节与中方的交往之中，而尤以拉萼尼最为苛刻。

在拉萼尼与耆英正式会晤以前，双方先后有过4次接触。第一次接触是在1844年8月28日下午，澳门县丞张裕和另一位官员受耆英派遣，到拉萼尼下榻的旅馆看望拉萼尼，同时转交耆英致拉萼尼的回信，拉萼尼鉴于使者的地位，并没有出来亲自接待，而是指派一位领事馆员接待中方使者。

第二次接触是在同年的9月2日下午，曾在此前的中法会谈中扮演重要角色的广东富商潘仕成和曾在中美条约谈判中担任钦差大臣助理的翰林赵长龄奉耆英之命前来看望拉萼尼。之前的29日潘仕成已致函拉萼尼翻译加略利，传达此意。拉萼尼得知后给耆英写了一封回信，本准备不接待耆英派来的使者，也不与之进行公务性交谈，但后来拉萼尼还是改变主意，接待了潘仕成和赵长龄两人，陪同拉萼尼的还有斐里埃、大古（d'Harcourt）和加略利等人。在礼节性的寒暄过后，为了更好地显示这次活动的友好特征，拉萼尼还让他的夫人到客厅招待中国客人。不过，拉萼尼已决定从一开始就让潘仕成明白，他们之间的会谈只限于礼节性的交谈。因此，当潘仕成在离开前解释说有些事情使耆英不能在8月20日之前来到澳门时，拉萼尼因极力回避与谈判有关的任何谈话，便威胁说，"假如钦差大臣因广州的事务走不开的话，那么我将自由行动，没有任何东西能够阻止我有一天直接去他的办公地点找他"。听到这些，潘仕成和赵长龄未等拉萼尼把话说完就抢着叫嚷起来，说钦差大臣肯定不会同意让拉萼尼如此尴尬和费劲。拉萼尼推测，"很显然，耆英不喜欢在广州举行会谈，那里完全是在中国的土地上，处在中国人的偏见和反感的包围之中"。

而拉萼尼内心里也完全赞成这一想法，他认为在澳门这样一个半欧洲化的城市里，耆英会显得随和许多，也更容易对付。根据耆英的要求，拉萼尼指定9月12日作为中法双方谈判的开始日期，地点定在澳门，考虑到中国人普遍行动缓慢和难以预料的延迟，拉萼尼认为这一宽松的期限使他有足够的时间来准备条约草案，"这是一项漫长而艰巨的工作，由于要将英国人和美国人先后获得的权益顺理成章地结合起来而变得更加复杂"。

第三次接触是在9月上旬，耆英的助手，一位姓胡的五品官员奉命将耆英的照会送交拉萼尼，拉萼尼指定使团的一位官员大古伯爵接待，并嘱咐谈话不要超出日常琐事。根据约定，11日胡姓使者前往加略利处领取拉萼尼答复耆英的信件。这是耆英给拉萼尼的第二封信，主要是要求后者同意将会谈推迟几天，理由是9月中旬正值纪念孔子诞辰、秋祭、万寿节、清朝建立百年庆祝活动，等等，耆英在信的最后一段非常明确地表示，希望谈判在开始后不被任何障碍所打断。拉萼尼查明该信中所列举的理由确凿无疑，因此没有理由从坏的方面来猜测这一推迟要求，不便拒绝耆英的要求。当然，拉萼尼在给法国外交部长基佐的信中猜测耆英这样做可能还有一个原因，即等待北京方面的指令，他说："我相信，如果耆英能在与我开始谈判前收到皇帝的最新命令的话，那么他会很高兴的。将我们的谈判推迟到本月底，他就有足够的时间收到北京方面对其在我到达后所写的信的回复。这很合乎情理。"不管怎样，拉萼尼也希望他与耆英的谈判在开始后不被打断，以使谈判能迅速、愉快地结束。他也刚好利用这段时间来完成条约条款的编纂工作，该条约将确定今后法国与中国的关系。拉萼尼决心把英国人和美国人所得到的全部权益（与战争直接相关的割地赔款除外）包含在法国条约里，他对基佐说："我只请求阁下不要忘记，自从我离开巴黎以来，这个问题从正面看已经发生变化，而新近缔结的中美条约则使我有义务把前人成果中通常很分散的各种权益都包含在一个条约里。"[①]

第四次接触是在9月17日，耆英责令澳门县丞张裕将第三封信由快艇[②]送给拉萼尼，主要是通知后者他离开广州到澳门的日期。澳门县丞派

---

① M. de Lagrené à M. Guizot, le 14 septembre 1844, Charles Lavollée, *France et Chine*, pp. 41–47.
② 快艇是一种有甲板的船，形状非常小巧，船上有牢固的帆，是当时专门用于邮递的交通工具，也是广州、香港和澳门之间快捷的交通工具。

遣一位下属送信，但被拉萼尼拒收，拉萼尼要求澳门县丞亲自送信。澳门县丞虽然爽快地答应了，但是他为自己辩护说，璞鼎查和顾盛都是通过同样的途径收到广州方面寄给他们的信件的，如果说前几次他亲自到这里来，那是因为耆英要求他来询问拉萼尼的情况，并把情况转告耆英。拉萼尼指派夏勒斯（Charlus）从澳门县丞手中接过耆英的信，这件事才算告终。

从以上历次接触来看，拉萼尼对于礼节非常重视，甚至可以说到了过于在乎的地步。这种情况在他与耆英的正式会晤中继续存在。

拉萼尼与耆英的第一轮互访是在 1844 年 10 月 1 日和 3 日。会晤前双方代表已就访问的时间和礼仪问题进行往返磋商。耆英于 9 月 29 日傍晚按照中国的礼俗从广州经陆路前往澳门。耆英抵达不久后，潘仕成和赵长龄即将耆英和他的首席助手黄恩彤的名片送到加略利处，请其转交拉萼尼和海军司令士思利。在协商访问的礼仪问题时，法方首先就耆英的衣着问题提出要求。此事的起因在于，人们发现耆英在与美国代表顾盛第一次会晤时穿着十分寒酸，他的服装与其说朴素还不如说简单。为此，拉萼尼责成翻译加略利就这个问题与中方联络人潘仕成和赵长龄事先协商。他们解释说，顾盛所确定的钦差大臣接见他的日子恰巧是个斋日，政府规定这一天不能喧闹和放声大笑，尤其在仪仗队和随行人员方面。至于服装，任何中国官员除了在其住处和办公的地方外都不能佩戴象征他权力和职位的服饰。因此，钦差大臣前往顾盛那里时的穿着与其以前去璞鼎查那里的穿着是一样的，也许颜色更暗些，因为那天不允许穿着鲜艳。为了进行他的礼节性访问，钦差大臣来澳门时可以举行盛大的仪式，只要拉萼尼指定的日子是个良辰吉日。至于服装，他将按中国的法律和习俗所规定的那样穿着。在作了这些解释之后，潘仕成和赵长龄又郑重其事地推算日历，挑选日子，他们发现 9 月 30 日和 10 月 2 日是凶日，而 10 月 1 日和 10 月 3 日则是吉日。因此，拉萼尼确定 10 月 1 日由他接待耆英，10 月 3 日则为他回访耆英的日子。在确定钦差大臣的衣着和访问日期后，潘仕成和赵长龄还代表耆英将耆英的全身画像请加略利转交拉萼尼，以表达耆英个人对拉萼尼的友好和对法国的特有的敬意，并请加略利转告拉萼尼，耆英以前对外国人从未这样，这是一次先例和特例，他将穿着朝服的画像送给拉萼尼，是为了弥补他不能穿着同样鲜艳的服装来访问拉萼尼的遗憾。

9月30日下午3点，在预定的时刻，拉萼尼的主要助手斐里埃和大古在加略利的陪同下前往耆英在澳门的官邸。黄恩彤、潘仕成和赵长龄接待了他们，并把他们带到耆英那里。钦差大臣热烈欢迎他们，谈话只是围绕他送给拉萼尼的画像、想见拉萼尼的愿望以及对拉萼尼的友谊、三个世纪以来中法两国和平友好的关系等方面进行。在这次会谈中，耆英不遗余力地表现他的殷勤，而他周围的官员也都争先恐后地表示他们对法国的好感。另外，他们对英国人和美国人所用的字眼则并不那么友好。他们说："他们的头发是红的，他们的皮肤上有黄斑；但是你们法国人和我们一样，头发是黑的，我们两国很相似。"他们甚至一致认为斐里埃和加略利长得跟中国人一模一样。在谈话快要结束的时候，他们约定耆英将于次日下午1点半或者2点访问拉萼尼。

10月1日下午1点30分左右，耆英及其随行人员到达拉萼尼下榻的旅馆。中方人员比耆英访问美国代表顾盛时的人数要多得多，他们的穿着虽然因拉萼尼的要求不像访问顾盛时那么寒碜，但在法国人看来仍然相当可怜。整个仪仗队有150—200人，由步兵组成，有些背着矛或长枪，有些带着滑膛枪，还有些拿着盾牌和弓箭，另有一些骑兵，他们骑在很瘦弱的小马上面，肩上扛着蒙古人的弓和很长的竹箭。走在最前面的是军旗手，伴随着法国人听来"非常刺耳"的中国音乐。拉萼尼派他的助手斐里埃、大古、加略利、蒙热及达拉安德等人去迎接坐在轿子中的钦差大臣，自己则在楼梯上等候耆英。拉萼尼按照法国的方式接待耆英一行，在安排位置方面以右为上，始终将右边让给中国客人。

值得一提的是，拉萼尼对耆英外表的描述不同于欧洲的舆论界，他在向法国外交部长基佐汇报时这样介绍耆英："耆英完全不像欧洲舆论界所描绘的那样奇丑，他的年纪在55—60岁，体形肥胖，具有贵族风度。他举止高贵，自童年时代起就习惯于宫廷习俗；说话简洁又准确，用加略利的话来说，带着一种稀有的高雅。他也可以算是中国最娴熟的书法家之一。在其平静、威严的外表下隐藏着丰富的感情，当谈话令他高兴或触动心弦时，他的目光就变得炯炯有神，人们可以从他的前额看到某种非凡的智慧的迹象。"此外，拉萼尼对黄恩彤也颇有好感，他评论道："他的首席顾问黄恩彤是陪同他的人中唯一算得上政治家的人，他也同样具有中国精英分子和卓越人士所具有的一切外表特征。这是一个细心周到的人，从第一刻起，我就决定要对此人予以关注，以便日后他能给予我帮助。"①

　　接着，双方开始礼节性的闲聊。耆英几乎逐字逐句地重复他信上说过的话：过去的三百年如何如何，未来的一万年又如何如何。拉萼尼则向耆英介绍了出席会谈的法国全体成员，包括使团成员、法国商务代表以及法国舰队的部分高级军官，他还强调说这些商务代表的使命是要使中国了解法国的工业进步状况，同时把有关中国文明的确切看法带回法国。会谈围绕一些无关紧要的问题进行。为了遵循中国人一成不变的惯例，大家便聊起法国，它的面积、资源、气候以及周边的国家。拉萼尼称之为"这是一堂完整的地理课"。黄恩彤向拉萼尼表示"他不会忘记过去的功课，它们是由士思利上将、璞鼎查先生和顾盛先生教授的"。同时他们谈了有关中国的问题：在中国旅行的方式、北方的严寒，等等。拉萼尼对这些无聊的问题感到十分厌烦，但它们都是中国礼仪的一部分，不得不勉强应付。为了引起中国人对法国商品的兴趣，同时结束无聊的谈话，拉萼尼便建议耆英参观他的房间。耆英对塞夫勒（Sevres）出产的一套精美的茶具非常惊讶。另外，里昂制造的雅卡尔（Jacquard）丝织肖像画也吸引耆英及其随同人员的注意。特别令耆英高兴的是，他在前一天晚上送给拉萼尼的画像被挂在小客厅的墙壁上，他用最热情的话向拉萼尼表示感激之情。

　　访问延续了近一个小时，于是，拉萼尼便带耆英一行到餐厅品尝法式小吃。耆英非常羡慕餐桌上摆放的法国铜器、水晶和瓷器，它们品种齐全，款式雅致。对于法国的酒，尤其是香槟酒和葡萄酒，耆英及其助手们同样给予高度的评价。小吃持续约45分钟之久。3点一刻，钦差大臣和他的随行队伍离开，会谈结束。值得注意的一个细节是，与拉萼尼分手时，耆英不像来时那样简单的握手，而是一再地与拉萼尼拥抱。这是耆英采取主动的，拉萼尼以为不应拒绝。不过，此次会谈中，尽管耆英多次询问拉萼尼夫人的情况并表示希望见到她，拉萼尼鉴于这次会晤的官方性质，没有满足耆英的这一要求。从上述会谈情景，可见拉萼尼对礼节之注意。

　　法方对礼节的重视还表现在10月2日与中方就耆英接待拉萼尼礼节问题的商量。中方联络人潘仕成向法方表示耆英的临时官邸不够大，建议将拉萼尼的随行人员限于10—12人。但是拉萼尼嘱咐加略利明确告诉中方，他希望第一次出席会谈的所有人员，包括外交官、海军军官和商务代表都

---

① M. de Lagrené à M. Guizot, le 5 octobre 1844, Charles Lavollée, *France et Chine*, pp. 54–69.

能同行，并委托加略利就此与中方进行协商。最后中方只好将耆英的官邸临时扩展，以便容纳所有的法国客人，并放置一张与法方同样大的餐桌（后来大厅的最好部分被临时改建成餐厅，潘仕成向其澳门的朋友借来玻璃和墙纸用于装饰），足以容纳如此众多的宾客。此外，双方还约定耆英将按照中国的礼节来接待拉萼尼，将左边让给拉萼尼，因为在当时的中国这是一个表示尊重的位置。耆英将亲自迎接拉萼尼，把后者一直引领到他的座位。最后，法方要求一切必须建立在完全相互尊重的基础之上。法方对尊严和礼节的重视由此可见一斑。

10月3日下午1点，拉萼尼一行出发，他坐上由4个强壮的中国人抬的轿子，在其他30—40辆轿子的随行下，前往相距2公里的耆英官邸。半小时后，他们到达钦差大臣的官邸。四周围满了好奇的人们，中间搭起了露天舞台，乐师和演员们为法国人表演了类似拉萼尼称之为"我们外省乡村节日中的节目"。由于没有大炮，放了三盒烟火，以示对拉萼尼的欢迎。拉萼尼始终坐在轿子里，直到耆英官邸门前。黄恩彤、潘仕成和赵长龄一起帮他从轿子里搀扶出来。在他们的陪同下，拉萼尼穿过官邸的部分房间，来到耆英所在的前厅。耆英马上过来，在与拉萼尼拥抱后，递给他左手，然后把他带到专为接待而准备的房间。这是一间狭小、昏暗的房间，在白天，看上去像是隐修院，中间放着一些小灌木，可能是为了弥补过于拥挤的房间。在房间的尽头放着一把沙发，它被一个可以随时用作茶几的东西分成两部分。耆英坐在右面，拉萼尼坐在他的左边。在墙的两边放了两排椅子，左边是士思利上将、斐里埃、潘仕成、北古、大古和赵长龄。右边是黄恩彤、夏尔纳舰长、海军高级官员，等等。其余的人坐在对面，加略利为了便于翻译，被安排在耆英的右边。

就会谈的内容来说，仍限于一些无关紧要的话题。比如，中方询问拉萼尼关于巴黎大小、房子高度及周围的距离，拉萼尼的旅途情况、多长时间，拉萼尼夫人及孩子是否疲劳，等等。值得一提的是，双方还谈到了铁路，当19世纪40年代的中国人听到轮船在陆地上滑动而不是在水上航行时的情景时，"他们那强烈的好奇心使我几乎不能想象他们的机械"。此次会谈不少于3个半小时，其中包括点心和晚宴。

用餐开始时，是一些糕点和五颜六色的糖果，它们的形状完全是中国式的，每个瓷碟上放着4样糕点，瓷碟上印着万年和好的花样。为了向耆英表示其非常欣赏这一巧妙的设计，拉萼尼请求耆英同意他带走盘子和糕点，并向他保证一定把它们保管好，以作纪念。耆英非常欣赏拉萼尼的礼貌举止，又开始重复他对法国的好感，说法国始终是中国真正的朋友，从来没有给中国造成任何损失。耆英说这些话的时候非常激动，一边紧紧握着拉萼尼的手，一边向后者表示，当他得知法国钦差大臣来到中国的时候，他是多么的高兴。

当拉萼尼以为酒宴已接近尾声，谁知才刚刚开始。就在他们用完糕点、水果不久，接着开始典型、地道的中式晚餐：燕窝汤、海参、鱼翅，样样俱全，除了传统的筷子。为了避免筷子的不便和由此带来的尴尬，中方让法国客人用叉子代替筷子。不过，拉萼尼还真的使用了筷子，他的理由是他完全按法国的方式来招待钦差大臣，所以他也坚持要按中国的方式受到接待。"我事先就决定接受这一对我们来说完全陌生的文明的不便之处。因此，我就极力要求使用筷子。"由于耆英的示范和指点，拉萼尼不费多大力气就会使用这些餐具了。"这最后的举动将我主人愉快的心情推到了极点。他宣称，从今以后我们俩合二为一，只有一个钦差大臣来处理两国的事务。"在晚宴期间，耆英根据中国的习惯，赠送拉萼尼一个玛瑙制的鼻烟壶，作为他第一次招待拉萼尼的纪念品。离开餐桌后，拉萼尼主动要求参观里面的房间。于是，耆英带领拉萼尼一行径直来到他的办公室，在那里欣赏了他的各种书法作品。

在离开以前，双方约定，下次耆英来访的时候不再举行仪式，在友好的会谈中讨论正事，并从整体上分析形势。拉萼尼也以同样的方式回访耆英，在作一些预备性的解释后，开始讨论条约的各项条款。为了确定日子，他们又查了一下日历，5日、6日被认为是吉利的日子，因此，耆英的访问定于5日，拉萼尼的访问定于6日。下午5点，拉萼尼及其随行人员便向耆英等人告辞。①

耆英与拉萼尼的第二轮会谈就是3日确定的5日、6日的互访。与第一轮纯粹礼节性的会谈不同，第二轮会谈不再举行任何仪式，会谈内容也由日常闲聊转入正经的政治性会谈。

10月5日下午1点半，耆英按约定时刻到达拉萼尼的旅馆，陪同他的有其助手黄恩彤、潘仕成、赵长龄等人。拉萼尼本希望谈话更加隐秘，只有他和耆英两人，但他发觉这是不可能的，他猜想，"面对其同胞的偏见，

---

① M. de Lagrené à Guizot, le 5 octobre 1844, Charles Lavollée, *France et Chine*, pp. 54–69.

耆英似乎为了避免过于沉重的责任,他需要几个其言行的官方证人,尤其是黄恩彤,从未离开过他"。同时,拉萼尼对于黄恩彤给予高度的评价,认为他"可以说是中国少数最卓越的人士之一,他在礼部工作达15年之久,才智过人,比任何人都了解让步的限度,可以使皇帝和他的顾问们免去担心。似乎可以肯定,假如没有他的协助,耆英会拒绝与外国全权特使进行谈判"。法国方面出席会谈的是拉萼尼的几位助手:斐里埃、大古以及翻译加略利。会谈在拉萼尼的办公室进行。

在最初的习惯性寒暄过后,拉萼尼即言归正传,发表他对鸦片战争后的中国整体形势和中西关系的看法。他详尽地阐述了法国是从何种角度去看待刚刚发生的一系列事情在中国所造成的局面,力劝清政府放弃闭关政策,发展与西方国家的关系,指出:"孤立就是对其他国家的利益、热情与文化关起大门,它会形成一道不可逾越的障碍,当然也不会有任何冲突、分歧。但是在条约体制下,彼此有权利与义务,障碍被排除,交流是不可避免的。孤立政策是中央政府坚定不移的基本原则,但在边界,你们则与外界发生关系,这样的孤立只不过是一种法律上的谎言,相信中国有一天会走向灭亡。"然后他又补充道,"西方文明是建立在不同国家间的相互关系之上,能预见可能产生的危险,它特别关注战争艺术、对非正义的行为要求赔偿的方法以及击退侵略性的暴力行为的手段。此外,在冲突时为了给自己增添机会,每个国家都极力寻找盟友,这些盟友在战争时期可以获取帮助,或者得到物质上的支援,或者通过他们的劝告或调停对其敌国进行干预。但是,中国的情况完全不一样,尤其在清王朝建立以来,中国文明全神贯注于和平艺术而对进攻与防御的方法则非常陌生。它骄傲自满,常常不知其他国家所发生的一切,由于它的体制导致对外界全然无知,并以此来维持一种会给国家带来严重危害的安全感。然而,在此期间,只要地球的两部分有一点开放,那么不管北京政府是否有预见、如何努力,中外都会有所接触。仅此一点就足以使双方产生需要,而满足这种需要的迫切性一定会导致无视最严厉的禁令。中国人对鸦片的喜爱,英国人和美国人对茶的嗜好,便是如此。由此,随着接触的日益增多,就会有纠纷,就会有战争。"[1] 因此他提醒说,最近的战争所导致的一系列严重后果,对中国人是致命的打击,突然受到所不熟悉的尚武文明的威胁,在经

---

[1] M. de Lagrené à Guizot, le 5 octobre 1844, Charles Lavollée, *France et Chine*, pp. 54-69.

过一连串的不幸和灾难后，被迫向征服者求和。

耆英及其助手们专心致志地听着拉萼尼的话，沉默不语。他们不时悄悄地交流一下眼神，不由自主地露出赞许的表情。拉萼尼见此谈兴更浓，他在不伤害中国客人的民族自尊心的前提下，接着前面的话题又做了进一步发挥。他说：孤立是不可能的，中国人必须承认这一点。只有使中国与商业世界的关系正常化，才是明智的。但是这还不够，既然已走上一条新的道路，就应该毫不犹豫地接受这一决定的后果，否则就会感到只有不便而没有任何好处。因此，重要的是，将来要在西方列强中结交朋友，以便当有一天需要某些忠告时，不会被突然拒绝，只好屈从敌视西方思想的习俗或传统。在说这些话的时候，拉萼尼一边特地转向潘仕成，因为他是士思利舰长与广州高级官员会谈的见证人，当时中方恳求舰长让法国为中国调停，一边补充说道："几年前所发生的事情很有可能再次发生，或者是与我们，或者是与其他国家。过去的经验对你们是有用的，要知道你们所签订的每个条约以后可能会成为绝交的一个原因，而多边关系亦同样会增加纠纷的发生。因此，在必要的时候，你们一定要求助于与你们利益相近的某一外国。为此，你们应该环视四周，以便了解是否存在某些障碍，阻碍有朝一日中国与基督教国家建立更加亲密的关系。"①

如果说前几次的谈话可以比作地理课的话，那么这次的谈话则给中国人上了一堂政治课，更确切地说，是一堂国际关系课。而拉萼尼的动机则在于劝说中国与法国这样的基督教强国结盟，并为此扫除各种障碍。因此，当钦差大臣耆英开始重复追溯明朝以来中国与法国之间的友好关系时，拉萼尼并不认同，毫不客气地打断了加略利的翻译，让他回复耆英，"我以为这一友谊只是对中国单方面而言，对我们法国来说肯定是毫无根据的，因为更确切地说他们力图引起我们相反的感觉"。拉萼尼的理由是，直到1842年为止，中国一直向法国商船征收各种税收，另外，甚至在1840年时，法国人还因其宗教热情被判违反中华帝国法律而遭受野蛮的对待，并成为中国法律的牺牲品，这一法律与法国人的思想观念截然相反。黄恩彤、潘仕成和赵长龄同时解释说，他们不知道拉萼尼所说的事情，也许外国罪犯试图进入中国内地，他们因触犯法律而受到惩罚，但可以肯定，这不可能因为他们是法国人或者因为是传教士的缘故，他们每个人都

---

① M. de Lagrené à Guizot, le 5 octobre 1844, Charles Lavollée, *France et Chine*, pp. 54–69.

可以保证他们从未听说过类似的事情。拉萼尼接着带有威胁的口气说:

> 然而,这种事情仍然存在,不过我并不是来要求你们对这些事情做出解释,也不是来要求你们改变你们的法律和习俗,这取决于你们。当这些法律损害我们的尊严和利益的时候,我们就要考虑应做什么事情。而我只是作为朋友来跟你们交谈,向你们指出那些有一天可能会妨碍你们在我们国家赢得同情的障碍,有很多不可预料的事情迫使你们求助于这种同情。你们的处境由你们自己来判断,你们将来的要求也得由你们自己来预测。因此,决定必须由你们自己作出。对我来说,至少我要尽我所能来启发和开导你们。当然,如果我得到我们大皇帝的命令,与离我国如此遥远的你们举行会晤,那么我相信这对你们可能会有所帮助,以一种非常坦率的态度告诉你们事情的真相,它对你们可能会有用处。①

耆英对拉萼尼的上述言论一边表示感谢,一边说拉萼尼的立论牢不可破,与石头和钻石同样坚固,保证中国一定会与其他国家和平相处,并说将来没有任何东西能够破坏建立在严肃条约基础之上的和谐关系,但他仍以旧习惯不能改变来掩护自己。因此拉萼尼继续加以说教,指出:"你们已经改变很多,不要忘记,你们尚须完成的变革对你们的好处比对我们的好处大得多。"对于耆英吹嘘中国强大,她能支配庞大的军队以及满族、蒙古的亲王率领无数的骑兵,只要皇帝一声令下,他们就能立即勇敢地冲向敌人,以攻克某一个省份,等等,拉萼尼反问:"但是,当英国人向南方进军并威胁首都的时候,所有这些亲王都在哪里?"耆英只能借口距离遥远无法调动很多军队及时到达。拉萼尼立即反驳道:"您非常清楚,你们的文化与战争没有任何共同之处。西方的舰队和轮船在你们的蒙古兵有时间跨越几个省份之前就能跨越辽阔的海洋。请你们承认并相信这一事实:你们的海陆军完全达不到我们海陆军的程度,我们之间的战争将是不平等的,《南京条约》足以证明这一点。我知道,你们不愿意也不可能仿效我们。因此,直到你们能够支配属于我们的资源的时候,你们才会优先

---

① M. de Lagrené à Guizot, le 5 octobre 1844, Charles Lavollée, *France et Chine*, pp. 54–69.

考虑排除以后可能会阻止你们与拥有军舰和轮船的国家交朋友的所有障碍。"① 有关这个问题的谈话持续了很长时间。拉萼尼认为，对这些事情的解释有助于提醒中国人，让他们不要忘记外国的优势。

然后，拉萼尼开始谈论那些令中国人更关心的话题。他知道钦差大臣很想了解法国的意图，进京和割让领土问题一直困扰着他。除此之外，法国还可能提出其他的计划，如：中国派遣使节到巴黎，法国在北京驻扎与俄国相似的使团，等等。其实，基佐的训令并没有这种意图和计划。这是拉萼尼从美国代表顾盛那里获得的启发，他想以此作为谈判的筹码。因此，早在耆英到达澳门以前，他已对这些计划作了模糊的解释，并故意向一些人泄露秘密，因为他知道他们守不住秘密。所有这些都是为了在谈判中更容易对付耆英。于是，拉萼尼从谣言开始他第三部分的谈话，他对耆英说："有人对您说，我要去北京。不仅我自己一点不想去，而且我奉命不去北京。"听到这些话，钦差大臣高兴得叫起来，虽然他平时很克制，此时也掩饰不住内心的喜悦。他的助手们也都个个随声附和。但拉萼尼马上接着说："但是，我奉命不去北京的条件是，皇帝的大臣们必须同意我的要求。"耆英感谢拉萼尼的"善意"，并让其承诺"进京"在将来不会再成问题。拉萼尼继续说道："不从事一项令你们感到难受的活动于我固然很高兴，但是为中国的利益着想，失去一个可使我们的关系更加亲近，也许日后还会带来最丰富的成果的机会，我感到十分遗憾。因为如果我在北京，那么也许贵国的某位大人物也会去巴黎。这样，你们就会欣赏我们的文明，你们也会让我的同胞对你们的文明给予高度的评价。"他一边转向黄恩彤，一边继续说道："像您这样聪明、能干的人在法国怎么会不让人欣赏呢？你们的逗留怎么会不留下深刻的印象呢？如果将来你们接受了欧洲的惯例，在国外设立常驻机构，难道你们不认为这会给你们带来无数的好处吗？假如把你们再带回到与英国人交战的时期，那么此时他就可以在欧洲为你们的事业进行辩护，在那里澄清常常被敌视你们的舆论所歪曲的事实，最后还可以为你们争取中立国的支持，如同与别国交战的欧洲列强的大使在同样的情况下为其国家所做的那样。这就是你们在彻底走出孤立状态后能够赢得的利益，这种孤立是你们为了维持有害的法律而导致的后果。这就是我对法国在北京派驻公使不能引起关心中国命运的皇帝顾问

---

① M. de Lagrené à Guizot, le 5 octobre 1844, Charles Lavollée, *France et Chine*, pp. 54 – 69.

们的有益的思考感到遗憾的原因。"①

耆英边点头边表示同意拉萼尼的观点。至于实行这一点,黄恩彤则认为不可能。他回答说:"敢于第一个提出这一意见的人会立即遭受法律的严惩。另外,哪一个中国人能忍受这漫长旅行的疲劳呢?"就他来说,他是绝对不能忍受 15 天的旅程的。拉萼尼叫喊起来,"刚才您还向我夸耀你们国家的强大,对我说你们希望组织一支海军,拥有自己的军舰和水兵,可是您作为帝国的堂堂官员,居然在我国妇女儿童都不会害怕的旅行面前退缩!榜样必须来自上面,否则你们的人民也就变得不好动。"黄恩彤是一个风趣的人,他承认他所谓的个人对长途旅行的反感只是一种借口,需要克服的困难在于更上层的官员,皇帝被一些墨守成规的人所包围,要克制对这些人的厌恶是徒劳无益的。拉萼尼逐字逐句地说并嘱咐加略利仔细翻译下面的话:"我可怜这样的帝国,在那里,耆英和黄恩彤的意见不如那些无能的大臣或阿谀奉承的顾问们的意见更受重视。""在法国,皇帝将全国最出众的人物召集在他的周围,可谓圣贤中的圣贤,他信任他们,如果他们不对他说实话,那么他就让他们远离他。你们认为哪一种体制更可取呢?"②

然后,拉萼尼又把话题由进京问题转到耆英所关心的其他问题上。他说:"有人说我们是仿效英国人来向中国要钱的,但法国是一个强大和慷慨的民族,它只要求它应得的东西。"耆英未等拉萼尼把话说完就高度赞扬法兰西民族所独有的高尚情操。另外,他还补充说,美国公使亲自负责消除有关法国向中国人要钱的谣传给中国人所造成的不安。这去除了压在耆英等人心上的重负。

正式会谈持续了约两个半小时。拉萼尼觉察到中方人员已面带倦容,于是便吩咐吃点心。他已了解,在正式会谈结束后紧接着随便的闲谈,临时安排用餐,是在中国进行访问或者接待来访所必不可少的环节。在他此后与耆英进行谈判以及他们各自的代表举行会谈时,在中间休息或者结束时无一例外都安排丰盛的美食,且持续时间往往很长。用餐完毕,重新开始严肃的会谈。拉萼尼迅速概括了上面所谈各节,并关切地劝告中国今后应该对其法律和传统进行富有远见的修改,以结交对中国怀有好感的强大

---

① M. de Lagrené à Guizot, le 5 octobre 1844, Charles Lavollée, *France et Chine*, pp. 54–69.
② M. de Lagrené à Guizot, le 5 octobre 1844, Charles Lavollée, *France et Chine*, pp. 54–69.

的友邦。考虑到时候不早,耆英等人也已很累,拉萼尼宣布会谈结束。双方约定,次日拉萼尼去耆英官邸,在预备性会谈结束后,将检查各自的全权证书,并确定条约谈判的方式。

这次会谈给所有出席人员都留下了难以磨灭的回忆。拉萼尼力图使中国人明白实际情形,表明法国能带给中国利益,"使该国家中比较了解欧洲文明的两三人物的头脑里产生一些新思想,这些思想今后也许会开花结果"。他并不担心其言语的尖锐和随便会留下不好的印象,因为有士思利的榜样。"虽然今天的情形与过去不同,但人们不难发现,最近所发生的一连串事情对中国人的打击很大。我相信我没有弄错,因为从今天起我与钦差大臣的关系变得更加友好和亲密。"①

第二天,即10月6日下午2点,拉萼尼在斐里埃、大古、加略利等人的陪同下来到耆英官邸。第二次会谈内容远不如第一次会谈重要和有趣。耆英一开始就重复他那不变的话题,即明朝以来中法两国的友谊,认为法国是唯一从未向中国提出任何不公正要求的国家,且从未做有损中国利益的事。拉萼尼矢口否认这种友谊的存在,要求中方拿出证明来。耆英便拿中法之间从一开始所建立的紧密关系以及即将签订的条约作为中法友谊的证明。但是拉萼尼则表示这个条约只包括了中国与英国和美国已经达成的那些规定,而且这些商贸方面的让与,直到当时为止对法国的利益远不如对英国和美国的利益大。拉萼尼想趁机提出传教问题,但耆英回避该问题,谈话也就没有继续。

接着,拉萼尼提议,双方核对彼此的全权证书。拉萼尼让加略利翻译他的全权证书,然后他将这份没有签字,也没有派遣书的全权证书译文交给钦差大臣。同时,耆英也把信件交给他,这是他所有的唯一的书面文件。耆英向拉萼尼展示了表明其全权的官方标志———一颗金质的钦差大臣大印章,该印章可以追溯到清朝建立,它的外形呈椭圆形,为实心金质,其重量不少于四五公斤。它被极其小心地锁藏在一个精美的文具盒里,它时刻陪伴着耆英,并由一位官员专门守护。应拉萼尼的要求,耆英还将两广总督的印章也向拉萼尼出示,后者的形状和重量与前者相同,但质地不同,为实心银质,不过其做工与年代远不如前者珍贵。然后轮到拉萼尼向钦差大臣出示盖有法国王玺的全权证书。在履行这一手续之前,耆英提

---

① M. de Lagrené à Guizot, le 5 octobre 1844, Charles Lavollée, *France et Chine*, pp. 54-69.

议，如果拉萼尼愿意的话，他们互免全权证书的核查，耆英的用意无非是向对方表示其信任，因为他自己的身份在经过他刚刚负责的一系列谈判之后没有人会提出异议。不过，拉萼尼更愿意遵循惯例，履行一切该履行的手续。

在完成这一手续后，剩下来需要协商的是关于条约本身的讨论方式问题。为了节省时间，中法条约的谈判将采取与中美条约谈判所采用的同样方式，即耆英和拉萼尼指定各自的代表，他们或者在拉萼尼所住旅馆或者在耆英的官邸轮流会商，将对拉萼尼所拟订的条约草案进行讨论，讨论结果交由耆英和拉萼尼最后批准。这一办法的好处在于，当遇到分歧或者比较激烈的争论时，耆英和拉萼尼可以不卷入辩论，这样他们的个人关系不受影响，双方也更容易达成一致。拉萼尼指定斐里埃、大古为谈判代表，加略利担任翻译；耆英则指定黄恩彤、潘仕成、赵长龄为代表。[①]

四　中法《黄埔条约》的签订

在礼节性拜访结束之后，根据双方事先的安排和商妥的方式，中法双方在10月7日正式开始条约谈判。7日下午2点，斐里埃、大古在加略利的协助下与黄恩彤、潘仕成和赵长龄就中法通商条约举行了第一次会谈。此后还举行了5次会谈，它们分别于10月9日、11日、14日、18日和20日在耆英的官邸和拉萼尼使团下榻的旅馆轮流进行。这些会谈除一二次例外一般都持续3—4个小时。条约条款由法方全权代表拉萼尼草拟，事先由加略利翻译好，逐条讨论。会谈中，中方的谈判代表除拒绝在北京与巴黎互派使臣和割让领土的要求外，对法方提出的条款大多未经仔细检查即予采纳，只对极个别地方作了些文字的修改。法方代表大古按照会议记录的方式将历次会谈的情况逐次记下。另外，为迫使中方接受主要条款，坚持拉萼尼的方案，拉萼尼的首席助理斐里埃的态度十分谨慎而且非常强硬。总之，中法条约谈判过程进行得颇为顺利，而且基本上遵从法方的意愿。

如前所说，耆英与拉萼尼并没有参加具体的会谈，谈判是在他们的助手之间进行的。谈判过程中，他们继续轮流宴请。当谈判结果交给他们

---

① M. de Lagrené à M. Guizot, le 26 octobre 1844, Charles Lavollée, *France et Chine*, pp. 71–86.

时，耆英就条约序言提出几条修改意见。1. 他强调与中国建立贸易关系完全是由于法国主动，只是实现了法国的愿望。2. 他提出在"大中华帝国"后面加上"在东方"，在"大法兰西帝国"后面加上"在西方"。3. 他特别坚持用中文称呼法国皇帝不能与在中国用来称呼"皇帝"的文字相同。为此，他还专门在 20 日晚上中法会谈结束后请加略利到他的官署去。为了说服加略利，耆英可谓是千方百计，用拉萼尼的话来说，"极尽诡辩之能事"。他选择其他的字来称呼法国皇帝，或者用"皇帝"一字的音译，如同顾盛在"总统"一词的翻译时所做的那样，或者用其他的办法。对耆英来说，该问题的实质是，中国皇帝是唯一的，它具有特殊的含义，这些含义兼有荣誉称号和姓的特性，直到那时为止它还没有与世界上其他任何一位君主共同使用过。他对此事是如此的重视，以致他亲自撰写并亲手缮写了一份备忘录，他不想让拉萼尼知道，将该备忘录非常秘密地交给加略利。

加略利开始回答说，他只是拉萼尼的翻译，仅仅是一个传话者，不能让拉萼尼对谈判的情形一无所知。他告诉耆英，根据拉萼尼的正式命令，要在两国之间建立绝对的相互关系，换言之，在法语原文中相同的名称，在译成中文后也必须相同。另外，他也必须向拉萼尼汇报这件事情，且他事先就被告知拉萼尼不会承认任何的修改。耆英不得已只好接受"法国皇帝"一词的最初翻译。

拉萼尼在向基佐汇报谈判过程时表示："这一成果主要归功于加略利的才干，另外，这一成果也并非无关紧要，如果我们考虑到它对我们的思想观念输入中国是多么重要的话。要让他们的国民意识到，他们并非世界上的一等民族，也不是唯一拥有强大力量和先进文明的国家；在西方也存在可以并且应该与中国皇帝和中华帝国平起平坐的君主和国家；他们不承认中国有丝毫的领先和任何的不同，而且还更落后。"对于耆英提出的前两点意见，拉萼尼参考了英、美条约，它们对缔约双方的规定并没有做任何的区别，因此，他对耆英的第一点修改建议完全拒绝。对于第二个修改要求，在其看来并不怎么重要，但是对此经过仔细考虑后，他认为保持草案的原样更好，这样，"在东方"与"在西方"这几个字虽然一度被插入条文中，但经黄恩彤与加略利彼此重新交换意见后决定在签约那天将它们删去。因此，条约序言仍与拉萼尼最初拟订的一样。双方只是约定，在条约中文本里，中国皇帝的名字在先，这是根据欧洲列强之间所采用的轮换优先列名权的规则而定的。

　　在条约条款的讨论接近尾声时，条约的签订问题自然摆到议事日程上来。拉萼尼对此尤其重视。他已经决定不在澳门这一中葡结合地带签约，另外，鉴于外交条约通常是以签约地点的名称来命名，所以他认为如果仿效顾盛在望厦签约的话也不合适，哪一天会使美国条约与法国条约相混淆。因此，拉萼尼提议以法国在广州的商行作为最后一次会谈的地点。而条约最后在法国军舰"阿基米德"号（l'Archimède）上签署，还与中方有关。有一天，根据拉萼尼的命令，使团翻译加略利出面宴请耆英，在座的还有斐里埃。当时黄恩彤即表示钦差大臣希望乘"阿基米德"号军舰返回广州，但他担心这会妨碍拉萼尼的计划，因此不敢直接向拉萼尼提议。拉萼尼知道后认为这正是一个好机会，不能让它错过。他当即与法国海军司令士思利商量，立即得到后者的赞同。在耆英官邸用餐时，拉萼尼将这艘法国军舰交给钦差大臣支配，并指出海军司令与他很高兴陪伴耆英直到黄埔；同时，他又将其中的一位宾客帕里斯船长介绍给钦差大臣。虽然在黄恩彤的暗示后钦差大臣对这一与中国习俗如此背离的决定深怀顾虑，但他最后还是决定接受。拉萼尼在给法国外交部长基佐的报告中指出："有待解决的也许是最微妙的问题之一就这样毫不费力、一点也不尴尬地解决了。本来我就打算将'阿基米德'号交给钦差大臣使用，但怕他拒绝。当他接受时，所有知道此事的人都很惊讶。这也使我明白，他的决定确实是一个例外，非同寻常。当事情已经定下来后，我就我与耆英的行程安排问题向澳门总督提了一下，他亦对这一令人难以置信的异乎寻常的事感到非常意外。"①

　　尚待解决的就是条约的签署问题。遵照拉萼尼的训令，加略利事先与黄恩彤就此达成协议，定于 24 日拉萼尼访问耆英的当日于离开时在黄埔签约。总之，条约的签订问题也按拉萼尼的意愿而告终。22 日和 23 日两天几乎完全用于条约和海关税则 4 份中文本的核对。24 日双方将在法国军舰"阿基米德"号上相见，启程时间定在 9 点。士思利上将和帕里斯船长负责安排有关事宜。

　　10 月 24 日，在约定的时刻，拉萼尼在全体使团成员和商业代表奥斯马纳的陪同下离开旅馆，他的两名手下大古和蒙热因身体不舒服留在澳

---

① M. de Lagrené à M. Guizot, le 27 octobre 1844, Charles Lavollée, *France et Chine*, pp. 87 – 102.

门。耆英已经在河滩上,葡萄牙的澳门总督为耆英和他的随行人员竖起了一面漂亮的旗帜。士思利上将和他的几位军官也已等候在那里。拉萼尼与耆英握手后就与海军司令、斐里埃和陪同他的许多人一起上船。耆英还在等待黄恩彤。拉萼尼把加略利留在耆英身边,以便在钦差大臣从码头到"阿基米德"号船上途中担任翻译。海军司令将"克莱奥帕特"号(la Cléopâtre)的大部分小艇交与钦差大臣和他的护卫队使用。

"阿基米德"号的甲板被装饰得非常华丽,这种装饰只是在特殊的节日才为皇家军舰的船舷点缀的。后面的甲板被分隔成两个宽敞的包房,上面为一个帐篷所覆盖,帐篷内有各色彩旗点缀。军舰的最后一部分成为一个客厅,四周是很大的沙发,这里被装饰得光彩夺目,其中闪闪发光的刺刀象征烛台。这些布置都是为了向中国客人展示千变万化的优美景色。然后,炮台炮火连续发射。一些中国战船被放入水中,分成梯队,作为钦差大臣的通道。这些战船还向跟在后面的小艇队致意,驶向"阿基米德"号。在船接近"阿基米德"号时,按照中国的礼仪,向耆英鸣了三下礼炮。在8点还差几分钟时,耆英上了"阿基米德"号。在他那肥胖的身躯上到舷梯顶端时,他受到了士思利上将和他的高级军官们的迎接。拉萼尼也上前与耆英相会,并和士思利一起把耆英引到客厅的沙发上。坐在他们周围的有海军司令士思利、黄恩彤、斐里埃、加略利和双方主要的助手们。耆英似乎对其眼前的景色感到十分喜悦,当即写下几句诗,他对拉萼尼说:"狮子,你看我们不怕在水中飞翔;我,胆怯的羔羊,我对自己说,危险与安全,只不过一步之差。"[①]稍后他就将诗送给拉萼尼。此时船已起锚,朝驱逐舰"克莱奥帕特"号驶去。由于海军司令的精心安排,"克莱奥帕特"号为他们准备了一个令人难忘的海上奇观。这艘驱逐舰的船尾被延长,一秒钟前还不见的水手们一眨眼就排成整齐的队伍,好像施魔术似的排成长长的舷墙,而另一些水手转瞬间就爬上了船桅的支索和横桁。同时,中国的旗帜在前桅的顶端高高飘扬。礼炮有节奏地鸣放17下,炮声与水手们的不断重复的"国王万岁"的呼声合在一起。钦差大臣显然为这一特殊的安排所感动,他向海军司令和拉萼尼表示他对此十分满意和感谢。

这一天天气晴朗。耆英在帕里斯船长的带领下极其细心地参观了船上

[①] M. de Lagrené à M. Guizot, le 27 octobre 1844, Charles Lavollée, *France et Chine*, pp. 87 – 102.

的机器，他在见到船上机器时面带惊奇和羡慕之情。看到这一庞大的机械、怪物似的弹簧、能服从口令的复杂的齿轮，耆英觉得自己犹如置身于另一世界，他诗兴大发。这些诗句与机器的嘈杂声和炉子的噼里啪啦声混合在一起。在考察完机器后，耆英又转而仔细观看大炮。拉萼尼认为，耆英"即使不算一位行家，至少也是一位了解大炮的全部优越性并欲掌握大炮的所有秘密的国务活动家"。应耆英的请求，法国人让他操作一门榴弹炮。他观看了爆炸前后整个技术操作过程，并多次要求重复这一练习。为了更好地评判他所陌生的机械，耆英甚至要求亲自发射雷管、然后开炮一次。钦差大臣对借自"克莱奥帕特"号小艇的 2 门铜榴弹炮尤为注意，他似乎非常渴望拥有它们。拉萼尼请求外交部长基佐与海军部长协商，以便海军司令被准许将这 2 门榴弹炮赠送耆英，"这将肯定是所有礼物中他最动情的一件"①。

在丰富多彩的节目的间歇，法方为大家提供了丰盛的午餐和精美的晚宴。中国人对法国关税专家伊蒂埃所带的达格雷照相机非常感兴趣。虽然不知道如何使用，但他们看上去对照片很着迷。钦差大臣拿走了两三张拍摄有他、拉萼尼的底片以及士思利、斐里埃和黄恩彤的相片。当船行抵虎门炮台时已是晚上。炮台上灯火通明，中国炮手们各就各位，他们在墙和栏杆上排成长队。他们用烟火代替大炮向经过的"阿基米德"号致意。中国战船也同样向迎面驶来的这艘一直悬挂法国国旗的军舰致意。"阿基米德"号是中国钦差大臣不顾国人的偏见，有勇气和有兴趣登上的第一艘法国军舰。为了回报中方这些自发的友好表示，法国海军司令下令燃放部分烟火和孟加拉烟火。

"阿基米德"号到达黄埔时已近晚上 8 点。拉萼尼向耆英提议签署条约。在船长室一切均已安排就绪。耆英和拉萼尼紧握双手，一起走下舷梯，海军司令和所有的助手们跟随在后。他们在一张椭圆形的桌子周围坐下，耆英和拉萼尼坐在最中间，放在他们面前的是 4 份条约文本及其附件——中法文海关税则。然后，他们开始签字。在事先约定的位置拉萼尼先签了一份，耆英签了另一份，然后彼此交换，直到所有的条约正本与附件都按这样的方式签完，共计 16 份。在中文本中，在耆英签字的下面有黄恩彤、潘仕成、赵长龄的签名，以证明缮写忠实原文，再下面是加略利

---

① M. de Lagrené à M. Guizot, le 27 octobre 1844, Charles Lavollée, *France et Chine*, pp. 87 – 102.

的法文签名,以示译文与法文原稿一致。黄恩彤开始也想在法文本上履行同样的手续,但是拉萼尼阻止了他,不同意这样做,并解释说这有违法国的习俗。黄恩彤没有坚持。双方就开始盖章。这对中国人来说非常简单,但法国人费了好长时间,因为加尔各答的火漆只是在热带地区使用,以便使印记保持完好。这些火漆只能熔化一点点,很难恰当地渗开。盖完章的条约文本被交给耆英的守章人。所有的文件盖完后,拉萼尼与钦差大臣互相拥抱,又回到上面的客厅。士思利已经派人把香槟酒送上来,并祝愿两国商贸关系发展和共同繁荣,然后又举杯为耆英的健康干杯。

一切都结束了。耆英和拉萼尼一直紧挨着坐在一起,彼此祝贺。10点半时,法方的船在黄埔抛锚。几秒钟后,耆英及其庞大的随行人员在与拉萼尼等人告别后登上了等待他们的帆船。当"阿基米德"号停泊时,这些帆船从四面八方包围了它。这些帆船都带着灯笼,它们以耆英名字的起首字母组成一幅图案。

拉萼尼很高兴这么快就完成了他的使命。他向基佐汇报说,"这一天确实非常美妙,这是一个光荣的日子,无论在我们的外交史还是在我们的海军史上都是史无前例的"[①]。

按照国际上以签约地点命名条约的惯例,1844年10月24日耆英和拉萼尼代表中、法两国在黄埔法国战舰"阿基米德"号上签订的《中法五口通商章程》便被称作《黄埔条约》。

在此需要特别指出的是,中法《黄埔条约》不但重申了中英、中美条约所规定的各种特权,而且有所扩大,有它自己的特色。概括起来,有以下几点。

1. 首次在中外条约的文本中用"皇帝"一词称呼法国的国王,而此前中英《南京条约》称英国的女王为"君主",中美《望厦条约》称美国的总统为"伯理玺天德"。拉萼尼认为,"这可能是中华帝国悠久传统中的首次例外"[②],它的意义在于"使中国人认识到自己并不是世界上的一等民族,不是唯一具有强大势力和高度文明的人;要让他们知道,西方也有可

[①] M. de Lagrené à M. Guizot, le 27 octobre 1844, Charles Lavollée, *France et Chine*, pp. 87 – 102.

[②] M. de Lagrené à M. Guizot, le 29 octobre 1844, Archives du Ministère des Affaires étrangères, *Mémoires et documents*, Chine, Volume 6, p. 289. 按:有关法国国王的称呼问题,在中法《黄埔条约》第一款中得到了体现,该款规定"嗣后大清国皇上与大佛兰西国皇上及两国民人均永远和好。"参见王铁崖编《中外旧约章汇编》,生活·读书·新知三联书店1957年版,第1册,第58页。

以并且应该与中华帝国相提并论的统治者和民族,而且在西方各国关系中,不存在谁先谁后,不作区别对待,更无高低贵贱之分"①。

2. 在有关通商贸易方面作了更有利于西方列强的规定。如第 2 条对于在沿海走私或在未开放口岸交易的处罚,用"扣押货物、通知领事"的办法来取代中英、中美有关条款中的"没收船只"的规定;在第 6 条款修改税则方面添加中国政府今后不得随意增加垄断或禁止的货物品种的规定;在第 9 条添加了一段防止或制止损害自由贸易的内容,规定不得重新建立任何垄断性的洋行②;第 14 条对中美《望厦条约》规定的 48 小时内船未卸货可不纳吨税的条款加以延伸,规定即使船长打开了他的货舱,但只要在 48 小时内没有领取卸货牌照,仍可免税离港③;在第 16 条添加了对于受损坏的商品减少关税的规定;在第 21 条添加一条取消搬运夫包揽装卸货物的规定;在第 26 条规定中国地方当局有义务保护法国在华的建筑物(房屋及货栈)免于被盗、被烧和被毁坏;在第 35 条规定在 12 年条约有效期满后只有法方有权提出修约的要求,并明确规定中国不能将别国条约中规定的义务强加于法国领事和侨民;此外,还在税率方面减少丁香、酒和烟的关税。

3. 在有关领事裁判权和军舰停泊通商口岸问题上作出符合法国需要的解释。根据基佐的指示,考虑到法国一时还没有能力在各通商口岸派驻领事和军舰,以管辖法国的侨民,于是便在《黄埔条约》第 4 条和第 5 条的有关规定中将中英《南京条约》和中美《望厦条约》规定的领事裁判权和军舰停泊通商口岸由"义务"改为法国单方面的权利,即"可以根据我们的需要随意执行",并规定在没有法国领事的情况下,法国的侨民可以求助于其他列强的领事,或直接要求中国的地方当局作出半官方的干预。

4. 扩大文化侵略特权。在条约第 22 条和第 24 条规定外国人在通商口

---

① M. de Lagrené à M. Guizot, le 27 octobre 1844, Archives du Ministère des Affaires étrangères, *Mémoires et documents*, *Chine*, Volume 6, pp. 261 – 279.

② 拉萼尼认为,在这一点上英国人是什么也没有做,美国人提出了这个问题但并没有什么作为。见 M. de Lagrené à M. Guizot, Macao, 29 octobre 1844, Archives du Ministère des Affaires étrangères, *Mémoires et documents*, *Chine*, Volume 6, pp. 280 – 316。

③ 拉萼尼认为,他所作的这一延伸使法国商船船长"在两天内可以真正地免税,要是他积极、聪明,在这段时间内他可以了解市场,向客户提供有关其商品的性能和质量的说明,并可以由此判断在当地从事商业贸易的机会"。见 M. de Lagrené à M. Guizot, Macao, 29 octobre 1844, Archives du Ministère des Affaires étrangères, *Mémoires et documents*, *Chine*, Volume 6, pp. 280 – 316。

岸除有建筑医院、教堂和公墓的特权之外，又补充了外国人有建造济贫院和学堂的权利，另外还规定法国神甫享有为其学堂雇佣中国教师，以及教授语言、买卖中文或法文书籍的权利。

总之，《黄埔条约》不但是近代中法关系史上第一个不平等条约，而且也是中国近代第一批不平等条约中最为全面的一个。

除与清朝政府签订条约外，拉萼尼还从会谈一开始就处心积虑要扩大法国在华传教事业，以弥补法国在经济和军事方面与英国相比所处的劣势，扩大法国在中国的影响力。1844 年 11 月 1 日拉萼尼在给外交部长基佐的报告中就曾这样明确指出："在商业贸易方面，英国人和美国人没有给我们留下可做的事情。但在精神文化方面，我认为现在该轮到法国和法国政府采取行动了。"① 为此，拉萼尼在与耆英举行的第一次会谈中即利用耆英在回信中解释他推迟会见的原因是要举行祭祀仪式一事加以发挥，提出传教自由问题，以试探废除传教禁令的可能性，婉转地表示：既然中国是一个重视宗教仪式的国家，那么它也就该允许基督教在华有传播和信仰的自由。此后，拉萼尼多次与加略利、斐里埃等人密谋，千方百计引诱黄恩彤劝说耆英上奏朝廷弛禁天主教。②

在拉萼尼等人的活动下，耆英终于有条件地答应奏请朝廷解除传教禁令，即中国的地方官有权惩办不法教徒、严禁传教士进入内地传教。在此前提下，道光皇帝于 12 月间下达有关传教问题的第一道上谕，表示赞成耆英的建议，谓："佛兰西夷使于天主教弛禁一节，既经反复开导，无可转移，自不得不稍示变通，以消疑贰。"③

对此，拉萼尼并不满意，1845 年 8 月在获得本国政府的支持后，便再次就教务问题与耆英交涉，提出以下新的要求：1. 不能将基督教与个别借教为非的人相提并论；2. 张贴布告，使皇帝谕旨家喻户晓；3. 释放在押教徒；4. 允许中国教徒建堂礼拜。在拉萼尼和他的谈判代表加略利等人的利诱威逼之下，清朝政府又一次让步，满足了第 3 条以外的其他三点要求。1845 年 10 月，道光皇帝下达第二道上谕，在规定"不得招集远乡之

---

① M. de Lagrené à M. Guizot, le 1er novembre 1844, Archives du Ministère des Affaires étrangère, *Mémoires et documents*, *Chine*, Volume 6, pp. 317–363.

② 有关教务问题的谈判细节，请参见卫青心《法国对华传教政策》上、下卷，黄庆华译，中国社会科学出版社 1991 年版，第 340—561 页。

③ 《廷寄》，《筹办夷务始末》（道光朝）第 6 册，中华书局 1964 年版，第 2902—2903 页。

人，勾结煽诱，并不法之徒，藉称习教，结党为非"的前提下，宣布教徒修建教堂，供奉十字架，合同礼拜，诵经讲说，"可听从其便"①。

然而，拉萼尼还不以此为满足，12月间又利用中英两国因英军撤出舟山和广州入城问题出现的紧张这一有利形势，向耆英进行新的讹诈，要求清政府切实公布传教弛禁上谕，归还康熙年间所建教堂，惩治轻视上谕和迫害教徒的官吏。软弱的清政府最后又屈服法国的压力，于1846年2月发布第三道上谕，除重申前面的解除传教的禁令外，还宣布"所有康熙年间各省旧建之天主堂，除改为庙宇民居者毋庸查办外，其旧房屋尚存者，如勘明确实，准其给还该处奉教之人。至各省地方官接奉谕旨后，如将实在习天主教而并不为匪者滥行查拏，即予以应得处分"。② 尽管该上谕也重申惩办习教为匪者和禁止外国人赴内地传教，但它的发布还是为那些不法的教士和教徒从事非法活动提供了借口。

综上所述，拉萼尼使团来华和中法《黄埔条约》的签订以及有关教务的谈判，标志着法国的对华政策实现了从窥视到加入侵华行列的转变。它不但为法国在中国获得了与英、美等国相同的特权，而且获得了在中国的保教权，从而确立了法国在近代中国的地位和影响力，对后来的法国对华政策产生了深远的影响。

---

① 《廷寄》，《筹办夷务始末》（道光朝）第6册，第2935—2936页。
② 《廷寄》，《筹办夷务始末》（道光朝）第6册，第2964页。

第二章 法国与第二次鸦片战争

第一次鸦片战争期间，法国没费一枪一弹，即与清朝政府签订了《黄埔条约》，获得了许多特权。19世纪40年代末，又继英国之后，在上海设立法租界，作为法国侵略中国的一个堡垒。但法国与英、美等其他侵略者一样，欲壑难填，并不满足于既得的利权，至50年代初，便积极响应英、美侵略者胁迫中国修约的要求，1857年竟然出兵中国，伙同英国发动近代以来西方列强第二次侵华战争，进一步扩大在华特权，与中国建立所谓的"正常"外交关系。

一 借口教案发动战争

法国向中国发动战争的借口是所谓的"马神甫事件"。马神甫（Auguste Chapdelaine），原名马赖，是法国传教士。[①] 1853年夏，他从澳门入境经广州到贵州兴义的马鞍山[②]，后由贵州天主教会派遣到广西西林建立传教据点。需要指出的是，马赖闯入西林县传教本属非法，而他在西林传教期间的言行举止，更是严重破坏了当地的习俗，引起当地居

[①] 马神甫，原名马赖（Auguste Chapedelaine，1814—1856），又译作马奥斯多，马奥斯定或削普特伦，西林群众称之为马宁波，1814年出生在法国诺曼底的一个农村，20岁开始成为专职教务人员。1843年到1850年，马赖一直在布塞（Boucey）担任副主任司铎，随后加入了巴黎外方传教会，并在1851年启程来到中国从事传教活动。

[②] 有的说他是从1852年开始擅自潜入湖南、贵州等中国内地活动。参见南开大学历史学院袁训利的《"马神甫事件"是怎么回事？》（《历史学习》2005年第3期，第13页）；也有人说马赖是在1852年抵达香港，在负责两广教区的巴黎外方传教会驻香港总会计李播神父的授意下，先到贵州，随后由贵阳李万关神父提供办法，首先从广西最偏僻的西北地区——泗城府进入地处西南三省交界，又接近越南的西林地区。由于西林很多群众要求信教，马赖就留在该地，吸收新教徒。参见黄家信《论马赖》（《广西右江民族师专学报》1994年第4期）。

民的极大愤慨。他严令教徒拆除家中祖先神位,不准上坟祭祖,造成了许多家庭、宗族纠纷。他还肆意干涉教徒的婚姻。马赖甚至无视天主教基本伦理准则——"十戒"第六条:毋行邪淫,长期以传教为名勾引、奸淫妇女。1856年2月,广西西林县县令张鸣凤因马赖非法传教,态度蛮横无礼,处之以死刑。[①]而法国政府却根据传教士的一面之词,把这个违约潜入内地的传教士说成是无辜的受害者,要求清政府给予他们满意的赔偿,否则即对中国发动战争。

"马神甫事件"不过是法国向中国发动战争的借口而已。其实,法国发动第二次鸦片战争,有其深刻的国内和国际背景。首先这是当时法国国内的政治需要,具体地说,是拿破仑三世(路易·波拿巴,Louis Napoléon Bonarparte)的统治需要。路易·波拿巴在1848年总统选举中即与国内保守的天主教派结成政治同盟。为了满足天主教派首领蒙塔朗贝尔(Montalembert)提出的要求,路易·波拿巴发表声明,主张宗教、家庭和财产是社会的基础,宣誓保证支持信仰自由、教育自由和恢复教皇在罗马的权威。结果,路易·波拿巴获得宗教界部分选票。在其选举胜利后,路易·波拿巴进一步将自己的统治与教会紧密地结合起来,采取一系列措施支持传教事业,提高天主教派在法国的政治地位,如实行宗教信仰自由;任命天主教党人法卢(Falloux)为公共教育部长;1849年出兵罗马,恢复教皇对罗马的统治权力,等等。为报答拿破仑的支持,天主教派反过来也极力吹捧他,把他说成是宗教的恩人和社会秩序的保障。在1851年12月拿破仑发动的政变中,天主教派不仅自己投了拿破仑的票,还使部分农民和其他阶层也投了拿破仑的票。就这样,拿破仑三世与天主教派互相需要、互相讨好。因此,当马神甫被杀的消息传到巴黎后,拿破仑三世就把

---

① 关于马神甫之死,流行说法是他被广西西林知县张鸣凤下令逮捕,经过审问判处死刑的。据说张鸣凤于1856年2月24日逮捕了马神甫及其他中国籍天主教徒25人,并于同月25日、27日和28日几次开堂审讯,责令马赖承认非法入内地传教、包庇坏人、染指中国内政等罪行,然后准其离境。但马神甫进行狡辩,态度十分恶劣。张鸣凤于是在29日下令将马神甫和白小满、曹贵绑赴刑场斩首,以平民愤。另一种说法是他被安定县群众打死。1964年,中国科学院民族研究所广西少数民族社会历史调查组去西林进行天主教调查的时候,有一则口碑资料:听闻老人说,马神甫由于杀我们的儿童,激起群众愤怒,群众要求绅士把马神甫杀掉,绅士就把这个意见向县官提。县官对绅士说:"吾不能杀,如果你们有本事就把他杀吧!"县官开口了,绅士把县官的意见向老百姓说了以后,那些贫苦的农民就拿起尖刀、木棍、锄头,共有十几、二十人到半路去等。马神甫从常井回来时,(群众)把他从驴子上拉下来,便把他杀掉,拿到后龙山脚那里去埋(参见黄家信《论马赖》,《广西右江民族师专学报》1994年第4期)。

它看成是讨好国内天主教派的难得机会，小题大做，叫嚷要"打到中国去，为传教士讨还血债"。① 就此来说，马神甫事件成为法国参加第二次鸦片战争的借口，乃是由法国国内特定的政治气候决定的。

同时，借口马神甫事件发动侵华战争，也是拿破仑三世提高他本人在国内威望的工具。法国自从1815年拿破仑帝国覆灭后，法国就失去了欧洲大国的地位，俯首听命于"神圣同盟"。对此，法国国内一直不满，强烈要求恢复法兰西昔日的荣誉和强国地位。拿破仑三世深悉法国国民此种心理，上台后即高举"民族主义"旗帜，积极推行侵略扩张政策。19世纪五六十年代，法国发动了一系列的侵略战争。在非洲，占领阿尔及利亚，建立塞内加尔殖民地；在美洲，远征墨西哥；在亚洲，占领越南南部，使柬埔寨沦为法国的"保护国"；在近东参加克里米亚战争，与英国一道获得对中近东的控制权；在欧洲大陆，拿破仑三世亲自领兵出征意大利。1857—1860年的远征中国，实际上只不过是这一时期法国海外殖民扩张政策的一个组成部分。

当然，与英国一样，法国参与侵华战争，另一目的也是要为法国资产阶级寻找海外市场和原料产地。法国的经济在当时虽比不上英国，但在第二帝国时期基本完成工业革命，工业总产值比三四十年代增加近2倍。受国内经济发展需要的刺激，第二帝国也将寻找海外市场作为一个重要的目标，在远东极力要打开中国这个广阔的市场。正是出于这一考虑，50年代初，法国积极响应英、美的"修约"活动，认为"只要法国的商业贸易不再局限在业已开放的五个通商口岸，而得向中国所有的沿海地区扩展，那么它就会增长好多倍"②，1856年年底，法国外交大臣瓦尔斯基（Waleski）在给驻华公使布尔布隆（Bourboulon）的训令中明确指示，法国在中国的活动，不只出于"自身的尊严"考虑，也是"商业上的需要"，要求他"不应把我们的商业活动仅局限在几个新开辟的港口"，而且"还应施展您的一切影响以保证我们的商业得以深入内地，并在任何有利可图的地方均

---

① ［法］卫青心：《法国对华传教政策》下卷，黄庆华译，中国社会科学出版社1991年版，第695页。有关拿破仑三世与天主教派的结盟，请参见 John F. Cady, *The Roots of French Imperialisme in East Asia*, Ithaca, N. Y. : Cornell University Press, 1954, pp. 87 – 92。

② Ministre des Affaires Etrangères à M. de Persigny, 19 novembre 1855, Henri Cordier, *Expédition de Chine de 1857 – 1858*, Paris: Félix Alcan, 1905, pp. 8 – 10.

开展自己的活动"。① 1857 年 5 月，法国政府在正式决定出兵中国后，在给全权特使葛罗（Gros）的训令中，再次强调，修约的目的是"在更大的程度上，为我们的商业打开通向天朝帝国的道路。从今以后，我们的商人得沿它的大江河流航行，在其大的消费中心开行设业，并自由出入它的所有港口"。②由此可见，法国参加第二次鸦片战争，不仅仅像一般西方学者所谓的为了"法兰西的荣誉"、"政治上的虚荣心"或纯粹的宗教利益③，更主要的是为了实实在在的经济利益。

其次，法国参加第二次鸦片战争，与当时的欧洲局势特别是法英同盟有着直接的关系。历史上，法英两国在大部分的时间里彼此都将对方视为主要的竞争对手。但自 1815 年拿破仑帝国覆灭后，对英国来说，法国至少暂时已不是主要的竞争对手；相反，英国感到有必要利用法国，以与俄、奥、普的"神圣同盟"抗衡。而法国为了打破国际上的孤立地位，自七月王朝以来，在处理欧洲各国关系上，也一直与英国保持协调关系。法英合作首先表现在 1831—1832 年比利时独立问题上，采取一致立场，支持比利时独立，抵抗俄、奥、普三国；1834 年正式结成英、法、西、葡四国同盟。此后，英法两国虽然在争夺海外殖民地上不时出现一些猜忌，但合作仍是两国关系的基调。如在 1845 年，法国应伦敦的建议，与英国海军联合出兵拉美的拉普拉塔河，迫使巴拉那河和拉普拉塔河的其他支流向欧洲贸易开放。在 1853—1856 年的克里米亚战争中，英法联军又与俄军在经过数年鏖战之后争得对近东的控制权。法国参与侵华战争，即是在这种国际背景下发生的。

但另一方面，法国与英国合作，既是出于自身国力的考虑，同时也是为了与英国竞争，以争夺远东优势。在当时，法国派驻远东的兵力十分有限，在太平洋的法国远东舰队总共只有一艘大型帆舰，三艘小型帆舰（其中两艘为蒸汽帆舰）和 600 名海军陆战队，且侵略重点又放在越南上，根本无力单独对中国采取军事行动。对于这一点，法国海军上将士思利看得

---

① Instructions pour Bourboulon, 25 décembre 1856, H. Cordier, *Expédition de Chine de 1857 – 1858*, pp. 96 – 101.

② Instructions pour Gros, 9 mai 1857, H. Cordier, *Expédition de Chine de 1857 – 1858*, pp. 145 – 151.

③ John F. Cady, *The Roots of French Imperialisme in East Asia*; Masataka Banno, *China and the West, 1858 – 1861*, Cambridge, Massachusetts: Harvard University Press, 1964.

十分清楚，明确指出：就法国目前在太平洋舰队的力量来说，我们无法使我们的舰队去和英国抗衡。因此，以瓦尔斯基为首的外交部和陆军部部分官员认为，与英国联盟，是法国扩大在中国势力的绝好的机会，是法国"获取东亚财富的方便手段"，法国绝不能错过这个机会。同时，对于法国来说，扩大在远东的势力，目的也是要与英国竞争。如前所述，自鸦片战争以来，法国就一直密切注视英国在远东的动向。1840年鸦片战争刚爆发时，法国即派遣真盛意使团来华，监视英军的行动及其所获得或可能获得的利益。《南京条约》签订后，法国又派遣以高级外交官拉萼尼为首的外交使团来华，以便为法国签订一个类似璞鼎查为英国所订的条约，以使法国取得与英国相同的利益和特权。1856年当亚罗号事件发生后，法国国内舆论普遍担心中国沦为"第二个英印帝国"，担心继香港后，极宜建立海军和商业基地的舟山与台湾完全落入英国人手里，强调"道义上和政治上最高的设想，均要求像法国这样的国家应在地球上的各个地区拥有殖民地"。① 总之，法国伙同英国发动侵华战争，具有一箭双雕的目的。

第三，法国参与侵华战争，也是鸦片战争以来法国对华政策发展的必然结果。在早期法国对华政策中，1844年的《黄埔条约》是一个转折点。在此之前，法国鉴于在远东的利益有限，在对华政策上采取一种谨慎的、试探性的保守政策。在鸦片战争期间，法国尽管先后派遣真盛意、拉第蒙冬和拉萼尼使华，但给他们下达的指示都是十分谨慎的，强调他们的使命主要是考察远东的政治、经济形势，应以一种友好面目出现在清朝官员面前，极力避免卷入中英战争。但1844年的《黄埔条约》使法国一跃成为远东列强之一，通过这个条约，法国轻易地获得了与英美等国相同的政治和商业特权。以此为契机，法国在对华政策上也就一改以往犹豫不决的态度，积极与英、美配合，共同逼迫中国出让各种权益。

1847年1月，法国即撤销驻马尼拉和广州的领事馆，在澳门和上海分别设立驻华公使馆和领事馆。1849年，继英国之后，又在上海设立法租界，作为其侵略中国的一个堡垒。1851年，法国政府任命布尔布隆为驻华

---

① ［俄］德明切也夫：《法国在中国和印度支那的殖民政策（1844—1862）》，莫斯科，1958年版，第69—72页，转引自中国史学会主编的中国近代史资料丛刊《第二次鸦片战争》（六），上海人民出版社1979年版，第69页。

公使，明确指示他与英美代表一起迫使清政府修改商约，维护在华传教利益①，"只要中国当局同意和英国使团开始谈判即行出面支持这些谈判，并和包令（John Bowring）博士一起进行外交活动"②。但是法国公使布尔布隆根据其在上海与两江总督会谈的感受以及与法国驻上海领事和传教士们的谈话取消了随同英美公使北上白河的预定计划。这一决定的真实原因是法国公使认为此行不会有什么好处，他也反对将法国的利益与英国公使的激烈的反华情绪连在一起，而其表面的理由则是法国军舰"贞德"号被搁浅，不能利用。③他派遣使馆秘书哥士耆（Kleczkowski）参加白河之行。对于布尔布隆在第一次"修约"活动中未亲自随英美公使一同北上，法国政府极为不满，严厉批评布尔布隆这样做损害了法国的声望。④

1856年，美国发起第二次修约活动，法国政府同样给予积极支持。当美国公使伯驾（Parker）来华就任前途经巴黎与法国外交大臣瓦尔斯基就修约问题交换意见时，后者与之进行了友好的会谈。他在1855年11月19日写给法国驻英国大使佩西尼（Persigny）的信中指出："在我看来，美国政府的建议和三强在中国的共同利益是相符合的，而且它们和帝国政府发给布尔布隆先生的指令以及英国女王政府在一八五四年发给包令博士的指令在精神上是如此接近，以致我认为观点上的一致在原则上业已确立。所以我们打算发指示给我们驻中国的使馆，并授以必要的权力，让它和美国使馆协调一致。"⑤

鉴于第一次修约的教训，1856年5月10日，法国政府给驻华代办顾随（Courcy）发了一份详细的训令，要求他与英美代表达成协议，以与清政府谈判。法国政府认为，在美国公使所提出的要求中，首要的问题，也是最艰难的一步，便是外国公使驻京。顾随应该竭尽全力解决这一首要问题，然后再着手进行其他交涉，如让清朝政府派出外交使团前往修约三国常驻，这是对前一项措施的补充，"以实现外国列强与天朝帝国之间关系

---

① Le Ministre des Affairese Etrangères au Bourboulon, le 8 août 1851, Archives du Ministère des Affaires étrangère, *Mémoires et documents*, *Chine*, Volume 16.
② 《外交大臣致函佩西尼先生》（1855年11月19日），中国史学会主编《第二次鸦片战争》（六），上海人民出版社1979年版，第45页。
③ 《布尔布隆拒绝北上到白河》，中国史学会主编《第二次鸦片战争》（六），第43页。
④ John F. Cady, *The Roots of French Imperialisme in East Asia*, p. 128.
⑤ 《外交大臣致函佩西尼先生》（1855年11月19日），中国史学会主编《第二次鸦片战争》（六），第46页。

的转变。同时，它可以使天朝帝国更清楚地了解直至现在仍被其视作野蛮民族的国家的伟大和实力"。在解决公使驻京与中国遣使国外两个问题，中西建立正常的外交关系后，再与中国政府协商三国扩大在华通商事宜。如果该要求会危及谈判的既得成果，那就适可而止。总之，法国政府与英国政府一样，期望不要因为过早提出次要的要求而妨碍三大国实现其最重要、最特别的目标，认为应分清轻重缓急。为此，法国政府希望顾随和包令、伯驾在所有谈判开始之前就达成共识，找到最佳方案。为了促使谈判成功，法国政府还以武力支持法国代办的外交行动，"在你们充分交换意见、准备联合起来进行新谈判时，我们会乐于命令停泊在中国港口的联合舰队，通过其存在支持你们的行动。不过，就在我给您写信的同时，很可能海军准将盖林的分遣舰队已经与英国海军在直隶湾会合，并已开始在该海域进行计划中的联合巡航"①。

但这份训令到达中国时修约活动已经结束，并未发生实际效果。而顾随与布尔布隆一样对于修约持保留态度。在他看来，这样的交涉不会有什么成效，甚至会是危险的，它将是两年前包令和麦莲（R. McLane）联合交涉的一次无效而危险的重复。要取得成功，它必须成为一次有武力后盾支持的、严格推进的、严肃的谈判行动。虽然美国公使告诉顾随在他经过巴黎时法国外交大臣说过将要求他参加以修约为目的外交交涉行动，前者也致函正式向顾随提出协助的请求。英国公使包令也请求顾随致函两广总督，共同进行修约交涉。但顾随以没有收到法国政府的授权和指示为由拒绝了英美公使的请求，他表示不能直接参与他们的行动。然而，考虑到美国公使转达的法国外交大臣的意愿以及克拉兰顿勋爵向英国公使下达的指示，以及法国外交大臣两年前对三国公使继续联合行动的重视，而且三国公使联合是在目前形势中唯一能保证谈判成功的条件，因此，顾随认为应该间接参与修约活动，也即致函两广总督，表明法国政府希望与其他两国协调一致。② 1856 年 5 月 17 日他致函两广总督叶名琛："美利坚和英吉利两国全权公使知会我，他们将遵照各自政府的指示，就修改《望厦条约》和陈述各自政府的不满致信阁下。我荣幸地告诉阁下，我国政府与上述两

---

① Lettre du Ministre des Affaires étrangères, le 10 mai 1856, H. Cordier, *Expédition de Chine de 1857 – 1858*, pp. 11 – 13.

② M. de Courcy à M. Walewski, ministre des Affaires étrangères, 22 mai 1856, Archives du Ministère des Affaires étrangères, *Correspondance politiques*, Chine, Volume 18, pp. 15 – 22.

国政府之间一直保持着最和睦的关系,因而充分知晓两国对华外交的观点和意愿。借此机会,我荣幸地提醒阁下,根据《黄埔条约》第35条,我国国民可享有中国政府给予其他国家国民的一切权利、特权、豁免权和各种保障。"①暗示叶名琛法国随时可能为了维护本国国民的利权与英美一起行动,要求中方尊重法国人的权利。

尽管法国政府的训令未能发生实际效果,顾随也没有同伯驾一起北上与清廷谈判,但从中可以看出这一时期法国政府在联合侵华上采取了一种积极的政策。因此,当10月马神甫事件传到欧洲,英国乘机建议法英两国联合行动,用武力逼迫清政府答应修约要求时,法国政府也就马上应允,很快与英国达成协议。12月,法国政府正式给驻华公使布尔布隆下达了联合侵华的训令,电称:"我们已和英国政府以及美国政府协商一致,决定在中国海面聚集必要数量的战舰,以使你们谈判伊始,即具有足够的威势。""除了一些原则性指示外,我给您的建议只有一条,即立即与英美公使建立联系,与他们以及各国海军舰队司令官一起,采取您认为可以使您圆满完成任务的措施。"②

综上所述,法国参与第二次鸦片战争的原因是多方面的,既有国内因素,也有国际因素;既有政治动机,也有经济考虑,以及外交政策自身的延续性。

二 联合英国武装侵华

1857年5月,在英国为实现武力修约派出以额尔金(Elgin)为全权代表的远征军向中国进发后一个多月,法国政府也派出一支侵华军队及使团,任命葛罗男爵(Gros)为全权专使。该使团有一等秘书贝勒古(Bellecourt)、三等秘书宫达德(Contades),随员德莫热(de Moges)、杜芒步(LaTour – Maubourg)、特雷维斯(Trevise)和弗拉维尼(Flavigny)及海军上尉贝斯普拉斯(Besplas)。随同使团出征的是一支规模可观的海军舰队,由13艘军舰组成,它们是:汽轮三桅舰"勇敢"号

---

① Communication de M. de Courcy au vice – roi Yé, le 17 mai 1856, H. Cordier, *Expédition de Chine de 1857 – 1858*, pp. 14 – 15.

② Instructions de M. de Bourboulon, le 25 décembre 1856, H. Cordier, *Expédition de Chine de 1857 – 1858*, pp. 96 – 100.

（l'Audacieuse），为葛罗所乘战舰；挂帆三桅舰"复仇女神"号（la Némésis），装备大炮50门，系舰队主力舰；挂帆海防舰"任性"号（la Capricieuse，装备大炮30门）；汽轮海防舰"卡蒂纳"号（le Catinat，装备大炮30门）、"普里莫盖"号（le Primauguet，装备大炮12门）、"弗勒格顿"号（le Phlégéthon，装备大炮12门）；汽轮通信舰"马尔索"号（le Marceau，装备大炮6门）；两艘汽轮运输舰和四艘汽轮炮舰。担任海军指挥的是法国驻中国和印度海面舰队司令里戈·德热努依里（Rigault de Genouilly）。

　　法国政府授予葛罗的使命，仍是给驻华公使布尔布隆的那些内容。所不同的是，此次法国政府明确授权葛罗为达到目的，可诉诸武力，并提出一旦使用武力，则应向中国要求赔偿军费。此外，指示葛罗抵华后，应立即与英国全权代表额尔金取得联络，彼此磋商，协调行动。但在使用武力问题上，法国与英国的一味诉诸武力稍有不同，曾要求葛罗慎用武力，不得已使用武力时，应尽量避免不必要的流血与物质损失，试图通过恫吓清政府来达到其目的。法国外交大臣瓦尔斯基在1857年5月9日训令中告诉葛罗："皇帝陛下决定您作为全权特使前往中国，与身负同样使命的英国政府全权特使额尔金勋爵共同解决目前悬而未决的一些问题，并在我国与中国之间建立令人满意的关系。"指示葛罗尽快与法国在中国海域的海军舰队司令取得联系，在交换意见的基础上就如何适时行动达成共识。如果与中方的交涉毫无成果，如果采用武力能使中国政府屈服，那么葛罗就应告知海军司令，由后者决定在何处以及如何部署其麾下的兵力。鉴于葛罗与中国政府之间的联系，他比海军司令更的清楚是在中国北方还是在广州采取行动更能影响北京政府的决策，所以海军司令应听取葛罗的意见进行相关的部署。如果开战后中国政府摆出议和的姿态，葛罗也认为议和有利于解决悬而未决的问题，那么葛罗应立即知会海军司令，暂停所有军事行动，除非该行动马上就要取得胜利。

　　至于谈判内容和所要达到的目的，法国外交大臣表示：应该获得中国政府对以往争端的致歉，并在政治和商贸上作出重大让步，以为今后与中国的关系铺平道路。具体地说，首先，要求获得外国使节常驻北京的权利，至少在公使们或两国政府认为必要的时候，有权常驻北京，以便处理事务。在公使们不驻京期间，他们必须能直接与北京官员交流，能自主选择与之通信的方式。其次，要求中国更大程度地对外国商贸开放，法国商人有权沿大江大河而上，在各大消费中心经商，并自由来往于各个港口。

如果中国政府爽快地满足以上两点要求，那么葛罗即可与中方全权代表开展下一步谈判。此外，法国政府要求中国政府就马神甫事件赔礼道歉。不过，法国政府认为，"如果为了清算过去而坚持要求得到赔偿，以致损害了未来的利益，那将得不偿失。所以，在谈判时，要掌握好分寸，在道歉问题上我们可以作出小的让步，以期在商贸开放问题上获得更多。"但从训令看，即使中国政府就马神甫一案和"亚罗"号事件满足法、英的致歉要求，葛罗仍应北上，与中国政府谈判修约问题，"您抵达中国时，如果我们设想的最坏情况没有发生，中国政府就过去的纷争向我国和英国致歉，您也仍然要北上到白河河口，与中国政府建立直接联系，您只需考虑与修约相关的谈判内容"。可见，修约以改变与中国的关系，才是法英等国远征中国的真实动机和他们所要实现的终极目标。①

葛罗一行于1857年5月27日从土伦出发，10月13日抵达香港。抵港后，葛罗即完全秉承法国政府旨意，与英国全权代表额尔金密切接触，积极策划和制订具体侵华行动。英法联军攻打广州的军事行动，主要即出自葛罗的主意。在与额尔金作多次交谈后，1857年11月18日葛罗将一份有关对中国采取行动的节略送达额尔金。根据葛罗对中国形势的看法和对英法两国政府所制定的目标的研读，他建议：第一，本年放弃北上直隶直接与北京政府打交道的计划，两国特使首先就拟对广州采取的强制性措施进行协商，然后将所作的决定通知英法驻中国海面的海军司令，由他们共同研究可用于进攻广州城的兵力情况，看是否有把握在广州拒绝投降后攻占该城，并在城中维持秩序直至中国政府接受两国的修约要求。葛罗不主张将广州变为废墟，虽然这"是件十分容易的事情，但这种性质的事情会令许许多多无辜的人遭受痛苦，不会带来丝毫好处，而且完全是野蛮行为，可能成为英法国旗无法洗刷的污点"。如果海军司令认为兵力足以攻占广州，那么他们需要协调一致，力求在最好的条件下联合开展行动，直至两国特使得到中方实质性的保证。如果将军们认为掌握的兵力不足以攻占广州、在城中维持秩序并将其作为某种抵押稍后再还给中国政府，那么两国舰队就联合封锁广州，直至英法两国政府派兵增援以掌控局势或下达其他命令。

---

① Instructions pour M. le Baron Gros, le 9 mai 1857, H. Cordier, *Expédition de Chine de 1857 – 1858*, pp. 145 – 151.

第二，两国特使将靠近广州，以便在可能情况下与当地中国官员进行谈判。他们将致函主管中国外交事务的两广总督，英法两国的团结一致在函中会得到明确体现。特使们必须精确计算留给广州当局回复的期限，以使英法联合舰队有足够的时间集合完毕并能动用所有兵力开始行动。该函将被视为对两广总督所做的最后一次努力。如果两国特使在最后期限到来时未收到任何回复，或是收到拒绝或含糊其词的答复，那么他们将命令两广总督将其部队撤出广州，让联军进驻该城。联军指挥官应维持广州城的秩序，保护市民人身和财产安全，一旦中国政府答应法英特使的要求，马上撤军。如果这一要求被拒绝，或对方试图拖延，那么就使用武力。使用武力的时间、地点、步骤，由军队指挥官们根据形势而定。

第三，不论是广州当局投降还是联军用武力攻占广州，最好在广州城内及乡间散发简洁明了的声明，以稳定广州市民，特别是96个村庄的村民的情绪。该声明必须让广州民众明白，联军不会对和平的民众作战，而只是针对官员及其士兵。声明必须在城内及乡间广为张贴。

第四，无论是武力攻占还是广州当局主动投降，都须严令占领广州的联军士兵和水手不允许出现任何暴力和掠夺行为。葛罗认为这一点至关重要，"关系到行动的成功、我们部队的安全、甚至联军的名誉"。葛罗希望额尔金能仔细研究并判断上述看法是否符合他本人关于此时中国事务的设想，并对这些提议进行必要的修改，"因为尽管两国特使的立场不完全一致，但我们所代表的两个政府的目的一致。两国政府希望他们的特使行动协调一致并互相支持，去取得他们理应得到的、中国政府的赔偿以及在特使们要求下做出的新的让步"①。额尔金读后，对葛罗的主意十分欣赏，表示："本人对此无一字可删，无一字可增，本人完全同意他的可敬的同僚以如此清晰、如此准确的字句阐述的观点。"②葛罗还向额尔金保证，即使中国政府采取分化政策，不理英国而立即答应法国所提要求，法国也仍将以武力支持额尔金向中国所提的侵略要求；不管中国方面是拒绝还是"公平"处置，两国都将一致行动，所获利益也将共同分享。与此同时，葛罗、额尔金与两国军事长官召开会议，议决以攻占广州为筹码，直至中国

---

① Memorandum du Baron Gros, le 18 novembre 1857, H. Cordier, *Expédition de Chine de 1857 - 1858*, pp. 174 - 178.

② Lord Elgin au Baron Gros, le 21 novembre 1857, H. Cordier, *Expédition de Chine de 1857 - 1858*, pp. 178 - 179.

满足他们的要求。

议决之后，法英两国特使便按双方同意的计划开始行动。1857年12月10日宣布将于12日起封锁广州。同日，法国公使布尔布隆和英国公使包令各预备照会一份，于11日由利保尔（Ribourt）等人递送两广总督叶名琛。12月12日，法国全权特使葛罗又派人送来通牒，在介绍自己的身份和使命后，葛罗首先就马神甫事件再次提出法国的致歉和赔偿要求："1. 将在西林县——尊敬的两广总督辖区内——发生的法国人马赖遇害事件的罪魁祸首降职流放。2. 阁下正式发函通知我上述决定。3. 在《京报》中用适当的文字阐述西林县令受到的惩罚以及他受到惩罚的原因。4. 在同一天的《京报》中刊登文章，让所有官员明白，如果他们胆敢重复此类恶行，将受到与西林县令同样的惩罚。5. 对不幸的传教士的家人给予适当的金钱赔偿。6. 对在广州火烧十三行事件中或是由于中国当局不公而遭受损失的法国人和法国保护下的外国人给予相当于损失数目的赔偿。7. 最后，根据《黄埔条约》第2条的规定，在广州的法国人和受到法国保护的外国人应受到地方政府保护。这一条应该像在其他四个通商口岸那样在广州得到完全彻底的实施。"接着，葛罗又要求清朝政府指派1名或数名钦差大臣与其会谈，以改善中法两国的关系。他强烈要求两广总督"对目前欧洲在华事务进行深入的思考"。为了加强通牒的威慑力量，迫使中方满足列强的要求，葛罗按预定计划在函中特别强调法国与英国在对华政策上的一致与合作。他指出："在目前形势下，法国和英国政府一致希望获得中国政府对过去的赔偿和对将来的保证，他们已就为达到目的而采取的手段达成共识。"他希望叶名琛能认清形势，满足法国和英国的要求。最后，葛罗警告叶名琛必须在10天之内满足要求，否则即采取军事行动。①

同时，法英两国使节向广州民众散发传单，扬言叶名琛在限期内不能满足他们所提的条件，英法联军即攻打广州城，恫吓广州人民勿与他们为敌。在他们的要求遭叶名琛拒绝之后，葛罗于1857年12月23日照复叶名琛，认为叶的回复极不认真，含糊其词，对法国的要求置之不理，因而该答复被视为正式拒绝；葛罗表示自12月23日起，前定作满意答复的期限

---

① Note du Baron Gros à Yé, le 12 décembre 1857, H. Cordier, *Expédition de Chine de 1857 – 1858*, pp. 194 – 201.

已过，现在所有的问题将由英法联军解决。①

此前（12月10日），按预定计划，法国海军司令里戈·德热努依里宣布封锁广州河道。15日，法军又派出3艘军舰、130名水兵配合英军军舰9艘、水兵600名占领广州对面的河南。② 12月24日，法国海军司令里戈·德热努依里准将、英国驻印度支那海域舰队司令官西摩（Seymour）准将、英国驻中国远征军司令官万·斯特鲁本兹（Straubenzee）将军，联名致函广州文武官员，称：

> 法英特使告知我们，他们与贵国两广总督叶氏的谈判没有取得任何令人满意的结果，要求我们采取必要措施，以所率兵力占领广州城。我们不希望给广州居民造成任何人身与财产损失，因而决定等待48小时再攻城，目的是让广州各级满汉文武官员在此期间撤离广州。联军部队可避免流血伤亡占领广州，城中居民可毫发无伤，他们的财产也可得到保护。如果广州最高官员认为可以接受我方提议，应在今天中午12时之后的48小时内，致信通知我方，同时说明其将领和部队将如何取道、退至少离广州30里地的何处。贵方的信使应告知联军军官将在何地、何时接管广州各城门。同时，他要告知我方该如何在城中维持治安。如果以上提议不被接受并付诸实施，我们将攻占广州城。③

同日，他们又发布安民告示，称：

> 两国部队司令官不希望给广州居民带来任何人身与财产损失，因而责令广州各级文武官员及部队在48小时内撤离广州。如果该广州官员拒绝接受并实施我们的建议，两国司令官将派兵攻城。如果该提议有幸被接受，本告示郑重宣布，占领广州的联军部队将严守命令，

---

① Le Baron Gros à Yé, le 23 décembre 1857, H. Cordier, *Expédition de Chine de 1857 – 58*, pp. 216 – 217.

② Consul Parkes' Memorandum to John Bowring, Dec. 15, 1857, D. Bonner-Smith and E. W. R. Lumby, eds., *The Second China War, 1856 – 1860*, London: Navy Records Society, 1954, p. 260.

③ Notifications des Commandants des forces alliées aux Autorités civiles et militaries de Canton, le 24 décembre 1857, H. Cordier, *Expédition de Chine de 1857 – 1858*, pp. 218 – 219.

不能以任何借口侵犯本地居民的人身和财产安全，只与公开与联军作对的人为敌。①

12月28日晨，英法联军5679人进攻广州城，其中法国海军950人②，参加轰击的法国军舰有6艘。此役，英法联军共有15人死亡，113人受伤，其中法军2人死亡，30人受伤。③ 第二天下午，英法联军占领广州城。

需要指出的是，法军参加广州战役的兵力虽不多，但法军司令里戈·德热努依里及其指挥下的士兵十分卖力。里戈·德热努依里极力主张法国政府多派军队来华，并强调在军事行动中，法军应和英军"团结一致，亲密无间"④。他指挥的法国远征军担任联军左翼，29日抢先登上沙滩，进入广州城。对此，英军司令西摩在给海军大臣的报告中也作了肯定："我们勇敢的盟军在所有的战事中都积极参与。里戈·德热努依里海军少将作出了杰出的榜样，他指挥下的军官和士兵都极力效仿他。公正地说，法国人最先到达广州城墙。"⑤

1858年1月，英法联军掠走两广总督叶名琛，将他解往印度加尔各答，同时在广州城内扶植广东巡抚柏贵、广州将军穆克德讷等清朝官员建立中国近代史上第一个地方傀儡政权。在巡抚衙门设立以英人巴夏礼（Harry S. Parkes）、哈罗威（Thos. Holloway）和法人修莱（Martineau des Chenez）三人组成的委员会，掌握大权。另成立一支由130人组成的警备队，其中法军30名，英军100名。英法侵略军在广州实行军事统治长达3年多时间。

英法联军占领广州后，关于下一步行动计划，法国特使葛罗再度出谋划策。与额尔金只关注目标本身，倾向于武力威胁的方式不同，葛罗则建议用友好的语言和口气向中国政府提出谈判的要求，这样做的好处是可以让俄、美两国的代表与英法特使共同行动，四国的合力更容易迫使清政府接受。他在1858年1月31日给额尔金的函中指出：

---

① Proclamation des Commandants des forces alliées aux Habitants de Canton, le 24 décembre 1857, H. Cordier, *Expédition de Chine de 1857 – 1858*, pp. 219 – 220.
② M. Seymour to Secretary of the Admiralty, Jan. 13, 1858, D. Bonner – Smith and E. W. R. Lumby, eds., *The Second China War, 1856 – 1860*, p. 274.
③ H. Cordier, *L'Expédition de Chine de 1857 – 1858*, p. 225.
④ L' Amiral Rigault de Genouilly au Baron Gros, le 1er Decémbre 1857, H. Cordier, *Expédition de Chine de 1857 – 1858*, pp. 188 – 189.
⑤ D. Bonner – Smith and E. W. R. Lumby, eds., *The Second China War, 1856 – 1860*, pp. 278 – 279.

在我们目前的处境中，与其以希望和谈的好战者的姿态向北京朝廷宣布实行无限期的休战，不如说明或暗示我们想从他那里获得的东西。这一态度可便于俄美全权特使与我们同时向北京朝廷转达他们各自政府的希望，而这些希望与我们想得到的条款和保证完全一致。中国政府必定能发现，法英联军采用的是尽管友好却有威胁意味的表达方式，而俄美两国全权特使以友好口吻提出的要求实质上与法英两国的要求并无二致。既然中国政府相信俄美两国与法英联合使用武力来达到目的的可能性，难道他就不担心，如果他拒绝四国全权特使的要求，将导致俄美两国为了利益而参与必定成功的武力行动吗？对他来说，为了他的自尊，屈服于四国近乎友好的压力难道不比屈从法英强加于他的威力更容易接受吗？①

因此，葛罗建议由英、美、俄、法四国分别照会北京政府派遣全权代表到上海谈判，如这一要求得不到满足，再对北京采取像广州一样的军事行动。另外，葛罗不赞同额尔金仅要求中国政府就此前争端致歉，并以威胁的口吻要求谈判以期获得对方新的让步，但不说明新让步的具体内容。他主张事先告知中国政府即将进行谈判的主要问题，这样一方面可以使北京朝廷对英法希望获得的让步有所准备，另一方面也可以使中国钦差大臣的委任状中明确规定，钦差拥有与汇聚上海的外国使节谈判所必需的所有权力，这样可以避免会谈过程中当四国全权特使提出新问题的时候中国钦差不至于以没有相关授权需要上奏朝廷为由将谈判无休止地拖延下去。②

与此同时，葛罗在2月4日致函美国全权公使列威廉（Reed）和俄国全权公使普提雅廷（Poutiatine），告诉他们下一步的行动计划，并附上即将寄给大学士、兵部尚书裕诚的照会副本，特别强调四国联合的重要性，指出："阁下从我致北京政府的照会中可以了解到哪些是必须争取的符合我们共同利益的主要条款。如果阁下支持并认可额尔金勋爵和我即将提交给中国政府讨论、并要求其接受的条款，那么它们在中国政府的权衡中将具有新的价值，被接受的可能性将因此增大，也许武力的使用就能得以避免。"③

---

① Réponse du Baron Gros à lord Elgin, le 31 janvier 1858, H. Cordier, *Expédition de Chine de 1857–1858*, pp. 266–269.

② Réponse du Baron Gros à lord Elgin, le 31 janvier 1858, H. Cordier, *Expédition de Chine de 1857–1858*, pp. 266–269.

③ Note du Baron Gros à M. Reed et au Comte Poutiatine, le 4 février 1858, H. Cordier, *Expédition de Chine de 1857–1858*, pp. 277–278.

葛罗的上述建议,为英、美、俄三国使节所接受。1858年2月11日由额尔金的代表俄理范(L. Oliphant)偕同英、法、美三国驻沪领事到苏州径见江苏巡抚赵德辙,递交照会。法国与英国的要求基本相同,主要有公使驻京、开放新口岸、内地游历、赔偿军费及广州侨民损失等项,限清政府于3月底前派出具有便宜行事大权的钦差大臣到上海与英、法、美、俄四国举行谈判。照会表示,如果清政府接受他们的要求,他们马上撤退广州占领军,交还广州城,否则将扩大战争。照会发出之后,法国公使与英、美、俄三国公使先后离开广州,前往上海。当时咸丰皇帝并没有意识到事态的严重,以为这只不过是英法侵略者的虚声恫吓。于是,他在3月10日的上谕里,要求英、法、美三国公使折回广州,与新任两广总督黄宗汉商办,另要俄国公使到黑龙江与黑龙江将军奕山会勘疆界。法国与英国侵略者没有达到在上海与清政府谈判的目的,便按照计划率军北上,进犯白河口。他们认为天津靠近北京,又是漕运枢纽,只要控制天津,就可迫使清政府屈服。

1858年4月20日,葛罗乘坐"勇敢"号战舰,由"火箭"号(la Fusée)护卫,到达白河口,与克期到达那里的英、美、俄三国特使会合,他们三人乘坐的战舰分别为"愤怒"号(le Furious)、"明尼苏达"号(le Minnesota)和"亚美利加"号(l'America)。4月25日,法国海军司令里戈·德热努依里率领法国海军舰队到达白河口。由于当时英国船队尚未集中完毕,法国海军无力单独发动进攻,于是葛罗建议一面向清政府提出强硬要求,要清政府派全权大臣,在天津或北京与他们举行谈判;另一面加紧军事准备,以便在必要时立即攻击大沽和天津。根据葛罗的建议,4月24日,四国公使分别发出照会,要求清政府指派全权大臣立即举行谈判。法国和英国在照会中还限定清政府必须在6天内给他们以满意答复。

清政府在接到四国公使照会之后,才意识到事态严重,并非"虚声恫吓",立即派仓场侍郎崇纶、内阁学士乌尔棍泰赴津会谈。侵略者认为崇纶没有全权,职位太低,拒绝会见。后来清政府改派直隶总督谭廷襄为钦差大臣,负责交涉。英、法侵略者又借口谭没有便宜行事大权,拒绝与谭会谈,以便拖延时间,做好进兵津沽的准备。1858年5月11日,英国军舰集中完毕。18日,就在美国代表与直隶布政使钱炘和举行谈判的过程中,英法公使和海军将领却私下会议,决定20日采取军事行动,选择天津作为逼迫清政府议和地点。

1858年5月20日，法英联军乘坐8只兵船和18只大轮船，连同舢板船20余只，进攻大沽炮台。其中，由里戈·德热努依里指挥的法国舰队共有船只11艘。法舰"霰弹"号（la Mitralle）、"火箭"号与英舰"鸬鹚"号（le Cormorant）一道，攻击大沽北岸炮台，登陆的法军计168人，英军289人；法舰"雪崩"号（l'Avalanche）和"龙骑兵"号（la Dragonne）与英舰"纳姆罗"号（le Nemrod），攻击大沽南岸炮台，登陆的法军计350人，英军371人。①在这次战役中，法军伤亡人数超过英军，英军死亡5人，伤17人②；而法军有4名军官和几名水兵被击毙，8—10人失踪，近40人受伤。③攻占大沽炮台后，侵略军又直扑天津，扬言即将进攻北京。

腐朽的清政府面对这一局面，慌作一团，赶忙派大学士桂良，吏部尚书花沙纳赶往天津议和。他们于6月2日抵达天津，分别与四国特使谈判签约。在英法联军获得军事胜利和四国代表联合施加强大的外交压力下，清政府不得不对列强的要求让步。在中法会谈方面，1858年6月4日，法国全权特使葛罗函复钦差大臣桂良、花沙纳，同意6日赴约谈判，并要求钦差大臣届时出示全权证书。④对于被咸丰皇帝临时加派协助交涉的耆英，葛罗也明确表示如果耆英拥有全权资格，则与之会谈；否则，他将以对待崇纶、乌尔棍泰、谭廷襄的方式对待他，也就是说拒绝与之会面。⑤6月6日，按照预定日期，中法双方代表开始会谈。葛罗与钦差大臣桂良、花沙纳首先互相交验全权证书，之后，葛罗对钦差大臣们说："尽管他们所拥有的权力并不完全令人满意，他还是愿意委曲求全，只要在谈判开始之前，中国政府表现出不容置疑的诚意，表示其将像法国所期望的那样平息争端并满足法国的要求。"葛罗又说，钦差大臣们也许已经知道法国要求的内容，其中主要内容在他历次致大学士裕诚的信函中均有阐述。⑥

---

① 中国史学会主编：《第二次鸦片战争》（六），第146页。

② Seymour to Secretary of the Admiralty, May 21, 1858, D. Bonner–Smith and E. W. R. Lumby, eds., *The Second China War, 1856–1860*, p. 339.

③ Rigault de Genouilly au Baron Gros, le 21 mai 1858, H. Cordier, *Expédition de Chine de 1857–1858*, p. 375.

④ Réponse du Baron Gros aux Commissaires Impériaux, 4 juin 1858, H. Cordier, *Expédition de Chine de 1857–1858*, p. 392.

⑤ Le Baron Gros à Ki–Ying, 9 juin 1858, H. Cordier, *Expédition de Chine de 1857–1858*, p. 386.

⑥ Procès–verbal de l'entrevue du Baron Gros et des Commissaires Impériaux, 6 juin 1858, H. Cordier, *Expédition de Chine de 1857–1858*, pp. 395–397.

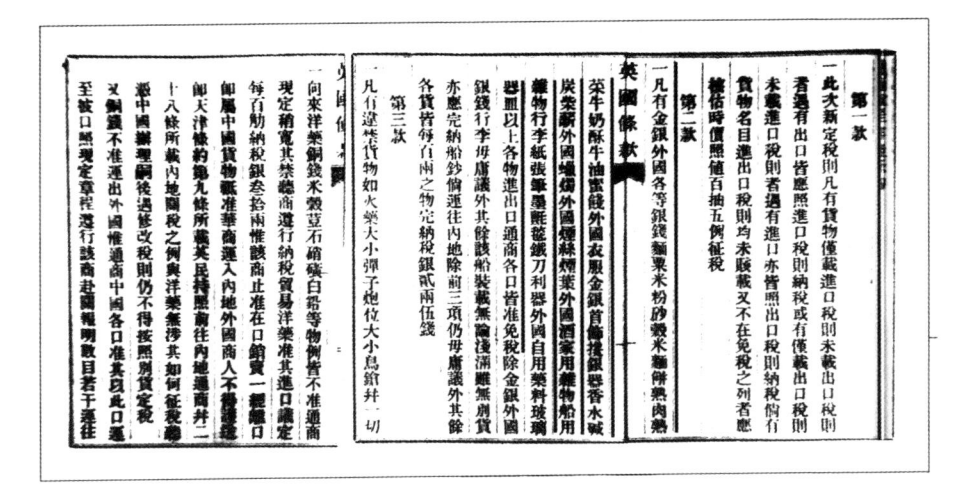

图 2-1　清政府与英法签署《天津条约》

6月27日，中法签订《天津条约》。中法《天津条约》共42条，主要内容有：1. 法国公使如奉命前来中国办理要务，得进京侨居，如有其他缔约国公使常驻北京，法国也能照办；两国官员外交往来用平等礼节。2. 中国增开琼州、潮州、台湾、淡水、登州、江宁6个通商口岸，法国人可在通商口岸居住、贸易、工作。3. 持有中法合写盖印护照的法国人可往中国内地游历通商。4. 法国传教士得入内地自由传教。同一天，法国还与清政府签订附约6条，一是就马神甫一案由清政府开除西林知县张鸣凤，永不得任此职，并将革职消息刊登《京报》；二是要求清政府赔偿法国军费和物质损失白银200万两，赔款付清后，法国退还广州。11月24日，在《中英通商章程善后条约》签订后第15天，法国也步英国后尘，与清政府订立《中法通商章程善后条约》10款，与英国一样，从清政府那里取得对华贸易的许多特权。葛罗在7月3日向法国外交大臣汇报签约情况时指出："我获得了所有能较大程度地满足我们商业和政治利益的要求，而且我会非常小心地为我国同胞事先取得行使其他国家运用善意、暴力或者诡计从中国政府获得的任何特权。"[①]法国在中国的这一系列所作所为，表明法国在侵华的道路上又向前迈进了一步。

---

① Le Baron Gros au Ministre des Affaires étrangères, le 3 juillet 1858, H. Cordier, *Expédition de Chine de 1860*, Paris: Félix Alcan, 1906, pp. 9-10.

三　扩大侵华战争

《天津条约》签订后，法国的侵华行动丝毫没有收敛，继续追随英国扩大对中国的侵略战争，以便获取更多权益。

法英两国与中国的关系在《天津条约》签订后所面临的第一个问题，便是要不要在北京设立常驻使节的问题，这曾经是两国发动侵华战争的首要目的，也为新签条约所规定的第一项权利。但是被派往上海与葛罗男爵和额尔金谈判新的海关税则的中国钦差大臣坚持要求在设立使馆问题上必须非常谨慎，并让朝廷和中国民众有思想准备。他们选择另一个城市供两国代表暂时居住，直到形势更为有利，不会对常驻北京构成任何障碍为止。不过，钦差大臣们同意在北京交换条约批准书，另外，每当法英两国使节认为有必要时，他们可以临时前往北京。英国特使额尔金已向英国政府建议接受中方的要求，另外，英国政府也不会授予其代表"大使"的头衔，英国外交代表的身份将是特使（Envoyé Extraordinaire）和全权公使（Ministre Plénipotentiaire）。在这种情况下，法国外交部长认为法国亦应尊重中国政府的要求，他向拿破仑三世提议采取与英国相似的决定。至于使节暂时的驻扎地点，法国政府接受葛罗的建议，选择南京，这也是英国政府的意见，选择南京。但由于该城还掌握在太平军手里，因此打算等待清朝政权在那里重建秩序，在更加有利和合适的时机安置使馆，在此之前，外交使节先暂时居住上海，在那里他们很容易与北京朝廷保持密切的联系，需要时亦可随时前往帝国的首都北京和南京。另外，法国政府计划一旦公使馆撤离澳门，移到中国北部，就将法国在上海的领事馆迁往广州，并将之升格为总领事馆，以更好地保护法国在广州的利益。在公使馆驻扎上海期间，即可以满足需要，待将来公使馆搬到南京，再在上海恢复领事馆。①

法英与中国关系所面临的另一个问题便是交换《天津条约》批准书的问题。关于换约的时间问题，据法国全权特使葛罗1858年12月13日从香港写给法国外交大臣的信件，他与额尔金向中国政府保证："在条约签订

---

① Rapport du Ministre des Affaires étrangères à Napoléon III, le 22 janvier 1858（按，时间有误，应为1859年），H. Cordier, *Expédition de Chine de 1860*, pp. 42–43.

后一年，或者更确切地说，在同一年的最后一天以前我们不会进行换约的。"葛罗认为，如果因政府的命令要求提前换约，中国当局可能会援引条约文本，因为他们有这个权利，在履行这一外交手续的最后期限以前他们可能会拒绝交换条约批准书。①因此，换约时间还是定在签约一年后，即1859年6月。

换约问题也是中国方面在成功说服法英代表暂缓设立驻京使馆后最牵挂的问题。《天津条约》订立后，咸丰皇帝害怕外国公使进京，仍希望用古老的伎俩制服"蛮夷"，因而要构筑堡垒，使英法公使难以接近首都。为避免英法来京换约，他命令桂良、花沙纳在上海等候，以便英法新任公使来华后在上海换约。此外，为阻止英法军队再度闯入白河，又命令钦差大臣僧格林沁在大沽口一带布防。

在换约期限临近的1859年5月18日，法国驻华公使布尔布隆致函钦差大臣桂良，除声明自己作为法兰西皇帝派驻中国皇帝的代表，负责执行中法两国刚刚在天津签订的条约外，布尔布隆特别提及自己携带有法国皇帝的国书，必须亲自递交中国皇帝；另外说明他奉命在北京交换经两国君主正式批准的《天津条约》文本，将两国的和平友好关系建立在一个牢固和持久的基础上。同时，他通知桂良，将奉命立即动身前往天津，希望中方下达必要的命令，以便他得到与其身份相符的接待，在居留北京期间能以一种适合其所代表的君主的尊严的方式安顿下来。②但是，出乎布尔布隆意料，他没有收到中方的回复，而英国新任驻华公使普鲁斯（F. Bruce）以同样方式提交的照会却得到了回复。

为此，布尔布隆于1859年6月8日再次照会钦差大臣桂良，表示"不能容忍这种对我本人和我的国家的轻侮"，表明自己对于交换条约批准书与进京以执行法国皇帝交付给他的使命的态度，与英国女王代表完全一致，再次重申他将立刻前往北京，在条约规定的期限内进行换约，并亲自将携带的国书呈递中国皇帝，任何物质上的障碍都不能阻止其执行使命。口气非常坚定。最后，为了确保自己得到与身份相符的接待，布尔布隆强调，交换条约批准书是《天津条约》所庄严承诺的首要义务，尽管他必须

---

① Le Baron Gros au Ministre des Affaires étrangères, le 13 décembre 1858, H. Cordier, *Expédition de Chine de 1860*, pp. 39 – 40.

② M. de Bourboulon à Kouei – Liang, le 18 mai 1859, H. Cordier, *Expédition de Chine de 1860*, pp. 51 – 52.

在没有任何接待保证的情况下进入北京，但还是希望对他的接待能符合两国业已建立的友好关系，也能符合他所代表的国家和君主的尊严，"如果在这方面由于没有按照文明国家间的条约或者惯例的要求而导致严重后果，那么将由中国皇帝陛下政府承担全部责任"①。

由于法国公使布尔布隆和新任英国驻华公使普鲁斯执意在北京换约，咸丰皇帝也只好同意，照会普鲁斯、布尔布隆在北塘登陆，经天津去北京，他要求随行人员不得超过20人，不要携带武器。清政府还命令直隶总督恒福亲自到北塘接待英法公使，又令沿途地方官备办供应，妥为照料，并在北京预备宽敞房屋三处，作为英法美三国公使的住处。但布尔布隆和普鲁斯6月20日到达大沽后，故意制造事端，坚持按照他们自己确定的路线去北京，竟然要求清政府撤除大沽口防御设施，由大沽口溯白河进京。6月25日，英法侵略军向大沽炮台突然发动进攻，遭到大沽守军的回击。经过一昼夜的战斗，十余只英法兵船被击沉，死伤官兵400余名。在大沽事件中，法军主力虽然不在白河（其时正在越南），只有1艘"迪歇拉"号（le Du Chayla）和60名人员参战，与英军兵力（11艘军舰，600余名登陆部队）不成比例，但法国公使布尔布隆对于挑起这次冲突的热情并不亚于英国公使普鲁斯。他派哥士耆向普鲁斯表示："尽管我非常遗憾，因为我所拥有的船只能为海军上将提供很微弱的帮助，然而我也决定在任何情况下都和他站在一起，一旦冲突发生，我们的旗帜就应该和英国的旗帜在一起飘扬。"据布尔布隆给法国外交部的报告，他本人的态度对普鲁斯最后决定大沽行动产生了影响。②

布尔布隆在事发后5天，即6月30日，给法国外交大臣的报告中分析了中国军队在大沽战役中取胜的原因。他不赞同多数英国人的看法，认为他们遭到俄国大炮和子弹的攻击，有一部分俄国人混杂在满洲军队，至少有俄国的瞄准手在里面，另外，防御工事也是在俄国工程师的指导下建造的。但仔细观察此次战事的所有细节的一位英国炮兵上校并不这样认为。另外，一些非常了解中国或者掌握大量有关北京和帝国北方所发生的事情的信息的人也不这样看。这些人认为中国政府尤其是反对外国侵略的抵抗

---

① M. de Bourboulon à Kouei – Liang, le 8 juin 1859, H. Cordier, *Expédition de Chine de 1860*, pp. 55 – 57.

② M. de Bourboulon au Ministre des Affaires Etrangères, le 30 juin 1859, H. Cordier, *Expédition de Chine de 1860*, p. 66.

派和主战派首领蒙古亲王僧格林沁,自从去年英法联军袭击并控制白河后不敢有丝毫的疏忽,僧格林沁以非凡的智慧将他能够支配的全部军事力量集合起来,以对付联军,防止类似去年的尝试再获成功。"如果我们重新出现,他就要给我们有力的回击,通过白河两出口的防御使我们无法进入首都的周围。"布尔布隆认为,僧格林沁为了训练他的蒙古军严守纪律和掌握开炮方法,为了建筑防御工事,有可能请教某些俄国教官,但总的来说,"我们在那悲惨的25日晚上所遭遇到的有力的和机智的攻击以及非常出色的指挥,是由于中国内部的因素而非外来因素,是由于这些蒙古军纪律严明和意志刚强,他们显然优于我们与之作战过的汉军,这是欧洲军队在对付中华帝国排外斗争中首次遇到一个他们尚未碰到过的一个民族或者种族的抵抗"[①]。

大沽事件的消息传到法国后,法国政府试图借此扩大对华战争,以加强法国在远东的势力。它首先与英国政府就拟采取的措施进行协商。1859年9月,法国外交大臣在回答英国驻法大使考莱(Cowley)有关法国政府对于中国政府应得的惩罚和两国在远东的共同利益将采取什么样的措施的问题时,答复后者:"英国政府可以放心,法国皇帝政府决定与它一致行动,我们会研究它通知我们的计划,并很乐意以一种合适的方式和完全真诚的态度参与对中国在白河口怠慢两国政府代表的行为的报复。"[②] 法国政府对战争的叫嚣一点也不亚于英国政府,计划派遣一支1.5万名至1.8万名远征军赴华参战。但英国反对法军数量过于庞大,以致影响自己的优势地位。最后,法国政府只好将远征军数量削减到7620人,其中军官140名,士兵7480人[③],包括轻步兵、野战步兵、工程技术兵、海军陆战团、炮兵、重骑兵队、辎重队,各个军种、各个兵种比较齐全。他们乘坐9艘运输舰("仙女"号、"卡尔瓦多斯"号、"汝拉"号、"进取"号、"涅夫勒"号、"卢瓦尔"号、"莱茵"号、"加龙"号、"伊泽尔"号)、5艘

---

① M. de Bourboulon au Ministre des Affaires Etrangères, le 30 juin 1859, H. Cordier, *Expédition de Chine de 1860*, pp. 71 – 73.

② Lettre du Ministre des Affaires Etrangères aux Ministres de la Guerre et de la Marine, le 18 septembre 1859, H. Cordier, *Expédition de Chine de 1860*, pp. 100 – 101.

③ Paul Varin, *Expédition de Chine*, Paris: Michel Lévy frères, 1862, pp. 21 – 25. 据英军总司令格兰特日记记载,法军人数总计7632人, H. Knollys, *Incidents in the China War of 1860*, Compiled from the private Journals of General Sir Hope Grant, Edingburgh and London: William Blackwood and Sons, 1875, pp. 30 – 32.

三桅帆船("安德罗马克"号、"坚强"号、"坚韧"号、"复仇"号、"罗纳"号),从土伦和布列斯特港出发。

1859年11月13日,法国政府任命法军鲁昂第二师师长孟托班(Cousin de Montauban)将军为法国对华远征军总司令。12月15日,为确保远征取得成功,法国陆军大臣朗东(Randon)给孟托班下达一份详细的训令,就他的指挥权限、要实现的目标、作战方式、与英国人的关系、与外交官的配合等问题作出具体的说明。该训令指示孟托班以武力迫使中国接受英法强加的条件,此次远征所要达到的目标是:1. 超过英法使节们最近所到达的地方;2. 对于进入北京要持坚定和恐吓的态度,事先可以表现为对经过之处做地理上的布置,甚至可以通过对接近天津所做的研究来表现。为了抵达北京,将路线全部标出来,它可以由不同的据点或者基地组成,在与海军司令们进行协商并决定适合我们军舰和必要的武装力量会合的据点后,孟托班就可以依次占领舟山和位于北直隶湾入口的其他登陆地点。"保卫白河入口的阵地一旦夺取,防御工事一旦被摧毁,你们到达天津就不会遇到太大困难。在那里可以停留一下,重要的是你们安营扎寨要相当坚固,不要有丝毫的退缩。当您控制这座城市后,武装力量的存在对中国政府的决定会产生重要的影响,足以使它按照我们强加于它的条件接受和议。如果这一假设不能实现的话,那么在天津的设施应足够的牢固,以使您的陆海军可以在那里过冬。"如果情况与陆军大臣前述的设想相反,如果孟托班认为有必要的话,而且英军总司令与法英两国公使也认为有必要的话,那么"你们就进军北京,您采取必要的措施确保我们在这场新的战斗中取得决定性的胜利"。为了确保军事行动的成功,训令特别嘱咐孟托班要与英国人保持一致,与英国海军司令和远征军总司令进行协商,强调"这方面不能有丝毫的疏忽,您与联军指挥官在日常交往中的良好关系,将保证你们在军事行动中意见统一、步调一致"。同时,训令要求孟托班配合外交官,保证军事与外交联合行动的成功,指出:

> 作战期间,外交官的作用在于让军事指挥明白应从中国政府那里获取的利权。指挥官保留根据我们所处的军事形势满足外交要求的最大限度的自由。一旦联军的军事行动使谈判适宜时,皇帝的公使就重新恢复他所接受的任务,在与英国公使取得一致,并与法军总司令进行协商后,与中国全权代表们开始谈判。您的责任没有比此时更重大

了，它要求您确切掌握形势的所有细节，以便您从军事作战的角度判断形势，突出军事考虑的需要以及您将运用的行动方式。

训令既赋予远征军总指挥全权，同时也使之肩负重大的责任，要求他必须接受各方面的建议和忠告，特别提醒孟托班将军"您与英军总指挥的关系，以及军事行动与外交行动之间的配合，是您最应注意的地方。给您的训令不可能预见一切，解决一切。应记住：每个人对使命的完成都有影响，这种互相协作的精神与对共同事业的忠诚会使所有的义务变得容易，同时使每个人在其正常的职权范围内行事"[1]。

为了应对可能出现的意外情况，法国政府还任命雅曼（Jamin）将军为法国远征军副总司令，在孟托班无法继续行使总司令职务的时候，由雅曼担任总指挥。

1860 年 1 月 12 日，孟托班一行从马赛启程，2 月 26 日抵达香港。1860 年 3 月 12 日孟托班将军最先抵达上海。后鉴于英国海陆军司令由 2 人分任，法国政府便又任命海军少将夏尔纳为海军司令。由夏尔纳指挥的法国舰队计有军舰 65 艘，于 1859 年 12 月 15 日分别从土伦、布雷斯特、洛里昂、瑟堡四港启程赴华。[2] 夏尔纳 4 月 18 日抵达吴淞。

与此同时，鉴于英国政府重新任命地位显赫的额尔金为全权代表前往中国，法国政府也再度任命葛罗为全权特使来华。这一决定既是为了使法国代表能与英国代表平起平坐并在共同行动中更好地争取和维护法国的利益，也是为了法国外交代表的权威不亚于法国远征军总司令以确保内部的和谐与统一；另外，也是鉴于葛罗已有出使中国的经历，对中国比较了解，不必再从头去熟悉中国问题，在这方面也可以与额尔金抗衡。正如法国外交部在《关于派遣法国代表的备忘录》一文中所指出的，"我们在中国始终存在双重目标：皇帝政府一方面要与英国政府达成谅解，这样的谅解是必不可少的，实际上当我们声明与大不列颠进行一项共同的事业以获得白河事件的补偿时就有此必要；另一方面，我们同时要捍卫我们自身的利益，坚持那些针对我们自己的特殊要求。这一双重目标似乎只有通过采

---

[1] Instructions du Géneral Montauban, Commandant en chef les forces de terre et de mer de l'expédition de Chine, le 15 décembre 1859, H. Cordier, *Expédition de Chine de 1860*, pp. 108 – 112.

[2] Charles de Mutrecy, *Journal de la Campagne de Chine（1859 – 1860 – 1861）*, Tome 1, Paris: Dentu, 1862.

取类似任命葛罗男爵这样的措施才能达到,换言之,只有通过派遣一位其地位和级别与额尔金相当的人到中国,才能实现上述双重目标"。"额尔金将重返一个他完全熟悉的地方,无需再研究他所要解决的问题。与此相反,如果法国不把这一使命交给葛罗男爵,那么将有一位新的法国代表前往中国,那么从一开始,由于他对这个国家的人与事缺乏经验,肯定会对他不利。"①

葛罗的使命是:一要求清政府对大沽事件作出正式道歉;二互换《天津条约》,并履行该条约;三赔偿英法各 6000 万法郎。法国外交部长在 1860 年 4 月 21 日给葛罗的训令中对这三条要求做了解释,他认为其中的第一个要求在大沽口事件的次日即已被证实是有理由的,而在中国皇帝对联军所作的攻击正式加以赞许后,更不应被搁置在一旁。关于第二个要求,他表示换约完全有必要按商定的那样在北京进行,为此葛罗就应前往北京,并按他的官阶受到应有的礼遇。同时,葛罗还应设法保证条约能立即付诸实行。至于换约后,葛罗在北京究竟应该逗留多长时间,就视需要而定。另外,葛罗还应和额尔金协商是否有必要觐见中国皇帝,假如觐见的仪式确实不损害他们所代表的政府的尊严的话。至于外交使团常驻北京一事,法国外交大臣认为尽管中法条约没有明确规定,但法国有权根据条约的类比做到这一点。因此,假如英国政府决定坚决履行条约中所规定的女王公使驻节首都这一款的话,那么葛罗就要和额尔金就此进行协商。关于第三个要求,即赔偿英法各 6000 万法郎的问题,英国政府将准备在取得对大沽口事件的赔礼道歉和《天津条约》的正式批准后,占领中国某个地方和广州,作为支付赔偿的担保,法国政府认为假如有另一种办法来保证赔偿,如达成某种协议用中国关税收入的一部分来逐步抵消赔偿的话,那么就不需要这么做。然而在无法达成此等协议的情况下,英国政府认为必须占领舟山岛或中国的另一个地方,它和广州在完全付清赔偿以前一直由联军占领。法国政府提醒葛罗注意这一问题,假如发生这种情况,那么葛罗应该和额尔金以及司令官们一起商议,共同采取必要的措施以防止中国政府回避履行它在经济上应尽的义务。最后,该训令考虑到强制性措施可能无法避免,告诉葛罗,法国政府和英国政府都希望把武力行动限制为迫使北京内阁尊重和履行其庄严义务的必要措施,计划中的战争行动将尽

---

① Note, janvier 1860, H. Cordier, *Expédition de Chine de 1860*, pp. 115 – 118.

可能地在长江以北地区进行。另外,训令也提醒葛罗要加倍小心以防止出现这样的危险局面,即中国皇帝可能因担心自身的安全而逃离首都,"事实上我们的意图也决不在于推翻当今中国之君主。可是,由于他的离开或某些情况的凑合,在北京履行其职责的帝国中央政府出现瓦解,中国内地正在进行的起义无疑就会迅速波及帝国其他地区,并使政权整个都垮台。从我们这方面来讲,就不必说由此带来的物质上的麻烦,我们也要比任何时候都远离我们所追求的目标。我要说的目标是和中国建立更明确、安排得更好的国际关系,并在今天还没有的自由和安全的条件下深入该国内地"①。葛罗一行于6月28日抵达上海。

就在英法两国政府为重新发动侵华战争进行磋商和调兵遣将期间,法国公使布尔布隆和英国公使普鲁斯也在与中国政府就大沽事件的赔偿问题进行交涉。1960年3月8日,他们在上海向北京朝廷递交照会,由两江总督何桂清转交。布尔布隆以法国政府名义在最后通牒中提出以下的要求和声明作为维持两个帝国之间"和谐关系"的明确条件。

    1. 北京朝廷必须派其代表大学士向本人——法国皇帝陛下的代表致以官方照会,为去年6月在大沽口对与英国女王陛下的军舰一起的法国皇家海军一艘战舰的攻击事件赔礼道歉。

    2. 中国大学士必须以其君主的名义向本人保证:本人可以前往首都交换条约批准书,并且可以乘坐法国军舰顺利到达天津,地方当局必须采取必要的措施以便本人和随行人员可以体面地由天津进入北京。

    3. 中国皇帝政府在对本通告的答复中必须声明,他准备在北京交换1858年6月27日法国皇帝陛下全权特使葛罗男爵与中国钦差大臣桂良、花沙纳在天津签订的条约批准书。与此同时,法国皇帝陛下也将通过其代表——本人声明:关于其公使驻扎北京问题,今后不会再提出与条约规定不同的建议,也就是说,如果他认为必要,他将恢复公使常驻北京的权利,英国政府也不再将此问题与额尔金勋爵和中国钦差大臣所达成的协议联系起来,并重申其在这点上要求完全履行条

---

① 《给葛罗男爵的训令》(1860年4月21日),中国史学会主编《第二次鸦片战争》(六),第257—261页。

约第二款的权利。

4. 中国政府答应向法国皇帝陛下政府支付战争赔款，其金额与本国政府第二次派遣海陆军到如此遥远的地方所应支出的费用相当。

最后，他奉命通知中国政府，给予 30 天的期限回复该通牒，必须无保留接受上述条件。如果超过这一期限，中国政府还不将正式接受的决定通知他的话，那么它的沉默将被视为拒绝。①

为了确保该通牒及时送达北京朝廷，布尔布隆在同一天还致函两江总督何桂清，请他以最快捷的途径将上述照会寄达目的地，因为它规定了答复期限，"这一信件最大限度地关系到我们两国和谐关系的继续"。②与此同时，布尔布隆又将此事通知法国远征军总司令孟托班，提醒后者注意该通牒规定的 30 天期限，将于 4 月 9 日逾期。如果这些要求遭到拒绝，将由孟托班和英国海陆军总司令协商决定采取两国政府训令中所规定的强制措施，在孟托班到达以前，这些措施将由海军准将巴日来执行。③

1860 年 4 月 5 日，两国公使收到以同样途径转交的中国政府的答复，他们认为中国政府没有完全答应所提条件，而且所使用的措辞也不能令他们满意，因而视该答复为中国对两国要求的正式拒绝。4 月 14 日，布尔布隆和普鲁斯联名给中方发送备忘录，表示两人已就中国政府的答复做了交流，一致认为，该答复是对法英两国政府在上述通牒中所提要求的正式拒绝，它们排除了通过谈判方式达成和解的可能性。因此根据训令"只好由两国在华海陆军总司令协同采取强制措施迫使中国政府履行其诺言，向联合的两国政府赔偿其去年 6 月事件的不忠行为"④。另外，法国驻华公使布尔布隆还于 1860 年 4 月 11 日致函两江总督何桂清，除表达上述备忘录的意思外，还对中国政府对法国使节一而再，再而三的忽视提出抗议，"除了这一拒绝本身外，还有一个事实也足以使和平解决两国分歧变得不可能，那就是北京朝廷常常忘记对世界上最强大的帝国之一的高级代表给予

---

① Ultimatum français, 8 mars 1860, H. Cordier, *Expédition de Chine de 1860*, pp. 158 – 160.
② M. de Bourboulon à S. E. Ho, Commissaire Impérial, Vice – Roi des deux Kiang, le 8 mars 1860, H. Cordier, *Expédition de Chine de 1860*, p. 160.
③ M. de Bourboulon au Général de Montauban（无日期）, H. Cordier, *Expédition de Chine de 1860*, p. 161.
④ Memorandum, 14 avril 1860, H. Cordier, *Expédition de Chine de 1860*, p. 165.

应有的尊重和礼貌。因此，本人只好照知中国大学士——因为本人是通过他转交本国政府最后通牒的——本人没有收到直接的答复。这样的程序已重复多次，它只能证明中国的狂妄自大，这种举止从法国和中国各自所处的地位来说是难以解释的。因此本人急切地通知两江总督，务必将上述情况通报北京朝廷。"①

4月14日就在向中方递交备忘录的同时，英法两国公使与远征军总指挥举行联席会议，决定格兰特将军（Hope Grant）和巴日海军司令从上海出发去执行占领舟山的任务。4月21日，英法联军占领舟山。英军指挥利夫（Reeves）上校带领一支约由2000人组成的武装力量占领一座1841年遗留下来的原英军医院时已空无一人的大楼，指挥法国登陆部队的帕利埃（Martin des Pallières）上校则带领他的一小部分海军陆战队在控制定海码头和城市的一个要塞安营扎寨。②

此时，英法侵华军已陆续到达中国，共计25000多人，其中法军7000多人，英军18000多人。1860年5月20日，法英即在香港召开军事会议，英军总司令与法军总参谋长商定，法军以北直隶湾的芝罘（今烟台）为基地，英军以海湾的另一面大连湾为驻地。5月27日英军占领大连湾，6月8日法军占领烟台。6月18日，法英两国远征军总司令孟托班和格兰特，海军司令夏尔纳与贺布（James Hope），又在上海举行了一次军事会议，初步拟定7月15日前英法联军在北塘河登陆。7月19日，法英两国全权特使、远征军总司令及海军司令在烟台孟托班住处再次召开军事会议，最后确定英法联军于7月28日在北塘河登陆，并决定由法军高级官员总参谋长施米兹（Schmits）、海军上校布古阿（Bourgois）、海军中校迪潘（du Pin）等人负责北塘河的勘测工作。根据他们的侦察结果，孟托班与格兰特商定英法联军在北塘河的左岸登陆。7月25日，根据预定计划，法军参战部队共7367人分别登上20艘战舰，另有华工950名、马1200匹、大炮28门，分载各舰只。26日，法国舰队与英军会合。

8月1日，英法联军在北塘登陆，并很快占领北塘镇。英法联军的到来，给北塘人民带来巨大的灾难。北塘是一个很小的乡镇，此时要容纳

---

① Réponse de M. de Bourboulon à Ho, 11 avril 1860, H. Cordier, *Expédition de Chine de 1860*, pp. 166-167.

② M. de Bourboulon à M. Thouvenel, 28 avril 1860, H. Cordier, *Expédition de Chine de 1860*, p. 168.

图 2-2　外国人绘第二次鸦片战争时大沽口外的联军舰队

1.1万名英国人和7000名法国人，以及他们的4000匹军马等，自然难以承受。于是英法联军便野性大发，既驱逐居民，又拆除大批房屋去建筑码头等设施，害得北塘人民流离失所，无家可归，十室九空。有些妇女为了使自己和女儿不遭劫掠和奸污，竟一起自尽。英法联军常常手执棍子，闯入民宅，放肆掠夺，对于带不走的东西，就疯狂地加以破坏。在离开每个破坏的场所时，他们肩上总是扛着成捆掠劫之物。法军头目对于部下的这种罪行从未试图加以阻止，他们认为抢劫是军人的权利。此后，英法联军每攻一地，无不劫掠。法军驻扎北塘的右半部，英军驻扎左半部。在接下来的军事行动中，法军与英军虽然在战利品和军需的分配上发生一些矛盾，但在战斗中仍密切合作。

8月12日，英法联军占领新河，切断大沽与天津之间的交通线。新河之战，英法联军共出动8000人。① 从参战部队的编制来看，法军人数估计与英军差不多。联军分成两支，一支由2000人的英法步兵混合纵队、一个英国炮兵连、一个法国炮兵连组成；另一支由一个英国步兵旅、一个法国步兵旅和一个法国炮兵连组成。②

8月14日塘沽之战，法军两轻步兵连、一工兵连共200人的登陆部队担任前锋，率先登上城墙；一旅法国步兵直趋中央阵地；另一旅法国步兵在后侧支援联军的总进攻。英军则担任右翼。此役，法军伤亡人数超过英

---

① Le Baron Gros à M. Thouvenel, Ministre des Affaires Etrangères, le 24 août 1860, H. Cordier, *Expédition de Chine de 1860*, p. 278.

② H. Cordier, *Expédition de Chine de 1860*, p. 255.

图 2-3　大沽口北炮台
［英］菲利斯·比托（Felice Beato）拍摄

军，有 1 人死亡，约 12 人受伤；英军仅伤 3 人。① 塘沽的陷落，使大沽炮台处于孤立，面临危险。

8 月 21 日大沽北炮台之战，法军与英军各出动 400 人。法军先攻占 3 座炮台。此役，法军伤亡 210 人，其中死亡 40 人，伤 170 人；英军伤亡 201 人，其中死亡 17 人，伤 184 人，法军也略多于英军。② 对于英法联军协同攻打大沽炮台的情形，参加当时作战的一位法军这样描述道："法国和英国的炮队持续地、密集地、猛烈地进行轰击；它们拼命地干，相互竞争，并且在准确性上互比高低"③，进行战争竞赛。同日，英法联军侵入天津。

大沽失陷后，清政府任命桂良、直隶总督恒福为钦差大臣，武备院卿恒祺为帮办大臣，在天津与英法代表议和。但是在谈判中，英法代表又提

---

① Le Général de Montauban au Ministre de la Guerre, le 18 aout 1860, Charles de Mutrecy, *Journal de la Campagne de Chine*（1859-1860-1861）, Tome 2, Paris: Dentu, 1862, pp. 336-338. H. Cordier, *Expédition de Chine de 1860*, p. 256.
② H. Cordier, *Expédition de Chine de 1860*, p. 263.
③ 中国史学会主编：《第二次鸦片战争》（六），第 284 页。

图 2-4　清后期外国人绘英法联军进攻大沽炮台

出新的条件：天津开埠、保护天主教、允许华工出口等，另要求各带侍卫1000人进京换约。这些逼降条件令咸丰皇帝深感不安，命令桂良不得签字，要求英法先退兵后换约。这样，天津谈判无果而终。

9月9日，英法联军继续向通州推进。清政府得知这一消息后，一面派怡亲王载垣、兵部尚书穆荫为钦差大臣，赴通州与英法代表谈判，一面又命令僧格林沁率领军队在河西务一带布防。同时，咸丰皇帝开始准备逃离北京前往热河。

9月14日，载垣、穆荫与英法代表巴夏礼、威妥玛（Wade）、巴士达（Bastard）、美理登（Meritens）在通州举行第一次会谈，中方接受法英全部要求。17日，对方又提出亲递国书的要求，被中方坚决拒绝，谈判因之中断。

9月18日张家湾之战，法军担任左翼，英军担任右翼。此役，法军有1名军官死亡，1名军官和几名士兵受伤；英军损失较大。① 同日，中方将巴夏礼等26名英国人和13名法国人扣押。

9月21日八里桥之战，由法军总司令孟托班负责指挥。法军攻打八里桥，英军攻打运河上的一座木桥。此役，法军3人死亡，17人受伤。英军伤亡人数与法军相近。② 这次战役为英法联军进入北京开通了道路，是1860年对华战争中的关键性一战，孟托班由此被法皇拿破仑三世封为"八里桥伯爵"。

---

① Paul Varin, *Expédition de Chine*, p. 196.
② Paul Varin *Expédition de Chine*, p. 213. 据 H. Cordier 记载，9月10日前后从天津出发，向北京进军的法军人数为2886人，英军3000人，后来科林诺又从天津带来一支部队，加入法军大部队（H. Cordier, *Expédition de Chine de* 1860, pp. 307、324）。由此推测，八里桥之战，法军有3000多人。

图 2-5　清后期外国人绘第二次鸦片战争中的八里桥大战

9月22日，咸丰皇帝逃往热河，令恭亲王奕䜣为钦差大臣，留京与英法议和。

四　抢掠圆明园，逼订《北京条约》

虽然英法两国政府事先已估计到中国皇帝出逃的可能及由此造成的后果，并特别提醒各自代表应该注意这一危险，推翻清朝政权不是两国的目的。但是，事态的发展最终还是到了这令人遗憾的一步。而接下来所发生的事情更是与英法所标榜的"文明"背道而驰，给中国带来了极大的灾难和破坏。

10月5日，英法军队各4000人，共约8000人①，开始向北京进军。6日，英法联军为了防止清军骑兵发现，分四路纵队向北京城挺进。他们在当地农民的指引下向圆明园出发。途中，格兰特将军带领的一支英国步兵队伍因辨不清方向与其他三支联军纵队脱离。法军抓住了两个当地人，在

---

① *L'Expédition de Chine de 1860*, *Souvenirs du Général Charles Cousin de Montauban*, *Comte de Palikao*, Paris: Librairie Plon, 1932, p. 348.

严刑逼迫下，这两个当地人只好带领法军到圆明园。10月7日，法军总司令孟托班在副司令雅曼将军和科里诺将军、参谋长施米兹上校以及率领英国骑兵纵队的巴特勒准将等人的陪同下进入圆明园。在参观完富丽堂皇的宫殿后，孟托班下令，在英军总司令格兰特将军到达以前，一切必须保持原样。但是，法英联军终究经不起圆明园内的稀世珍宝的诱惑，开始对圆明园进行大肆抢劫，抢掠活动整整持续3天。在格兰特到达后，两军总司令开始商量如何处理圆明园的财宝。两国军队将劫掠的金银财宝进行瓜分。在获知并发现他们在通州被抓的同胞部分物品后，英法联军怒不可遏，放火烧毁圆明园附近的房子和园内的部分宫殿。孟托班称之为"联军的复仇日"。后来，因清军骑兵的赶到，圆明园的火焰才被扑灭。据孟托班在10月17日写给格兰特信件的记载，圆明园这座皇家宫殿在经过10月7日、8日的洗劫和焚烧后已被摧毁一半。①

对于英法联军的野蛮行径，当时负责与英法议和的恭亲王十分愤怒，他在1860年10月12日写给法国特使葛罗的信中对此进行了谴责：本亲王"业已下令要礼遇贵国翻译官，亦希望在与之友好商议之后，能立即送还贵国人士。这一点本亲王已在信中重申过多次，以昭和好之实意。缘何贵国士兵还抢劫烧毁圆明园？法兰西乃文明帝国，部队也应纪律严明。为何他们会擅自烧毁皇家宫殿？"②

图2-6 清后期外国人绘第二次鸦片战争时英法联军在圆明园抢掠

---

① Général de Montauban au Général Grant, 17 octobre 1860, *L'Expédition de Chine de 1860*, *Souvenirs du Général Charles Cousin de Montauban, Comte de Palikao*, pp. 400–401.
② Le Prince Koung au Baron Gros, le 12 octobre 1860, H. Cordier, *Expédition de Chine de 1860*, pp. 364–365.

图 2-7　圆明园谐奇趣主楼

在此期间，恭亲王与法英特使葛罗和额尔金就和谈事宜进行交涉。当时双方的争执主要在于：恭亲王坚持英法先退兵，然后画押盖印，再交还人质。英法特使则坚持先交还人质，再签约换约，再退兵。同时，除了先前提出的要求外，英法方面乘武力征服之际又增加新的条件。法国要求：1. 赔款20万两，给在通州被杀受刑的法国人员之家属，并将此款立即交给法国将军亲收；2. 将被没收的康熙年间所建之天主堂及教徒之坟墓、房屋和庄田交给法国驻京特使。①

同时，孟托班写信要求恭亲王打开离法军最近的安定门，并称在等待回信期间，设立炮台包围城门，一旦遭到拒绝，将于10月13日进攻京城。恭亲王没有直接回复他，而是将回复送给法国特使葛罗，指出："《天津条约》没有任何改变，既然贵大臣已前往京城商议戊午年条约，我们毫不保留地赞同这个协议。贵国军队应该在城外驻扎，城门将只对贵大臣的随行护卫队开放。另外，贵大臣已公然表示不会再增加新的条款，只希望

---

① Le Baron Gros au Prince Koung, le 13 octobre 1860, *Négociations entre La France et La Chine en 1860*, *Livre Jaune du Baron Gros*, Paris: Librairie Militaire Dumaine, 1864, pp. 134–140.

图 2-8　清后期外国人绘第二次鸦片战争中被英法联军占领的北京安定门

互换条约批准书,以永敦和好。戊午年条约已然证明。城门由同一个官员掌控,若本亲王下令打开城门,恐匪徒会利用这个机会制造混乱,所以必须采取一定的措施。贵国的公函中提出贵国军队必须占领安定门。我对此表示同意,因为两国已经缔结和平。只是,本亲王必须了解这次占领的细节。"① 13 日中午,安定门已交到联军手上,孟托班派参谋长施米兹带法军驻扎在城门的左边,英军则驻扎在城门的右边。

考虑到北京即将进入冬天,俄国特使伊格那提业幅(lgnatief)也对法国人说中国北方的冬天和莫斯科一样寒冷,而京城没有任何取暖设施,这令孟托班十分担心和恐惧。因此,他催促葛罗尽快议定和约,并强调无论局势如何,他决意在 11 月 1 日之前将军队撤离北京。10 月 17 日,他又致函葛罗,建议 23 日作为解决问题的最后日期,要么签订和约,要么摧毁紫禁城。② 葛罗回复孟托班,表示对可能采取的措施进行全面的考量,希望尽快找到一个满意的解决方案。

---

① Le Prince Koung au Baron Gros, le 12 octobre 1860, H. Cordier, *Expédition de Chine de 1860*, pp. 364 – 365.

② Général de Montauban au Baron Gros, 17 octobre 1860, *L'Expédition de Chine de 1860, Souvenirs du Général Charles Cousin de Montauban, Comte de Palikao*, p. 402.

为了逼迫清政府尽快接受他们的侵略条件，10月18日、19日两天，额尔金借口清政府杀死了一部分俘虏，发动3500多名英军，纵火将圆明园尚存的部分建筑全部烧毁。这座经营100多年，综合中西建筑风格、集聚古今艺术品而建成的全世界罕见的壮丽宫殿和园林，变成一片废墟，造成人类文化史上无可估量的损失。

对于英法侵略者在北京洗劫和焚毁圆明园这一令人发指的野蛮行径，法国著名作家雨果（Victor Hugo）1861年在写给当时参与焚掠圆明园的法军上尉巴特莱的一封信中表示了极大的厌恶和愤慨。他在信中这样写道：

> 先生，您问我对这次远征中国的看法，您觉得这次远征值得称誉，干得漂亮，而且您很客气，相当重视我的感想。按照您的高见，这次在维多利亚女王和拿破仑皇帝的双重旗帜下对中国的远征，是英法两国的光荣；您想知道我对英法两国的这一胜利究竟赞赏到何等程度。
>
> 既然您想知道我的看法，那么我答复如下：
>
> 在世界的一隅，存在着人类的一大奇迹，这个奇迹就是圆明园。艺术有两种渊源：一为理念——从中产生欧洲艺术；一为幻想——从中产生东方艺术。圆明园属于幻想艺术、一个近乎超人的民族所能幻想到的一切都汇集于圆明园。圆明园是规模巨大的幻想的原型，如果幻想也可能有原型的话。只要想象出一种无法描绘的建筑物，一种如同月宫似的仙境，那就是圆明园。假定有一座集人类想象力之大成的灿烂宝窟，以宫殿庙宇的形象出现，那就是圆明园。为了建筑圆明园，人们经历了两代人的长期劳动。那么这座像城池一般规模巨大、经过几世纪营造的园林究竟是为谁而建的呢？为人民，因为时光的流逝会使一切都属于全人类所有。艺术大师、诗人、哲学家，他们都知道圆明园。伏尔泰亦曾谈到过它。人们一向把希腊的巴特农神庙、埃及的金字塔、罗马的竞技场、巴黎的圣母院和东方的圆明园相提并论。如果不能目睹圆明园，人们就在梦中看到它。它仿佛在遥远的苍茫暮色中隐约眺见的一件前所未知的惊人杰作，宛如亚洲文明的轮廓崛起在欧洲文明的地平线上一样。
>
> 这个神奇的世界现在已经不见了。

有一次，两个强盗闯入了圆明园，一个动手抢劫，一个把它付诸一炬。原来胜利就是进行一场掠夺，胜利者盗窃了圆明园的全部财富，然后彼此分赃。这一切所作所为，均出自额尔金之名。这不禁使人油然想起巴特农神庙的事，他们把对待巴特农神庙的手法搬来对待圆明园，但是这一次做得更是干脆，更是彻底，一扫而光，不留一物。即使把我国所有圣母院的全部宝物加在一起，也不能同这个规模宏大而又富丽堂皇的东方博物馆媲美。收藏在这个东方博物馆里的不仅有杰出的艺术品，而且还保存有琳琅满目的金银制品。这真是一桩了不起的汗马功劳和一笔十分得意的外快！有一个胜利者把一个个的口袋都塞得满满的，至于那另外一个，也如法炮制，装满了一个个箱子。之后，他们双双才手拉着手荣归欧洲。这就是这两个强盗的一段经历。

我们欧洲人，总认为自己是文明人，在我们眼里，中国人是野蛮人。然而，文明却竟是这样对待野蛮的。在将来交付历史审判的时候，有一个强盗就会被人们叫做法兰西；另一个——叫做英吉利。对他们我要提出抗议，并且谢谢您给了我抗议的机会。绝对不能把统治者犯下的罪行跟受他们统治的人们的过错混为一谈。作强盗勾当的总是政府，至于各国的人民，则永远不会。

……法兰西帝国侵吞了一半宝物，现在，她居然无耻到这样的地步，还以所有者的身份把圆明园的这些美仑美奂的古代文物拿出来公开展览，我相信总有这样的一天——解放了的而且把身上的污浊洗刷干净了的法兰西，将会把自己的赃物交还给被劫夺的中国。

我暂且就这样证明：这次抢劫就是这两个掠夺者干的。先生，您现在总算知道了这就是我对远征中国的赞赏。①

需要指出的是，在要不要彻底焚烧圆明园问题上，法国与英国是存在分歧的。无论是全权代表葛罗还是远征军总司令孟托班工都反对英国方面提出的焚毁圆明园并以进一步毁坏城内皇宫来逼迫清政府接受和约的建议。10月16日，葛罗在给额尔金的信中表示："至于焚毁夏宫（即圆明园。——引者注），一座不设防的郊外景点，至少在我看来，它是一种无

---

① 谷满仓：《雨果和圆明园》，《城建档案》1995年第1期。

用的报复行为,既然不幸的是它无法补救令我们感到悲痛和难以想象的残酷的不幸事件。并且,我觉得在欧洲人眼里,如同在中国人看来,在拿走档案后彻底毁灭位于首都,作为君主权力中心的北京宫殿,将是一种比烧毁一幢别墅更为惊人的惩罚行为。如果联军总司令征求我的意见,如果不管现在的一切可能性,我们马上离开北京,而置我们政府交给我们的使命于不顾,那么我会向联军总司令建议立即采取这样的行动。"①在葛罗看来,摧毁圆明园是一种毫无意义而且十分危险的举动,"我们一直在向中国人宣讲我们的文明和基督徒的仁爱,可是为什么还要像他们那样行事呢?"②与此同时,孟托班也与葛罗态度一致,拒绝参与英军总司令格兰特提出的焚毁圆明园的行动。他在10月17日给格兰特的信中解释说:他拒绝合作,"首先是因为这一行动是受一种报复思想所驱使,而不管这种报复能否达到目的";其次,"这样做会使恭亲王放弃和谈,从而导致联军进攻北京城内皇宫,其结果将是清王朝的毁灭,而这完全违背我们政府的训令精神"③。10月19日,即额尔金下令焚毁圆明园的第二天,葛罗在写给法国外交大臣的私人信函中指责额尔金走得太远,"额尔金勋爵似乎想推翻王朝,并与南京的叛乱军结好。我不愿也不能走到这一步,我宁可与他分手,也不愿意违背训令的精神"④。

10月19日,就在英军烧毁圆明园的同一天,恭亲王回复葛罗17日的信件,同意法方提出的20万两白银的赔款要求,并将与9月18日事件有关的官员僧格林沁削去爵位,将瑞麟革职查办;至于康熙年间所建的各省教堂、墓地及其附属建筑,待核查后全数归还。⑤葛罗对此十分满意,20日回复恭亲王,表示虽然中国政府拒绝对这一事件承担全部责任,但对责任人已进行了应有的处罚,恭亲王的信让他看到两个帝国之间不久恢复和平的希望,因此他派遣使团一等秘书巴士达伯爵和翻译与亲王指定的代表就已经谈妥的条

---

① Le Baron Gros à Lord Elgin, le 16 octobre 1860, H. Cordier, *Expédition de Chine de 1860*, pp. 371 – 373.

② *Négociations entre La France et La Chine en 1860*, *Livre Jaune du Baron Gros*, p. 106.

③ Général de Montauban au Général Grant, 17 octobre 1860, *L'Expédition de Chine de 1860*, *Souvenirs du Général Charles Cousin de Montauban*, *Comte de Palikao*, p. 401.

④ Le Baron Gros au Ministre des Affaires Etrangères, 19 octobre 1860, H. Cordier, *Expédition de Chine de 1860*, p. 402.

⑤ Le Prince Koung au Baron Gros, 19 octobre 1860, H. Cordier, *Expédition de Chine de 1860*, p. 397.

图 2-9　恭亲王肖像

［英］菲利斯·比托（Felice Beato）拍摄

款拟定和约，在约定的时间和地点签约，并于次日在同一地点互换《天津条约》批准书。此后，两个帝国间将永远实现和平，法国军队的指挥官将被要求停止除自卫以外的敌对行动，并立即着手将军队撤往天津。①

10月22日下午，恭亲王履行他的承诺，派人将20万两白银（约合150万法郎）交给葛罗的代表，法国驻华使馆一等秘书巴士达②，后者并与恭亲王代表恒祺、天津盐运使德椿和另一位官员就和约签订事宜进行协商。法国和约草案，中法双方在天津和通州时已商谈过，新增2条：第6条和第9条，一个涉及归还教堂；一个关于华工问题。对此，葛罗与恭亲

---

① Le Baron Gros au Prince Koung, 20 octobre 1860, *Négociations entre La France et La Chine en 1860*, *Livre Jaune du Baron Gros*, pp. 153 – 154.

② 按：恭亲王要求葛罗在收到20万两赔款后出具收据。法方在收到恒祺等人带来的67箱（其中一个箱子装了2000两，其余均为3000两）银锭，箱数核对后，法军发饷官提出查验银锭的重量和成色工作只能在法军营地进行。经恒祺同意，法国人把银锭拉回法国营地查核，然后才能出具收据。

图 2-10　清后期外国人绘第二次鸦片战争中《北京条约》签订现场

王来往信件中已有过交流,因此双方并无异议。恒祺只要求对草案中的个别措辞进行改动,并转告对方,恭亲王已做好签约的准备,时间、地点请葛罗指定。巴士达根据葛罗的指令答复说,10月25日下午1点可以在美国公使签约的王宫举行和约签字和换约仪式。①23日,葛罗致函恭亲王,确认签约的时间和地点。

10月25日,葛罗及其使团在法军总司令孟托班和雅曼准将、科里诺准将与2000名法国士兵的护送下进入北京城内,在礼部与当时代表清政府、年仅24岁的恭亲王签署中法《北京条约》,中、法文本各4份,然后双方互换《天津条约》批准书。

通过《北京条约》,法国又从清政府勒索到以下几项权利:1. 开辟天津为商埠;2. 准许华工出国;3. 归还以前被充公的天主教资产,另任凭法国传教士在各省租买田地,建造自便(后一内容系为法国翻译在条约中文本中擅自添加);4. 给法国的赔偿由原来的200万两增加到800万两,

---

① Le Comte de Bastard au Baron Gros, 22 octobre 1860, *Négociations entre La France et La Chine en 1860*, *Livre Jaune du Baron Gros*, pp. 156-159.

图 2-11　位于法国公使馆内的凉亭
［英］托马斯·查尔德（Thomas Child）拍摄

另加抚恤金 20 万两；5. 减少商船吨税。至此，法国通过《黄埔条约》《天津条约》《北京条约》，不但得到了在华自由传教、通商游历，以及两国互派公使领事等权利，而且攫取了领事裁判权、协定关税和片面最惠国待遇等严重损害中国主权的特权，成为近代西方列强侵略中国的一个重要国家。

　　综观法国在第二次鸦片战争中的军事和外交活动，我们可以大致得出几点结论：1. 1857—1858 年第一阶段法国参战兵力有限，1860 年第二阶段实际参战兵力则几乎与英军相当。但无论是第一阶段还是第二阶段，法军都是卖力的，给予英军有力的配合。事实上，这也是当时法国扩大在远东势力的要求，法国要改变其在远东与英国相比所处的劣势，唯有加强军事力量一途。2. 在第二次鸦片战争期间，法国为分享英国在远东的利益，在军事上与英军积极配合，但在外交上则在与英国合作的同时展开激烈竞争，以弥补军事上与英国相比所处的劣势。法国在外交上与英国竞争的一个重要手段是拉拢俄、美等国，以牵制英国。正是在葛罗的撮合协调下，英法联盟最后演变成英法美俄四国的联合行动。葛罗与美、俄代表的主动接近，反过来也加强了法国在第二次鸦片战争中的地位。法国在外交上与英国的竞争，在对华政策上也有所表现。法国虽然采取了联合英国武装侵华的行动，但同时又不希望清政府将法国视作与英国一样的"敌国"，损害自己在华的形象与利益。因此，在与清政府的直接交涉中，一般情况下，法国代表的态度较英国代表温和，更倾向外交解决，不像英国代表那样强硬好战。3. 法国与英国虽然存在一些矛盾和分歧，但是联合侵华仍是这一时期法国对华政策的基调。而法国的参与，也使清政府"以夷制夷"的外交策略难以实现。当时英国联合法国一起行动，很大程度即是基于这一考虑。这次英法联军之役，实则为日后列强公开联合武装侵华开创了一个恶劣的先例。

第三章　法国与中日甲午战争

1894—1895年的中日甲午战争，是日本为侵略朝鲜和中国而发动的一场不义战争，也是一场改变东亚国际格局和中国命运的战争。甲午战争虽然是中日两国之间的战争，但这场战争的发生与结果都与欧美列强有着密切关系。其中，法国便是当时对这场战争和国际关系产生影响的重要列强之一。法国虽然宣称在朝鲜问题上无直接重大利益，在战争初期采取不介入政策，但实际上在整个过程中充分利用中日战争，最大限度地为自己谋取利益，进一步实现法国侵略中国西南的野心，同时极力抵制日本取代欧洲，主宰东亚，以维护欧洲国家的共同利益。

一　乐见中日开战

在中日两国正式宣战之前，法国由于在朝鲜既无商业利益，也无地缘政治关系，对中日在朝鲜问题上出现的紧张局面并未予以特别关注。迟至1894年6月30日，法国外交部长阿诺托（Hanotaux）才通过法国驻英大使德克雷（Decrais）从英国外交大臣金伯利（Kimberley）口中得知"来自北京和东京的最新的惊人消息"，以及有关英国和俄国有意干涉中日朝鲜之争的情报，并误以为日本请求俄国斡旋。同日，阿诺托电令法国驻俄大使蒙塔佩罗（Montebello）提供"有关中日纠纷的有用情报，并告诉我圣彼得堡如何看待金伯利勋爵所说的可能性"。[①] 在随后收到蒙塔佩罗和法国驻华公使施阿兰（A. Gérard）与驻日代办昌班（G. Dubail）有关中日局势的最新进展及英、俄等国态度的电文报告后，阿诺托也无意介入中日冲

---

① Hanotaux à Montebello, 30 juin 1894, Ministère des Affaires Etrangères, *Documents Diplomatiques Français（1871 – 1914）*, 1ère série, Tome 11, Paris：Imprimerie nationale, 1947, p. 263.

突，对于清政府请求法国与俄、英、美等国一道调停中日纠纷持消极态度，主张与盟国俄国采取一致立场。7月4日，他就此电令蒙塔佩罗"尽可能准确、快速掌握俄国政府为促使中日纠纷友好解决拟在东京或北京采取的行动"，以便他给法国驻中国和日本代表下达指示。① 在与俄国沟通之后，阿诺托完全支持俄国在北京和东京进行调停，促使朝鲜问题和平解决。10日，电令驻日代办吕班以非正式方式向日本政府传达这一愿望，并将法国这一决定和行动通知俄国驻日公使希特罗渥（Hitrawo）。② 11日，阿诺托便以此推辞清朝政府的再次斡旋请求，表示"我们已经对东京提出温和的劝告，我们在朝鲜问题上没有直接的利害关系，我们自然重视这一问题得到友好解决"。③

与此同时，阿诺托又以各种理由拒绝英国的联合调停建议。7月8日英国大使向法国提出共同干涉朝鲜问题的建议，阿诺托便以法国政府对情况不甚了解和法国在朝鲜没有重大直接利益，须在获得更多情报后再作决定为理由，加以推托，④ 并电令蒙塔佩罗尽快弄清俄国政府对英国提案的态度。由于当时俄国和法国都不愿意英国在朝鲜问题上起主导作用，阿诺托便于7月12日致函英国驻法大使度福林（Dufferin），正式拒绝英国的建议，称"共和国政府在这个问题上虽然没有直接利益，但已经对东京和北京提出了温和、谨慎的劝告。另外，我们只能原则上决定，在需要时采取与其他将决定参与共同行动的列强类似的措施"；并表示根据法国驻华公使最近提供的消息，鉴于清政府已与日本代表在北京举行谈判，法国更倾向于中日之间直接达成协议。⑤ 7月18日当日本驻法公使曾祢（Soné）询问法国对联合调停的态度时，阿诺托也表达了同样立场，指出："我们在朝鲜的利益并不那么直接，以致带头采取措施，在我们看来，这应该留给

---

① Hanotaux à Montebello, 4 juillet 1894, *Documents Diplomatiques Français（1871–1914）*, 1ère série, Tome 11, p. 268.
② 参见《驻东京公使致外交大臣电》（1894年7月11日），《红档杂志有关中国交涉史料选译》，张蓉初译，生活·读书·新知三联书店1957年版，第36页。
③ Hanotaux à Montebello, 11 juillet 1894, *Documents Diplomatiques Français（1871–1914）*, 1ère série, Tome 11, p. 272.
④ 参见《驻巴黎大使致外交大臣电》（1894年7月11日），《红档杂志有关中国交涉史料选译》，张蓉初译，第35—36页。
⑤ Hanotaux à Dufferin, 12 juillet 1894, *Documents Diplomatiques Français（1871–1914）*, 1ère série, Tome 11, p. 273.

那些其利害关系更为直接的列强。我们只能仿效其他政府，向东京和北京提出温和、谨慎的劝告。凡能确保这两个友邦间的纠纷得到和平解决的措施，我们都欢迎。"① 可见，起初法国对中日冲突实际上持听之任之的旁观态度。

1894 年 8 月 1 日中日两国正式宣战后，英国提议列强发表中立宣言，并率先在 8 月 7 日的《伦敦公报》刊登《维多利亚女王声明》，宣布"在中日之间这场令人不快的战争中，我们将保持严格公正的中立立场"。② 意大利追随英国表态。法国则继续追随俄国，拒绝发表中立声明。8 月 8 日，阿诺托在与英国驻法代办菲帕斯（Phipps）会谈中解释法国政府的立场，表示：法国把中立看成不言而喻的，无须什么声明，"由于大不列颠在那块土地上有着庞大的商业利益，所以对此事有着更直接的兴趣，可以设想种种不测，英国必须采取步骤以保障其利益。法国情况则完全不同"。③

清政府在 9 月 16 日的平壤之战和 17 日的黄海之战遭受惨败之后，被迫于 10 月 2 日通过中国驻外使节同时向英、俄、法、德等国政府提出调停请求。英国为在华利益最大国，担心日本会乘胜进攻北京，导致中国政局动荡，再次倡议其他国家联合调停。10 月 4 日，英国驻法代办菲帕斯致函法国外交部长阿诺托，询问法国是否决定与英、德、俄和美国一致行动，参与对两个交战国的斡旋，调停的条件是列强共保朝鲜独立和中国向日本支付赔款。收到英国联合调停的建议后，法国首先征询俄国的意见。5 日，阿诺托先与俄国驻法大使穆伦海姆（Mohrenheim）商议"这种集体行动的可能性"。因还没有得知俄国政府的意见，阿诺托在随后与菲帕斯会谈时拒绝对英国的建议作出明确表态，只是模糊地表示这个问题"值得深思熟虑"，"须等待我们外交官的消息"；同时，阿诺托认为此时并没有进行干涉的必要，询问菲帕斯有关日本将直接进攻北京、中国局势不稳的消息是来自英国外交官还是中国驻欧洲使节，表示"我们的代表似乎并没有为此担心，他们也没有给我们发电报"；④ 指出英国的建议不涉及保护外

---

① Hanotaux à Montebello, 18 juillet 1894, *Documents Diplomatiques Français (1871 – 1914)*, 1ère série, Tome 11, p. 290.
② 《维多利亚女王声明》（1894 年 8 月 7 日），戚其章主编《中日战争》（中国近代史资料丛刊续编，下略）第 11 册，中华书局 1996 年版，第 124 页。
③ 《菲普斯致金伯利函》（1894 年 8 月 10 日），戚其章主编《中日战争》第 11 册，第 137 页。
④ Hanotaux à Vauvineux, 6 octobre 1894, *Documents Diplomatiques Français (1871 – 1914)*, 1ère série, Tome 11, pp. 355 – 356.

侨问题，而是一项共同的政治行动，因此首先必须保证列强之间不会对英国的提议产生分歧，应该掌握交战双方对拟议中的干涉计划的看法，为拒绝英国的联合调停建议寻找种种借口。① 同时，又致电法国驻俄代办沃维诺（Vauvineux），指示他务必了解俄国政府对于伦敦内阁提出的集体行动提议持何种态度。② 在与俄国充分协商之后，10月18日阿诺托便以"有关政府之间未能就英国的建议达成一致"为由，致电法国驻英、德、奥、美、中和日本使节，宣布法国不支持英国的联合调停建议。③

中日战争爆发前后，法国一再拒绝清政府的斡旋请求和英国的联合调停建议，采取观望态度，虽然与其所反复宣称的在朝鲜问题上没有直接利益有关，但这只是表面现象。法国对中日两国为朝鲜问题开战，并非没有自己的打算。实际上，法国乐见中日开战，以便从中渔利。中日宣战后，法国政府即任命精明能干、熟悉远东的外交官阿尔曼（Harmand）为驻日公使，以接替代办吕班的工作。具体而言，法国当时试图通过中日战争达到以下目的。

首先，通过中日战争巩固刚确立不久的俄法同盟关系。共和政体的法国与专制政体的俄国在政制上虽然截然不同，但为摆脱外交孤立局面和对付欧洲的共同潜在敌人——德、奥、意三国同盟和英国，法俄两国走在了一起。1891年8月，法俄签订第一项协定，规定缔约双方同意"对每一个具有威胁整个和平的性质的问题，进行磋商"；如果其中一方受到侵略的威胁，"双方同意在该不测事件成为事实时，两国政府就必须立刻和同时采取的措施，取得谅解"。一年后的8月，法国参谋长布瓦代弗尔（Boisdeffre）将军和俄国参谋长奥勃鲁切夫（Obruchev）将军又商定了一项影响深远、针对三国同盟的军事协定，该协定较第一个协定意义更为重大。它规定，如果法国遭到德国或者以德国为后盾的意大利的袭击，俄国就要援助法国；如果德国或者以德国为后盾的奥匈帝国袭击俄国，则法国对俄国也要承担同样的义务。1893年12月和1894年1月4日，俄国和法国政府

---

① Hanotaux à Estournelles de Constant, 9 octobre 1894, *Documents Diplomatiques Français* (*1871 – 1914*), 1ère série, Tome 11, pp. 361 – 362. 按：法国一方面婉拒英国联合干涉的建议，但同时为维护法国的利益又立即调派4艘军舰前往中国。

② Hanotaux à Vauvineux, 6 octobre 1894; *Documents Diplomatiques Français* (*1871 – 1914*), 1ère série, Tome 11, pp. 355 – 356.

③ Hanotaux aux Ambassadeurs de France à Londres, Berlin, Vienne, Washington, Pékin, Tokio, *Documents Diplomatiques Français* (*1871 – 1914*), 1ère série, Tome 11, pp. 377 – 378.

分别批准该项协议,法俄正式结成同盟。① 鉴于俄国在朝鲜问题上具有重大利益,因此法国从一开始就将中日战争看作实践法俄同盟的第一次良机。法国驻日公使阿尔曼在到日本后不久(8月10日)写给法国政府的报告中,就将法国在中日甲午战争中所要达到的这个目的和盘托出。在这份长篇报告里,阿尔曼虽然认为日本发动战争是错误和危险的,最后并不一定能够取胜,但他明确表示中日开战对巩固法俄同盟是有益的,指出中日为朝鲜问题开战一定会加剧俄国和英国在中国的竞争和矛盾,俄国将会利用这次机会竭尽全力在中国北部海域获取一个不冻港,势必会与英国产生冲突,而"这当然对我们有利,会使我们的友谊和我们的冷漠被更强烈地感受到,也会提高我们向交战双方提出的建议和忠告的价值和影响"。②

其次,利用中日冲突所造成的有利时机,解决中法间关于越南的悬而未决的问题。1884—1885年的中法战争并没有完全实现法国侵略中国西南的野心。就在中日战争爆发前夕,法国政府任命施阿兰为新任驻华公使(1894年4月18日抵达北京),指示除了保全与维护法国在中国所有的既得权益和特权外,他的一项新任务就是与中国划定中越边界,进一步开拓中越之间的交通与贸易关系。③ 中日开战,无疑为法国实现这一目的提供了天赐良机。对此,法国驻日公使阿尔曼在8月10日的报告中直言不讳,指出:

> 鉴于我们与中国的关系,和我们未来的远东政策的需要,我们所关注的这场冲突对我们具有特殊的意义。……目前的战争使中国忙于她的北方,迫使她在相当长的时间内无暇顾及她与我们接壤的边境地区的道路、交通以及其他事情。这为我们提供了一个意想不到的弥补我们所犯错误的机会,公开采取各种必要的措施,而不会招致我们的邻居在边境地区集结大量的部队。我认为我们在这场刚开始的战争中的所得将超过所失,我们的利益促使我们希望它延长,甚至一直进行

---

① [美]巴巴拉·杰拉维奇:《俄国外交政策的一世纪(1814—1914)》,福建师范大学外语系编译室译,商务印书馆1978年版,第190—191页。

② Harmand à Hanotaux, 10 août 1894, *Documents Diplomatiques Français (1871 - 1914)*, 1ère série, Tome 11, p. 316.

③ 参见[法]施阿兰《使华记:1893—1897》,袁传璋、郑永慧译,商务印书馆1989年版,第11—12页。

下去，如果可能的话，在不公开违背中立原则的情况下，倾向其中的一方，我们应该对日本保留我们的鼓励。①

英国驻华公使欧格讷（O'Conor）也一针见血地指出，法国驻华公使施阿兰对他在北京的联合调停采取抵制态度，就是出于这一自私的动机，他说："很显然，他绝不希望为了要避免可能导致削弱中国而有利于法国印度支那领地的战争，而支持英、俄协议或采取任何积极措施。"② 而事实也的确如此，中日开战后不久，法国外交部长阿诺托就指示法国驻华公使施阿兰乘机与清政府谈判，"尽快对中国与我们属地之间的边界进行最后的勘查并划定"。③

此外，法国在中日战争爆发前后采取不介入态度，也是因为不愿看到英国在调停中日冲突中起主导作用，以达到牵制英国的目的。无论在欧洲，还是在东亚，法、俄两国与英国都存在利害冲突，将英国看作他们的共同竞争对手。因此，法国从一开始就与俄国一道，抵制英国在调停中扮演领头角色。对于战前英国发起联合调停的倡议，法国十分赞同俄国的意见，"认为不便给予英国一个主导者的角色"，"不能接受英国的摆布"，④因此，法国拒绝英国联合调停的建议，同时又接受俄国的意见，各自采取独立行动，分别向日本提出与英国一致的要求，以摆脱受英国主导之嫌。出于同样目的，对于中日战争爆发后英国提出的联合干涉的倡议，法国也加以抵制，于1894年10月9日与俄国达成如下默契：当英国想加速行动的时候，俄国和法国将达成一致，采取共同行动。⑤ 法国驻华公使施阿兰则直言他在北京抵制英国公使欧格讷联合调停活动，就是因为他不愿"让

---

① Harmand à Hanotaux, 10 août 1894, *Documents Diplomatiques Français (1871–1914)*, 1ère série, Tome 11, pp. 317–318.
② 《欧格讷致金伯利函》（1894年7月27日），戚其章主编《中日战争》第11册，第291—292页。
③ Hanotaux à Gérard, 15 septembre 1894, Ministère des Affaires Etrangères, *Documents Diplomatiques, Chine, 1894–1898*, Paris: Imprimerie Nationale, 1898, p. 1.
④ Montebello à Hanotaux, 25 juillet 1894; 2 août 1894, *Documents Diplomatiques Français (1871–1914)*, 1ère série, Tome 11, pp. 299–300, 302.
⑤ Vauvineux à Hanotaux, 9 octobre 1894, *Documents Diplomatiques Français (1871–1914)*, 1ère série, Tome 11, p. 358.

英国扮演头等重要的角色",① 他还指责欧格讷在调停过程中故意不向其他国家公使吐露真情,"想单独给英国保留该行动将带来的利益"。② 因此,施阿兰对英国联合干涉倡议的失败表示由衷的喜悦,指出:"英国所遭遇的失败,也许有助于清朝政府明白单独一个国家行动的局限性和3个月以来女王代表不断向他们承诺的支持的实际效果。"③法国驻德代办苏朗—波定(Soulange – Bodin)也对德国拒绝英国的建议感到高兴,与德国外交大臣一道讥讽:"英国人开始设法策划武力干预,后来又是单纯的调停,但是他们甚至未能成功地促使列强对交战双方提出忠告。"④ 由此可见,法国对中日战争的反应和态度还明显受到它与英国关系的影响。

二　从观望走向干涉

如前所述,法国在中日战争爆发前后采取观望和不介入态度,实有其外交目的和动机。在拒绝英国联合调停的建议之后,对于清政府直接向各国发出的调停请求,法国政府的态度开始有所改变。在英国联合调停的努力失败之后,清政府转而自己直接向列强提出干涉请求。1894年11月3日,恭亲王奕訢召见包括法国公使在内的驻京各国公使,正式请求各国出面调停中日战争,条件依然是承认朝鲜独立,并向日本支付战争赔款。法国驻华公使施阿兰一改此前的冷淡态度,主张接受清政府的请求,参加列强的共同调停。他在11月5日的报告中指出,中国提出的和谈条件表面上虽与不久前英国倡议的调停条件相同,但是无论在朝鲜独立问题上,还是在战争赔款的支付上,都给予列强更大的行动自由。这次是交战的一方直接请求干预,并由它自己提出和谈方案,也是它自己把命运交给列强。这就赋予干预行动另一种性质。因此,"我们不能完全拒绝中国向我们提

---

① Gérard à Hanotaux, 9 octobre 1894, *Documents Diplomatiques Français (1871 – 1914)*, 1ère série, Tome 11, pp. 358 – 359.

② Gérard à Hanotaux, 5 novembre 1894, *Documents Diplomatiques Français (1871 – 1914)*, 1ère série, Tome 11, p. 409.

③ Gérard à Hanotaux, 23 octobre 1894, *Documents Diplomatiques Français (1871 – 1914)*, 1ère série, Tome 11, p. 381.

④ Soulange – Bodin à Hanotaux, 18 octobre 1894, *Documents Diplomatiques Français (1871 – 1914)*, 1ère série, Tome 11, p. 380.

出的请求"。① 法国外交部长阿诺托也在是日晚收到俄国决定加入干预行动的电报后，于次日通电法国驻德、美、意、英大使，指示他们询问各驻在国政府"是否决定接受中国政府的提议"。②

尽管法国在不由英国主导的前提下，表示愿意参加列强共同调停中日战争的行动，但由于日本拒绝列强的联合调停，而列强对中日战争也都抱着渔利的态度，法国介入的时机并未成熟。俄国虽愿意加入联合行动，但明确表示不愿意领头，只"在同等条件下与其他列强一起参与外交行动"。③ 英国虽希望中日早日结束战争，但也以清政府的条件几乎与此前无异、不会被日接受为由，表示"确定和平条件的时机尚未到来"，"英国政府不可能再带头干预"。④ 德国则因中日战争给其军工厂带来巨大利益，并期待从中国的惨败中分享战利品，公开声明反对一切旨在中止中日战争的任何尝试。⑤ 美国为了削弱英、俄等欧洲国家在东亚的势力和影响，更是奉行亲日政策，表示："美国不能加入干预行动，因为该行动旨在迫使日本同意它事先不准备接受的条件。"⑥ 在此情形之下，法国只好放弃联合干涉的念头，继续作壁上观，等待时机。11月9日，法国外交部长阿诺托致函法国驻德、意、美、英外交使节，指出："虽然所有列强都希望恢复和平，但没有一个列强相信目前对日本进行调停会产生作用，因而都不愿意在这一调停活动中带头。这种态度要求我们特别谨慎，因此我在中国公使来访时对他做了口头答复。我向他保证我们很希望尽可能为冲突的停止作出贡献，我告诉他我们很愿意参加列强的干预行动。不过，我补充说，在我看来，这一措施需要所有相关国家的政府一致加入。"⑦

---

① Gérard à Hanotaux, 5 novembre 1894, *Documents Diplomatiques Français (1871 – 1914)*, 1ère série, Tome 11, p. 409.

② Hanotaux aux Ambassadeurs de France à Berlin, Washington, Rome, Londres, 6 novembre 1894, *Documents Diplomatiques Français (1871 – 1914)*, 1ère série, Tome 11, p. 410.

③ *Documents Diplomatiaues Français (1871 – 1914)*, 1ère série, Tome 11, p. 410, note 2.

④ Estournelles de Constant à Hanotaux, 7 novembre 1894, *Documents Diplomatiques Français (1871 – 1914)*, 1ère série, Tome 11, p. 413.

⑤ Gérard à Hanotaux, 19 décembre 1894, *Documents Diplomatiques Français (1871 – 1914)*, 1ère série, Tome 11, pp. 498 – 499.

⑥ Patenôtre à Hanotaux, 8 novembre 1894, *Documents Diplomatiques Français (1871 – 1914)*, 1ère série, Tome 11, pp. 413 – 414.

⑦ Hanotaux aux Représentants Diplomatiques de France à Berlin, Rome, Washington, Londres, 9 novembre 1894, *Documents Diplomatiques Français (1871 – 1914)*, 1ère série, Tome 11, p. 416.

进入 12 月，随着甲午战争由朝鲜半岛向中国大陆蔓延，以及日本侵略中国野心的暴露，法国进一步改变观望态度，力主对中日战争进行干预，以谋取自身利益。施阿兰在 4 日的报告中提请法国政府关注日本的野心，声称根据所掌握的情报，日本会向中国索取库平银 5 亿两战争赔款，①并以担保名义占领旅顺或某些通商口岸，直至中国付清赔款，另将台湾岛和中国海军舰队让与日本，"日本提出的和谈条件虽然看似过分，但对那些了解中国失败的无法挽回和日本发动无情战争的目的的人来说，这些条件并非不可能"。他呼吁法国政府和欧洲国家，不能对日本以战胜国姿态损害自己在中国苦心经营多年的利益无动于衷，不能把欧洲过去扮演的开化角色拱手出让给日本一国，不能将欧洲 50 年的牺牲和努力以及许多合理的愿望一下子放弃拱手出让。② 12 月 15 日，他又致电法国政府，建议派遣 2 艘军舰到舟山，1 艘军舰到澎湖列岛，1 艘军舰到广州，以确保"我们在任何地方都不至于措手不及"，断言"目前这场战争肯定会引发其他的希望并激发某些贪欲"。③ 1895 年 1 月 4 日，施阿兰在写给阿诺托的信中再次指责"日本妄想自己在中国担任文明的传播者，把欧洲人从这个巨大的帝国中排挤出去，以便将亚洲保留给亚洲人"。④

出于共同利益，俄、英、法三国紧接着就联合干涉中日战争问题进行协商。1 月下旬，就在清政府派遣和谈代表张荫桓和邵友濂前往日本前夕，俄国担心日本的和谈条件危害其在中国东北和朝鲜的利益，认为必须让日本意识到，列强不会对战争结局无动于衷，建议英、法共同警告日本，指出："目前是让东京当局懂得我们不会给日本人将针对中国的军事行动进行到最后极限的合适时机。如果说阻止日本军事行动的时机尚未来临的话，那么至少应该让他们事先明白，我们到现在为止所保持的克制并不意味着我们会对中日战争的后果完全无动于衷。"⑤

---

① 按：文中的"两"均指库平银两。
② Gérard à Hanotaux, 4 décembre 1894, *Documents Diplomatiques Français (1871 – 1914)*, 1ère série, Tome 11, pp. 467 – 468.
③ Gérard à Hanotaux, 19 décembre 1894, *Documents Diplomatiques Français (1871 – 1914)*, 1ère série, Tome 11, pp. 499 – 500.
④ 转引自 Courcel à Hanotaux, 5 mars 1895, *Documents Diplomatiques Français (1871 – 1914)*, 1ère série, Tome 11, p. 603。
⑤ Montebello à Hanotaux, 25 janvier 1895, *Documents Diplomatiques Français (1871 – 1914)*, 1ère série, Tome 11, pp. 549 – 550.

对于俄国的这一建议，法国积极响应。当俄国驻法大使穆伦海姆向法国政府转达俄国的建议时，阿诺托当即表示："既然该倡议是由帝国政府提出的，那么正如我已经表示过的那样，共和国政府非常愿意赞同俄国政府的提议"，并立即指示法国驻日公使阿尔曼就此与俄国公使和英国代办协商，采取行动。① 同时，法国还主动协助俄国，劝说英国积极加入由俄国发起的联合干涉行动。当时，英国因担心日本的要求损害其在华商业利益，"对于征服者可能怀有的对欧洲的傲慢和排斥心理有些不安"，因此接受俄国建议，愿意保持一致立场，表示"我们不能容许日本人在这方面只规定对他们有利的独占性权益，也不能在今后把中国当作一个附庸省份来对待"。② 但同时对俄、法两国先前拒绝英国联合干涉的建议极为不满，同样不愿看到俄国在这个问题上起主导作用，有意与俄国保持距离，声明英国对日没有任何敌意，日本提出割让台湾和占领某一中国通商口岸的要求，"这是交战国的权利"，反对联合抗议，主张俄、英、法三国分开行动，"以免留下示威的印象"；也不主张动员更多欧洲国家参与，认为可能伤害日本人的自尊心；如果欧洲集体干预不成功的话，列强的声誉就会遇到麻烦，"应设法避免这样的结果"③。对此，法国驻英大使库塞尔（Courcel）婉转地向英国外交大臣金伯利强调三国在东亚加强合作的必要性和重要性，指出："在谨慎对待战胜者的同时，鉴于列强与中国毗邻，他们在这个庞大的帝国四周具有领土利益需要保护，英、俄、法应密切关注远东危机的演变，并时刻准备应对各种可能发生的事情。在我看来，他们应互相通报他们所掌握的信息和他们为了共同的利益而采取的行动，不必强制自己始终一起行动，采取同样的方式，但他们还是应该保持紧密联系，彼此交流看法。"④ 1895 年 2 月 1 日，就在清朝政府和谈代表在广岛与日本举行会谈当日，法国驻日公使阿尔曼和俄、英驻日使节分别照会日本政府，对中日和谈表示关切。

---

① Hanotaux à Montebello, 29 janvier 1895, *Documents Diplomatiques Français (1871–1914)*, 1ère série, Tome 11, p. 552.

② Courcel à Hanotaux, 23 février 1895, *Documents Diplomatiques Français (1871–1914)*, 1ère série, Tome 11, p. 581.

③ 按：当时英国政府的这种态度，实际上为稍后退出三国干涉同盟埋下伏笔。Courcel à Hanotaux, 1er février 1895, *Documents Diplomatiques Français (1871–1914)*, 1ère série, Tome 11, p. 555.

④ Courcel à Hanotaux, 1 février 1895, *Documents Diplomatiques Français (1871–1914)*, 1ère série, Tome 11, p. 555.

值得指出的是，法国当时还将台湾和澎湖列岛看作法国的势力范围，希望与俄国一道阻止日本对台、澎的占领。3 月 15 日，法国外交部长阿诺托在致法国驻俄大使蒙塔佩罗的密函中特别指出："根据我驻东京使节所提供的情报，台湾将成为自广岛启程的日军进攻的目标，澎湖列岛也是此次远征的目的地。我们自然会立即向俄国政府通报这些情报，并向俄政府表示，这一地区对法国来说似有特殊利益，尤其是澎湖列岛，我们早在 1885 年即占领该岛。可以这么说，它标出了与我们印度支那属地密切相关地区的北部界线。我们特别希望维持该地区的现状。前天在与穆伦海姆先生的会谈中，我以个人名义告诉他这些看法。"① 4 月 2 日、3 日，阿诺托在与法国驻俄代办沃维诺往来的电报中，也密切关注日本媾和条件中有无割让台湾条款及俄国和英国政府对此的态度。②

在与俄、英联合干涉中日战争过程中，法国政府还为了共同利益捐弃与宿敌德国的矛盾，乐见德国加入干预行动。如前所述，德国从本国利益出发，一直拒绝干涉中日战争。在 1895 年 1 月俄国倡议联合干涉时，德国政府就以"时机尚未成熟"为由，没有参加干涉行动。③ 但在俄、英、法分别向日本提交照会之后，德国一些外交官开始意识到，德国如继续奉行中立政策将在中国丧失机会。2 月 8 日德国驻英大使哈慈菲尔德（Hatzfeldt）致函外交部，建议政府尽快放弃不干涉政策，否则会失去从中国索取报酬的机会。④ 稍后，德国政府便一改置身局外的政策，积极介入调停。3 月 6 日，德国外交大臣马沙尔（Marschall）令驻日公使哥屈米德（Gutschmid）劝告日本政府迅速媾和，并"减轻"条件。⑤ 3 月 19 日，德国首相何伦洛熙（Hohenlohe）上奏德皇，请求授权训令驻英大使通知英国政府，声明德国不是始终反对共同干涉的观念，"将来如果东亚情形有实

---

① Hanotaux à Montebello, 15 mars 1895, *Documents Diplomatiques Français (1871 – 1914)*, 1ère série, Tome 11, pp. 623 – 624.

② Hanotaux à Vauvineux, 2 avril 1895; Vauvineux à Hanotaux, 3 avril 1895, *Documents Diplomatiques Français (1871 – 1914)*, 1ère série, Tome 11, pp. 646 – 647、656 – 657.

③ Herbette à Hanotaux, 6 février 1895, *Documents Diplomatiques Français (1871 – 1914)*, 1ère série, Tome 11, p. 564.

④ 参见《驻伦敦大使哈慈菲尔德伯爵致外部参事霍尔斯坦因私函摘录》（1895 年 2 月 8 日），《德国外交文件有关中国交涉史料选译》第 1 卷，孙瑞芹译，商务印书馆 1960 年版，第 11—12 页。

⑤ 参见《外交大臣马沙尔男爵致驻日公使哥屈米德男爵电》（1895 年 3 月 6 日），《德国外交文件有关中国交涉史料选译》第 1 卷，孙瑞芹译，第 13 页。

图 3 - 1　旅顺东港远望
［俄］Г. П. 图尔莫夫拍摄

质的变迁时，为德国利益起见，将不犹豫地坚决加入"。① 为了欧洲整体利益，英国和俄国也分别就联合干涉问题与德国联系。法国虽然没有就此主动与德国接触，但对俄、英拉拢德国加入共同干涉阵营并不抵制和反对。4 月 1 日，法国驻英大使库塞尔电告阿诺托，英、俄两国都欢迎德国加入列强在远东的行动，认为德国的加入"将会施加更大的影响"。② 次日，阿诺托即电嘱法国驻俄代办沃维诺向俄国了解俄、英、德三国就干预远东问题所接洽的情况，而未对德国的加入表示任何不满。③ 4 月 5 日，阿诺托将俄使通报的欢迎德国加入列强联合行动的消息电告法国驻俄、英大使。随后，法国即与德国和俄国一道上演了"三国干涉还辽"的戏剧性一幕。

1895 年 4 月 4 日、5 日，日本终于将媾和条件分别知照欧洲各国。欧洲各国反应不一。俄国对日本要求中国割让辽东半岛，尤其是旅顺，表示强烈反对，认为这一割让对中国"构成一种永久威胁"，"使朝鲜的独立成为泡影"。俄国外交大臣罗拔诺夫（Lobanoff）4 月 6 日即致电巴黎、伦敦

---

① 《帝国首相何伦洛熙公爵奏皇帝威廉二世》（1895 年 3 月 19 日），《德国外交文件有关中国交涉史料选译》第 1 卷，孙瑞芹译，第 13—17 页。
② Courcel à Hanotaux, 1 avril 1895, *Documents Diplomatiques Français (1871 – 1914)*, 1ère série, Tome 11, p. 643.
③ Hanotaux à Vauvineux, 2 avril 1895, *Documents Diplomatiques Français (1871 – 1914)*, 1ère série, Tome 11, pp. 646 – 647.

和柏林，建议有关列强采取共同行动，"以一种友好的方式劝告日本政府削减它的要求，尤其向日本政府指出，旅顺港的割让在远东是很困难的，应该尽力避免"。①

德国也对日本的媾和条件表示强烈不满，认为日本要求"太过分"，足以对欧洲构成威胁，使"我们将被置于泛亚洲主义和泛美利坚主义之中"。② 4月4日，德国外交大臣马沙尔即致电驻俄代办齐尔绪基（Tschirschky），谴责日本的媾和条件，"把旅顺变成第二直布罗陀，会使日本控制直隶海湾，因此事实上降中国地位为日本的保护国"，对这样专横的要求不能没有忧虑，因为其结果足以危及欧洲的和平，指示齐尔绪基与罗拔诺夫"坦白地详细讨论这问题"。③ 同日，马沙尔电令德国驻英大使哈慈菲尔德向英国政府表达同样看法，并认为日本的和谈条件将引发列强瓜分中国，还有可能导致战争，其危险性不能低估。④ 4月6日，又向英国政府明确表示：如果德国能促使日本降低和谈条件，使欧洲任何国家都不能以此为借口夺取中国领土，那么这对德国就是最有利的结果。⑤ 因此，对于俄国联合干涉的倡议，德国积极响应。4月8日，马沙尔电告驻俄代办，德国准备接受俄国的建议，并指示其驻东京代表以友谊方式劝告日本放弃割让旅顺和辽东半岛。⑥ 德国在随后三国干涉还辽中所表现出来的坚定态度，甚至超过俄国的盟国法国。

然而，出乎意料的是，在中国拥有重大利益的英国的态度却发生180度转变，从先前积极调停中日战争，转而接受日本在《马关条约》中所提出的侵略要求，以此达到牵制俄国南下的战略目的。于是英国便以日本的要求并不过分，外交干预不可能取得成功以及国内舆论反对等为理由，4

---

① Vauvineux à Hanotaux, 6 avril 1895, *Documents Diplomatiques Français (1871 – 1914)*, 1ère série, Tome 11, pp. 665 – 666.

② Herbette à Hanotaux, 10 avril 1895, *Documents Diplomatiques Français (1871 – 1914)*, 1ère série, Tome 11, p. 672.

③ 《外交大臣马沙尔男爵致驻圣彼得堡代办齐尔绪基电》（1895年4月4日），《德国外交文件有关中国交涉史料选译》第1卷，孙瑞芹译，第20—21页。

④ 参见《外交大臣马沙尔男爵致驻伦敦大使哈慈菲尔德伯爵电》（1895年4月4日），《德国外交文件有关中国交涉史料选译》第1卷，孙瑞芹译，第21页。

⑤ 参见《外交大臣马沙尔男爵致驻伦敦大使哈慈菲尔德伯爵电》（1895年4月6日），《德国外交文件有关中国交涉史料选译》第1卷，孙瑞芹译，第22页。

⑥ 参见《外交大臣马沙尔男爵致驻圣彼得堡代办齐尔绪基电》（1895年4月8日），《德国外交文件有关中国交涉史料选译》第1卷，孙瑞芹译，第24—25页。

月8日正式通知法、俄、德三国，拒绝俄国的建议，退出联合行动，声明："我国政府认为不应对日本人的条件进行干预。"① 此外，德国的同盟国意大利和奥匈帝国也以中日《马关条约》与本国没有利害关系为由，拒绝加入联合行动。

在这种复杂的国际关系中，法国从自身利益出发，站在法俄同盟和欧洲主义立场上，始终与俄国保持一致。在接到日本媾和条件的4月5日晚11时，阿诺托即致电法国驻俄、英大使，要求他们立即掌握俄、英政府对于日本要求的确切态度。② 次日，法国驻俄代办沃维诺在与罗拔诺夫会谈中，除表示支持俄国建议，一致反对日本割让旅顺和辽东半岛外，还就两国为达到干预目的采取强制措施的可能性做了探讨。③ 4月9日，在英国明确拒绝俄国联合干涉建议的次日，法国外交部长即电告沃维诺，明确保证法国将支持俄国的提议。④ 与此同时，为了确保对日劝告的成功，避免武力干涉的风险，维护欧洲的整体利益和团结一致，法国还与俄、德一道，分别力劝英国不要退出联合行动。4月10日，法国驻英大使库塞尔在与英国外交大臣金伯利交谈中，力劝英国放弃孤立政策，提醒英国不要对从日本最终在中国取得政治和军事上的优势地位中获取商业利益抱有幻想，必须警惕日、美这两个野心勃勃国家的联合行动损害欧洲的商业利益，警告："如果我们听任事态发展，三个与中国相邻的列强极有可能遇到完全追逐商业利益的国家如美国、德国，今后无疑也包括日本方面的有力竞争。"为打消英国对法俄同盟的顾虑，他还向金伯利解释，法俄同盟并不排斥与英国的关系，强调法、英、俄三国在中国问题上采取一致行动的重要意义，指出：

> 当你们也加入时，法俄之间的这种和谐关系就会变得更加可靠，而不会招致更多的怀疑。全世界的舆论将会从三国的这种友好关系中找到无可争辩的保证，其中任何一国都会节制自己，它们的共同力量

---

① 《金伯利致欧格讷电》（1895年4月8日），戚其章主编《中日战争》第11册，第722页。
② Hanotaux aux Ambassadeurs de France à Saint‑Pétersbourg, Londres, 5 avril 1895, *Documents Diplomatiques Français* (1871 – 1914), 1ère série, Tome 11, pp. 662 – 663.
③ Vauvineux à Hanotaux, 6 avril 1895, *Documents Diplomatiques Français* (1871 – 1914), 1ère série, Tome 11, pp. 665 – 666.
④ Hanotaux à Vauvineux, 9 avril 1895, *Documents Diplomatiques Français* (1871 – 1914), 1ère série, Tome 11, p. 668.

足以对付这个或那个国家可能的冲动。中国问题提供了这样一种机会，使法、英、俄这三个与天朝帝国领土接壤的国家可以联合起来，为了它们共同的利益，采取一种维护中国大陆领土完整的保全政策，通过在这个问题上的合作而形成的紧密关系会对将来产生深刻和持久的影响。①

阿诺托在与德国驻法大使和德国政府交流日本媾和条件的看法时，也强调欧洲国家联合干涉的重要性，明确表示欧洲的利益不能听凭日本政治和经济力量过度发展，"因此，我们极力希望看到所有相关国家能够达成协议"。②

法、德在联合干涉还辽问题上所表现出的积极态度和坚定立场，极大地打消了俄国因英国退出所引发的各种顾虑和担忧，坚定了俄国继续推动欧洲国家联合干涉还辽的决心。③ 4月16日下午，俄国沙皇亲自主持内阁会议，决定在法、德两国赞同俄国提议的前提下，由外交大臣指示俄国驻日公使与其法国和德国同僚采取共同行动，友好规劝日本政府放弃对辽东半岛的最终占领。罗拔诺夫向法国驻俄大使蒙塔佩罗强调："如果法国和德国与俄国保持同样的看法，如果三国的一致在所有国家的眼里极为明显的话，那么英国会保持完全中立。"④

在收到俄国的提议后，法国也是积极响应，并为实现欧洲国家联合干涉献计献策，继续争取英国加入联合行动。4月17日，阿诺托即电告蒙塔佩罗："我个人认为，在对日进行友好劝告问题上，共和国政府的决定无疑会与俄国的意见一致"，并建议圣彼得堡内阁最好同时给伦敦、巴黎、柏林寄发照会，以免给英国留下任何借口，脱离欧洲的联合行动。⑤ 当晚6

---

① Courcel à Hanotaux, 10 avril 1895, *Documents Diplomatiques Français (1871 – 1914)*, 1ère série, Tome 11, pp. 675 – 677.

② Hanotaux à Herbette, 12 avril 1895, *Documents Diplomatiques Français (1871 – 1914)*, 1ère série, Tome 11, p. 684.

③ 按：在英国宣布退出联合行动之后，俄国对于是否继续推动联合干涉还辽一度迟疑不决。见 Montebello à Hanotaux, 13, 14, 15 avril 1895, *Documents Diplomatiques Français (1871 – 1914)*, 1ère série, Tome 11, pp. 691 – 692。

④ Montebello à Hanotaux, 16 avril 1895, *Documents Diplomatiques Français (1871 – 1914)*, 1ère série, Tome 11, pp. 693 – 694.

⑤ Hanotaux à Montebello, 17 avril 1895, *Documents Diplomatiques Français (1871 – 1914)*, 1ère série, Tome 11, p. 695.

时45分，阿诺托又密电法国驻英大使库塞尔，令他往访金伯利，争取英国加入一致行动，维护欧洲在中国的共同利益。① 根据阿诺托的指示，库塞尔与德国大使哈慈菲尔德一起劝说英国外交大臣金伯利不要脱离列强的共同行动，强调"德国与法国的一致即使只是表面的，对英国也将是一种有力的影响"。② 4月18日，法国政府就答复俄国16日照会一事紧急做出决定，赞同俄国的提议，并表示："如果这一行动不能产生效果，共和国政府决定与圣彼得堡内阁一起研究由此造成的各种可能性。"③ 4月19日，蒙塔佩罗将法国的这一正式决定转达罗拔诺夫。与此同时，法国仍然不忘对英国的争取。4月20日，阿诺托电令库塞尔在确保俄国驻英大使斯塔尔（Staal）已将三国将要采取的行动向英国政府通报之后，代表法国政府也向金伯利提交一份内容相同的照会。法国与俄国一致认为，如果英国加入联合行动，"那么采取威胁措施的可能性就可以避免"。④ 此外，法国还动员西班牙加入列强的共同行动，强调"让日本面对尽可能完整的欧洲列强的联盟，将是有益的"。⑤ 为争取英国和西班牙等国加入联合干涉行动，法国政府真可谓费尽心机。

根据三国达成的协议，4月23日法国驻日公使阿尔曼与其俄、德同僚一起前往日本外务省，各自递交照会，规劝日本放弃对中国辽东半岛的占领。尽管为避免刺激日本，同时也为避免因干涉还辽出现与德国的联合军事行动而遭到国内的反对，法使照会措辞温和，不如德国公使照会言辞强硬，并"向对方做了非常友好的解释，以顾全日本的自尊心"，⑥ 并因此获

---

① Hanotaux à Courcel, 17 avril 1895, *Documents Diplomatiques Français (1871 – 1914)*, 1ère série, Tome 11, pp. 696 – 697.
② Courcel à Hanotaux, 18 avril 1895, *Documents Diplomatiques Français (1871 – 1914)*, 1ère série, Tome 11, p. 701.
③ Hanotaux à Montebello, 18 avril 1895, *Documents Diplomatiques Français (1871 – 1914)*, 1ère série, Tome 11, pp. 701 – 702.
④ Montebello à Hanotaux, 23 avril 1895, *Documents Diplomatiques Français (1871 – 1914)*, 1ère série, Tome 11, p. 716.
⑤ Hanotaux à Montebello, 23 avril 1895, *Documents Diplomatiques Français (1871 – 1914)*, 1ère série, Tome 11, p. 714.
⑥ Harmand à Hanotaux, 23 avril 1895, *Documents Diplomatiques Français (1871 –1914)*, 1ère série, Tome 11, pp. 716 – 717. 另见《林外务次官致陆奥外务大臣等电》（1895年4月23日），戚其章主编《中日战争》第10册，第125—128页。

得日本的另眼相待，决定在答复中"不附加敌视法国之言词"。① 但实际上法国始终与俄国保持一致立场，密切商议对策，包括在要求遭日本拒绝后的威胁性措施，指示法国海军司令波蒙（Beaumont）上将"与俄国海军司令保持联络"，② 计划采取一次海上行动，以便切断日本与中国之间的交通，需要时阻止日本军队的供给，③ 同时催促日本尽快就退还辽东半岛问题做出答复。④ 此外，法国还与俄国一道继续动员西班牙加入联合行动，以形成俄、法、德、西班牙和中国五国与日本相抗衡的局面，"从而为远东带来持久的和平"，⑤ 同时继续做英国的工作，避免英国倒向日本一边。

在俄、法、德三国的共同施压下，鉴于英国也明确拒绝日本的援助请求，⑥ 日本政府遂于4月30日对三国劝告做出第一次答复，宣布除金州厅外，放弃对辽东半岛的永久占领权，同时要求清政府对日本所放弃之领土支付相当金额作为补偿，而在清政府履行条约所规定的义务以前，作为担保，日本有权占领上述领土。⑦ 并且，日本还对三国干涉还辽采取分化政策，委托法国进行斡旋，劝说俄、德尽快接受日本条件，"以期法国政府及其他国政府对此均无异议"。⑧

尽管法国驻日公使认为"日本的方案可以接受"，⑨ 欣然同意日本的斡

---

① 《林外务次官致陆奥外务大臣等电》（1895年4月25日），戚其章主编《中日战争》第10册，第140页。

② Hanotaux à Montebello, 27 avril 1895, *Documents Diplomatiques Français (1871 – 1914)*, 1ère série, Tome 11, p. 726.

③ Montebello à Hanotaux, 30 avril 1895, *Documents Diplomatiques Français (1871 – 1914)*, 1ère série, Tome 11, p. 734.

④ Harmand à Hanotaux, 29 avril 1895, *Documents Diplomatiques Français (1871 – 1914)*, 1ère série, Tome 11, p. 733.

⑤ Hanotaux à Montebello, 28 avril 1895, *Documents Diplomatiques Français (1871 – 1914)*, 1ère série, Tome 11, p. 730.

⑥ 按：4月29日英国明确拒绝日本的援助请求，表示："英国政府往昔既已决定保守局外中立，此次亦欲维持同一意愿。英国对日本国怀有最诚笃之感情，但同时亦不能不考虑自己之利益。因而关于提议之让步，不能援助日本国，而且此种让步不足以使各国满意。"《驻英国加藤公使致陆奥外务大臣电》，1895年4月29日，戚其章主编《中日战争》第10册，第162页。

⑦ 参见《陆奥外务大臣致驻俄德法三国公使电》（1895年4月30日），戚其章主编《中日战争》第10册，第164页。

⑧ 《陆奥外务大臣致林外务次官电》（1895年4月30日），戚其章主编《中日战争》第10册，第163页。

⑨ Harmand à Hanotaux, 1er mai 1895, *Documents Diplomatiques Français (1871 – 1914)*, 1ère série, Tome 11, p. 738.

图 3-2　大连湾
［英］菲利斯·比托（Felice Beato）拍摄

旋请求，表示"必将尽力为之"，① 并建议日本制订"向俄、法两国政府进行谈判之方向"，② 但法国政府在这个问题上依然与俄国保持一致，并没有接受日本的条件。5月1日，阿诺托在与日本驻法公使曾祢面谈时明确表示：对于是否接受日本的修改条件，须"与我们一致行动的列强进行接洽"，并强调"如果日本继续其已走上的道路，那么结果只能导致我们和其他有关列强寻求公正和公开的谅解"。当晚11时，阿诺托便将这一情况电告蒙塔佩罗，指示他立即询问俄国对日本修改条件的态度，并要求他注意"日本自己所提出的签订一个补充协定来修改《马关条约》的条款可能带来的利益"，以及"日本在提出补偿金问题时实际上表明它想修改与辽东半岛无关的条约条款"，对日本抱十分怀疑和警惕的态度。③ 第二天，阿诺托又迫不及待地致电蒙塔佩罗，再次询问俄国政府的意见，并再次强调他本人对日本野心和阴谋的怀疑，"我感觉日本似乎并没有就此罢休，日本在谨慎地继续正在进行的谈判和维护其自尊心的同时，它或许能得到更

---

①　《林外务次官致陆奥外务大臣电》（1895年5月1日），戚其章主编《中日战争》第10册，第165—166页。
②　《林外务次官致陆奥外务大臣电》（1895年5月2日），戚其章主编《中日战争》第10册，第168页。
③　Hanotaux à Montebello, 1er mai 1895, *Documents Diplomatiques Français (1871-1914)*, 1ère série, Tome 11, p. 737.

多的东西"。同时，阿诺托还通报了他与俄国大使穆伦海姆之间为在外交手段用尽之后采取军事行动所做的商议。① 此外，法国还继续做英国的工作，劝说英国不要支持日本，以免日本占领辽东半岛和澎湖列岛的计划变成现实，警告"如果旅顺港与澎湖列岛同时落到同一个列强手中的话，那么它们会彼此互补，对各国的贸易构成最严重的威胁"，建议英国继续向日本进行明智的劝说。②

5月3日、4日，俄国和德国相继作出答复，不满日本的修改条件，③一致要求日本完全放弃辽东半岛，反对日本保留对旅顺的占领。罗拔诺夫向法国大使强调，三国显得越一致，越坚定，"那么我们的和解努力就越有希望取得成功"。④ 提议如果日本拒绝，三国即联合采取军事强制措施。对此，法国政府立即作出积极反应，4日上午即召开部长会议，紧急作出决定，指示法国驻日公使阿尔曼与俄国和德国的同僚一道，要求日本完全放弃对辽东半岛的占领，并确定重新答复的期限。⑤ 与此同时，法国还根据俄国的建议，进行军事部署，指示法国海军司令波蒙调派"佛凡特"号（le Forfait）、"阿尔及尔"号（l'Alger）和"迪绍福"号（le Duchaffaut）三艘军舰开往烟台，并与俄国海军司令保持密切联系，以向日本施加更大压力。此外，还建议俄国在解决法国关心的澎湖列岛问题上继续采取一致立场。⑥

正是在俄国的坚持和三国的共同施压下，日本政府被迫作出让步，完全答应三国的要求。5月5日日本驻法公使曾祢向阿诺托递交他刚收到的第二份备忘录，宣布"日本政府根据法国、俄国和德国政府的友好建议，

---

① Hanotaux à Montebello, 2 mai 1895, *Documents Diplomatiques Français (1871–1914)*, 1ère série, Tome 11, pp. 738–739.

② Courcel à Hanotaux, 3 mai 1895, *Documents Diplomatiques Français (1871–1914)*, 1ère série, Tome 11, p. 742.

③ 参见《驻俄国西公使致陆奥外务大臣电》（1895年5月3日）；《驻德国青木公使致陆奥外务大臣电》（1895年5月4日），戚其章主编《中日战争》第10册，第170、171页。

④ Montebello à Hanotaux, 4 mai 1895, *Documents Diplomatiques Français (1871–1914)*, 1ère série, Tome 11, p. 747.

⑤ Hanotaux à Harmand, 4 mai 1895, *Documents Diplomatiques Français (1871–1914)*, 1ère série, Tome 11, p. 745.

⑥ Hanotaux à Montebello, 4 mai 1895, *Documents Diplomatiques Français (1871–1914)*, 1ère série, Tome 11, p. 746.

答应放弃对奉天半岛的最终占领"。①

在积极介入中日战争、迫使日本放弃辽东半岛的同时，法国也不失时机地向清政府索取回报。自1895年1月开始，法国外交部长阿诺托就以干涉中日战争为交换筹码，一再要求中国驻英兼驻法公使龚照瑗和驻法代办庆常转告清政府，早日划定滇越边界，并签订中越商务条约，使中法关系"更感睦谊"。②因阿诺托的要求，龚照瑗多次致电总理衙门，催促清政府尽快与法国解决越南问题，指出："法合俄德争退辽东全境，法议院以前议界务商务未定有违言，哈外部（即阿诺托。——引者注）颇为难，请钧署与施使（施阿兰）即商通融办法定议以服国人之心。"③稍后又称："哈外部告庆常云，日事尚未稳妥，议院将诘问助华原委，若界务商务不定，政府必要受责，他事难为出力。"④与此同时，阿诺托亦一再将与龚照瑗和庆常会谈情况通报法国驻华公使施阿兰，指示他"抓住机会加速实现我们所追求的解决方案"；⑤声称"目前的形势必须立即签订界务和商务条约"，⑥"法国需要以一种绝对肯定的方式获得越南安全的保证"，⑦"我们将不立即签署商务和界务条约视为最严重的行为"。⑧作为对法国干涉还辽的报偿，1895年6月20日，清政府与法国公使施阿兰签订中法《续议界务专条附章》和《续议商务专条附章》，同意将猛乌、乌得、化邦哈当贺联盟猛地等处划归法属越南，并增开云南思茅、河口为法越与中国通商处所，允许法国在西南诸省享有开矿优先权，并将越南铁路接至中国界内，

---

① Soné à Hanotaux, 5 mai 1895, annexe: Mémorandum, *Documents Diplomatiques Français (1871 – 1914)*, 1ère série, Tome 11, p. 749.

② 《使英龚照瑗致总署报法与英俄商调处中日和议电》（光绪二十一年正月二十二日），王彦威、王亮辑编《清季外交史料》卷106，1932年刊行，第13页。

③ 《使英龚照瑗致总署报法合俄德争退辽东全境电》（光绪二十一年四月十四日），《清季外交史料》卷111，第23页。

④ 《使英龚照瑗致总署报法与他国密议台事暂不使华与闻恐生枝节电》（光绪二十一年四月二十一日），《清季外交史料》卷112，第9页。

⑤ Hanotaux à Gérard, 12 janvier 1895, Ministère des Affaires Etrangères, *Documents Diplomatiques*, *Chine*, 1894 – 1898, p. 5.

⑥ Hanotaux à Gérard, 6 mai 1895, Ministère des Affaires Etrangères, *Documents Diplomatiques*, *Chine*, 1894 – 1898, p. 8.

⑦ Hanotaux à Gérard, 8 mai 1895, Ministère des Affaires Etrangères, *Documents Diplomatiques*, *Chine*, 1894 – 1898, p. 8.

⑧ Hanotaux à Gérard, 16 juin 1895, Ministère des Affaires Etrangères, *Documents Diplomatiques*, *Chine*, 1894 – 1898, p. 13.

最大限度地满足了法国攫取中国西南的愿望。①

三　参与还辽谈判

日本在俄、法、德三国的压力下同意放弃对辽东半岛的占领，并不意味三国干涉还辽的结束，这只是完成了最为关键的上半场。日本政府在宣布放弃辽东半岛的同时明确提出两项保留条件：1. 中国须做出补偿；2. 日本继续占领辽东半岛，作为中国履行条约所载对日本义务之担保。②

对于日本提出退还辽东半岛的条件，当时主导三国干涉的俄国提出三条原则性建议。1. 由俄、法、德和西班牙以及中国代表在东京与日本谈判，签署一个具有强制性质的协定。2. 为补偿日本放弃对辽东半岛的永久占领，中国应向日本支付一笔温和的补偿金；一旦中国支付第一期战争赔款，日本应立即撤出半岛。3. 为照顾法国的利益，建议由法国代表或者西班牙代表在谈判中提出澎湖列岛问题，要求日本答应不在澎湖列岛上修建防御工事，也不将它们让与其他列强。此外，俄国还主张以补充说明的方式而非"修改条约"的方式解决还辽问题，以免英国借口插手谈判，坐享三国干涉取得的成果，表示"应该让英国继续处于孤立之中，这是它自找的"。③

对于俄国上述三点建议，法国除对第二条表示赞成外，对其余两条均提出不同意见。首先，法国不赞成中国代表与他们一道参与谈判，认为这会令日本不快，无助于问题的解决和协定的尽快缔结；也不赞成在东京与日本进行谈判，一则日本国内局面比较混乱，不利于谈判的进行，二则可能会遭到英、美驻日使馆的抵制。其次，关于澎湖列岛问题，法国不赞成由法国和西班牙提出这个问题，也反对拒绝英国加入谈判，主张这个问题

---

① 参见王铁崖编《中外旧约章汇编》第 1 册，生活·读书·新知三联书店 1957 年版，第 621—625 页。按：法国驻华公使施阿兰在回忆录中也多次坦承，清政府与他签订界务和商务条约与法国因干涉还辽而赢得清政府的信任有着直接关系，将此看作清政府"对法国政府的初次感谢"，欢呼条约的签订"真正地开辟了我们殖民政策史上的一个新纪元"，详见施阿兰《使华记：1893—1897》，第 60—67、111—112 页。

② 参见《陆奥外务大臣致驻德国青木驻法国曾祢公使电》（1895 年 5 月 5 日），戚其章主编《中日战争》第 10 册，第 173 页。

③ Lobanoff à Mohrenheim, 27 avril – 12 mai, Ministère des Affaires Etrangères, *Documents Diplomatiques Français* (1871 – 1914), 1ère série, Tome 12, Paris: Imprimerie Nationale, 1951, pp. 7 – 8.

也与其他问题一样应由俄、法、德三国达成协定,然后提交有关列强及中国与日本,强调:"正是由于三国持之以恒的一致,特别是法国和俄国的坚固联盟,才有机会看到持久的符合欧洲整体利益的和平。因此我们主张在澎湖列岛问题上如同其他所有的问题仍应维持这种一致,但不拒绝其他任何列强的加入。我们希望动议始终公开地来自两国的一致行动,这种一致行动自谈判一开始就将两国互相联系在一起。"①

由于不满俄国在中国借款问题上将德国排除在外,德国在还辽条件问题上与俄国的矛盾和分歧更大,一反此前对日本的强硬态度,转而为日本说话,反对俄国向日本提出苛刻要求。首先,在撤离辽东半岛问题上,德国外交大臣马沙尔认为不能要求日本立即撤离,如能确定在支付部分战争赔款后某日撤离,或者在付清补偿金后的某一日撤离,三国就应该满足。至于澎湖列岛问题,德国不主张要求日本承诺拆毁或者不重建防御工事,认为这些工事只是被用作征服和防守台湾的军事基地;表示日本只需在法律上保证不将澎湖列岛让与其他列强,而且永远不对外国海军关闭台湾海峡即可,并以台湾问题关系整个欧洲利益为由,主张邀请英国参与这一问题的谈判。至于行动方式,俄国建议三国列强在东京递交同文照会,德国认为应该与前一次一样,采取友好劝告的方式。②

在吸收法、德两国尤其是法国建议的基础上,俄国放弃由三国外交代表和中国代表在东京与日本举行谈判的方式,仍按照此前的方式,先在欧洲三国之间达成协议,然后由三国驻东京使节与日本政府协商,最后由中日之间签订协定。1895年5月22日,俄国建议法国和德国向各自驻日公使发出以下训令。1. 尽力将归还辽东半岛的补偿金减少到一个较小的数字,从严格的法律角度讲,日本不能为其刚刚所做的主动让步向中国要求补偿,因为这是它无条件做出的让步,而且是向三国所做的让步,而不是向中国所做的让步。2. 一旦首批还辽补偿金支付后,尽可能立即确定日本撤兵的条件。3. 关于澎湖列岛问题,原则上确定台湾海峡的通行是绝对自由的,询问日本能为航行自由提供什么样的保证,如果日本不肯承诺不在澎湖列岛上修建新的防御工事,也不答应不将这些岛屿让与第三国的话,

---

① Hanotaux à Montebello, 15 mai 1895, *Documents Diplomatiques Français (1871 – 1914)*, 1ère série, Tome 12, p. 11.
② Herbette à Hanotaux, 21 mai 1895, *Documents Diplomatiques Français (1871 – 1914)*, 1ère série, Tome 12, pp. 27 – 28.

可协商发表一个笼统的声明。4. 以上三点应该成为日本政府与三国使节互换照会的内容,三国代表应促使谈判在和解和彼此友善的氛围中进行。①

在大体达成基本共识后,6 月 5 日俄、德、法三国公使一起与日本外务大臣举行会晤,转达三国政府要求。② 7 月 19 日,日本外务大臣就归还辽东半岛和撤兵问题向三国公使作出答复,要点如下:1. 中国为日本退还辽东半岛支付 5000 万两补偿金;2. 在中国支付这笔补偿金和《马关条约》规定的第一期赔款后,日本将军队撤退到金州半岛以内,在中国支付两期战争赔款并在短期内交换中日商约批准书后,日军将完全撤出辽东半岛;3. 日本承认台湾海峡为国际交通要道,不在日本的控制和独占范围之内,承诺不将台湾和澎湖列岛让与任何列强。③

对于日本所作的这一回复,德国和俄国出现严重对立和分歧。德国认为日本的这一要求合理、适中,明确向俄、英、法三国表示不应反对日本的这一要求,声称:"不能认日本五千万两的要求为过高。辽东是最重要军略地点之一,日本占领它能随时威胁北京城;日本放弃它,是剥夺自己的一个最重要的胜利果实。在这种情形下,上述数字似乎是适度的";"且日本作此要求,主要是为缓和国内舆论。"④ 而俄国认为日本的这一要求过分,不能接受。首先,在还辽补偿金问题上,俄国认为日本的要价过高,主张减半,必须运用压力使日本将补偿金降至 2500 万两。⑤ 俄国外交大臣向德国驻俄大使拉度林(Radolin)明确表示,日本"对中国不能再行吮吸骨髓"。其次,在日本撤军日期问题上,俄国坚决反对将还辽和日本撤军日期与清政府履行《马关条约》各项义务和互换中日商约批准书等问题进行挂钩,强调日本撤退辽东的日期应不受中日商约及《马关条约》的牵

---

① Montebello à Hanotaux, 22 mai 1895, *Documents Diplomatiques Français (1871–1914)*, 1ère série, Tome 12, pp. 30–31.

② Harmand à Hanotaux, 5 juin 1895, *Documents Diplomatiques Français (1871–1914)*, 1ère série, Tome 12, p. 65.

③ Harmand à Hanotaux, 19 juillet 1895, *Documents Diplomatiques Français (1871–1914)*, 1ère série, Tome 12, p. 123.

④ 《外交副大臣罗登汉男爵的记录》(1895 年 8 月 2 日),《德国外交文件有关中国交涉史料选译》第 1 卷,孙瑞芹译,第 67 页。

⑤ 参见《外交副大臣罗登汉男爵的记录》(1895 年 7 月 24 日),《德国外交文件有关中国交涉史料选译》第 1 卷,孙瑞芹译,第 65 页。

制，务必在撤退日期上达成谅解并规定期限。① 当时，俄国对德国的亲日态度极为不满，怀疑德国政府可能在暗中鼓励日本，至少是迁就日本。② 为此，俄国甚至想撇开德国，与法国一起自由行动。8月3日，法国驻俄大使蒙塔佩罗在一封绝密电报中告诉阿诺托："罗拔诺夫亲王今天问我，'我们是否可以重新恢复我们的自由，光我们两国采取行动？'"③

在德俄出现裂痕之际，法国在坚守法俄同盟的前提下，尽力调解德俄矛盾，维持三国的共同行动，并主张以牺牲中国的利益满足日、俄两方的要求，促使辽东问题尽快解决。在还辽补偿金问题上，法国一方面表示不能断然拒绝日本的要求，相反可以利用它要求日本再次明确它的还辽承诺，另一方面建议与日本讨价还价，将补偿金削减到1亿法郎（约合库平银2500万两）或1.5亿法郎（约合库平银3750万两）。在撤离辽东问题上，法国一方面赞同俄国的看法，认为日本非常巧妙地将撤离辽东的条件与《马关条约》的执行两件事掺和在一起，显然为了达到拖延目的；从法理上说，这两者是有区别的，《马关条约》的执行将中国和日本连在一起，而关于辽东半岛的承诺则将日本和列强连在一起。但法国也承认这两者实际上存在某种关联性——中国对马关和约条款的执行将有助于列强促使日本完全履行它的承诺。因此，法国主张日本撤离辽东半岛应与清政府支付还辽补偿金及前两期战争赔款4亿法郎（约合库平银1亿两）同时进行，但不赞成日本将清政府批准中日商约和付清全部战争赔款作为撤离辽东的条件，认为后者不是三国与日本签订协定的内容，它属于日本与中国之间的事情，如果需要的话，列强可以向中国劝告。④

另外，法国也直接做日本政府方面的工作，规劝日本接受三国的建议。7月25日，在与日本驻法公使曾祢的会谈中，阿诺托就劝说日本不应

---

① 《驻圣彼得堡大使拉度林公爵致外部电》（1895年8月9日）；《驻圣彼得堡大使拉度林公爵上帝国首相何伦洛熙公爵公文》（1895年8月9日），《德国外交文件有关中国交涉史料选译》第1卷，孙瑞芹译，第68—72页；Montebello à Hanotaux, 3 août 1895, *Documents Diplomatiques Français* (*1871 – 1914*), 1ère série, Tome 12, p. 146.

② Nisard à Hanotaux, 24 juillet 1895, *Documents Diplomatiques Français* (*1871 – 1914*), 1ère série, Tome 12, p. 135.

③ Montebello à Hanotaux, 3 août 1895, *Documents Diplomatiques Français* (*1871 – 1914*), 1ère série, Tome 12, p. 147.

④ Hanotaux à Nisard, 26 juillet 1895, *Documents Diplomatiques Français* (*1871 – 1914*), 1ère série, Tome 12, pp. 139 – 140.

将撤离辽东半岛问题与中国履行《马关条约》和签订商约问题混在一起，"它们是不应该互相混淆的；在将来的谈判中，日本应同意把这两件事分开处理"。同时，他还建议日本政府尽快履行诺言，满足列强的要求，并利用这一态度要求列强对中国施加压力，以便尽快解决所有的问题，得到日本想要的东西，指出：

> 既然日本政府自愿并友好地答应撤离辽东半岛，既然它实际上已经部分同意撤离，那么它似乎没有必要守卫或者防御旅顺港，处在它的位置，我会设法赶紧收获直截了当的好处。我不会关注次要的谈判细节，我会非常沉着地盘算我应该争取的东西，然后明确地说出来。既然我答应撤离，我就撤离，而且如果需要的话，我会利用这一态度要求有关的列强对中国施加压力，以便尽快解决所有的问题，这些问题的解决将有利于确保和平。这一政策除了可能会使你们迅速解决仍然悬而未决的难题，而且还会给你们带来良好的声誉。此外，还可以让你们腾出双手去应付你们的对外政策。①

在法国的协调下，三国在日本还辽条件上的立场有所接近。德国为避免被俄、法两国抛弃，前功尽弃，在还辽条件上最终也做了一定让步。8月20日，德国向俄、法两国提交备忘录，通报德国在此问题上的最终立场，声称：考虑到法国和俄国政府所表达的愿望，德国同意尽力使中日商约的签订与撤离辽东问题分开，并设法使日本将还辽补偿金减到3000万两。但明确表示："在教案和台湾问题所暴露出来的中国无政府状态下，我们不能要求日本在中国履行承诺方面满足于纯粹道义上的担保并同意再次削减还辽补偿金。因此，日本对辽东的完全撤离只能发生在中国支付3000万两的辽东半岛赎金和前二期战争赔款之后，或者说在支付一笔总数为1亿3000万两的款项之后。"②

对于德国的这一让步，法国表示满意，认为俄、法与德国达成协议已有可能，建议早日了结辽东半岛问题，没有必要为中国节省几百万两而冒

---

① Hanotaux à Montebello, 3 août 1895, *Documents Diplomatiques Français（1871 – 1914）*, 1ère série, Tome 12, pp. 147 – 148.

② Aide – mémoire de l'ambassade d'Allemagne, 20 août 1895, *Documents Diplomatiques Français（1871 – 1914）*, 1ère série, Tome 12, pp. 173 – 174.

风险。8月20日法国外交部官员在《致外交部长备忘录》中写道："以我之见，应该授权蒙塔佩罗告诉罗拔诺夫亲王，德国照会似提供了达成协议的基础。我认为，为中国节省几百万两所带来的利益似不足以弥补这一问题一直拖延下去所产生的危险，随着时间的流逝，这个问题将越来越难解决。"①

然而，鉴于7月6日签订的中俄《四厘借款合同》有清政府在6个月内不得向他国借款的规定，为避免他国分享干涉还辽成果，向中国提供借款，同时为促使日本早日撤出辽东半岛，俄国拒绝接受德国的妥协和建议，坚持在中国支付3000万两赎金后，日本必须完全撤离辽东半岛。② 而德国也坚持己见。德国外交大臣马沙尔认为"不能希望日本在中国支付特别赔款及条约规定之第一、二期赔款前放弃它最重要的及最有用的抵押品"，并要求三国必须在开始与日本交涉以前就此达成共识。③ 罗拔诺夫对马沙尔的这一表态极为不满，抱怨"德国自己充当日本的辩护人"，④ 向德国大使表示：他非常希望维持三国的一致行动，但如果这让人等待太久的话，他必须在没有德国参与的情况下恢复已经中断了很久的谈判，暗示俄国将撇开德国，与法国一道向日本施压。

8月24日，俄国政府果真抛开德国，与法国协商，一道向两国驻日公使发出训令，表示：

> 我们与德国的谈判尚未完全取得一致，因为我们是从不同的原则出发，法国与我们仍希望保持三国在5月22日的训令中所确定的计划范围以内，也就是说我们只确定辽东半岛的赎金数额和日本撤离该半岛的确切日期，而不干涉《马关条约》的有关规定。而德国总是倾向于扩大这一计划的范围，它想把战争赔款的支付日期往前推，与辽

---

① Note pour le Ministre, 20 août 1895, *Documents Diplomatiques Français (1871 – 1914)*, 1ère série, Tome 12, p. 173.

② Montebello à Hanotaux, 22 août 1895, *Documents Diplomatiques Français (1871 – 1914)*, 1ère série, Tome 12, p. 179. 按：如接受德国建议，日本在清政府付清第二期战争赔款后撤离辽东半岛，那么日本对辽东的占领将延长到1896年5月，这是俄国无法接受的。

③ 《外交大臣马沙尔男爵的记录》（1895年8月22日），《德国外交文件有关中国交涉史料选译》第1卷，孙瑞芹译，第75—76页。

④ Montebello à Hanotaux, 23 août 1895, *Documents Diplomatiques Français (1871 – 1914)*, 1ère série, Tome 12, p. 184.

半岛的赎金结合起来,其借口是中国乃至台湾所发生的混乱使人难以相信中国政府,日本将会或者将不会接受这样那样的方案。显然,德国的目的是想增加中国的财政困难,并尽可能减少我们在这方面所提供的支持给中国带来的利益。在这种情况下,我们看不到与德国达成一致的可能性。

因此,训令指示两国驻日公使密切合作,与日本政府直接交涉,要求日本的还辽补偿金不得超过 3000 万两;在中国付清辽东半岛赎金后,日本必须尽早撤出辽东半岛,并确定撤离的确切日期、报告撤离细节。此外,训令还指示他们避免讨论与《马关条约》相关的各种问题,指出:"对此我们并没有参与,中国也没有向我们求助以修改条约;如果日本人想对某些内容进行修改的话,他们可以直接与中国人谈判,而无需我们的参与。"①

然而,正当三国合作面临破裂之际,日本的退让挽救了德国与俄、法两国的勉强联合。鉴于连续战争所带来的财政困难和三国干涉给日本国内造成的影响,以及占领辽东半岛所需的费用,日本希望早日解决还辽问题的谈判。8 月 28 日,日本公使通知俄国外交大臣罗拔诺夫,表示日本政府为尽早解决辽东问题,愿意在东京马上恢复与三国的谈判。② 在接到俄方通报的这一重大消息后,法国外交部长阿诺托于次日即电复俄国政府,除赞同"应该尽快了结辽东半岛问题"之外,另建议俄国在还辽交涉中应继续维持三国的联合和一致行动,指出:"以三国开始的谈判由二国继续,这样的前景并非没有令我担忧。如果日本人感到除了英国以外,还得到德国的支持,我担心我们会发现他们并不好对付。"指示法国驻俄大使蒙塔佩罗务必做好此项工作,"以避免三国一致的破裂",强调"在这个特殊问题上维持一致直到谈判的结束,非常重要"。③ 与此同时,阿诺托也对德国代办做工作,劝说德国不要将日本撤出辽东与中国支付前二期战争赔款进

---

① Montebello à Hanotaux, 24 août 1895, *Documents Diplomatiques Français (1871 – 1914)*, 1ère série, Tome 12, pp. 186 – 187.

② Montebello à Hanotaux, 28 août 1895, *Documents Diplomatiques Français (1871 – 1914)*, 1ère série, Tome 12, p. 194.

③ Hanotaux à Montebello, 29 août 1895, *Documents Diplomatiques Français (1871 – 1914)*, 1ère série, Tome 12, p. 194, note 2.

行挂钩，指出战争赔款已有威海卫作为担保，"尽速的撤退在日本似乎只有欢迎"。①

对于法国维护三国一致行动的建议，俄国做出积极反应。8月30日罗拔诺夫明确向法国驻俄大使蒙塔佩罗表示，俄国"非常重视谈判继续在三国参与的情况下进行"，"当三国列强代表面对日本大臣们时，意见分歧将会很容易消失"。同一天，罗拔诺夫给俄国驻柏林大使拍发如下电报："三国列强间的谈判即使没有达成完全一致，但至少使他们的观点十分接近。考虑到我们彼此都希望结束这一问题，同时也鉴于日本自己最近所表达的尽早解决这一问题的愿望，我们向柏林内阁提议，命令我们各自驻东京的使节从现在起恢复他们与日本有关大臣的会谈，我们希望他们能够达成协议。"同时建议法国外交部长也给法国驻德大使拍发一个类似的电报。②

在接到俄国邀请后，德国鉴于法国在撤退期限问题上支持俄国，为了避免法、俄单独与日本谈判，同时也鉴于当事国日本政府表示愿意做出让步，德国最后同意三国一道在东京恢复与日本的谈判。8月31日，马沙尔即将俄国的电报转告首相何伦洛熙，并主张接受俄国的建议，"训令我们驻东京公使与他的两位同僚同时恢复关于已经达到一致各点的谈判"。在给首相何伦洛熙的电报中写道："鉴于我们互愿达到一个终局及日本最近表示迅速结束这件事的愿望，我们向柏林内阁提议，训令我们驻东京代表即日与日本大臣们恢复谈判，我们希望从这些谈判上，将得到一个明确协调的结果。"③ 9月1日，德国首相复信赞同，指出根据形势的变化，"我们必须考虑修正我们迄今为止的观点"。④ 9月4日，马沙尔分别向俄、法两国做出正式答复，同意在三国已经达成一致的两个问题（赎金3000万两；日本撤离辽东不与中日签订商约挂钩）上，训令德国驻日公使与其俄法同僚一道立即恢复与日本的谈判。但在日本撤离期限上是否将支付前二期战争赔款作为条件，德国仍与俄、法保持一定距离，主张由日本提议、

---

① 《驻巴黎代办许恩致外部电》（1895年8月30日），《德国外交文件有关中国交涉史料选译》第1卷，孙瑞芹译，第78—79页。

② Montebello à Hanotaux, 30 août 1895, *Documents Diplomatiques Français (1871-1914)*, 1ère série, Tome 12, pp. 196-197.

③ 《外交大臣马沙尔男爵上帝国首相何伦洛熙公爵电》（1895年8月31日），《德国外交文件有关中国交涉史料选译》第1卷，孙瑞芹译，第79—80页。

④ 《帝国首相何伦洛熙公爵致外交大臣马沙尔男爵电》（1895年9月1日），《德国外交文件有关中国交涉史料选译》第1卷，孙瑞芹译，第80—81页。

决定，德国在这个问题上不会对日本施加压力，他表示："我们从来没有意思比日本人更要亲日，如果证实按俄国的预期，日本能自动地放弃第一、二期战争赔款应在完全撤退半岛前支付之条件，则我们将很高兴。"①

根据三国达成的一致意见，9月11日俄、法、德三国驻日公使就还辽条件问题一道向日本外务大臣递交照会。10月7日日本政府做出正式答复，表示为迅速解决辽东问题起见，愿意接受三国的要求，将交还辽东半岛的补偿金减至3000万两，另不以签订中日通商条约为半岛撤兵条件，并愿于3000万两赔款交清后三个月以内完成撤兵。②10月17日，三国公使又根据三国政府指示，前往日本外务省，向代理外务大臣西园寺递交同文照会草稿，由俄国公使希特罗渥宣读，要求将10月7日日本撤退辽东条件的声明与7月19日关于台湾海峡航行自由及日本不割让澎湖列岛予第三国的声明，一并简单摘要列入与日本的换文之中。对此，日本政府也表示接受，并于19日下午2点由西园寺与三国公使完成换文手续。③至此，三国干涉还辽事件终于画上句号。11月8日中日双方在北京签订《辽南条约》，只是例行手续，对三国公使与日本换文的内容加以承认，并且还缺少了有关台湾问题的内容。④

纵观法国在中日甲午战争中的态度，虽然宣称在朝鲜问题上无直接重大利益，在战争初期采取不介入政策，但实际上在整个过程中充分利用中日战争，最大限度地为自己谋取利益：一是通过与俄国采取一致立场和行动，巩固刚刚缔结不久的法俄同盟关系，缓解法国在欧洲的孤立状态，特别是来自德、奥、意三国同盟的外交压力；二是通过积极参加俄、英、法和俄、法、德三国干涉行动，直接从中国索取回报，进一步实现法国侵略中国西南的野心，并希望阻止日本占领台湾和澎湖列岛。此外，法国积极参加俄、英、法和俄、法、德三国干涉行动，也是出于欧洲主义立场，抵制日本取代欧洲，主宰东亚。尽管俄、英、法、德、意、西等欧洲列强之

---

① 《外交大臣马沙尔男爵致驻圣彼得堡大使拉度林公爵电》（1895年9月4日），《德国外交文件有关中国交涉史料选译》第1卷，孙瑞芹译，第81—82页；Note de l'Ambassade d'Allemagne, 5 septembre, *Documents Diplomatiques Français* (1871 – 1914), 1ère série, Tome 12, pp. 203 – 204.

② 参见《驻东京公使哥曲米德男爵致外部电》（1895年10月7日），《德国外交文件有关中国交涉史料选译》第1卷，孙瑞芹译，第83—84页。

③ 参见《驻东京公使哥曲米德男爵上帝国首相何伦洛熙公爵公文》（1895年10月20日），《德国外交文件有关中国交涉史料选译》第1卷，孙瑞芹译，第84—86页。

④ 有关《辽南条约》的内容，详见王铁崖编《中外旧约章汇编》第1册，第636—637页。

间存在矛盾和竞争，但在有关中国问题上，它们往往会站在欧洲的立场上，捐弃矛盾，达成一致或相近的政策和立场，以维护欧洲国家的共同利益。法国与英、德等欧洲国家及俄国在中日甲午战争中所表现出来的渔利态度和欧洲主义立场，是很值得回味的。

第四章 势力范围还是门户开放？

1894—1895年的中日甲午战争是继鸦片战争之后中外关系的又一转折点。甲午战败将清政府的软弱无能和腐朽衰败暴露无遗，列强由此掀起以攫取政治性借款、掠夺路矿利权和强租中国领土、划分势力范围为内容的瓜分狂潮。在这场瓜分中国的狂潮中，法国的确如许多论著所指出的那样，利用三国干涉还辽有功的有利条件，捷足先登，伙同盟国俄国，遂行瓜分政策，大肆攫取势力范围，掠夺各种利权。但是，法国在列强瓜分中国势力范围的竞争中未能取得优势地位，不满足于既得权益，期待借助门户开放政策扩大法国在华利益。法国在中日甲午战争后的对华政策经历了由单纯奉行势力范围政策到拥护门户开放政策的转变。[①]

一 参与瓜分中国，掠夺路矿利权

甲午战争之前，法国政府就有意利用中日冲突所造成的有利时机，解决中法间关于越南悬而未决的问题，进一步将中国西南地区归入法国的势力范围。1894年4月，法国政府任命施阿兰（Gérard）为新任驻华公使，指示他除了保全与维护法国在中国所有的既得利益和特权外，他的一项新

---

① 有关英、美两国与门户开放政策的关系，详见牛大勇《英国与对华门户开放政策的缘起》，《历史研究》1990年第4期；曾志《英国与门户开放政策的提出》，《社会科学战线》1993年第5期；董小川《关于美国对华门户开放政策的几个问题》，《美国研究》1998年第4期；丁名楠《关于美国对华门户开放政策的若干历史考察》，中美关系史丛书编辑委员会、复旦大学历史系编《中美关系史论文集》第2辑，重庆出版社1988年版，第115—134页；邹明德《美国门户开放政策起源研究》，《中美关系史论文集》第2辑，第135—160页；[苏]福son科《瓜分中国的斗争和美国的门户开放政策（1895–1900）》，杨诗浩译，生活·读书·新知三联书店1958年版；[英]菲利浦·约瑟夫《列强对华外交》，胡滨译，商务印书馆1959年版，等等。

任务便是与中国划定中越边界，进一步开拓中越之间的交通与贸易关系。①中日开战后不久，法国外交部长阿诺托又于9月15日指示施阿兰趁机与清政府进行谈判，"尽快对中国与我们属地之间的边界进行最后的勘查并划定"。② 中日《马关条约》甫一签订，施阿兰便挟三国干涉还辽之功，接连催逼清政府尽快解决中法界约和商约问题，"以服国人之心"。③ 作为对法国干涉还辽有功的报答之一，1895年6月20日，清政府与施阿兰签订了《续议界务专条附章》和《续议商务专条附章》两个条约。④ 前者迫使清政府将猛乌、乌得等地划归越南。后者除对1887年中法《续议商务专条附章》内容进一步加以确认之外，又向法国提供了新的特权：增开思茅、河口为商埠；越南已成或拟修铁路，可由两国酌商，延伸至中国境内；中国将来在云南、广西、广东开矿时，应先向法国厂商或矿师商办。⑤ 通过这两个条约，法国不但割占了中国云南边境一部分领土，同时也为列强争夺路矿特权开创了先例。以上两个条约甫一签订，法国政府便有意将攫取的筑路特权加以落实。7月5日，阿诺托致电施阿兰，法国费务林公司（La Compagnie de Fives-Lille）准备敷设自越南同登至广西龙州的铁路，指示他就此事与总理衙门交涉。1896年6月5日，总理衙门与费务林公司签订龙州至镇南关铁路合同，法国由此获得中国政府同意让与的第一个筑路特权。⑥

1897年，为与英国竞争，法国政府力图进一步将中国西南地区纳入其势力范围。2月13日，法国驻华公使施阿兰根据阿诺托2月1日的电报指示，⑦向总理衙门提出不向任何列强割让海南岛的要求，声称"法国与中

---

① 参见施阿兰《使华记：1893—1897》，第11—12页。
② Hanotaux à Gérard, 15 septembre 1894, Ministère des Affaires Etrangères, *Documents Diplomatiques*, *Chine*, 1894-1898, Paris: Imprimerie Nationale, 1898, p. 1.
③ 《使英龚照瑗致总署报法合俄德争退辽东全境电》（光绪二十一年四月十四日），王彦威、王亮辑编《清季外交史料》卷111，1933年铅印本，第23页。
④ 按：施阿兰在回忆录《使华记：1893—1897》明确将这两个条约视为中国政府对法国参与"干涉还辽"的初次感谢，并得意地写道："一八八五年《天津条约》所开始的事业，就这样在十年之后、在最适当的情况下完成了。它不仅捍卫了法属印度支那的安全，而且从印度支那设置了一条深入这个辽阔无际的帝国的西南地区最直接的捷径。"（施阿兰：《使华记：1893—1897》，第67—68页）
⑤ 王铁崖编：《中外旧约章汇编》第1册，生活·读书·新知三联书店1957年版，第621—625页。
⑥ 王铁崖编：《中外旧约章汇编》第1册，第652—653页。
⑦ Hanotaux à Gérard, 1er février 1897, *Documents Diplomatiques*, *Chine*, 1894-1898, p. 29.

图 4-1 龙州

图片来自 University of Bristol – Historical Photographs of China, reference number: he03 – 122。照片原件收藏于 School of Oriental and African Studies Archives, London（SOAS reference PP MS 82/14）

国在南海具有共同的利益，这迫使我们有同等的义务防止这一地区的领土现状受到任何威胁"。① 在法国政府的施压下，3 月 15 日，总理衙门只好完全按照法方的要求，照会施阿兰，声明"永不将海南岛让与任何他国，不论久暂，作停船趸煤之用"。② 2 月 13 日，施阿兰奉命为进一步扩大法国在中国西南地区的权利，向总理衙门提出新的要求：将龙州铁路延长至南宁、百色；法国商品可以通过法国政府认为最合适的途径进入云南；有权开发两广和云南铁路沿线的矿山。③ 经过近 4 个月的谈判，6 月 12 日，中法双方以互换照会的方式，满足了法国政府的这些要求。④

---

① Gérard à Hanotaux, 15 février 1897, Documents Diplomatiques, Chine, 1894 – 1898, pp. 30 – 31. 按：在中国，第一次提出领土不割让要求的是英国，条文见于 1846 年 4 月 4 日的《英军退还舟山条约》。按照该条约第三款的规定，中国答应英国"永不以舟山等岛割让于他国"。
② 总理衙门致法国驻华公使施阿兰，光绪二十三年二月十三日（1897 年 3 月 15 日），Gérard à Hanotaux, 18 mars 1897, Documents Diplomatiques, Chine, 1894 – 1898, p. 33。
③ Gérard à Hanotaux, 15 février 1897, Documents Diplomatiques, Chine, 1894 – 1898, pp. 30 – 31.
④ Gérard à Hanotaux, 18 juin 1897, Annexe 1：Gérard au Tsong – li – Yamen, 12 juin 1897, Documents Diplomatiques, Chine, 1894 – 1898, pp. 38 – 40.

图 4-2　云南个旧锡矿
[日] 望月睦幸拍摄

1897年年底德国强占胶州湾和俄国强占旅顺、大连之后，法国也不甘落后，立即要求清政府给予"补偿"，以保持所谓的"东方均势"。1898年3月7日，法国外交部长阿诺托训令驻华代办吕班（Dubail）向清政府提出以下补偿要求：1. 在云南、广西和广东对法国作出与中国在长江流域对英国所作的同样承诺；2. 中国邮政由法国人管理；3. 允许法国自越南修筑一条铁路至昆明；4. 根据最惠国待遇，法国有权在中国南部沿海设立一处煤栈，并强调煤栈问题必须援用"胶州的先例"。① 在法国的逼迫之下，4月9日、10日，清政府通过互换照会的方式，几乎完全满足了法国的要求。总理衙门承诺不将邻近越南的三个省份让与或租借给他国，从而确认了广东、广西和云南三省为法国的势力范围；中国政府同意由法国政府或者它所指定的一家法国公司，修建一条从越南边境至昆明的铁路；广州湾租与法国，为期99年，法国有权在那里设立一个海军基地和煤栈，

---

① Hanotaux à Dubail, 7 mars 1898, *Documents Diplomatiques*, *Chine*, 1894–1898, p. 44.

租借地的勘界将就地进行。①

除了谋求势力范围外，法国又与其盟国俄国一道为争夺中国借款权与其他列强展开角逐。甲午战争后，为偿付2亿两的赔款、3000万两的赎辽金和支付每年50万两的日军驻威海卫的给养费，中国只能举借外债，列强间由此展开了一场掠取借款权的斗争。法国是当时的世界金融中心和金融强国之一，法国政府和巴黎金融界敏锐地觉察到中国借款问题不同于普通借款，它不但会带来巨大的金融机会，而且将具有重大的政治意义。1895年5月9日，交换《马关条约》批准书的第二天，法国外交部长阿诺托即致电驻华公使施阿兰，通知总理衙门，要求在中国的借款中占有重要份额，声称"巴黎的资金比其他任何地方都充足，而且运转得更好。如果他们必须求助法国资本的话，那么我们必须注意不要让其他国家特别是德国、英国和美国独自获得伴随借款的实现和担保机构的组建而产生的政治和商业利益"②。在俄国和法国的共同压力下，7月6日，中国驻俄国公使许景澄在彼得堡与俄法银团代表签订《四厘借款合同》。合同规定，此次借款金额为4亿法郎，6家法国银行承担2.5亿法郎、4家俄国银行承担1.5亿法郎，年息四厘，折扣九四又八分之一，36年还清，以中国海关收入作担保，该合同签订后6个月内，不得向他国借款。此次借款加强了俄法对中国财政的监督，正如法国驻俄大使蒙塔佩罗所说的："我们的金融家可以通过他们的帮助和他们的债权这一事实对中国的资源施加影响，实行监督，我们在政治上可以从这种监督中获利。"③

此外，法国还在中国其他地区与列强争夺路矿利权。如1897年法国与比利时联手，在俄国的支持下，与清政府签订450万英镑的《芦汉铁路借款合同》，取得芦汉铁路借款修筑权。④ 在四川，法国获得灌县、犍为、

---

① Dubail à Hanotaux, 11 avril 1898, *Documents Diplomatiques*, *Chine*, 1894 – 1898, pp. 48 – 49; 王铁崖编《中外旧约章汇编》第1册，第743—745页。

② Hanotaux à Montebello, 17 mai 1895, Ministère des Affaires étrangères, *Documents Diplomatiques Français* (*1871 – 1914*), 1ère série, Tome 12, Paris: Imprimerie Nationale, 1951, pp. 19 – 20. 另参见施阿兰《使华记：1893—1897》，第69页。

③ Montebello à Hanotaux, 12 juin 1895, *Documents Diplomatiques Français* (*1871 – 1914*), 1ère série, Tome 12, pp. 81 – 85.

④ 王铁崖编：《中外旧约章汇编》第1册，第709—716页；Bezaure à Hanotaux, 22 juillet 1897, Ministère des Affaires Etrangères, *Documents Diplomatiques*, *Chine*, 1898 – 1899, Paris: Imprimerie Nationale, 1900, pp. 143 – 144。

图 4-3　华俄道胜银行

威远、合州、巴县等地煤、铁等矿开采权;① 1899 年 11 月,法商又成立福成公司,取得天全、懋功两处五金矿的开采权。② 在福建,法国有意主导帮助清政府重建福州船政局,"扩大法国的科学和工业在中国的影响",③并就此于 1896 年 10 月 11 日与清政府签订合同。④ 在上海,法国为与英美公共租界竞争,制造"第二次四明公所案",扩大上海法租界。⑤

需要指出的是,尽管法国在 19 世纪末瓜分中国狂潮的许多领域中扮演了急先锋的角色,但受国力限制,法国在与其他列强的角逐中并不占优势。被划入法国势力范围的中国西南三省地处偏僻、多高山峻岭,经济落后。由于受到英国的牵制,法国对西南三省的控制也是很不完整的。1897

---

① 王铁崖编:《中外旧约章汇编》第 1 册,第 905—907 页。
② 《川督奎俊奏保富公司招集华洋商人合办金矿议定章程折》(光绪二十五年十月二十七日),《清季外交史料》卷 141,第 6 页。
③ Gérard à Hanotaux, 8 juillet 1896, *Documents Diplomatiques*, *Chine*, 1894 – 1898, pp. 24 – 25.
④ Gérard à Hanotaux, 13 octobre 1896, *Documents Diplomatiques*, *Chine*, 1894 – 1898, pp. 27 – 28;王铁崖编《中外旧约章汇编》第 1 册,第 679—684 页。
⑤ 葛夫平:《第二次四明公所案与上海法租界扩界》,《历史研究》2017 年第 1 期。

年 2 月 4 日，英国与清政府签订的《续议滇缅条约附款》和《西江通商专条》，极大地限制和阻挡了法国势力在西南地区的扩张。《续议滇缅条约附款》将西南边境的昔马、北丹尼、科干等大片领土划归英国，另规定不得将与法属印度支那毗连的湄公河两岸之江洪地区和孟连地区让与他国，这些条款大大增强了英国在该地区的势力，牵制了法国西扩。《西江通商专条》则使西江成为香港与两广贸易的交通大动脉，抵消和挫败了法国计划通过修筑谅山至龙州铁路，将两广贸易从广州和香港转移到法属印度支那的企图；规定广西梧州府、广东三水县城江根墟开埠通商，江门、甘竹滩、肇庆府、德庆州城外四处，"同日开为停泊上下客商货物之口，按照长江停泊口岸章程一律办理"，① 从而巩固和加强了英国对两广贸易的控制。此外，为了避免与英国的矛盾和冲突，法国还主动与英国举行谈判。1896 年 1 月 15 日，两国在伦敦签署了一项协定，双方同意以湄公河上游作为英属缅甸和法属印度支那的边界；在云南和四川两省，中国已经让与或将来可能让与英国或法国的所有商业和其他特权及利益，都将为两国及其国民和附属国人民所共同享有。② 又如法国虽然与俄国组织银团，于甲午战后率先获得《四厘借款合同》，有意染指中国海关和财政，但随后的两次续借款均被英德获得，英德借款合同明确规定借款期内"中国总理海关事务应照现今办理之法办理"，挫败了俄法两国对海关总税务司的觊觎，并且由于合同还规定以厘金和盐税作为借款担保，这就进一步加强了英国对中国财政的控制，以致法国外交部长在第二次英德借款合同签订后向清政府表示不满，"要求获得与英国同样的权益，包括金融的、领土的和工业的利益"。③

由于在与英国争夺势力范围的竞争中并不占上风，法国为谋求在华利益最大化，在实行势力范围政策过程中便有意通过门户开放政策弥补自己的劣势，公开赞同和主张列强共同维护中国领土完整和政治现状。1898 年 1 月 13 日法国政府举行的招待会上，英国大使蒙森（Monson）告诉法国外交部长阿诺托，英国政府在中国问题上的指导思想就是最近巴尔福（Bal-

---

① 王铁崖：《中外旧约章汇编》第 1 册，第 690 页。

② John V. A. MacMurray, *Treaties and Agreements with and concerning China, 1894 – 1919*, New York: Oxford University Press, American Branch, 1921, Vol I: Manchu Period (1894 – 1911), pp. 54 – 55.

③ Note du Ministre, 9 mars 1898, Ministère des Affaires étrangères, *Documents Diplomatiques Français (1871 – 1914)*, 1ère série, Tome 14, Paris: Imprimerie Nationale, 1957, pp. 129 – 130.

four）所阐述的那些原则，即"英国在华利益不是领土上的，而是商业上的"，英国根本不打算进行领土扩张。阿诺托则对英国大使说，"法国也持同样的态度，我们目前只打算监视毗邻我们印度支那属地附近的地区"，并提醒他注意独自行动可能会招致抗议，出于和谐的考虑，国际共同行动将会带来极大的利益。1月14日上午，阿诺托在与中国驻法公使庆常的会谈中，也声明国际借款有利于中国，法国"没有任何的领土野心，但是为了阻止中国给予其他列强垄断性的让与或者排他性的权益，我们会毫不犹豫地利用我们与中国签订的条约和1896年1月15日的《伦敦协定》"。① 3月7日，阿诺托在向吕班下达攫取广州湾和将广东、广西、云南划为法国势力范围的训令中，特别指示其向清政府声明：法国的这一要求"对中国的领土完整不会造成任何影响，对此我们比任何人都更加支持。这些要求是对中国给予其他国家权益的最低限度补偿"②。3月20日，在向英国驻法大使解释法国的这一行动时，阿诺托除表示这是出于"保证我们享有最惠国待遇"的需要，符合1896年法国与英国达成的协定之外，也强调法国的这一行动与维护中国领土和政治现状是不相矛盾的，说道："至于指导我们的原则，是做一个杰出的保管者。我们所要求的首先是邻近我们属地的某些地方不能以任何形式让与，以致损害我们的利益。这样，我们可以帮助中国维持领土和政治现状，从全局观点来看，我们觉得这是最明智的办法，也最符合我们的利益。"③

由此可见，中日甲午战争后法国虽然开始对华奉行瓜分政策，但鉴于自身在与其他列强争夺势力范围的竞争中并不占优势，法国在执行势力范围政策的同时并不排斥门户开放政策，并认为这两个政策是不矛盾的，有意利用门户开放政策弥补自己在争夺势力范围中的劣势。这在随后法国内部围绕势力范围和门户开放政策的讨论中得到进一步的展现。

二 法国政府内部关于对华政策的讨论

在19世纪末列强争夺中国势力范围的竞争中，英国和俄国是两个最

---

① Hanotaux à Montebello, 14 janvier 1898, *Documents Diplomatiques Français (1871–1914)*, 1ère série, Tome 14, pp. 20–21.
② Hanotaux à Dubail, 7 mars 1898, *Documents Diplomatiques*, *Chine*, 1894–1898, p. 44.
③ Hanotaux à Courcel, 20 mars 1898, *Documents Diplomatiques*, *Chine*, 1894–1898, p. 46.

有影响的国家，并且彼此视对方为主要威胁和竞争对手。为了缓和矛盾与冲突，1898 年 8 月，英、俄两国就山海关外铁路问题举行谈判。经过 8 个多月的交涉，双方于 1899 年 4 月 28 日达成如下协定：俄国保证不在长江流域为它自己或为俄国臣民或其他国家人民谋取任何铁路让与权，并且不直接或间接阻碍该地区内英国政府所支持的铁路事业；英国对于长城以北的铁路让与权也负有类似的义务。① 这个协定表面看来只是一个有关铁路让与权的协定，但实则意味着英俄两国互相承认长江流域和长城以北地区分别为英国和俄国的势力范围。

对于盟国俄国撇开自己与英国举行谈判，法国产生严重的外交压力和焦虑感，担心自己在列强中被孤立，影响其在中国的利益。1898 年 9 月 18 日，法国外交部长德尔卡赛（Delcassé）致电法国驻华公使毕盛（Pichon），要求他密切关注英、俄两国会谈情况。毕盛在 9 月 21 日和 25 日的回复中，反复强调在英、俄两国划分势力范围和自由贸易的谈判中，"为了分得中国的部分地方，我们不应置身于这些谈判之外，因为一些重要国家已在那里开始采取行动"，法国应使自己的要求受到重视，捍卫自己的利益。② 在得知英俄将就势力范围划分达成协定的消息之后，法国政府内部一致认为英俄协定将会严重损害法国的利益，特别是在英国享有垄断权的长江流域及西南地区，因而希望阻止英俄协定的签订。1899 年 4 月 20 日，法国驻英大使康邦（Paul Cambon）致函德尔卡赛，指出英俄协定将使法国"被包围和封锁在越南的边境"，严重损害法国在中国中部（主要是长江流域）的利益，建议法国应主动出击，采取反制措施，维持 1895 年与俄国和德国达成的关于中国问题的协议，防止它们单独与英国谈判，特别是争取尽快与俄国签订一个有关中国问题的协定，挫败英国的计划，"如果我们在俄国利益占优势的地区支持俄国，难道我们就不能要求俄国在我们的利益被最严肃的方式保证的地区给予同样的支持吗？"③ 毕盛在 4 月 24 日的密函中也赞同德尔卡赛的判断。他指出，如果俄国享有自东北

---

① Exchange of Notes between the United Kingdom and Russia with regard to their Respective Railway Interests in China, April 28, 1899, Treaty Series, No. 11, 1899, *British Parliamentary Papers*, *China 5*, *Diplomatic Affaires (1860 – 99)*, Shannon Ireland: Irish University Press, 1971, pp. 464 – 465.

② Pichon à Delcassé, 21 septembre 1898, 25 septembre 1898, *Documents Diplomatiques Français (1871 – 1914)*, 1ère série, Tome 14, pp. 556, 583 – 585.

③ Paul Cambon à Delcassé, 20 avril 1899, *Documents Diplomatiques Français (1871 – 1914)*, 1ère série, Tome 15, Paris: Imprimerie Nationale, 1959, pp. 233 – 235.

直到黄河一带的行动自由,这就确立了俄国庞大的势力范围,它包括整个直隶地区、山西省、山东和河南的部分地区。保留给各国的中立地带无疑是中华帝国的首都和天津。至于长江流域,在英国人的心目中,它越来越包括整个流域,这是中华帝国内河航行的一条重要交通要道,"我们只能要求中国的其他地区"。他还认为,法国在中国南部受到的威胁远远超过俄国在中国北部受到的威胁,在英国与俄国缔结全面协定以后,英国将腾出双手,那时法国受到的威胁将会更严重、更紧迫,因此法国应该认真考虑面对英国所处的孤立地位,"在保护我们在中华帝国南方各省现在的地位和未来的前景时,我们可能还会遇到更大的麻烦"。[①] 4月27日,在英俄协定正式签订的前一日,法国外交部长德尔卡赛致函驻俄大使蒙塔佩罗,希望俄国关注法国对英俄协定的担忧,指出尽管根据穆拉维约夫(Mouravieff)伯爵的解释和保证,协定不会对自由贸易构成危害,但事实上"给予英国在长江流域享有工业垄断权",这就损害了法国在长江流域的铁路和矿产投资权,并且,协定将使俄国满足于在北方获得的特殊利益,克制其在中国其他地区的活动,这会使法国在中国的活动失去俄国外交上的支持,法国将陷于孤立。[②]

鉴于英俄协定对法国外交和在华利益造成严重影响,法国政府在英俄协定正式签订之后,随即就是否需要与如何调整法国外交和对华政策,特别是在势力范围与门户开放两种政策之间的选择,展开一场讨论,并形成三种不同意见。

法国驻英大使康邦在1899年5月11日有关英俄协定的信函中明确拥护门户开放政策,认为势力范围政策不符合法国利益,其理由是中国的情况不同于非洲,在非洲一些鲜为人知、前景不明的地区,追求大批领土是非常自然的,部分领土可能很有价值,可以采取势力范围政策,防止英国的侵入。但是,中国的情形完全不同,法国在中国瓜分势力范围中并没有取得优势。法国试图纳入其势力范围的云南和广东两省因受英国势力的辐射和牵制,事实上并不能谋求特殊利益。剩下的只有广西,但广西是一个多山、贫瘠的省份,人民生性好斗,为中国政府提供了军队,在越南边界

---

① Pichon à Delcassé, 24 avril 1899, *Documents Diplomatiques Français (1871–1914)*, 1ère série, Tome 15, pp. 241–244.

② Delcassé à Montebello, 27 avril 1899, *Documents Diplomatiques Français (1871–1914)*, 1ère série, Tome 15, pp. 245–246.

与法国对抗；法国在广西执行势力范围政策只会导致严重后果，而不能获得经济上的补偿，得不偿失，这与德国在山东奉行势力范围政策不同，该省较为富庶，可以弥补德国在金钱上的损失。因此，在中国，法国"应该迫使英国遵守贸易自由的原则，唯有这样，我们才能与英国争夺直至今日一直由它行使的垄断权"。再者，从国际环境来说，除俄国倾向在中国执行势力范围政策之外，美国、德国、日本与法国一样，也倾向门户开放政策，它们"都想使中国对它们的工业、商人和工程师维持门户开放；而对英国来说，门户开放是其传统政策，英国政府不可能不赞同与英国商业总的原则相符合的观点。因此，在英国将长江流域纳入势力范围以及改变门户开放政策之前，法国应该抓住时机，尽快确定自己的政策。否则，"英国人的想法变化迅速，当他们为了获取利益的时候，又会立即激发难以制服的激情"。①

7月30日，康邦在讨论对华政策的信件中坚持认为，法国必须"在中国领土完整和公共工程与商业方面维护门户开放原则"，坚决反对驻华公使毕盛主张的势力范围政策，批评毕盛提出的与英国商谈法国势力范围的主张绝对得不偿失，指出"1896年1月15日《伦敦协定》赋予我们在云南和四川两省拥有与英国相同的权利"，"广西只不过是一个人烟稀少、多石的贫瘠地区"，法国在中国有广泛的利益，仅仅让英国承认法国在广西和广东南部的权利换取法国承认英国在富饶的长江地区拥有独占地位，肯定不值得。他声称，"我们必须拒绝同意势力范围政策，这种政策只能给予我们表面上的满足，但可以确保英国拥有长江地区，也就是中国最富饶的地区"。同时，康邦解释他主张门户开放政策，并不是要放弃法国已获得的各项条约权利，"既不会放弃1896年我们与英国签订的协定所赋予我们的权利，也不会放弃我们与中国签署的有关广东、广西和云南不割让条约所给予我们的权利，同时我们不会接受任何一个欧洲其他列强在毗邻我们边境的中国地区进行干预"。②

与康邦主张形成鲜明对立的是，法国驻华公使毕盛坚决主张继续执行势力范围政策。他在6月3日讨论对华政策的信件中指出，与列强在其他

---

① Paul Cambon à Delcassé, 11 mai 1899, *Documents Diplomatiques Français (1871–1914)*, 1ère série, Tome 15, pp. 273–278.

② Paul Cambon à Delcassé, 30 juillet 1899, *Documents Diplomatiques Français (1871–1914)*, 1ère série, Tome 15, pp. 411–414.

国家和地区采取暴力手段，推翻他国政权，占领领土，直接进行殖民统治，并导致流血冲突和混乱不同，列强在华推行的势力范围政策并没有占领中国领土，推翻清朝政府，进行直接殖民统治，也没有由此引发人民的反抗和起义，而是采取一种"科学的""更加切实可行的""不会遭被瓜分民族进行任何抵抗的"方式，即把中国划分成几个地区，列强通过它们彼此间的协定或者通过它们与北京政府签订的协定，在这些地区获得特权、优先权和垄断权。此前人们普遍担心这一策略会导致列强间的冲突，但英俄协定打消了人们的这一疑虑，表明列强愿意友好分配他们所追求的各方面权益。就法国在华利益而言，毕盛并不赞同康邦认为法国攫取在华势力范围得不偿失的观点，认为法国在经济和政治方面已获得部分特权，"这些特权仍然能够保证我们享有它们所带来的好处"，并列举道：在甲午战争后我们签署了几个条约，它们赋予我们开发矿产、建筑铁路、在广东设立海军基地以及组建邮政局的权利。另外，我们还就京汉铁路的开发问题进行了谈判，签署了有关合同，并设法使之获得批准。京汉铁路虽然让与一家比利时公司，但该公司的资金主要来源于法国。另外，我们还鼓励和支持一些隶属于我们的辛迪加，准备进行一些有益的事业，等等。毕盛虽然承认法国在中国南方的商业和政治利益受到英国的觊觎和挑战，但他反对因此放弃势力范围政策，主张法国应立即与英国进行直接谈判，划定势力范围；确保法国在广西的优势地位，并享有充分的行动自由；与英国分享在广东、云南、四川和贵州的利益；如有可能，将海南岛也纳入法国的势力范围。这样，法国"就将拥有一个规模较大的地区，可以为我们的活动、投资和印度支那的工商业渗透提供舞台，在那里我们可以自由地根据我们所掌握的资源以及成果的重要性来配置我们的力量"。①

7月27日，毕盛在讨论对华政策的信件中继续对康邦的观点提出反驳。他肯定康邦关于英、美、德和日本有兴趣维护门户开放政策的分析不无道理，但强调这一政策没有可行性，指出这些国家虽然表面上有兴趣维护门户开放政策，但事实上他们都不会放弃各自在势力范围内的特殊权利。相反，他们都在采取各种措施，确保并进一步扩大自己的势力范围。在这种情况下，法国如果放弃势力范围政策，"不能立即促使别国承认我

---

① Pichon à Delcassé, 3 juin 1899, *Documents Diplomatiques Français (1871–1914)*, 1ère série, Tome 15, pp. 333–337.

们在某些地区拥有特殊权益,以致这些地区被我们的竞争对手夺走的话,那将是极不慎重的,这将会损害我们在中国的地位"。康邦的门户开放政策主张如在列强划分势力范围之前"肯定是一项最好的政策",但在列强完成瓜分势力范围的过程之后,"就不再适用今天的形势了"。①

在读了康邦7月30日有关对华政策的阐述之后,毕盛于10月10日和20日再做回应,重申7月27日的观点,并进一步指出,门户开放政策不会给法国在自由竞争中带来任何好处,法国与英、美、日、德等国相比,无论是在海军和商行、商船方面,还是在领事组织和报刊宣传方面,无论是在传教和学校教育方面,还是在语言和风俗习惯方面,都不占优势。毕盛写道,仅仅开放门户是不够的,我们还应该知道如何运用我们的资源、宣传工具和产品打开门户,但所有这些都不利于我们的扩张。毕盛还揭露门户开放政策实际上"是在输出帝国主义观念","是在不怀好意的动机下受到支持的","所有国家的目的无非是想占有长江地区的特殊权益"。他认为,指望德国、美国和英国的合作只是一种幻想,其结果只能损害法国的利益。他的结论如下:1. 势力范围确实存在; 2. 势力范围将不断扩大; 3. 英国承认想拥有自己的势力范围,而形势的发展也有利于它构建势力范围; 4. 如果法国仍保持目前的中立地位的话,那么,法国既不可能享有门户开放政策的好处,也不可能享有势力范围政策带来的益处,将被排除在中国的开发之外。②

与法国驻英大使康邦和法国驻华公使毕盛各执一端不同,法国驻德大使诺阿耶(Noailles)建议法国的对华政策不要被"势力范围"和"门户开放"束缚,非此即彼,主张"以我们与中国签订的条约为武器,将这些提法搁置一边,既不讲'势力范围',也不说'门户开放',以便不在理论上约束自己,而更好地为我们的利益采取行动"。他解释说,法国在华有两种不同的利益政策:一为殖民利益政策;一为商业和工业利益政策。就前一政策来说,尽管法国拥有越南这一殖民地,但它并不属于中国领土;相比欧洲其他列强,法国在胶州湾事件之后瓜分中国的竞争中所得甚少,法国完全有权要求获得补偿,以便与其他国家保持平衡。因此,法国不能放弃势力范围政策。并且,如果法国公开声明反对势力范围政策,有

---

① Pichon à Delcassé, 27 juillet 1899, *Documents Diplomatiques Français (1871 – 1914)*, 1ère série, Tome 15, pp. 404 – 409.

② Pichon à Delcassé, 20 octobre 1899, *Documents Diplomatiques Français (1871 – 1914)*, 1ère série, Tome 15, pp. 487 – 494.

与俄国发生对立的危险，影响法俄同盟。就后一政策来说，"我们应该希望在中华帝国的尽可能大的地方要求拥有最大的商业和工业自由"。[①]换言之，诺阿耶主张势力范围和门户开放政策交替使用：在攫取殖民利益上拥抱势力范围政策，在获取工商业利益上则支持门户开放政策，以此谋求法国利益的最大化。

在对华政策讨论中，法国政府两个相关部门商务司和政治司也表达了不同意见。商务司基于工商业利益考虑，与法国驻英大使康邦的意见较一致，主张门户开放政策，明确反对法国驻华公使毕盛和领事司的政策建议，效仿英俄协定，与英国谈判，划分各自的势力范围。商务司提出，法国的情况和指导思想与俄国不同，俄国关注的是在中国北方保持政治上的行动自由，不必为其新兴工业寻找出口市场，因此它完全可以在不牺牲其经济利益的情况下，承认英国在长江流域的主导地位，以此获取英国对俄国在中国北部行动自由的保证。而法国的经济和政治利益并不局限在中国南部，而是分散在中国各地区。就经济利益而言，法国在北方有山西的铁路，在南方有福州船政局。此外，法国在长江流域也有许多经济利益，如芦汉铁路的大部分资金便是由法国提供的，美国拥有修筑权的粤汉铁路也有意引入法国和比利时资金，四川的中法公司则在积极争取清政府同意它获得矿山和有色金属的开采权，而清政府拟建的西安至开封铁路也在试探引入巴黎荷兰银行资金，等等。如果与英国签订协定，划分势力范围，那么法国的上述权益将会受到损害，且很难保护法国势力范围之外的法国企业和法租界，"我们不可能再对北京政府施加压力，因为它会认为在其他列强拥有特殊权利或者主导地位的地区，可以防止我们的任何干预，从而会拒绝满足我们提出的要求"。不但如此，划分势力范围还将严重损害法国在中国享有的护教权，在保护天主教时须求助其他列强，这就损害了法国在这一领域的地位和威信，正合各国列强之意，它们一直设法从法国手中抢走保护教会的传统角色。对于毕盛提出的与英国签订协议，划分西南地区势力范围，商务司的看法也与康邦的意见一致，认为不但得不偿失，既"不能与法国向英国人承认的利益取得平衡"，也"不能弥补法国承认势力范围原则将给自己带来的不便和风险"，而且会增加中国对法国的敌

---

① Noailles à Delcassé, 9 juin 1899, *Documents Diplomatiques Français (1871–1914)*, 1ère série, Tome 15, pp. 357–361.

意和抵抗。①

与商务司倾向门户开放政策不同，政治司的意见与法国驻德大使诺阿耶接近，调和了康邦和毕盛的意见。在9月18日提交的一份有关法国在华政策路线的备忘录中，政治司首先对门户开放和势力范围两种政策的内涵做了明确界定，并对英、俄、德、意、日各国的态度和政策做了分析，指出：所谓的门户开放政策是基于过去的条约，特别是《天津条约》的相关规定，排除任何列强在任何特定的领土上享有垄断权和特殊利益，中国向所有国家开放，允许自由竞争，根据各自的实力，包括政治、财经、工业、海军或者商业力量开发整个中国。而势力范围政策，系某些国家或者从地理角度或者从其他角度拥有便利条件，这使它们在某个地区排斥其他国家，享有优先权。在这两个政策之间，俄国由于地理位置以及经济和金融实力不如其他列强，明确执行势力范围政策，并于1899年4月与英国签订划分势力范围的协定，使得"其他列强不可能再有自由选择的余地"。欧洲的德国和意大利及东亚的日本也都在谋求各自的势力范围，"至少在它们各自边界的邻近地区确定保留范围"，"有权在适当的时候从容不迫地利用所获得的行动自由"。据此，政治司认为法国也应该在与法属殖民地毗邻的云南、广西、广东和四川四省，与英国谈判，确定法国的势力范围，"至于瓜分势力范围的表述方式问题，我们可以很自然地采用俄国和英国已经采用的表达方式。根据这一表述，每个国家向其他国家声明在分配给它的区域内保留建筑铁路和执行其他重大工程的权利，无需竞争"。另外，政治司明确赞同在长江流域与其他列强一道维持门户开放政策，并不惜"在合适的时候与英国的排他倾向作斗争"。②

需要指出的是，法国内部围绕势力范围和门户开放政策虽然存在三种不同意见，但它们彼此并不完全对立和矛盾。法国驻英大使康邦主张门户开放政策，实质是不满足于法国在华势力范围，将门户开放政策作为扩大法国在华利益的工具，为谋求法国势力进入长江流域和其他列强的势力范围提供便利和依据。法国驻华公使毕盛主张势力范围政策，则是基于列强在华划分势力范围的现实，担心门户开放政策使法国在自由竞争中陷于不

---

① Direction des affaires commerciales, Note pour la Direction Politique, 31 juillet 1899, *Documents Diplomatiques Français* (1871–1914), 1ère série, Tome 15, pp. 417–421.

② Direction Politique, Note pour le Ministre, 18 septembre 1899, *Documents Diplomatiques Français* (1871–1914), 1ère série, Tome 15, pp. 461–464.

利地位。对法国和其他列强而言，势力范围和门户开放只是当时两种不同的侵华方式，前者为赤裸裸的殖民政策，后者为一项经济侵略政策，它们彼此并不矛盾，各有其目的和用途。从随后法国政府对美国三次门户开放照会的态度和反应来看，法国政府实际上接受了第三种意见，在维持自己势力范围的前提下支持和拥护门户开放政策。

三 响应美国门户开放倡议

正当法国政府内部就势力范围与门户开放两种政策展开热烈讨论之际，美国政府在1899年9月至1900年10月发布了三次有关门户开放的照会，法国政府的态度和反应进一步表明其对华政策的转向。

1899年9月6日至11月21日，美国为避免各国在华划分势力范围损害美国在华经济利益，先后训令美国驻英、德、俄、日、意、法六国大使，向其驻在国政府递交门户开放照会，在承认各国势力范围的前提下，要求所有列强在其势力范围对所有国家的贸易和航运给予平等待遇，实行相同税率。①

尽管在六个国家中，美国最迟训令驻法大使波特（Porter）将军向法国转达门户开放照会，②但法国政府却做出比较积极的反应，是列强中第二个做出答复的国家。③ 在1899年10月未收到美国正式照会之前，当美国驻法大使波特非正式向法国通报美国已向英、德、俄等列强发出照会，希望列强共同对华采取门户开放政策时，法国外交部长德尔卡赛即表达了赞同和支持的立场，称"法兰西共和国政府打算在全中国境内实行贸易自由，这种贸易自由是基于该帝国与我们所签订的各项条约的基础之上"，

---

① Hay to Choate, Hay to White, Hay to Tower, September 6, 1899; Hay to Buck, November 13, 1899; Hay to Draper, November 17, 1899; Hay to Porter, November 21, 1899, *Papers Relating to the Foreign Relations of the United States*, 1899, Washington: Government Printing Office, 1901（以下简称 *FRUS*）, pp. 131 – 133, 129 – 130, 140 – 141; 138 – 139; 136 – 138; 128。

② 按：美国照会各国时间如下：致英国、德国、俄国的照会时间是1899年9月6日，致日本的照会时间是11月13日，致意大利的照会时间是11月17日，致法国的照会时间是11月21日。出处参见前注。

③ 按：第一个对美国门户开放照会作出回应的是英国，9月29日英国外交大臣复照，表示"女皇政府没有异议"，"将与美国政府合作，争取其他列强作出同样声明"，Salisbury to Choate, September 29, 1899, *FRUS*, 1899, p. 135.

并准备在美国向法国发出正式照会后做出正式反应。德尔卡赛在 11 月 14 日给法国驻华盛顿代办蒂埃博（Thiébaut）的函中写道：波特将军并不想给予这次谈话以非常正式的特征，除了这次谈话外，直到现在我们还没有收到联邦政府的照会，也许它的代表认为他与我的谈话已足以了解我们的态度，没有必要再以更加正式的方式向我提出。① 11 月 24 日，德尔卡赛在收到美国照会两天后即在议院就此发表声明，并于 12 月 16 日代表法国政府正式照会美国驻法大使波特，明确表示愿意接受美国的建议，声称在一切有关国家都保证它们愿意如此照办的前提下，共和国政府希望在中国全境以及法国所租借的领土内，准备对所有国家的公民实行平等待遇，特别是在关税、航行税和铁路运费方面。②

法国的态度还对其盟国俄国产生了影响。当时，在所有列强中，俄国对美国门户开放照会的态度最暧昧，迟迟不肯明确表态。根据美国驻俄大使托尔（Tower）给美国国务卿海约翰（Hay）的报告，法国的决定和表态还促使俄国改变态度。俄国外交大臣穆拉维约夫（Mouravieff）伯爵向托尔表示，俄国驻美国大使喀西尼（Cassini）伯爵与法国驻俄国使馆都向他通报了法国关于门户开放的声明，俄国打算奉行与法国宣称的同样的政策，即对各国平等待遇的政策。③

1900 年 7 月 3 日，在列强纷纷派遣军队前往中国镇压义和团运动之际，美国担心有些列强乘机掠夺中国领土，或把势力范围变为各自的殖民地，使美国寻求贸易机会均等的门户开放政策化为泡影，又向各国发出第二次门户开放照会，将门户开放政策从经济层面扩大到政治层面，加入保持中国领土和行政完整的内容，宣称美国的对华政策"是寻求能够带给中国永久安全与和平的解决方法，维护中国领土和行政完整，保护由条约和国际法赋予各友好国家的一切权利，并为世界各国保卫中华帝国各个地区进行平等和公平贸易的原则"④。

---

① Delcassé à Thiébaut, 14 novembre 1899, *Documents Diplomatiques Français（1871–1914）*, 1ère série, Tome 15, pp. 521–522.
② Delcassé to Porter, December 16, 1899, *FRUS*, 1899, pp. 128–129.
③ Tower to Hay, December 26, 1899, *American Diplomatic and Public Papers: The United States and China*, series III, V. 8, Wilmington, Delaware: Scholarly Resources Inc., 1981, pp. 76–77.
④ Hay to Herdliska, July 3, 1900, *Papers Relating to the Foreign Relations of the United States*, 1900, Washington: Government Printing Office, 1902, p. 299. 天津社会科学院历史研究所编《1901 年美国对华外交档案》，齐鲁书社 1983 年版，第 7—8 页。

尽管美国没有要求各国对第二次门户开放照会做出答复，但法国再次做出积极响应。在收到美国照会后，法国外交部长德尔卡赛向美国驻法大使波特表示，他对形势的看法与美国一致，并引用他在 7 月 3 日法国内阁中的讲话，以示证明。他在该讲话中说道："内阁成员将会记得在过去的两年里，我已多次说过，法国作为印度支那的主人，没有任何瓜分中国的企图；法国渴望在东亚维持均势，法国没有任何秘密计划。"① 7 月 27 日，德尔卡赛在致英国驻法大使照会中谈到当时对华政策目标时，也表达了与美国第二次门户开放照会相同的愿望，即除建议有必要缔结一个保护在华外国人生命安全方面的协定外，指出另外两个目标是：1."维护中国的领土完整，避免一切可能致使该国家分裂的举措"；2."重新建立、组织或者承认一个能够保证这个国家秩序和安定的中央政府"。②

需要特别指出的是，事实上法国是促使美国发布第二次门户开放照会的直接推动者。1900 年 7 月 2 日，在西摩（E. H. Seymour）联军进犯北京失败及德国公使克林德（Ketteler）被杀的消息传出后，为协调列强行动，防止个别列强乘机掠夺中国领土，德尔卡赛致电法国驻俄、英、德、奥、美、意等国大使，要求他们尽快转告各驻在国政府，确定各国出兵人数，指示在华各国军队应在唯一目标推动下采取一致和合作行动，尽力避免单独行动，指出这次列强对华行动的目标是：拯救他们在北京及中国其他地区的使节和侨民；维持中国领土的现状；保证排外事件不再重演。③ 正是在收到法国政府的这一照会后，美国国务卿海约翰于 7 月 3 日向列强发出第二次门户开放照会，并在同日单独回复法国政府的照会中明确表示，美国的第二次门户开放照会是对法国 7 月 2 日照会的一个回应。美国政府在回复法国政府的照会中写道：

---

① Department of State to the Diplomatic Representatives of the United States accredited respectively to Austria – Hungary, Belgium, China, Denmark, France, Germany, Great Britain, Italy, Japan, the Netherlands, Portugal, Russia, and Spain, April 10, 1908, Notes on the policies of the "Open door" and of the preservation of the territorial and political integrity of the Chinese Empire…including copies of the principal declarations made and received by the government of the United States, Washington, 1908, p. 4.

② Note remise à S. E. M. L'Ambassadeur d'Angleterre par le Ministre des Affaires Etrangère, 27 juillet 1900, Ministère des Affaires Etrangères, *Documents Diplomatiques*, *Chine*, 1899 – 1900, Paris: Imprimerie Nationale, 1900, p. 107.

③ Delcassé aux Ambassadeurs de la République française à Saint – Pétersbourg, à Londres, à Berlin, à Vienne, à Washington, et près S. M. le Roi d'Italie, 2 juillet 1900, *Documents Diplomatiques*, *Chine*, 1899 – 1900, pp. 61 – 62.

我很荣幸收到您昨天的照会。在该照会中，您更加全面系统地阐述了昨天下午我们会谈期间您向我陈述的那些想法，它们涉及列强对于目前中国发生的危机的对策。您在该照会中回顾了各国为了确保他们在北京和中华帝国其他地区使节以及侨民的安全，为了维持中国领土现状，为了有效防止最近所发生的人们为之哀叹的悲剧重演而决定采取的各项措施。最后，您告诉我德尔卡赛先生的意见。他认为，各国军队旨在解救处于危险之中的在北京的外国人，不应单独活动而应在统一指挥下行动；为此，在德尔卡赛先生看来，当务之急乃是各国应共同磋商以便给他们各自在北直隶的军事指挥官寄发训令，要求他们告知为了成功完成使命所需要的军队总数。

  我与您的谈话将使您明白：总统所决定的本国政府的政策与态度，从本质上来说与贵国政府的观点是一致的。为遵守自1857年起美国所宣布的原则，本国政府力求维持与中华帝国的和平与友谊，发展合法贸易，并通过条约规定的领事裁判权和国际法确保美国公民生命和财产的安全。为此，我们准备设法促使中国地方当局运用他们的权力保护外国人的生命和财产免遭破坏性的无政府主义的攻击，我们坚决要求严厉谴责那些对我们侨民所遭受的损害负有责任的肇事者。为了达到这些目的，美国政府将一如既往地与其他各国一致行动，以开通前往北京的道路，拯救在那里的处于危险之中的美国人和其他外国人，尽可能保护在中国各地的美国人的生命和财产，保护美国人在中华帝国的一切合法利益，设法阻止其他各省的骚乱，防止类似灾难在将来再次发生。不管发生什么，美国政府将积极寻求解决办法，以便给中国带来持久的和平与安全，保持中国领土与行政的现状，维护条约赋予各友好国家的权利，在全世界捍卫与中国各地贸易的平等与公正的原则。

  我将把这些观点告诉所有国家在北京的外交使节，如同我在这里所阐述的那样。由于它们实际上与法兰西共和国政府所制定的政策是一致的，因此，我非常高兴将它们的影响和意义告诉您。[1]

---

[1] Hay to Thiébaut, July 3, 1900, United States Department of State, *Papers Relating to the Foreign Relations of the United States*, 1900, Washington, D. C.: U. S. Government Printing Office, 1902, pp. 318-319.

法国驻华盛顿代办蒂埃博在向德尔卡赛转达海约翰这一照会时,也特意指出,"该照会是为了答复我向他通报的有关阁下7月2日电报中所阐述的那些想法"。美国7月3日发给法国的这份单独照会与美国发给其他列强的第二次门户开放同文照会的内容完全一致。但由于美国在向列强发出的同文照会中并没有提到与法国7月2日照会的关系,研究者多忽视了这一重要细节。

除法国政府外,其他长期以来被认为执行势力范围政策的国家如德国和俄国也表达了相同主张。1900年6月30日,俄国驻德大使奥斯登·沙根向俄国政府汇报德国的对华政策时就指出,"柏林内阁所追求的主要目标是,凡足以动摇中华帝国基础的事,都要避免,德国希望保持中华帝国的完整。它坚决反对瓜分中华帝国的主意,并努力希望和北京中央政府恢复关系"①。7月6日,德国外交大臣布洛夫在致德皇信函中表示,德国对华政策要点是,列强之间达成谅解,以达到有力镇压中国暴行之目的,不瓜分中国,恢复事变前状态,组织一个能维持秩序的政府。②7月11日,德国外交大臣在致德国各联邦政府的通告中,重申德国的东亚政策是"不追求瓜分中国,亦不追求任何特别权利,其主导愿望是与其他国家在完全谅解下恢复稳定的和平状态,并补救拳民所犯的罪行"。谈到中国问题时宣称,"我们没有任何分裂中国的企图,我们没有谋求任何特殊利益"。③7月21日,布洛夫在与法国驻德大使会谈中也表示,"法国的计划与我在通告上所阐述的计划完全符合:不瓜分亦不动摇中国,但有力地镇压拳民运动以阻止暴行重演"。④

即使怀有侵略中国领土野心的俄国,为了达成列强出兵镇压义和团的目的,也接受了维护中国领土和行政完整的原则。1900年8月25日,俄国代理外交大臣拉姆斯道夫在建议各国将使馆和军队撤出北京前往天津的通电中,回顾了自义和团运动爆发以来俄国的政策。他指出,当有关国家相继决定出兵中国、实现共同目的时,俄国政府提议下列原则应作为在中

---

① 《驻柏林大使密电》(1900年6月30日),《红档杂志有关中国交涉史料选译》,张蓉初译,第224页。
② 《外交大臣布洛夫伯爵上威廉二世》(1900年7月6日),《德国外交文件有关中国交涉史料选译》第2卷,孙瑞芹译,第38页。
③ 《德国外交文件有关中国交涉史料选译》第2卷,孙瑞芹译,第50页注二。
④ 《外交大臣布洛夫伯爵的记录清稿》(1900年7月21日),《德国外交文件有关中国交涉史料选译》第2卷,孙瑞芹译,第58页。

国的行动纲领：第一，维持列强间的一致；第二，维持中国现存的政治制度；第三，排除一切可能导致瓜分中国的事情；第四，通过共同努力，在北京恢复合法的中央政府，它自身能够确保国家的秩序与稳定。① 8月28日，俄国驻美代办瓦伦（Wollant）在将上述通电转交美国代理国务卿安迪（Adee）时声明，"俄国在中国没有任何获取领土的计划"。② 8月29日，俄国代理外交大臣拉姆斯道夫在接见美国驻俄国代办裴尔斯（Peirce）时也明确表示，"俄国无意获取或者保留中国或满洲的一寸领土"。③

总之，当时在华列强为防止个别国家趁中国混乱之际谋取利益，都愿意维持中国现状，反对瓜分中国。正如美国代理国务卿安迪在1900年8月29日回复俄国代办关于俄国在华目的问题的备忘录中所说的，"俄国在这方面所做的坦诚的声明与其他列强对美国所做的声明是一致的，所有的列强都否认有获取中国任何领土的目的"。④

在列强占领北京、中外和谈开始后，为阻止列强提出违背中国领土和行政完整的侵略要求或行动，10月22日，美国国务卿海约翰向各国发出第三次门户开放照会，声称"我们对法国政府的上一次外交文件的答复是，本政府相信，如果各国遵循在最初照会中的一致声明，他们决心维护中国的领土完整和行政统一，决心为中国也为他们自己保护中华帝国和全世界之间平等开放的通商利益，那么，法国在其建议条款中所期望的那种结果，即对中国皇帝和政府的决断施加有利的影响，就一定会得到增强"⑤。

海约翰直言第三次门户开放照会系对法国的回应，强调了与法国的关系，其内情如下：中外和谈开始后，法国积极协调列强立场，于9月30日率先提出与清政府谈判的6项条件，通知法国驻英、德、奥匈、意大使

---

① 《红档杂志有关中国交涉史料选译》，张蓉初译，第238页；Wollant to Adee, September 5, 1900, *Papers Relating to the Foreign Relations of the United States*, 1900, Washington: Government Printing Office, 1902（以下简称 *FRUS*, 1900），p. 380。

② Memorandum of the Acting Secretary of State to the Russian chargé d'affaires, August 29, 1900, *FRUS*, 1900, p. 378.

③ Peirce to Adee, August 30, 1900, *FRUS*, 1900, p. 372.

④ Memorandum of the Acting Secretary of State to the Russian chargé d'affaires, August 29, 1900, *FRUS*, 1900, p. 378.

⑤ Hay to Herdliska, October 22, 1900, this circlular telegram also sent to the United States representatives at Berlin, Paris, London, Rome, St. Petersburg, Tokio, *FRUS*, 1900, p. 307.

和驻日公使。① 10 月 4 日，法国将上述 6 项谈判条件同时知照各国政府，强调列强解救使馆的目的已经达到，目前的任务是"从中国政府那里获得对过去事件的适当赔偿和对将来的确实保证"。② 在这两个关于中国问题的照会中，法国都没有再提到维护中国领土和行政完整的建议。对此，美国国务卿海约翰在 10 月 10 日的答复中，一方面赞同就此早日与中国举行谈判，同时本着维护中国领土和行政完整的精神，对法国所提 6 项条件多有保留，反对永久性的武器禁运、使馆卫队及军事占领，并婉转提醒法国政府注意以前各国发表的各项声明的精神。③ 但为维护列强的团结与和谈的早日举行，随同该备忘录提交法国代办的还有海约翰的一封私人信函。在信中，海约翰请法国驻美代办蒂埃博接受他为法国政府的这一行动而表示的诚挚祝贺，他很高兴从中看到圆满解决中国问题的开始。④ 出于对美国政府外交支持的感谢，10 月 14 日，德尔卡赛再次通过驻外使节向有关各国发去照会，对美国的关切做了回应。在这份照会中，法国除表示根据各国意见，对 9 月 30 日照会所提 6 项谈判条件做必要的修改，以便更加稳妥和迅速地达到共同目的之外，同时重申了维护中国领土和行政完整的原则，指出"当前最要紧的是向已表明准备谈判的中国政府表示，各国都抱有一个共同的精神，即各国决定尊重中国的领土完整及其行政独立，但它们仍然决定要获得它们理应得到的"。⑤ 美国的第三次门户开放照会即是对 10 月 14 日法国照会的一个回应，并在 10 月 19 日单独照会法国驻美

---

① Delcassé aux Ambassadeurs de la République française à Londres, à Berlin, à Vienne et près S. M. le Roi d'Italie, et au Ministre de France à Tokyo, 30 septembre 1900, *Documents Diplomatiques*, *Chine*, 1899 – 1900, p. 174. 按：6 项和谈条件是：1. 惩罚由各国驻北京使节指定的主要罪犯；2. 维持武器禁运；3. 对各有关国家、团体及个人给予相应的赔偿；4. 在北京设立一支永久性的使馆卫队；5. 拆除大沽炮台；6. 对北京至天津道路上的二三个据点实行军事占领。

② 《法国驻美代办致国务卿的备忘录》（1900 年 10 月 4 日），天津社会科学院历史研究所编《1901 年美国对华外交档案》，齐鲁书社 1983 年版，第 26—27 页。

③ 《国务卿致法国驻美代办的备忘录》（1900 年 10 月 10 日），天津社会科学院历史研究所编《1901 年美国对华外交档案》，第 27—29 页。Thiébaut à Delcassé, 10 octobre 1900, *Documents Diplomatiques*, *Chine*, 1899 – 1900, p. 188.

④ Thiébaut à Delcassé, 11 octobre 1900, Documents Diplomatiques, Chine, 1899 – 1900, p. 190.

⑤ Delcassé aux Ambassadeurs de la République française à Washington s, à Berlin, à Vienne, à Londres, à Saint – Pétersbourg, et près S. M. le Roi d'Italie, et au Ministre de France à Tokyo, 14 octobre 1900, *Documents Diplomatiques*, *Chine*, 1899 – 1900, p. 191.

代办。①

在收到美国第三次门户开放照会之后，法国政府再次做出积极回应。10月26日，法国驻美代办照会美国国务卿，对美国的照会表示完全赞同，称"关于您10月19日备忘录最后一段所提建议，阁下一直以来十分清楚，本国政府的态度与联邦政府完全一致。实际上，法国已多次表明赞同在华实行门户开放原则，最近又再次以同文照会的形式向列强提出维护中华帝国完整与行政独立的声明。因此，我被授权通知您，我国政府对于您所提出的这两个原则并不反对，这两个原则再次得到强调"②。对于法国再次力挺门户开放政策，美国国务卿于10月29日照会法国驻美代办，表示感谢，并表示会积极支持法国的和谈倡议。③ 这反映了法国与美国发布门户开放照会之间的紧密关系。

除法国之外，英国和德国也对美国的门户开放照会做了肯定回应。10月16日，英国和德国签订的协定就包含支持在华贸易和投资机会均等及维护中国领土和行政完整的条款，对美国门户开放政策内容做了背书，第一款声明："中国沿海沿江口岸对各国贸易和合法的经济活动，不加区别地保持开放和自由，这是国际社会共同和持续关注的事情；两国政府同意在他们能施加影响的所有中国领土上拥护这一原则"；第二款声明："英国政府和德国政府不会利用目前的复杂局势，为自己谋求任何中国领土。"10月20日、23日，德国和英国分别将英德协定有关中国问题的条款通知美国。④ 10月29日，美国国务卿照复英国和德国驻美大使，对英德协定中的这两款内容表示赞赏，称"总统指示我通知你们，对于上述协定两个条款，美国政府完全赞同英国女皇和德皇阁下"。⑤ 法国在收到有关英德协定的照会之后，也于10月30日分别照会英、德两国，重申对门户开放政策的支持，"很久以来，法国政府即表示希望看到中国对全世界经济活动开放。有鉴于此，去年12月，法国政府立即赞成美国政府出于同样的考虑而提出的建议。在这方面，法国政府的想法从未改变。至于中国的领土完

---

① The Secretary of State to the French chargé d'affaires, October 19, 1900, *FRUS*, 1900, pp. 323 – 324.
② Thiébaut to Hay, October 26, 1900, *FRUS*, 1900, pp. 324 – 325.
③ Hay to Thiébaut, October 29, 1900, *FRUS*, 1900, pp. 325 – 326.
④ Lord Pauncefote to Hay, October 23, 1900, *FRUS*, 1900, p. 354.
⑤ Hay to Lord Pauncefote, October 29, 1900, *FRUS*, 1900, p. 355.

整问题，法国政府声明仍然支持这一原则，它已多次声明这一点，并且将之作为其在当前危机中所执行政策的基础。对于这场危机，各国政府共同努力以求得一个满意的解决办法。在法国政府看来，对该原则的举世公认无疑是对其尊重的最可靠保证。如果与大家的期望相反，该原则终将受到损害，那么法国将根据形势采取必要的行动以捍卫它的利益和从条约获取的各种权利"。①

从以上法国政府和其他列强对美国三次门户开放照会的态度和反应来看，门户开放政策显然不只是美国的政策，而是当时列强的一个共同政策选项，尽管列强各有其动机和目的。就法国政府来说，它响应和支持美国第一次门户开放照会，是出于法国不满足于已获取的势力范围，试图借助门户开放这一政策工具，扩大法国势力范围之外的利益；它支持和促成美国发布第二次、第三次门户开放照会，则是为了促成列强共同出兵镇压中国义和团运动，同时防止个别国家乘机利用优势条件获取中国领土，谋求特殊利益。

通过对甲午战争后法国对华政策的考察，我们可以获得以下新的认识。其一，就 19 世纪末法国的对华政策来说，法国一开始奉行的是势力范围政策，但在执行这一政策过程中，鉴于自身国力有限以及在与列强的竞争中力不从心，并不完全排斥门户开放政策，特别是在 1899 年英俄协定签订之后，为抵制长江流域成为英国的势力范围，转而拥护门户开放政策。其二，法国内部围绕势力范围和门户开放政策虽然存在三种不同意见：一派主张门户开放政策；一派主张势力范围政策；一派主张两个政策同时并用。但这三种意见并不完全对立和矛盾。对法国政府来说，"势力范围"和"门户开放"只是两种不同的侵华方式，前者为赤裸裸的殖民政策，后者为经济侵略政策，这两种政策各有其目的和用途，可以互相补充。从法国政府对美国三次门户开放照会的态度和反应来看，法国政府实际上采纳了第三种意见，即在维持自己势力范围的前提下支持和拥护门户开放政策。其三，法国拥护门户开放政策的动机和目的，既是由于法国在列强瓜分中国势力范围的竞争中未能取得优势地位，不满足于既得权益，期待借助门户开放政策扩大法国在华利益，也是为了促成列强共同出兵镇

---

① Delcassé aux Ambassadeurs de la République française à Londres et à Berlin, 30 octobre 1900, *Documents Diplomatiques*, *Chine*, 1899 – 1900, pp. 193 – 194.

压义和团运动，同时防止个别国家乘机利用优势条件获取中国领土。法国与门户开放政策的关系表明，虽然英、美两国为对华门户开放政策的主要倡导者，但门户开放政策很大程度是当时列强的一个共同政策选项，尽管列强各有其动机和目的。

第五章 四明公所案与上海法租界的扩界

中日甲午战争后列强掀起瓜分中国的狂潮,他们在掠夺租借地、划分势力范围的同时,也纷纷要求创设和扩大租界。19世纪末发生在上海的第二次四明公所案,即是当时列强掀起的瓜分中国势力范围的一个组成部分,而非近代化市政建设与落后的国民意识和风俗习惯之间的矛盾,它直接导致上海法租界的扩大。在交涉过程中,清政府利用"地方外交"和"以夷制夷"策略,虽然一定程度达到了为中央政府减压的目的,抵制了法方的一些侵略要求,使得法国政府最终放弃浦东和南向的扩界图谋,但这一策略的作用是有限度的。英、法等列强虽然存在利益矛盾和冲突,但他们最终都会以牺牲中国的利益达成妥协。

一 第二次四明公所案的起因、经过及实质

关于第二次四明公所案的起因,以往论著往往认为是停厝于四明公所内的棺柩及掩埋棺柩的义冢妨碍了法租界的卫生。[①] 其实,这只是一个表面现象。第二次四明公所案之所以发生在1898年,有着深刻的国际背景,是当时列强瓜分中国势力范围的一个组成部分。

1894—1895年的中日甲午战争将中国的衰败和积弱暴露无遗,战后列强便掀起瓜分中国的狂潮,他们在掠夺租借地、划分势力范围的同时,也纷纷要求创设和扩大租界。甲午战争以前,在中国拥有租界的只有英、美、法三个国家。甲午战争后,德国以"干涉还辽"有功向清政府索取报酬,其中一个要求就是在汉口和天津辟有德国专管租界,以满足德国拓展

---

① 如吴健熙的《对第二次四明公所事件中诸现象之考察》,《史林》2001年第4期,第92—98页。

在华商务的需要。清政府为了酬谢德国，立即同意德国的要求，于1895年10月3日和30日分别与德国驻沪总领事和驻天津领事签订《汉口租界合同》和《天津租界合同》，由此德国得到面积达600亩的汉口租界和1034亩的天津租界，成为在中国拥有专管租界的第四个国家。继德国之后，俄国也以"干涉还辽"有功向清政府要求在汉口设立租界。1896年6月2日，俄国驻天津领事德密特（P. A. Dmitrevsky）、署理汉口领事罗日新（P. Rojdestvensky）与湖北汉黄德道瞿廷韶签订《俄国汉口租地条款》，俄国由此获得400余亩租界。紧随其后，与德、俄一起参加"干涉还辽"的法国也向清政府提出在汉口设立租界的要求，在与俄国签约的同日，法国驻汉口领事德托美（J. Dautremer）又与瞿廷韶签订《法国汉口租地条款》，获得187亩租界，与俄界相邻。

中国近邻日本更是借甲午战争战胜之余威，疯狂在中国开辟租界。1896年10月19日，日本驻华公使林董与总理衙门签订《公立文凭》，日本由此获得在苏州、杭州、沙市、重庆等新开的4口以及津、沪、厦、汉等原开的4口开辟专管租界的权利。这样，在中国辟有专管租界的国家由甲午战争前的3国增至6国，辟有租界的通商口岸由7个增至9个，租界的数量从11个增至19个，正如费成康所说的，"甲午战争后的短短5年时间，是外国在华租界激剧增加的年代"。[①]

除了要求中国开辟新的专管租界外，已在中国拥有租界的英、美、法等国则寻求扩大上海租界的面积。因公共租界工部局的要求，1896年3月16日，公使团在美国驻华公使田贝（Denby）主持下召开会议，通过决议，拟向总理衙门要求扩大上海公共租界。在这次会议上，法国驻华公使施阿兰也借机向公使团提出扩大上海法租界的要求，提出将坐落在黄浦江左岸的董家渡与八仙桥一带并入法租界，徐家汇路亦属于法租界所有，公共租界计划修建的位于赛马场与徐家汇路之间的新马路，在其通向法租界的地方，以及在该赛马场与法租界之间的路段，除与工部局达成协议外，均应被视为法租界所有，声称"法租界包括不同国籍的居民，法租界公董局成员不仅有法国人而且有其他外国人，因此，它所提出的要求如同公共租界工部局的要求那样既有国家利益的考虑，也有公共利益的考虑"。因此，

[①] 费成康：《中国租界史》，上海社会科学院出版社1991年版，第44页。

第五章　四明公所案与上海法租界的扩界　159

图 5 – 1　天津法租界西开教堂（又称老西开教堂）
图片来自 University of Bristol – Historical Photographs of China，reference number：EB – s0700

图 5 – 2　天津法租界法国公园
图片来自 University of Bristol – Historical Photographs of China，reference number：EB – s0730

图 5-3　天津日本租界航拍

图片来自 University of Bristol – Historical Photographs of China reference number：EB – s0732

他要求各国对上海法租界的扩界给予同样支持。①公使团会议最后接受了施阿兰的这一诉求，3月25日照会总理衙门，表示公使团一致同意上海公共租界和法租界的扩界要求。总理衙门拒绝公使团的要求，表示"租界的扩大既不公正也不合理"，公使团于11月16日再次召开会议，商议对策，施阿兰态度坚决，坚持迫使清政府接受他们的扩界要求，扬言"赞成租界扩大的理由更充足，我们只能承认，拒绝也很难证明他们是反对扩界的"。最后，公使团接受施阿兰的建议，由公使团团长复照总理衙门，单方面保持他们扩界的权利，声称"外交团成员不能接受中国政府的论点，各国公使保留单独或集体要求扩界的权利"。②

正是在这一国际大背景之下，1897年11月9日，法租界援引是年工部局决定禁止在洋泾浜北边出租的土地范围内安放棺木的规定，召开会议，重新提出四明公所这个老问题，决定在法租界采取类似的措施。会后

---

①　Gérard à Denby, 19 mars 1896, Ministère des Affaires Etrangères, *Documents Diplomatiques*, *Chine*, 1898 – 1899, p. 90.

②　Registre des Procès – Verbaux des Séances Tenus par le Corps Diplomatique à Pékin, *Documents Diplomatiques*, *Chine*, 1898 – 1899, pp. 91 – 92.

公董局发出通告，禁止法租界周围停放棺柩，购筑或扩建墓地。该决定得到法国驻上海总领事白藻泰（Bezaure）的赞同和支持。[①] 为达到迁柩和扩大租界双重目的，白藻泰认为"是采取行动的时候了"，便于1898年1月6日发布公告，宣布在法租界内禁止停放棺柩，限6个月内迁走四明公所所有旧棺，此后禁止放入新棺。[②]

需要指出的是，对于白藻泰和法租界提出的迁柩和禁止停放棺柩要求，四明公所和上海地方当局并不像白藻泰及后来一些学者认为的那样，因为落后的国民意识和风俗习惯，"采取一种蛮横无理的态度，拒绝任何让步"，[③] 相反，四明公所和上海地方当局都做出了相当正面的配合和响应。在白藻泰颁布告示时，四明公所寄存的棺柩共计3000余具，根据当时轮船航行章程的规定，轮船不准装运新柩，只能雇用民船将公所的棺柩陆续运回宁波，因"纤道内河，未能迅速"，到7月发生冲突前已运回2500具，其余不久运清。[④]并且，四明公所在此期间也再没有将新棺存入，而是在褚家桥畔另购空地以厝新棺。[⑤]

然而，法租界当局和白藻泰为达到占夺四明公所的土地、扩大法租界的目的，不但无视中方的积极回应，反而变本加厉，得寸进尺，提出进一步要求。6个月的移柩令限期未到，法租界公董局便于5月11日以建造学校、医院和宰牛场为由要求扩大租界，单方面作出征用四明公所全部地产的决议。5月18日，公董局专门就此致函白藻泰，称"法租界公董局董事会愿意起造一所学校和一座医院，但找不到相当的地位，所以特来请求你应用1844年10月24日《中法通好条约》第二十二条与1849年麟道台布

---

① 按：曾任中国海关官员的法国人福威尔在其1899年所写的《上海法租界史》中也证实了白藻泰对公董局占领四明公所计划的支持，以达到扩大法租界的目的，他指出："此间，公董局得到总领事白藻泰的有力支持，决心重新获取这些有争议的土地，它急需用来扩大租界，租界面积已不敷使用。"Fauvel, Albert‐Auguste（1851‐1909）, *Histoire de la concession française de Chang‐hai (Chine)*, 1899, Paris: L. de Soye et Fils, Imprimers, 1899, p. 24.

② Bezaure à Hanotaux, 21 janvier 1898, *Documents Diplomatiques*, Chine, 1898‐1899, p. 65；汤志钧主编《近代上海大事记》，上海辞书出版社1989年版，第519页；《不准停》，《申报》1898年1月12日，第3版。

③ Bezaure à Delcassé, 18 juillet 1898, *Documents Diplomatiques*, Chine, 1898‐1899, pp. 67‐68.

④ 《江督刘坤一致总署四明公所案请电庆寿告法外部平商结电二件》（光绪二十四年六月十一日、十二日），《清季外交史料》卷133，第8—10页。

⑤ 《纪法人拟迁上海四明公所事：附光绪四年成案》，《万国公报》1898年第115期，第55—57页。

图 5 - 4 江海北关

图片来自 University of Bristol – Historical Photographs of China, reference number: DH – s095

告所赋予的职权,令仰四明公所当事人知照,本公董局有需要第一八六号及第一九一号地册上的不动产,此项地产应即进行征收"。根据公董局的请求,5 月 23 日白藻泰发布公告,要求地册第 180 号、第 181 号、第 186 号及第 191 号上的业主,须于 8 天内前来法国总领事署证明其执业契证。试图通过查验契证,剥夺四明公所地产。对于法租界公董局和法国领事白藻泰这一单方面决定,四明公所方面回复表示"并无此种契据可验"。[①] 6 月 22 日,白藻泰便致函上海道台蔡钧,试图将四明公所义冢作为无主之地加以征用,并在函中"意存蒙混",不具体指明四明义冢,称公董局拟在法租界内设法文馆、养病院及宰牛厂等处,查 186 号和 191 号地系辅元堂之地,无道契,未付年租,谕令给价租用。[②]

蔡钧在接到白藻泰 22 日的函件后,也没有对公董局拟在法租界内设法文馆、养病院及宰牛厂有所反对,只是表示对于此地属于何人财产、坐落何处等情况不甚了解,待上海县令确查后再回复。稍后,上海县令复查称公董局拟租之地实系四明义冢,关于此地,中法已订有协议,不得更

---

① 汤志钧主编:《近代上海大事记》,第 524—526 页。
② 《江海关道蔡钧致总署》(光绪二十四年七月十三日),台北"中研院"近代史研究所档案馆藏,总理各国事务衙门档案,01 - 18 - 064 - 03 - 002。

图 5-5　法租界市政机关公董局

动,并免交捐税。7月1日,针对公董局以四明公所方面不能提供他们要求的地产契据,宣布接管第186号和第191号地产,四明公所董事当日即致函蔡钧,声明义冢势不能迁出或领价出租,请求蔡钧予以阻止。据此,蔡钧两次函致白藻泰,请其转告公董局放弃征用义冢计划。但为解决四明公所与法公董局的矛盾,满足法租界当局所提市政建设要求,蔡钧和两江总督刘坤一曾提议另觅一地赠予法方,并捐助数千金,作公董局建造医院等费。诚如后来蔡钧在写给总理衙门的报告及白藻泰的照会中所说:"在我之体量洋情,不可谓不周","可谓于交情公谊,十分圆足"。[1]

但公董局和白藻泰为了尽快达到征用四明公所地产的目的,拒绝上海地方当局的善意建议。7月13日,白藻泰照复蔡钧,谎称公董局愿租之地已函知地主,地主愿意公平给价,请上海道相助。蔡钧随即照会四明公所绅董,赶速会商,议复核办;一面又照会白藻泰,务必等待四明公所董事

---

[1] 《江海关道蔡钧致总署》(光绪二十四年六月二十八日),总理各国事务衙门档案,01-18-064-02-011;《江海关道蔡钧致法总领事白藻泰》(光绪二十四年六月十六日),《两江总督刘坤一致总署》(光绪二十四年七月二十日)附件,总理各国事务衙门档案,01-18-064-03-003;《总署致法国公使毕盛》(光绪二十四年六月初一日),总理各国事务衙门档案,01-18-064-02-001;汤志钧主编《近代上海大事记》,第526—527页。

回复到达后才能照会商妥此事。但未等四明公所方面回复，7月15日下午白藻泰又照会蔡钧，称公董局急于兴工，议定将于次日早上拆去义冢围墙，城厢南市如有匪徒滋闹，由上海道负责弹压，租界内则由总领事保护。对于法方的这一单方面行动，蔡钧立刻致函白藻泰，加以阻止，要求展期再议，并连夜派员前往商酌。①但公董局和白藻泰为尽快达到扩界目的，根本不顾中方的要求，单方面制造了"第二次四明公所案"。

根据上海道蔡钧写给总理衙门的报告和上海《申报》的记载，同时参照白藻泰写给法国外交部长的报告，"第二次四明公所案"的经过大致如下：7月16日黎明，法国领事调集兵船水师200名，携带枪炮，前往四明公所义冢，拆去围墙三处，作为公董局动工修建两条马路的标志，及对四明公所义冢的征用。对于法国人拆毁四明公所冢地围墙，旅沪宁波人得知后都非常愤激，驰往观看的人数越聚越多。但由于法租界和上海地方当局分别采取隔离措施，法租界派人守住要道，阻止外人走出法租界；蔡钧也督同文武官员，分拨兵勇，分头弹压，昼夜严防，不准闲人闯入租界滋闹。因此，当天局面还基本稳定，没有失控，仅有一名华人被法国士兵枪杀。17日上午，在公所主持人方继善等人的号召下，在沪甬人实行停工、罢市，并组织以宁波籍为主的各界人士前往法租界示威、抗议，要求法军撤出四明公所冢地，其中，有个别闲杂人员向小东门外巡捕房抛掷石块和西瓜皮等举动。法军和巡捕便大开杀戒，滥杀无辜，在各街区枪击行人，打死17人，打伤24人，其中多人为小孩和妇女。②

血案发生后，上海地方当局和四明公所方面仍然采取和平的交涉手段，上海县令和上海道于当天午后和傍晚分别发布安民告示，声明四明公所和冢地问题会由官绅妥善解决，要求在沪甬人"切勿逞忿滋事，各宜安分守己"，局外之人则"万勿观看拥挤，设或争闹误伤"，"各赶速解散，听候秉公办理；倘敢抗违聚闹，定必重干咎戾"。③四明公所方面也秉持和平理性、非暴力原则，在号召罢市过程中同时劝诫上海市民"均须举止和

---

① 《江海关道蔡钧致总署》（光绪二十四年七月十三日），总理各国事务衙门档案，01-18-064-03-002；Bezaure à Delcassé, 18 juillet 1898, *Documents Diplomatiques*, *Chine*, 1898-1899, pp. 67-68.

② 《江海关道蔡钧致总署》（光绪二十四年七月十三日），总理各国事务衙门档案，01-18-064-03-002；Bezaure à Delcassé, 18 juillet et 22 juillet 1898, *Documents Diplomatiques*, *Chine*, 1898-1899, pp. 67-68.

③ 《详纪公所被夺后情形》，《申报》1898年7月18日，第3版。

平，静候调停，万不可激于义愤，聚众滋事"。①20日，在获得保全公所的条件后，即宣布工商各业次日恢复开市、开工。②总之，在整个血案过程中，法方和外人方面并无人员伤亡和财产损失，中方并无不文明的非理性行为，法方是血案的制造者。

再从法理来说，法国的行为也违背此前中法间为解决四明公所义冢问题所达成的协议。1874年第一次四明公所案发生之后，经过近4年的交涉，1878年8月15日署理上海道褚心斋与法国驻福州领事调署上海总领事李梅（Lemaire）就解决四明公所案签署一份协议，规定由中方向法方赔偿外人财产损失37650两，法方赔偿中方7名死者家属7000两；此后法租界内四明公所房屋冢地则"永归宁波董事经管，免其迁移，凡冢地之内永不得筑路、开沟、造房、种植，致损葬棺，由本总领事转饬公董局命巡捕随时照料以全善举而敦和好"。③该协议从法律上确立了公所对其租界内地产的永久、合法所有权，也是后来上海地方当局与法方进行交涉的一个重要凭据。

综上所述，1898年发生在上海的第二次四明公所案并非是一个偶然和孤立的地方性事件，也不是如某些学者所说的那样，是"近代化市政建设与国民落后意识及风俗习惯间的矛盾"，④这是一个十分表面的现象。事实上，无论是四明公所还是上海地方当局及清政府，对于法方提出的迁柩和禁止停放棺柩以及兴建学校和医院等项要求，均做了相当积极的回应和配合，并不反对有益的市政建设，他们反对的是法方不尊重中国主权，违法占夺四明公所地产。而法租界当局及法国政府之所以于1898年前后再次提出四明公所存放棺柩的卫生问题，其目的是要借此挑起事端，占夺四明公所地产，扩大法租界，市政问题只是一个借口。无论从第二次四明公所案发生的背景、过程来看，还是从随后的中法交涉及结果来看，第二次四明公所案的实质便是当时列强掀起的瓜分中国势力范围的一个组成部分，由法方的领土野心造成。

---

① 徐雪筠等译编：《上海近代社会经济发展概况（1882—1931）〈海关十年报告〉》，上海社会科学院出版社1985年版，第119页。
② 《五纪公所被夺后情形》，《申报》1898年7月22日，第2版。
③ 《纪法人拟迁上海四明公所事：附光绪四年成案》，《万国公报》1898年第115期，第55—57页。
④ 吴健熙：《对第二次四明公所事件中诸现象之考察》，《史林》2001年第4期，第92—98页。

二　中法初步交涉

四明公所血案发生后，旅沪甬人发传单停工罢市，轰动整个上海滩。[①]但清政府从地方到中央，态度都颇为谨慎，极力避免事态进一步恶化。

7月17日案发之后，上海道蔡钧考虑到"沪上五方杂处，流氓众多，外侮固属堪虞，内讧尤为可虑"，立即出面调停，一面指示粤董开导，分示晓谕，以安众心，同时与法国驻沪总领事白藻泰交涉，要求法方迅速撤退法兵，并电告清朝驻法公使庆常"转圜"。除调停缓和法方与旅沪甬人的冲突之外，蔡钧还将惨案情形照会驻沪各国领事，以争取各国外交支持。两江总督兼南洋大臣刘坤一在18日收到蔡钧的案情报告后，虽然认为法方"毙华人多命，无理已极，显系有意寻衅"，但也倾向息事宁人，指示江苏藩司（即布政使）聂缉椝、候补道沈敦和飞速赴沪会商妥办，以防"莠民藉端滋事"，酿成巨案，并令上海道等传谕各董，晓示大众，通过法律途径，解决纷争。对于蔡钧提出的调兵赴沪一事，刘坤一认为"无济时局，适使藉口开衅"，虽嘱咐江南提督李占椿乘轮速往弹压，但要求他不多带弁兵，并建议总理衙门与法方交涉，同时迅速电令驻法公使庆常将四明公所案具体情形告知法国政府。[②]

清朝中央政府也与地方持同一态度，在收到惨案报告后，于7月19日以谕旨方式，令刘坤一和江苏巡抚奎俊飞饬派出各员，一面向法国领事切实劝导，就宁人可让之地允助建屋等费，和商息事，一面严饬文武各官，劝令静候议办，毋任寻衅。[③] 7月20日，总理衙门再次致电刘坤一，赞同其调兵无济于事的看法，要求他饬令上海道妥慎办理，"先行照会各国领事，声明此案始末，以占先着，一面饬绅约束各帮，静候公断"。[④]同日，总理衙门电令驻法公使庆常迅速与法外部会商，请后者电饬白藻泰与上海

---

① 详见苏智良《试论1898年四明公所事件的历史作用》，《学术月刊》1991年第6期，第72—79页，兹不赘述。
② 《江督刘坤一致总署沪法领占地枪伤多人请据约与法使力争电　附旨》（光绪二十四年六月初一日），《清季外交史料》卷133，第2—4页。
③ 《江督刘坤一致总署沪法领占地枪伤多人请据约与法使力争电　附旨》（光绪二十四年六月初一日），《清季外交史料》卷133，第2—4页。
④ 《总署致刘坤一四明公所事法使已电沪领请饬蔡道妥慎办理并照会各国领事电二件》（光绪二十四年六月初二日），《清季外交史料》卷133，第4页。

图 5-6　法国总领事馆

道商谈解决四明公所案，避免滋事。① 与此同时，总理衙门也照会法国驻华公使毕盛（Pichon），说明案由，"查四明公所义冢地方，前经法国领事允许封禁在案，今法工部局仍欲索地，亦经宁人董事另行觅送一地并由道捐助数千金作为建修医院等费，中国官民似已准情酌理，法国领事仍以炮兵胁拆并调兵船，诚恐酿成巨案，不可收拾"，要求毕盛"迅即电饬该领事速将炮兵撤回，勿激众怒，仍与地方官和衷商办以敦睦谊"。②

就法方来说，法国驻沪领事白藻泰作为肇事者，虽然迫于上海市民的抗争，表示四明冢地愿意通融办理，并将所有驻防兵丁撤回吴淞兵船，③但他有意将伤亡人数和上海市民反对情况极力弱化，甚至隐瞒事实真相，把起衅责任推给中方。在四明公所血案发生后，他并没有主动向法国政府

---

① 《总署致庆常迅商法外部饬法领与关道和商四明公所案电》（光绪二十四年六月初二日），《清季外交史料》卷133，第4页。
② 《总署致法国公使毕盛》（光绪二十四年六月初一日），总理各国事务衙门档案，01-18-064-02-001。
③ 《江海关道蔡钧致总署》（光绪二十四年七月十三日），总理各国事务衙门档案，01-18-064-03-002。

汇报。法国外交部长德尔卡赛从报上获悉法租界发生骚乱的消息后，致电白藻泰询问有关情况。① 收到外交部长电报后，白藻泰才不得已于18日电复德尔卡赛，汇报1898年1月初以来关于四明公所问题的情况，指责公所方面对于其1月6日颁布的告示采取一种"相当蛮横无理的态度，拒绝任何让步"。另外，对于16日、17日华人方面的死伤人数也有意含糊其辞，只汇报7人被击毙，另外在街上"发现"两具尸体，未报受伤人数。而且，将法方调派兵船、强拆冢墙、激成众怒，说成是宁波人进攻法租界，进行闹事。② 白藻泰在7月22日致德尔卡赛的电报中对中方的死伤人数也是轻描淡写，并强调法军的行为出于自卫，称"骚乱只持续几个小时，现在已完全结束"③。在给法国驻华公使毕盛的报告中，白藻泰也极力推卸法方的责任，掩盖真相，仅言7月17日早晨华人聚众攻击法租界捕房，法国水兵与巡捕只是出于自卫才向华民施放无子之炮，结果毙命三人；并称华人同时在租界斜对之处实施攻击，法兵放无子枪，众人仍不退，为了防御，"自须用力"，"华民自煽作乱，以故毙命五六"。④ 在7月20日与江苏藩司聂缉椝的会谈中，则反将惨案的发生归咎于上海地方官及四明公所董事的纵容和鼓动，要求对"耸令滋闹之人"加以"究办"。⑤

法国驻华公使毕盛当时也没有把四明公所案中伤毙华人一事放在心上，7月20日在总理衙门与清朝官员面谈时，仅依据总领事所说击毙五六名华人表示"可惜"，对总理衙门在照会中暗示由于法方的行为酿成惨案的说法没有接受，强调甬董方面没有履行诺言，在6个月内拆让冢墙，表示此事"无甚关系，总能善了"，并当即答应致电白藻泰，与江苏藩司和上海道和衷商办。⑥ 对于总理衙门7月22日照会指控法租界捕房伤毙华人多命，殊出情理，毕盛于24日、27日照复总理衙门，将惨案的责任完

---

① Delcassé à Bezaure, 17 juillet 1898, *Documents Diplomatiques*, *Chine*, 1898 – 1899, p. 66.
② Bezaure à Delcassé, 18 juillet 1898, *Documents Diplomatiques*, *Chine*, 1898 – 1899, pp. 67 – 68.
③ Bezaure à Delcassé, 22 juillet 1898, *Documents Diplomatiques*, *Chine*, 1898 – 1899, p. 68.
④ 《法国公使毕盛致总署》（光绪二十四年六月初九日），总理各国事务衙门档案，01 – 18 – 064 – 02 – 006。
⑤ 《法总领事白藻泰致聂缉椝》（光绪二十四年六月初三日），《两江总督刘坤一致总署》（光绪二十四年七月二十日）附件，总理各国事务衙门档案，01 – 18 – 064 – 03 – 003。
⑥ 《总署致刘坤一四明公所事法使已电沪领请饬蔡道妥慎办理并照会各国领事电二件》（光绪二十四年六月初二），《清季外交史料》卷133，第4页；《总署致南洋大臣》（光绪二十四年六月十四日），总理各国事务衙门档案，01 – 18 – 064 – 02 – 008。

全归咎中方,声称:"领事官并工部局理应在租界弹压保护,然徒先竭力阻挡乱众之后,若不严行惩办,则乱萌蔓延速生甚大,并恐生极重之虞。"①

在法国本土,案发前,当中国驻法公使庆常前往法国外交部商谈四明公所迁柩问题时,法国外交部长德尔卡赛开始只表示"对此事不甚了解",后来又说,据领事报告,四明公所内存柩太多,而租界又多疫,应令迁移,答应庆常电饬领事展限和商。在血案发生后,因南洋大臣和上海道的请求,7月18日庆常又赴法外部,请求法国政府对法国公董局伤毙华人行为严行查办,德尔卡赛仅表示惋惜,但又称尚未接到领事的报告。7月20日,庆常又与法国外交部长会晤两次,一面要求查办杀伤华民之案,同时请其电饬领事与上海道和商,勿再生事。其时,德尔卡赛已接到白藻泰的详细报告,认为法国公董局并无不妥,是华人聚众滋事,攻击捕房,捕房受伤,放枪自卫,但他同意由上海地方官与法国驻沪总领事就地协商解决此案及四明公所冢地问题。②

除四明公所案的起衅缘由与责任问题外,中法交涉面临的一个更关键的问题是如何解决法租界公董局的索地要求,事实上,四明公所案即系由后者引发。在这个问题上,法方态度坚决,决意要达到扩大租界的目的。清政府为尽快平息事态,态度比较柔弱,基本倾向满足法方的扩界要求。7月19日,清政府在上谕中就赞同上海地方当局提出的另外觅地、满足法方扩界要求的建议,指示刘坤一和江苏巡抚奎俊"就宁人可让之地允助建屋等费,和商息事"。③

根据中方既定的"换地"谈判思路,19日晚抵达上海的江苏藩司聂缉椝,在21日与白藻泰的会商中提出"免厘换地"的建议。但由于没有"换地"的具体方案,白藻泰欲擒故纵,加以拒绝,声称并威胁说"彼两次索甬地,均未得,太难堪。倘不予以面子,彼不肯下台,只好硬来"。次日,通过英、美领事的调解,聂缉椝提议保留四明公所及义冢地产,将

---

① 《法国公使毕盛致总署》(光绪二十四年六月初六、初九日),总理各国事务衙门档案,01-18-064-02-005、01-18-064-02-006。
② 《中国驻法公使庆常致总署》(光绪二十四年七月二十四日),总理各国事务衙门档案,01-18-064-03-004。
③ 《江督刘坤一致总署沪法领占地枪伤多人请据约与法使力争电 附旨》(光绪二十四年六月初一日),《清季外交史料》卷133,第2—4页。

图 5-7　从上海内城向南望法国租界
［美］詹姆斯·利卡尔顿（James Ricalton）拍摄

与法界毗连的八仙桥一带数百亩地域划入法租界。①对聂缉椝提出的这一让地方案，白藻泰当即表示接受，同意派人查勘确切亩数。他在 24 日致德尔卡赛电文中不无得意地表示，"如果我们放弃占领四明公所冢地，那么中国当局将答应我们很久以来就提出的扩大法租界的要求。我认为我们似可接受这一交换原则"②。德尔卡赛也同意这一交换方案，认为这对法国只有益处。③ 法国公使毕盛在得知这一换地方案后，也于 7 月 22 日当日照会总理衙门，希望总理衙门授权聂缉椝，尽快了结此案，称 "四明公所义冢一案，法驻上海总领事除遵本署之命外援照自己常存之意愿与华员会商和衷办结。今本大臣知悉聂藩司敬禀将法国租界推广一事允准与白领事商办，本大臣应请贵王大臣将所请之权允给南洋大臣委员，如此则所出事端

---

① 《苏藩聂缉椝致总署与法领会商让地办法请示电二件》（光绪二十四年六月初四、初十日），《清季外交史料》卷 133，第 5 页；《会议述闻》，《申报》1898 年 7 月 26 日，第 2 版。
② Bezaure à Delcassé, 24 juillet 1898, *Documents Diplomatiques*, *Chine*, 1898–1899, pp. 68–69.
③ Delcassé à Bezaure, 25 juillet 1898, *Documents Diplomatiques*, *Chine*, 1898–1899, p. 69.

全行完灭，且系两国敦睦之据"①。

在扩界问题上，尽管清政府为尽快平息事态，基本倾向同意法方的要求，但对扩界地域和范围则持谨慎态度，担心法方扩界要求过大，可能会引起其他列强效仿。7月21日，总理衙门在奉旨下达的电文中就提醒刘坤一和聂缉椝须留心此事，称："法领事扩界之愿甚奢，各国援例不可不防，着该督督饬聂缉椝悉心筹画，以息纷纭。"②对于聂缉椝提出的将八仙桥一带数百亩土地划入法租界，总理衙门认为扩界面积过广，没有立即批准，在28日复电中要求聂缉椝谨慎处理，指出："究竟地亩确数若干？如扩界过广，各国援例添扩，将何以应？希通盘筹画，法领恫喝，暂与支吾。"③

在上海地方当局与白藻泰达成的"换地"方案未得到总理衙门立即批准的情况下，毕盛和白藻泰在扩界问题上反而提出更高的要求。7月27日，毕盛照会总理衙门，表示法国政府同意以四明公所之地交换法租界扩界，但法租界的扩界范围至少包括董家渡、徐家汇路、浦东等处，另接开宁波路；此外，四明公所应遵守公董局章程，将来不可再有葬埋作为义冢之事，具体由总理衙门饬知上海地方当局与法总领事白藻泰火速会商办理。④7月28日，白藻泰也向上海地方当局提出数个扩界方案，其中两个方案为：一自四明公所起，至西门斜桥止，千余亩；一自十六铺起，至南马路止。⑤

截至7月28日，中法双方围绕第二次四明公所案所做的交涉系在三个层次同时展开：一是上海地方当局与法总领事白藻泰的交涉；二是总理衙门与法国驻华公使毕盛的交涉；三是清朝驻法公使庆常与法国外交部长的交涉。但清朝政府（主要是负责外交的总理衙门）为减轻压力，力主通过"地方外交"，即由上海地方当局与法总领事白藻泰谈判解决，此一主张也

---

① 《法国公使毕盛致总署》（光绪二十四年六月初四日），总理各国事务衙门档案，01-18-064-02-003。
② 《江督刘坤一致总署法使谓扩界事势所必行电附旨》（光绪二十四年六月初四日），《清季外交史料》卷133，第4—5页。
③ 《总署致聂缉椝法使请扩上海八仙桥界不能过广电》（光绪二十四年六月初十日），《清季外交史料》卷133，第7页。
④ 《法国公使毕盛致总署》（光绪二十四年六月初九日），总理各国事务衙门档案，01-18-064-02-006。
⑤ 《苏藩聂缉椝致总署与法领会商让地办法请示电二件》（光绪二十四年六月初四、初十日），《清季外交史料》卷133，第5页。

为法方所接受。就中法交涉的内容来说，主要聚焦于两个问题：一是关于惨案发生的责任，上海地方当局比较追究，希望借此获得外交主动，避免法方要索；而法方因在惨案中没有人员伤亡，则极力淡化，并把责任归咎中方。二是关于法租界的扩界，法方希望尽快谈判解决；而中方虽然基本同意法方的扩界要求，但对扩界地域和范围抱有戒心。

三　第二季的中法交涉

就在中法双方为扩界范围纠结不定时，光绪四年（1878年）上海道褚心斋与法国驻上海总领事李梅就解决1874年第一次四明公所案所签协议文本的发现，以及英、美等列强在法租界扩界问题上与法国的矛盾，使得中法围绕第二次四明公所案和扩界问题的谈判峰回路转，江苏藩司聂缉椝和上海道蔡钧在外交谈判中态度转趋强硬，变被动为主动。

7月29日，蔡钧将新发现的1878年中法协议内容照会法国总领事白藻泰，指出第二次四明公所案责在法方，拒绝白藻泰提出的扩界要求，坚持只有在解决"甬案"之后，才会通融商谈扩界问题，表示"万不能并案核办"。8月1日白藻泰照会再次指责四明公所案的责任"皆因地方官毫不经心所致，实应全受其咎"，并对英国报纸《字林西报》刊登1878年中法关于四明公所协议文件表示抗议，认为此事系两国往来商办密件，载入新闻纸"殊堪诧异"，断定这是上海道指使人登报，意在"俾众咸知"，此举"大背各国常法"，扬言要中断与上海道的谈判，将"详明本国外部并将此案详请驻京大臣核办完结"。①蔡钧丝毫不为白藻泰的威胁所动，一一进行了有力的驳斥。在8月2日的复照中，蔡钧对白藻泰将四明公所惨案归咎地方官一节，表示"断不能认"，因为"贵总领事首先调兵强拆四明义冢围墙，因此滋事衅端开自贵总领事，则咎在贵总领事而不在中国地方官"；至于《字林西报》刊载1878年中法关于四明公所议据一事，蔡钧认为此协议系20年前的旧文，有别于现在商办的密件，并不违背国际惯例，并且他本人也没有指使他人做这件事。② 8月3日，蔡钧再次照会白藻

---

① 《法总领事致江海关道蔡钧》（光绪二十四年六月十四日），《江海关道蔡钧致总署》（光绪二十四年六月二十八日）附件，总理各国事务衙门档案，01-18-064-02-011。
② 《江海关道蔡钧致法总领事》（光绪二十四年六月十五日），《江海关道蔡钧致总署》（光绪二十四年六月二十八日）附件，总理各国事务衙门档案，01-18-064-02-011。

泰，追溯"甬案"的缘起及经过，声明"此事全咎在法而不在华，所有因此案伤毙人命物产及各与国因此受损亏耗，其赔偿责任全在贵总领事"，并就赔偿问题向法方提出以下三条具体要求：1. 法国总领事应照复上海道，自认办理此案之错误；2. 伤毙华人的抚恤金及因此案华人所受各种亏损，由上海道与法国总领事面议一总银数；3. 所有他国因此受亏向中国索赔之款，由法国照偿。①为争取中央政府和两江总督的支持，避免法国"外部及公使为所蒙蔽，商办为难"，8月15日蔡钧又将"甬案"缘起及他与白藻泰之间的交涉分别通报总理衙门和两江总督刘坤一，指出法总领事"欲诿咎于人，文过饰非，始终不悛，实为办理交涉以来所绝无而仅见者也。现已逐层驳复法领，并追偿伤害亏损各款，藉为受害人等伸雪"，②强调"违约肇衅，曲全在彼，岂容该总领事隐讳捏饰，至开拓租界，自应另案办理，尤不应于无端肇事、伤我民命之后，藉口要挟"。③

江苏藩司聂缉椝在与白藻泰的交涉中，也与蔡钧持同一立场。7月30日，他复照白藻泰，照录1878年中法协议全文，申明法方要求征用四明公所义冢无理，指出此一协议系"彼此画押盖印为凭"，"希贵领事查案察照施行"。④8月3日和5日，白藻泰两次照会聂缉椝，将滋闹之咎归于上海地方官没有履行中法《天津条约》第36款保护外人义务，拘捕"逞凶匪徒"，辩称法方开枪系为抵御，"自行保护"，并指责聂允许上海道单方面将1878年中法协议登报，"不照章办理"。⑤聂则于8月3日当日和8月10日两次复照，逐一加以驳斥，指出"此案实由公董局违背原议不候商办用兵胁拆四明义冢围墙而起"，责任完全在于法方，"此番若非公董局违背前议，强拆冢墙，何致毙伤华民数十人之多？"而案发后也不存在白藻泰指控的地方官毫不经心的情况，相反，地方文武各官

---

① 《江海关道蔡钧致法总领事》（光绪二十四年六月十六日），《江海关道蔡钧致总署》（光绪二十四年六月二十八日）附件，总理各国事务衙门档案，01-18-064-02-011。
② 《江海关道蔡钧致总署》（光绪二十四年六月二十八日），总理各国事务衙门档案，01-18-064-02-011。
③ 《江海关道蔡钧致刘坤一》（光绪二十四年六月二十八日），《江海关道蔡钧致总署》（光绪二十四年七月十三日）附件，总理各国事务衙门档案，01-18-064-03-002。
④ 《苏藩聂缉椝致法总领事白藻泰》（光绪二十四年六月十二日），《两江总督刘坤一致总署》（光绪二十四年七月二十日）附件，总理各国事务衙门档案，01-18-064-03-003。
⑤ 《法总领事白藻泰致苏藩聂缉椝》（光绪二十四年六月十六日、十八日），《两江总督刘坤一致总署》（光绪二十四年七月二十日）附件，总理各国事务衙门档案，01-18-064-03-003。

做了大量工作，说服上海的宁波人静候商办，不准妄动，并派兵弹压，昼夜巡防，故不致于同治十三年之案（即 1874 年第一次四明公所案）波累租界各国商民，使"中外得以相安"。并且白藻泰本人在 7 月 18 日致上海道蔡钧的照会中表示愿将兵丁一律撤回，也说明地方官已履行尽职保护之责，倘若当时果真有匪徒在法租界内聚众逞凶，法方何以转令退回兵船？四明公所案中并不存在中法《天津条约》第 36 款所说情形。至于法方所说出于"自行保护"，击毙"逞凶匪徒"，也与事实不符，据上海县禀报，被击毙者中多有儿童妇女，他们又何罪之有以致法军和巡捕抵御击毙之？对于 1878 年中法协议登载《字林西报》，聂也表示自己"全然不知"，并无"允其指使登报"，"不知贵总领事何所据而云然也？"聂表示"甬案"未能商结，责任"并非本司不稍通融"，实"因贵总领事回护偏执，以致彼此屡商未结"。①

对于总理衙门接受白藻泰的控告，抱怨他没有尽快商结此案，聂缉椝在 8 月 20 日离开上海之前写给刘坤一的禀文中极为不满，申述他与白藻泰的交涉经过及进展，指出之所以未能了结此案，原因在于白藻泰拒不承认法方毙伤 40 余名华人的责任，不允赔偿，并在 1878 年中法协议文本面前"理屈词穷"，"故详申其外部公使，不欲与本司会议"。聂缉椝劝说清政府在"甬案"交涉中要据理力争，绝不能只图尽快结案，轻易妥协、退让，单方面满足法国的扩界要求，而不追究法方在"甬案"上的责任和赔偿，指出："此案伤毙多人，若不抚恤，则将来洋人猖獗恐更有甚于此者。设他时激动众怒，为祸更烈，其患不堪设想。惟法领事虽自知无理，亦何肯遽行认错？前葛领事之案至四年后李领事任内始结，可为明证。"并且，鉴于英、美也提出扩界要求，即使法国同意赔偿抚恤，也不宜此时允从，否则，"英美两领必谓我不喝敬酒而喝罚酒；若并抚恤而无之，则受辱更甚"。因此，"本司再四筹度，惟有将此事暂行悬宕，留此抚恤以为抵制之地。设迟之又久，将来议结时仍无抚恤，庶于国体民心，均有交代"。②

---

① 《苏藩聂缉椝致法总领事白藻泰》（光绪二十四年六月十六日、二十三日），《两江总督刘坤一致总署》（光绪二十四年七月二十日）附件，总理各国事务衙门档案，01-18-064-03-003。

② 《两江总督刘坤一致总署》（光绪二十四年七月三十日），总理各国事务衙门档案，01-18-064-03-006。按：刘坤一在致总署函中并未注明聂缉椝禀文的具体时间，但根据其内容，应写于由上海返回苏州之前。而根据《申报》记载，聂缉椝系 8 月 20 日晚"用小火轮返苏"，见《方伯回苏》，《申报》1898 年 8 月 22 日，第 3 版。

第五章　四明公所案与上海法租界的扩界　175

自1878年中法协议文本发现后，两江总督刘坤一的态度也发生了变化。他认为起衅责任在法方，7月29日致电总理衙门，指出："法领不遵旧案，横索冢地，顽拆冢墙，纵令兵捕逞凶，至激众怒，辄开枪毙伤华民多命，尚责华官毫不防阻。"次日，他又电请总理衙门迅饬驻法公使庆常将此案详情告诉法国政府，"查法领不守条约，不遵成案，恃强生衅，外部殆不详悉，仍恳钧署迅电庆使，并以此案详告外部，再声明起衅情由，备知华民遭此可悼之事委，非先在租界滋扰，庶免法领又占先著"。① 9月5日和15日，刘坤一将蔡钧和聂缉椝提交的与白藻泰之间的往来照会和交涉过程报告及聂缉椝所写"甬案"禀文，转呈总理衙门，"谨请查核施行"。②

随着蔡钧、聂缉椝和刘坤一等地方官员的态度转趋强硬，他们与法国领事白藻泰之间的谈判很快就陷入僵局。在数次交涉之后，白藻泰便拒绝与蔡钧、聂缉椝举行谈判，控告蔡、聂两人"语气强硬、不能忍受"，③ 将案件移交驻华公使毕盛和法国政府。根据白藻泰的报告，毕盛和法国外交部长分别直接出面向清政府施压。法国外交部长德尔卡赛在与驻法公使庆常会谈中，对蔡钧、聂缉椝以四明公所案咎在法方拒绝法国的扩界要求，明确表示不能接受，声称"是中国当局自己为了和解主动向我们的领事提议拿扩大上海法租界交换四明公所义冢的土地，该土地无可争辩属于法租界。我已授权我们的总领事接受这一交换，条件是四明公所义冢的土地不再用来存放和埋葬棺柩，我答应再将这些训令寄给您以示友好，并嘱咐您以同样的精神行事"。④

毕盛则于8月7日照会总理衙门，指责蔡钧、聂缉椝拒绝法国领事扩界要求，既背离总理衙门所说和平了结承诺，也与清朝驻法公使庆常与法国外部协商的情况不符，声称扩界是对宁波人挑起四明公所案的一个必然要求，不达目的决不罢休，"盖此我国家明切训条也，本大臣将必恪然遵循"。⑤ 在8

---

① 《江督刘坤一致总署四明公所案请电庆常告法外部和平商结电二件》（光绪二十四年六月十一、十二日），《清季外交史料》卷133，第8—10页。
② 《两江总督刘坤一致总署》（光绪二十四年七月二十日、三十日），总理各国事务衙门档案，01-18-064-03-003、01-18-064-03-006。
③ 《法国公使毕盛致总署》（光绪二十四年六月二十日），总理各国事务衙门档案，01-18-064-02-010。
④ Delcassé à Pichon, 30 juillet 1898, Documents Diplomatiques, Chine, 1898—1899, pp. 69-70.
⑤ 《法国公使毕盛致总署》（光绪二十四年六月二十日），总理各国事务衙门档案，01-18-064-02-010。

月 10 日致法国外交部长的电文中，毕盛保证只有当法租界在德尔卡赛所提条件下扩大，法国才会放弃对四明公所义冢地的控制。①为进一步向清政府施压，8 月 27 日毕盛又致电德尔卡赛，提议白藻泰赴南京与两江总督刘坤一直接谈判，称这将非常有用，并建议法国海军司令将"让巴赫"号（le Jean Bart）交付白藻泰支配，加强武力威胁，以达目的。② 9 月 29 日，毕盛照会总理衙门，再次指责上海道蔡钧"措词失当"，威胁如与南洋大臣另派代表商谈仍不能达成协议，白藻泰将直接赴南京与刘坤一商结。③ 10 月 8 日，毕盛又指派法国使馆翻译微席叶前往总理衙门，提出法租界的扩界范围为西边扩充到十六铺，往南至第一小河为止，并允许在四明公所地内开通两条马路，要求总理衙门电达南洋大臣据此结案。④ 10 月 29 日，毕盛亲自照会总理衙门，就解决四明公所案和法租界扩界问题提出 6 条节略：1. 四明公所内修建西贡路和宁波路，可以绕道，但须交由法国公董局修筑；2. 四明公所在法租界内地产，发给地契，不收费，但应遵守租界巡查章程；3. 四明公所旧坟应陆续由家属或代办人全行撤去；4. 寄存在四明公所内的棺柩必须尽早全部撤出，并不许再存埋新柩；5. 新扩界的地方包括十六铺、小东门、第一小河及八仙桥和西门市若干亩土地，界内地产仍由中国业主管理，但须到法国领事馆登记，并服从租界章程管理；公董局如要征用土地，必须服从；6. 中方如同意公共租界展扩，法租界也一体酌展。⑤

对于法方提出的扩界范围，上海地方当局坚决反对、抵制。8 月 29 日，蔡钧致函总理衙门，指出十六铺南市一带为商贸繁盛之区，且为上海环城西南要隘，关系重大，一旦划入法租界，不但关税精华为其所夺，且使上海成一孤城，不能自保，因此"不得不严雷池之禁"；而浦东地方中隔黄浦一江，一旦划入法租界，则"势必全浦在其掌握之中，将来有事欲

---

① Pichon à Delcassé, 10 août 1898, DD, Chine, 1898－1899, p. 70; Delcassé à Pichon, 8 septembre 1898, Documents Diplomatiques, Chine, 1898－1899, p. 71.
② Pichon à Delcassé, 27 août 1898, Documents Diplomatiques, Chine, 1898－1899, p. 70.
③ 《法国公使毕盛致总署》（光绪二十四年八月十四日），总理各国事务衙门档案，01－18－064－03－007。
④ 《总署致南洋大臣刘坤一》（光绪二十年八月二十八日），总理各国事务衙门档案，01－18－064－03－009。
⑤ 《法国公使毕盛致总署》（光绪二十四年九月十五日），总理各国事务衙门档案，01－18－064－03－010。

图 5-8　上海小东门外十六铺
画工曹史亭临摹前人所作的十六铺写生画，绘于清道光年间

出其途，不受其制不止"，因此也绝不能应允。蔡钧表示他和聂缉椝都认为只有八仙桥一带，尚可通融开拓；否则，"当另请英美两国领事设法调停"，并谓"至拓界一事，应准与否，出于两国交谊，平时尚不得妄求，岂法人生事为难转容藉端要挟"[①]。

刘坤一也支持蔡钧和聂缉椝的立场，11月25日致电总理衙门，指出在展界谈判中，蔡、聂始终遵守"南市（即十六铺一带）无可迁就、西界酌量通融"的原则，迟迟未能达成协议，原因在于"白领凶狡、翻复无常，是以承办各员未能从速了结"。对于法方所提6条要求，刘坤一除对第二条、第三条、第四条没有提出异议外，其他三条均反对，指出第一条在四明公所内修路问题须得宁波人同意，"方免又激事变"；第五、第六两条扩界要求不但有碍商民，且使厘税亏收，影响海疆重地自治之权，"碍难照允"。对于白藻泰扬言带军舰来南京与他直接交涉，刘坤一表示不会主动"轻起衅端"，"必照约接待，虚与委蛇，不令藉口挑衅"，但同时表示绝不会过于迁就，接受讹诈，必"严为之防以折其气，所议各节可允者即予通融，不可许者，概行拒绝"。刘最后要求总理衙门采取一致立场，

[①] 《江海关道蔡钧致总署》（光绪二十四年七月十三日），总理各国事务衙门档案，01-18-064-03-002。

图 5 - 9　上海南市江岸
［日］金丸健二拍摄

顶住法国政府的压力，表示白藻泰在要求拒绝后肯定又会唆使驻华公使毕盛"向钧署渎陈，仍恳鼎力内外坚持，或冀俯而就范"。①在南京当面拒绝白藻泰的要挟之后，刘坤一又致电总理衙门，要求转告白藻泰回上海与他所派代表"就地勘商"，称"白领事久留江宁于事无益"。②

在白藻泰与刘坤一的直接交涉也遭失败后，法国公使毕盛又直接出面向总理衙门施压。11 月 26 日，毕盛照会总理衙门，指责刘坤一对白藻泰无理，不但不接受法方的 6 条和谈方案，而且要将四明公所案与法租界扩界案分开处理，认为这是一个严重的外交问题，要求总理衙门电令刘坤一按照中法两国已达成的协议和商办结。同时，毕盛同意放弃最后一条，在约外商订。③12 月 10 日他又照会总署，放弃将十六铺一带划入法租界的要

---

① 《两江总督刘坤一致总署》（光绪二十四年十月十二日），总理各国事务衙门档案，01 - 18 - 064 - 03 - 012。
② 《总署致法国公使毕盛》（光绪二十四年十月二十三日），总理各国事务衙门档案，01 - 18 - 064 - 03 - 014。
③ 《法国公使毕盛致总署》（光绪二十四年十月十三日），01 - 18 - 064 - 03 - 013；Pichon à Delcassé, 26 novembre 1898, *Documents Diplomatiques*, *Chine*, 1898 - 1899, p. 74.

第五章　四明公所案与上海法租界的扩界　179

图 5-10　上海法租界的洋房与学校

求，但提出法租界及上海城以西之地自法租界起至徐家汇，北自西大道起至沿河止，均归法租界内；至于浦东地方，如英美租界展拓至此，法租界对岸黄浦江一带长 1200 米、宽 600 米的地方就划归法租界。① 12 月 19 日和 1899 年 1 月 3 日，毕盛又先后两次照会总理衙门，威胁由于两江总督刘坤一"食言"，致使法租界展扩事久悬不决，法国将"自酌任用办理"。②

在法国驻华公使和法国政府的逼迫下，清政府一方面坚持由法国领事白藻泰与上海道就近谈判，8 月 28 日总理衙门照会毕盛，指出白藻泰拒绝与蔡钧和聂缉椝谈判、主张将案件送京核办的要求和做法不合中法两国政府此前达成的协议，称"此案业据贵国外部与出使庆大臣商定，饬知领事就近和商议结；贵大臣亦面称电饬白领事与地方官会商，而现以全案送京为辞，延不照办，殊属非是"。③ 12 月 6 日，又因刘坤一的要求，再次照会

---

① 《法国公使毕盛致总署》（光绪二十四年十月二十七日），总理各国事务衙门档案，01-18-062-01-012。
② 《总署致法国公使毕盛》（光绪二十四年十一月二十五日），总理各国事务衙门档案，01-18-064-04-008。
③ 《法国公使毕盛致总署》（光绪二十四年七月十二日），总理各国事务衙门档案，01-18-064-03-001。

毕盛，饬令白藻泰由南京回上海就近协商解决扩界问题。① 另一方面，清政府态度比较软弱，一再敦促刘坤一和上海地方当局尽快协商了结。10月13日和11月2日，总理衙门两次电促刘坤一，令其迅饬新派谈判代表罗道等尽快与法国领事白藻泰"妥切和商，早为完结，以了葛藤，是为至要"。② 12月15日，总理衙门在与毕盛面谈中，对他在10日照会中所提方案基本表示接受，规定法租界拓展只能西向往徐家汇一带至斜桥北沟为止；浦东地方，由刘坤一致函白藻泰，载明如英美租界展拓至此，亦将对岸黄浦江一带长1200米、宽600米的地方划归法租界。③ 1899年1月6日，又照复毕盛，解释刘坤一拒绝法租界展扩事结案，"并非南洋大臣食言之故，委因内有英产不得不熟筹办法，以冀两全"，希望毕盛谅解，并大谈中法"睦谊"关系，称"因念中法交情素称和睦，若以一端未洽，遽如来照所称任用办理，转失贵国家以前通融照允之意。尚望贵大臣将此案平心审度，再行筹一两全之法，本衙门甚愿始终和商，以彰我两国格外睦谊，不胜盼切之至"。④ 4月13日，清政府甚至在公使团的要求下，因蔡钧"对租界扩充事态（度）强硬不协"，将他免职，改派李光久为新任上海道。⑤

然而，就在中法四明公所案与法租界展扩问题谈判进入尾声之际，法租界扩界问题遭到英、美、德等列强的反对，地方当局刘坤一、蔡钧等也借助英国人的抗议拒绝签署有关扩大上海法租界的协定，主张"法租界展拓一层，拟与英美租界请办之事遂同酌商"。在此背景下，法方暂时搁置了与清政府的谈判。1899年1月3日法国驻华公使毕盛照会总署，声明鉴于上海地方官拒绝就扩充法国租界来交换四明公所土地一事达成协议，法国政府不但保有对四明公所土地自由处置之权，并且将来如遇扩界之事，

---

① 《总署致法国公使毕盛》（光绪二十四年十月二十三日），总理各国事务衙门档案，01-18-064-03-014。
② 《总署致南洋大臣刘坤一》（光绪二十四年八月二十八日），总理各国事务衙门档案，01-18-064-03-009；《总署致南洋大臣刘坤一》（光绪二十四年九月十九日），总理各国事务衙门档案，01-18-064-03-011。
③ 《法国公使毕盛致总署》（光绪二十四年十一月初七日），总理各国事务衙门档案，01-18-064-03-017。
④ 《总署致法国公使毕盛》（光绪二十四年十一月二十五日），总理各国事务衙门档案，01-18-064-04-008。
⑤ 汤志钧主编：《近代上海大事记》，第541页。

法国也将享有展拓租界之权。①实际上，法国是有意等待与英国谈判后，再与清政府最后解决中法四明公所案与法租界展扩问题。

通过对第二阶段中法交涉的考察，不但使我们对第二次四明公所案的实质及中法双方的是非曲直有了一个更为准确的判断，也使我们对清政府在外交方面存在的问题有了更加具体、感性的认识。在"甬案"交涉中，法国方面自驻沪总领事白藻泰，到驻华公使毕盛和法国外交部长德尔卡赛，态度和口径基本一致，上下密切配合，相互支持，共同对付中方。而清朝政府（总理衙门）与地方官员（两江总督、江苏藩司、上海道台）在交涉中没有像法方那样配合默契，清政府在"甬案"交涉中没有如地方当局那样据理力争，一味妥协退让，息事宁人，不能有效维护国家利益，典型反映了中国作为一个弱国和半殖民地半封建国家的外交特点。

四　法英谈判与扩界问题的解决

第二次四明公所案实质上是当时列强掀起的瓜分中国势力范围的一个组成部分，法国的扩界图谋必然会影响到其他列强的在华利益，特别是将长江流域作为其势力范围的英国的利益。1898年8月26日，英国中国协会上海分会致函伦敦中国协会总部，提醒上海法租界扩界将损害英国侨民的利益，指出"关于法租界向徐家汇方向扩展的问题，应该明确规定，该区域内其他欧洲国家侨民的产业不受法国法律约束，仍然服从侨民自己国家的法律"；并反对将浦东划入法租界，表示"将浦东让与法国，在任何情况下，对英国的航运业都将不利"，建议将浦东划入英美公共租界内。②9月5日，中国协会致函英国外交部，对法国租界当局利用四明公所案大规模扩充上海法租界表示坚决反对，认为"这一要求太过分"，"是受领土野心和政治目的驱使"，"与中国关于长江流域不割让给任何列强的承诺相抵触"，决不能让汉口新辟法租界的教训在上海法租界"重演"，将英国侨民及地产置于法国当局的管辖之下，并重申中国协会上海分会的意见，表示"在长江之口的上海承认法国的领土要求，是非常令人遗憾的"，"英美

---

① 《法国公使毕盛致总署》（光绪二十四年十一月二十二日），总理各国事务衙门档案，01-18-064-03-018。

② Shanghae Branch of China Association to General Committee, August 26, 1898, *British Parliamentary Papers*, *China*, Volume 23, p. 330.

租界才是一个真正的大都会"。① 9 月 13 日，英国驻华公使窦纳乐（Claude Macdonald）亲往总理衙门，提醒清政府谨慎处理法租界扩界一事，指出法租界拟扩之地特别是浦东地区有英国侨民的产业，会影响英人利益，不宜划入法租界内，汉口租界就曾因此问题产生无数纠纷。② 12 月 11 日，在得知中法就法租界展扩问题即将达成协议的消息后，窦纳乐又奉英国首相索尔兹伯里（Salisbury）之命，正式照会总理衙门，对于法国扩界一事提出强烈抗议，要求清政府不要允诺法国展界之请，将法国请展之地添入英美请展公共租界内，强调法租界专属法国管辖，公共租界则各有约之国人和法国人均可公分利权，两者之间的区别和利弊"谅在洞鉴之中"。③ 为达到阻止法租界扩界的目的，索尔兹伯里在 24 日致窦纳乐的训令和 29 日与清朝驻英公使罗丰禄的会谈中均明确表示，只要清政府拒绝法国的扩界要求，"女皇政府将会向中国提供实质性的支持"，④ 并调派了三艘军舰前往南京，为两江总督刘坤一拒绝法国总领事的威胁提供"道义上的支持"。⑤ 在获得法租界扩界的详细方案之后，1899 年 1 月 3 日索尔兹伯里又立即致函窦纳乐，以损害英国权利为由，要求务必警告清政府决不可批准法国这一扩界方案，并"要求海军司令再派一艘军舰前往上海"。⑥ 除英国坚决反对外，美国与德国公使也分别照会总理衙门，对法租界扩界一事表示关注，声明如法国或别国所展租界有碍他们的利益，决不承认。⑦

---

① China Association to Foreign Office, September 5, 1898, *British Parliamentary Papers*, *China*, Volume 23, pp. 328 – 330.

② MacDonald to Salisbury, September 16, 1898, *British Parliamentary Papers*, *China*, Volume 23, p. 383.

③《英国公使窦纳乐致总署》（光绪二十四年十月二十八日），总理各国事务衙门档案，01 - 18 - 062 - 01 - 013；Pichon à Delcassé, 14 décembre 1898, *Documents Diplomatiques*, *Chine*, 1898 - 1899, p. 74。

④ Salisbury to MacDonald, December 24, 1898, BPP, China, Volume 23, p. 439；Salisbury to MacDonald, December 29, 1898, *British Parliamentary Papers*, China, Volume 23, p. 448.

⑤ MacDonald to Salisbury, December 19, 1898, BPP, China, Volume 23, p. 436；Foreign Office to Admiralty, December 21, 1898, *British Parliamentary Papers*, China, Volume 23, p. 438.

⑥ Salisbury to MacDonald, January 3, 1899, *British Parliamentary Papers*, China, Volume 23, p. 449.

⑦《德国公使海靖致总署》（光绪二十四年十一月）（俟公共租界办妥后始能将让给专界一节作为罢论等因请即见复由）、《美国公使康格致总署》（光绪二十四年十一月二十五日）（法展租界如有碍美国管理之权断不应允由），总理各国事务衙门档案，01 - 18 - 062 - 01 - 014、01 - 18 - 062 - 01 - 015。

在英国的坚决反对之下，法国方面只好暂时搁置与清政府的谈判，转而向英国等列强做解释、说服工作。驻华公使毕盛亲自与英国和美国驻华公使联系，分别向他们保证划入法租界的英美国家公民的地产证书在新扩租界内继续有效，居住在新扩租界内的英美国家的公民不会因为适用《市政条例》而受法国领事管辖，仍然隶属英、美领事管辖。毕盛还向英国公使窦纳乐通报，已授权法国驻上海总领事白藻泰就如何保护扩界内英国公民利益问题与英国驻上海总领事布列南（Brenan）签订具体协议，并保证会使英国满意。①根据毕盛的指示，1898年12月13日白藻泰即与布列南达成四条协议，其中规定扩界内的英人地产证的有效性应得到法国租界当局的承认，并必须在英国领事馆登记注册，只是业主的姓名、地产面积以及范围等应在法国领事馆记录备案，另任何不利于英国臣民的规则实施前必须提交英国公使审核，并由英国公使通知法国公使。②

在获悉上海法租界扩界谈判因为英国的反对而受阻后，法国外交部长德尔卡赛也做英国政府的工作。1899年1月11日，德尔卡赛致函法国驻英国大使保·康邦，详细介绍了上海四明公所案的缘由及整个交涉过程，指示他说服英国政府放弃干预法租界扩界。③对于英国政府以1898年2月9日和24日清政府与英国驻华公使两次达成协定、宣布不将长江流域以任何方式让与任何列强为由，反对上海法租界扩界，德尔卡赛认为英国的这一反对理由不能接受。他指出虽然伦敦内阁得到保证，长江流域不让与任何列强，但根据"门户开放"政策，任何国家在那里都不能享有特殊的和排他性的利益，根本不会对外国租界的扩大或者在尚没有租界的通商口岸新辟租界构成障碍，为了贸易的需要扩展租界面积，这是外国商人根据条约在中国居住的必然结果，"门户开放"政策与法国和英国在处理它们对华关系时所执行的传统政策是一致的，这一政策会促进欧洲在华贸易的发展。德尔卡赛还指出，不久前英国把位于香港对面的九龙划入其殖民地，尽管这违背清政府对法国所作的承诺，但法国出于"友好的态度和欧

---

① Pichon à Delcassé, 14 décembre 1898, *Documents Diplomatiques*, *Chine*, 1898–1899, pp. 75–76.

② Arrangement intervenu entre M. de Bezaure et M. Brenan, Shanghai, 13 décembre 1898, *Documents Diplomatiques*, *Chine*, 1898–1899, pp. 107–108.

③ Delcassé à Paul Cambon, 11 janvier 1899, *Documents Diplomatiques*, *Chine*, 1898–1899, pp. 80–84.

洲团结一致的情感",没有提出任何反对;现在英国在上海法租界扩界问题上进行干预,这是很不友好,也是很不应该的。1月28日德尔卡赛专门就此致函保尔·康邦,指示将他的这一意见转告英国政府。①

与此同时,法国在上海公共租界扩界问题上也与英国产生矛盾。对于英美公共租界没有按照1896年北京公使团协定的方向扩展,而是朝该协定保留给法租界扩大的方向拓展,德尔卡赛于2月27日明确电示法国驻华公使毕盛予以阻止。②根据德尔卡赛的指示,3月16日毕盛照会北京外交团团长西班牙公使葛络干(Cologan),声明"在目前的情况下,我不能同意公共租界朝三年前指定它的不同方向扩展,我尤其不能同意未来的公共租界包含各国驻京使节在致总理衙门的联合照会中保留给法租界扩界的地方"③。17日,毕盛又照会总理衙门,提出同样的反对声明,要求清政府对上海当局同意公共租界朝1896年外交团规定的不同方向扩界的行动"予以严重关注"。④当时,法方主要反对公共租界南扩至八仙桥一带,认为侵占了法租界展扩地域,后经法国驻沪总领事白藻泰与公共租界工部局及领事团协商,获得满意解决。⑤1899年5月,上海地方当局就公共租界的扩界与英美达成协议,公共租界自1500英亩展至5584英亩。⑥但鉴于英国抵制上海法租界的扩界,在7月北京公使团讨论通过上海公共租界扩界会议上,毕盛联合俄国驻华公使,进行杯葛,要求公共租界的扩大必须遵循1896年北京公使团所做的承诺,即公使团必须同时支持上海法租界的扩界,并以此为由,成功阻挡公使团会议批准由上海领事团提交的上海公共租界扩界协议。⑦

在与工部局和英美领事解决上海公共租界扩界问题之后,两江总督刘坤一和上海道台即恢复与法国总领事白藻泰有关上海法租界扩界问题的谈

---

① Delcassé à Paul Cambon, 28 janvier 1899, *Documents Diplomatiques*, *Chine*, 1898 – 1899, pp. 84 – 86.

② Pichon à Delcassé, 24 février 1899; Delcassé à Pichon, 27 février 1899, *Documents Diplomatiques*, *Chine*, 1898 – 1899, pp. 86 – 87.

③ Pichon à Cologan, 16 mars 1899, *Documents Diplomatiques*, *Chine*, 1898 – 1899, p. 88.

④ Pichon au Tsong – li – Yamen, 17 mars 1899, *Documents Diplomatiques*, *Chine*, 1898 – 1899, p. 89.

⑤ Bezaure à Delcassé, 17 mai 1899, *Documents Diplomatiques*, *Chine*, 1898 – 1899, p. 93.

⑥ 郭廷以编:《近代中国史事日志》下,中华书局1987年版,第1046页。

⑦ Pichon à Delcassé, 15 juillet 1899, *Documents Diplomatiques*, *Chine*, 1898 – 1899, pp. 94 – 95.

判。经过协商，6月中法双方就此达成一致意见，除总理衙门已经答应的地方之外，董家渡的部分地方和徐家汇路边缘数百米地方也划入法租界，中方同意将30年来法国人一直要求自由控制的徐家汇路正式让与法方，法国租界当局有权在那里向经过的车辆征税。①

为了避免法租界扩界再次遭到英国的阻挠，法国驻华公使毕盛特将此情况通知英国驻华代办，英国代办不久即将此消息电告英国政府。②1899年6月23日，在收到毕盛通报的法租界扩界已获得工部局和中方同意的消息的次日，法国外交部长德尔卡赛也电告法国驻英大使保尔·康邦，希望英国首相索尔兹伯里训令英国驻华公使撤销1898年12月奉他之命对法租界扩界提出的反对。③

然而，英国政府对法租界扩界仍没有立即予以支持，而是提出交换条件。7月17日，英国政府照会法国驻英大使保尔·康邦，就英国支持法国扩界要求提出以下5个前提条件：1. 租界的扩大只能到位于赛马场、法租界现行边界与新墓地之间的八仙桥一带；2. 被英国领事承认的英人地产证也将为法国当局所认可；3. 英国人地产将在英国领事馆登记；4. 市政条例只有在得到英国驻华公使同意后才能适用于英国人；5. 同样的条例将适用于汉口法租界的英国人和英国人的物业。④

对于英国政府提出的上述附加条件，德尔卡赛和法国在华外交官都极为不满。8月7日，德尔卡赛致电驻英大使保尔·康邦，重申英国根据中国政府在1898年向英国所做的关于不将长江地区的任何地方以抵押或者租借的方式让与给任何列强的承诺反对法租界扩界，"这显然是不能接受的"。他指示保尔·康邦不用与英国讨论1898年中英协定的影响，声明不管英国的态度如何，法国一定要坚持自己与中国签订的条约所赋予的在华权利，尤其是1844年《黄埔条约》和1858年《天津条约》所规定的在通商口岸享有租界的权利，中国与第三方所做的承诺不能影响法国人的权利，也不能以任何方式来反对法国。⑤

---

① Bezaure à Delcassé, 25 juin 1899, *Documents Diplomatiques*, *Chine*, 1898 – 1899, p. 94.
② Pichon à Delcassé, 22 juin 1899, *Documents Diplomatiques*, *Chine*, 1898 – 1899, p. 93.
③ Delcassé à Paul Cambon, 23 juin 1899, *Documents Diplomatiques*, *Chine*, 1898 – 1899, p. 93.
④ Paul Cambon à Delcassé, 19 juillet 1899, *Documents Diplomatiques*, *Chine*, 1898 – 1899, pp. 95 – 96.
⑤ Delcassé à Paul Cambon, 7 août 1899, *Documents Diplomatiques*, *Chine*, 1898 – 1899, pp. 102 – 103.

由于1898年12月白藻泰与布列南所订协议已经满足了英国政府提出的第二条、第三条、第四条要求,毕盛和白藻泰主要对英国所提的第一条和第五条两条表示不能接受,认为不能将上海法租界的扩大局限于英国政府所圈定的界限内,指出1896年协定关于上海法租界的扩大范围是:位于黄浦江左岸的董家渡区,以及介于赛马场、法租界边界、徐家汇路之间的八仙桥一带,"出于地方上的考虑,主要是中国人的反对,目前我们没有要求董家渡地区,我们要求在另一方向获得补偿,并获得了这一补偿,上海的英人社团对此没有提出任何反对,索尔兹伯里在将我们的扩大权利限制在八仙桥地区时不承认我们的要求所依据的协定"。此外,毕盛和白藻泰也一致反对将法英两国总领事达成的协议应用于汉口法租界,认为英国政府提出的第五条要求太危险,不能接受。①

根据毕盛与白藻泰的意见,1899年10月20日法国外交部长德尔卡赛指示法国驻英大使保尔·康邦转达英国政府,如果伦敦内阁放弃第一条和第五条附加条件,法国将同意英国公民在新扩展地区地产承认和注册手续根据1898年12月白藻泰与布列南协定办理,该协定已得到两国驻华公使的批准。他劝说英国政府不要再在法租界扩界问题上设置障碍:"提出一个全新的问题并将之引入有关我们上海租界扩大的意见交换中,这不是促成问题解决的办法,这个问题已经被耽误得太久。"②

在法国部分接受英国提出的条件的情况下,英国政府在征求英国驻华公使窦纳乐的意见后作出让步,表示愿意放弃第一条要求,同意法租界的扩界范围,但仍维持最后一条要求,坚持上海实行的办法将适用于英国人在汉口法租界的地产。11月29日,英国财政大臣巴尔福受外交部委托,以照会形式,将英国政府的这一意见通知法国驻英大使保尔·康邦。③

对于英国政府坚持保留第五条附加条件,德尔卡赛仍不能接受。他在12月8日致电保尔·康邦,"出于我已经跟您说过的原因,我不能接受后面这个条件"。④但是,这一次英国也非常强硬,不愿做进一步的让步。当

---

① Pichon à Delcassé, 8 et 12 août 1899, *Documents Diplomatiques*, *Chine*, 1898 – 1899, pp. 103 – 105.
② Delcassé à Paul Cambon, 20 octobre 1899, *Documents Diplomatiques*, *Chine*, 1898 – 1899, pp. 106 – 107.
③ Balfour à Paul Cambon, 29 novembre 1899, *Documents Diplomatiques*, *Chine*, 1898 – 1899, pp. 108 – 110.
④ Delcassé à Paul Cambon, 8 décembre 1899, *Documents Diplomatiques*, *Chine*, 1898 – 1899, p. 110.

法国大使就上海租界问题与英国首相索尔兹伯里进行接洽,并请后者放弃有关汉口租界的要求时,英国首相回答说,"他不得不关注那些当法国从中国政府那里取得租界时已经在汉口拥有地产的英国臣民的处境"。①

为了消除最后一条障碍,法国驻华公使毕盛与英国驻华公使窦纳乐协商,就英国政府的要求提出一个折中方案,毕盛答应窦纳乐:在将来以互惠为条件,遇到法国扩大租界时,如果英国人所拥有的地产将被划入其中,那么在这一新扩之地将与上海的情形同样对待,但是在目前的情况下只能维持现状。至于汉口法租界内的英国人在地产问题上与法国领事之间的争执,毕盛答应将该问题交由上海的法国和英国领事处理,如果他们也无法达成一致,那么最后选择一位仲裁人来裁决。②这一折中方案分别获得英、法两国政府的批准。12月18日,德尔卡赛致电毕盛,"我同意您与窦纳乐先生就上海和汉口租界问题达成的协议,并将之告诉了我国驻英大使"。③ 22日,索尔兹伯里照会法国大使保尔·康邦,通知法方英国政府同意两国驻华公使所达成的关于上海和汉口法租界问题的协议。④ 27日,窦纳乐即照会总理衙门,宣布正式放弃对法租界扩界的反对,称本国就上海法租界扩界内英国商民地产管属问题已与法方达成和解,对于法国在上海拓展租界一事,"本国并无不允之情"。⑤在法国与英国达成协议后,北京公使团立即同时批准英美公共租界和法租界的扩界范围。1899年12月28日,公使团团长西班牙公使葛络干两次照会总理衙门,宣布驻京各国公使会议已批准通过上海法国总领事官会同两江总督委员议订的推广法租界及上海领事团和工部局与两江总督委员所拟订的扩展上海公共租界协议。⑥

在英国撤销反对和北京公使团合谋的情况下,清政府和上海地方当局

---

① Paul Cambon à Delcassé, 15 décembre 1899, *Documents Diplomatiques*, *Chine*, 1898 – 1899, p. 111.

② Pichon à Delcassé, 15 décembre 1899, *Documents Diplomatiques*, *Chine*, 1898 – 1899, p. 111.

③ Delcassé à Pichon, 18 décembre 1899, *Documents Diplomatiques*, *Chine*, 1898 – 1899, p. 112.

④ Paul Cambon à Delcassé, 23 décembre 1899, Annexe: Memorandum, 22 décembre 1899, *Documents Diplomatiques*, *Chine*, 1898 – 1899, pp. 113 – 114.

⑤ 《英国公使窦纳乐致总署》(光绪二十五年十一月二十五日),总理各国事务衙门档案,01 - 18 - 062 - 01 - 022、01 - 18 - 062 - 04 - 009。

⑥ 《西班牙公使葛络干致总署》(光绪二十五年十一月二十六日),总理各国事务衙门档案,01 - 18 - 062 - 01 - 016、01 - 18 - 062 - 01 - 018、01 - 18 - 062 - 01 - 023、01 - 18 - 062 - 01 - 024。

的"以夷制夷"策略便无计可施，完全陷于被动。就在葛络干照会总理衙门的同一天，毕盛也照会总理衙门，称法国与英国在扩界问题上的"龃龉"已通过友好协商解决，英国驻华公使和公使团都已同意法国的扩界方案，要求总理衙门速令两江总督将6月间各委员与上海法国领事所拟各节批准并饬沪道遵照施行，扩展后的法租界新四至为：北至北长浜，西至顾家宅关帝庙，南至打铁浜晏公庙丁公桥，东至城河浜。① 对此，总理衙门只好无条件接受，在收到照会后即电令两江总督速饬委员与法国领事议结上海法租界扩界一事，并于1900年1月11日、12日，分别照会法国使馆翻译穆文琦和毕盛本人，通报相关情况。② 1月21日，毕盛电告德尔卡赛，上海法租界公董局将于3月1日占有新的土地。③ 通过第二次扩界，上海法租界的总面积由19世纪60年代初第一次扩界后的1023亩增加到2135亩，增加了1112亩，翻了1倍多。由第二次四明公所案引发的法租界扩界问题至此解决。④

纵观以上的考察，有关第二次四明公所案，我们可以得出以下几点结论。第一，第二次四明公所案并不是近代化市政建设与落后的国民意识和风俗习惯之间的矛盾，而是当时列强掀起的瓜分中国势力范围的一个组成部分，目的是扩大法租界，牵涉的是国家领土及主权的问题。第二，清政府在第二次四明公所案交涉中通过"地方外交"和"以夷制夷"策略，一定程度达到了为中央政府（总理衙门）减压的目的，抵制了法方的一些侵略要求，使得法国政府最终放弃浦东和南向的扩界图谋，但"地方外交"和"以夷制夷"策略的作用都是有限度的，并未实现清政府的愿望，反而令清政府的外交陷于被动，为列强所利用。具体言之，"地方外交"造成中央与地方及地方各级官员在交涉中互相推卸责任，导致外交进退失据，旷日持久，授人口实；"以夷制夷"策略则忽视了列强在侵华政策上的合

---

① 《法国公使毕盛致总署》（光绪二十五年十一月二十六日），总理各国事务衙门档案，01-18-062-01-017。

② 《总署致法国使馆翻译穆文琦》（光绪二十五年十二月十一日），总理各国事务衙门档案，01-18-062-01-019；《总署致法国公使毕盛》（光绪二十五年十二月十二日），总理各国事务衙门档案，01-18-062-01-020。

③ Pichon à Delcassé, 21 janvier 1900, *Documents Diplomatiques*, *Chine*, 1898–1899, p. 116.

④ 按：第二次四明公所案的处理结果，除法租界面积扩大外，四明公所自筑围墙，开通马路，法国公董局支付地价银二千两，政府给每名被击身亡者抚恤银一百两，以17名计算，合计银1700两，在外锁项内支出。参见《谕领恤银》，《申报》1902年1月17日，第3版。

作，最后反而被夷协谋，得不偿失。第三，在法租界扩界问题上，尽管法国与其他列强特别是英国存在利益矛盾和冲突，但他们之间的矛盾与冲突是相对的，最终都会以牺牲中国的利益取得妥协。这也是很值得我们吸取的一个历史教训。

第六章　加入八国联军，镇压义和团运动

1900—1901年，英、法、日、俄、美、德、意和奥匈八个资本主义国家，为镇压义和团运动，联合发动了一场震惊世界的侵华战争。有关这一时期英、美、日、俄等国的侵华政策已有不少论著做了很好的研究。[①] 本章拟对法国的对华政策以及它在军事、外交上所扮演的角色做一探讨，以帮助我们更好地认识20世纪初始中国所面临的严峻的国际形势。

一　力促列强联合出兵侵华

义和团运动作为一场自发的以农民为主体的反帝爱国运动，从一开始就遭到东西方帝国主义列强的敌视。但由于各列强在华的利益不同，它们在不同时期所扮演的角色又是有所区别的。法国作为在中国传教势力最大的国家，它在最初促成帝国主义列强共同出兵镇压义和团运动过程中，扮演了元凶的角色。

1900年年初，针对义和团运动加剧和清政府态度暧昧的现实，法国驻华公使毕盛（Pichon）于1月23日最先提议英、美、德三国使节召开四国公使会议，共同采取行动迫使清政府拿出镇压义和团运动的办法。在毕盛的倡议下，四国公使于次日开会，达成协议，将向总理衙门递交同文照会。该照会于1月27日递交，要求清政府颁布一道上谕，"宣布镇压两个反对外国人的秘密结社"[②]。

1900年2月27日，外国公使再次向总理衙门递交照会，提醒此事。总理衙门在复照中指出，"2月21日的上谕已下令直隶和山东的总督和巡抚，公布通告，采取有力措施阻止骚乱"。面对骚乱的持续和秘密会社宣

---

① 详见崔志海《新中国成立以来的国内义和团运动史研究》，《史学月刊》2014年第9期。
② 《英国蓝皮书有关义和团运动资料选译》，胡滨译，中华书局1980年版，第4页。

传的不断扩大，外国公使认为不能满足于如此笼统的保证。绝对需要颁布一道新的上谕，明确禁止有关的秘密会社。外国传教士和领事们也都有同样的看法。他们认为，应该消除在各省民众中传播的排外舆论，清廷秘密鼓励这些结社，将它们视为对清王朝的支持和抵制外国人的工具。因此，在3月1日收到总理衙门寄来的有关直隶总督发布的打击这些秘密会社的通告后，3月2日毕盛和其他公使一起又前往总理衙门，他们认为该通告还不具有公开性，而且它的措辞也不够明确，每个人又分别递交了同文照会，要求清政府再次发布上谕取缔秘密会社。但是，总理衙门大臣们表示已经就此发布一道上谕，不能就同一个问题颁布第二道上谕，拒绝了公使们的要求。而且，他们反对在《京报》上刊登，表示以前这类上谕从未这样公布。3月7日，总理衙门又以书面方式阐述它在3月2日接见毕盛等人时所表达的观点。3月8日，在英国公使窦纳乐（C. M. MacDonald）爵士召集的会议上，英国公使主张要求清政府在全中国范围内颁布一道新的上谕，禁止秘密会社，并指出它们的名字，在《京报》上刊登。法国驻华代办安图华尔（Authouard）指出，如果2月21日的上谕能得到有力贯彻的话，在直隶和山东两省，能使他们感到满意，但对于尚未采取措施对付秘密会社的其他省份来说，还应予以关注。对于会议最后达成的协议——如果公使们的要求得不到满足的话，那么，他们将要求各自的政府在中国北部沿海进行海军示威，法国代办并不十分赞同，他认为采取海军示威措施还为时过早，外国使节行动目的是使中国政府意识到采取有力行动对付秘密会社的必要性，希望中国政府会立即采取行动，而不等到被迫这样做的时候。[1]虽然如此，法国代办为了与同僚保持一致，他还是同意了该决定。他在3月11日给法国外交部长的报告中指出："虽然我不愿意在这个问题上与我的同僚产生分歧，不过我认为目前采取这个措施还为时过早。如果你们认为必要的话，目前只需在各有关政府之间交换意见。我对我的同僚表示，中国政府似乎还不会屈服于我们的压力，它会采取有效的措施恢复秩序。我还设法促使外交团全体赞同我们的观点，支持我们的保护行动，使我们的保护措施具有共同的性质。"[2]

---

[1] Authouard à Delcassé, 13 mars 1900, Ministère des Affaires Etrangères, *Documents Diplomatiques*, *Chine*, 1899–1900, Paris: Imprimerie Nationale, 1900, pp. 8–9.

[2] Authouard à Delcassé, 11 mars 1900, *Documents Diplomatiques*, *Chine*, 1899–1900, p. 7.

图 6-1 袁世凯
［德］阿尔方斯·冯·穆默（Alfons von Mumm）拍摄

法国政府对于因义和团的迅速发展所造成的新形势也十分重视。在收到法国代办 3 月 11 日的电报后，法国外交部长立即与相关政府就可能采取海军示威问题进行商议。① 3 月 12 日，当英国驻法大使爱德华·芒逊（Edmund Monson）就海军示威一事询问法国政府的态度时，法国外交部长德尔卡赛明确回答说："如果我国侨民的安全确实需要一次海军示威的话，我肯定不会对此予以拒绝。"② 3 月 13 日，德尔卡赛又电令法国驻俄大使蒙塔佩罗侯爵就这一形势与俄国外交大臣进行商谈。③ 后因英国政府认为此时举行海军示威尚未成熟，美国政府也声明不参加海军示威④，此事作罢。但到 3 月底毕盛报告英、美、德已决定派军舰示威的消息后，法国外交部长德尔卡赛又马上做出反应，他一面致电法国驻华盛顿、伦敦及柏林大使，要求他们确切告知各驻在国政府的态度，一面致函海军部长拉纳桑

① Delcassé à Authouard, 13 mars 1900, *Documents Diplomatiques*, *Chine*, 1899 - 1900, p. 9.
② Delcassé à Montebello, 13 mars 1900, *Documents Diplomatiques*, *Chine*, 1899 - 1900, p. 10.
③ Delcassé à Montebello, 13 mars 1900, *Documents Diplomatiques*, *Chine*, 1899 - 1900, p. 10.
④ Paul Cambon à Delcassé, 14 mars 1900, *Documents Diplomatiques*, *Chine*, 1899 - 1900, p. 12.

(Lanessan),向他通报中国局势,并要求海军部长给法国驻远东舰队司令库热尔(Courrejolles)下达训令,让他在必要时将舰队的所有军舰交由驻华公使支配。① 4月21日,德尔卡赛再次致函海军部长,要他给予海军司令必要的自由处理权,并令海军司令准备足够的军舰,以便需要时毫无困难且及时地集合和登陆在那些需要它们的地方,并建议海军司令与驻华公使保持密切联系。②

此后,法国驻华公使果然秉承法国政府意旨,极力促成列强联合武装侵华。5月中旬,随着局势的不断严重,毕盛一方面要求总理衙门会见,提出警告,另一方面与俄国公使格尔思(M. N. de Giers)一致行动,迫使中国政府采取必要措施,同时要求海军司令派遣一艘军舰前来北戴河,以防不测。5月16日,法国驻华公使毕盛又与总理衙门大臣进行了一次长时间的会谈。关于直隶许多天主教村庄被焚烧和杀戮事件,总理衙门大臣们答应采取措施,并禁止张贴和散发排外的揭帖。③在收到法国天主教驻京总主教樊国梁(A. Favier)要求派遣海军分遣队并声称最大的不幸已迫在眉睫的函件后,毕盛一方面与俄国公使格尔思一直保持紧密联系,与他一致行动,双方共同对总理衙门施加压力;另一方面,毕盛于5月19日照会总理衙门大臣,他认为总理衙门前一天的照会是一种敷衍推诿、没有结果的答复,是不能接受的,现在应该采取其他办法来防备被普遍证明了的危险。他指出:总理衙门拟对直隶所发生或者正在策划的犯罪行为采取的解决办法"绝对不够,根本不能符合日趋严重的形势的需要。根据我所掌握的情况,骚乱已经造成流血,如对骚乱的煽动者不加惩罚,将导致新的杀戮。这不仅仅限于直隶一个省,正如我多次跟你们说的,甚至北京都受到了威胁"。他还威胁说:"由于不能从你们那里获得与你们的义务相应的决定,我很荣幸通知殿下和各位大臣,在所有的责任应由贵国政府承担的前提下,我会借助我认为合适的手段以确保我的保护者和侨民的安全。"④

但是,毕盛认为他和俄国公使两人的力量有限,"如果这种压力能联合所有的外国公使或者来自外交团整体,那么它们一定会更加强大、更加

---

① Delcassé à Lanessan, 7 avril 1900, *Documents Diplomatiques*, *Chine*, 1899 – 1900, pp. 15 – 16.
② Delcassé à Lanessan, 21 avril 1900, *Documents Diplomatiques*, *Chine*, 1899 – 1900, P. 18.
③ Pichon à Delcassé, 16 mai 1900, *Documents Diplomatiques*, *Chine*, 1899 – 1900, p. 20.
④ Pichon à Delcassé, 20 mai 1900, Annexe 1: Lettre Adressée par Pichon au Tsong – Li – Yamen, 19 mai 1900, *Documents Diplomatiques*, *Chine*, 1899 – 1900, pp. 21 – 24.

图 6-2　法国天主教驻北京总主教樊国梁

［德］阿尔方斯·冯·穆默（Alfons von Mumm）拍摄

有效"。鉴于义和团发展迅速，同时由于单独的行动几乎不会产生影响，毕盛在与格尔思协商后认为"一定要召集公使会议应对目前的形势"。5月20日，正是在毕盛的倡议下，北京外交团召开了公使会议。在会上，他吁请各国公使高度重视法国主教樊国梁对形势所作的估计和判断，最先正式建议列强共同调兵来京，保护使馆和教堂，声称"对前途的危险无论怎样估计也不过分"①。而当调兵的建议因英国公使的坚决反对而未被会议接受时，毕盛又在会上提议向清政府提交一份联合照会，并拟定了措辞严厉的文稿，要求清政府切实镇压义和团："一、凡参与拳会操练，或在街头制造骚乱，或继续张贴、印刷或散发威胁外国人之揭帖者，均予逮捕。二、义和拳集会之庙宇或场所的所有人和监护人，均予逮捕；凡与义和拳共同策划犯罪活动者，均作义和拳论处。三、凡负有责任采取镇压措施之官员，犯有玩忽职守或纵容暴徒之罪行者，均予惩罚。四、凡企图杀人放火、谋财害命之首恶，均予处决。五、凡在目前骚乱中帮助及指点义和拳者，均予处决。六、在北京、直隶及北方其他各省公布这些措施，以便人

---

① 《英国蓝皮书有关义和团运动资料选译》，胡滨译，第 71 页。

人知晓"。根据毕盛的提议和俄国公使格尔思的响应，外交团在略做改动后接受了上述照会措辞，该照会由外交团团长、西班牙驻华公使葛络干寄给总理衙门。① 毕盛还受外交团委托通知总理衙门，外交团期待在最短的时间内得到对其要求的满意答复。②各国公使还达成协议，如果他们的要求得不到满足，他们将把海军分遣队召到北京。需要时，还要保证这一措施的执行。③

同一天，毕盛向法国外交部长德尔卡赛汇报了他所采取的上述措施以及促使他采取这些措施的严重的中国局势："自从我4月20日报告中所说的那些事情发生以来，危机在不断加深。保定府、天津和北京被一伙狂热分子和盲信者所包围，他们从游民和偏激狂中吸纳成员，队伍不断壮大。在资助他们的有影响力的头目的煽动下，这伙人实行抢劫、偷盗、放火或杀害过路人。目前他们主要是对付中国的天主教和基督教徒……他们还进攻和火烧附近的村庄，在那里他们也伤害了英国、美国和法国教会的忠实信徒。目前，他们已包围帝国的首都，而且包围圈越来越小。听说他们已经入城，人数有万余人。他们毫不掩饰他们的目标是要清除所有的外国人。他们张贴和散发传单，宣传消灭教会，发动针对欧、美侨民的全面暴乱。在这些小册子里，他们还确定他们打算实施威胁的确切日期。他们召开秘密会议，策划阴谋，公开聚集人群，组织起来准备一场暴动。他们高举旗帜，上面印有口号，意谓：'我们响应皇帝的命令，为拯救王朝而战。'我与我的许多同僚向总理衙门所提出的一切警告、解释、抗议和要求都不能促使中国政府决定采取有力的措施。"④

---

① 《北京外交团首席公使葛络干（B. J. Cologan）致总理衙门照会》（1900年5月21日），《英国蓝皮书有关义和团运动资料选译》，胡滨译，第74页。

② Pichon à Delcassé, 20 mai 1900, Annexe 2: Dépeche de S. E. M. de Cologan au Tsong-Li-Yamen, 21 mai 1900, Documents Diplomatiques, Chine, 1899-1900, p. 24. 按：根据毕盛5月28日给法国外交部长的电报，总理衙门满足了外交团的要求，采取相关措施以镇压义和团，要求外国公使们不要让舰队登陆。"总理衙门对外交团的第二封照会的答复已正式交给我。该复照包括我们所要求的各项保证、皇帝上谕以及有关通告，基本上满足了各国公使所提出的全部要求。此外，总理衙门还明确表示，如果需要的话，它将补充这些措施，他派一位秘书通知我，镇压将不断地通过决定性的措施来表现。在这种情况下，它要求我放弃促使舰队登陆。我回答说我丝毫不想主动采取这一措施，只要其行动能符合所许下的承诺，只要法国的保护者和侨民的安全能够得到保证。"Pichon à Delcassé, 28 mai 1900, Documents Diplomatiques, Chine, 1899-1900, p. 27.

③ Pichon à Delcassé, 20 mai 1900, Documents Diplomatiques, Chine, 1899-1900, pp. 21-24.

④ Pichon à Delcassé, 20 mai 1900, Documents Diplomatiques, Chine, 1899-1900, p. 21.

毕盛的行动得到法国政府的支持。5月21日，法国外交部长德尔卡赛致电毕盛，称："面对欧洲人在直隶所处的危险，我完全同意您与您的俄国同僚采取主动措施。"①不仅如此，为了维护其在华利益，法国在列强中最先赋予驻华公使自由处理权，早在1900年5月22日前法国外交部长即"授权毕盛先生采取一切可能措施确保我们在北方的侨民的安全。"②。同时，德尔卡赛还致函法国驻圣彼得堡公使沃维诺（Vauvineux），令他转告俄国外交大臣穆拉维约夫伯爵法国对形势的看法，并说"我们高度重视我们两个使馆维持紧密合作，以确保我们侨民的安全和保护我们各自的利益，它们正受到骚动的民众和不负责任的官员的威胁"③。可见，在中国问题上，法国继续与盟国俄国保持一致行动。法国的提议得到俄国的积极响应和支持。1900年5月24日，沃维诺致电德尔卡赛："外交大臣再次向我保证，已给俄国驻华公使下达全面的指示，令他始终与其法国同僚保持完全一致。他还补充说，为了满足您的要求，他将重新要求格尔思先生在目前的形势下在所有的问题上与毕盛先生的态度保持一致。"④

5月下旬，义和团切断电报线，拆毁铁路。毕盛和其他各国公使纷纷调兵来天津、北京。形势十分严峻。在5月26日的公使团会议上，毕盛又抢先发言，危言耸听，断言在北京将发生一场危及所有欧洲人的严重暴动，再次呼吁共同调兵保护使馆，以防止发生暴动的可能。5月28日，公使团会议最后作出决定，电请各国调兵保护使馆。1900年5月29日，毕盛电告德尔卡赛，暴徒们火烧了车站，并毁坏了北京附近的铁路。法国和比利时工作人员与他们且战且退。该铁路的一位法国人受伤，其他人也处在危险之中。同时，毕盛致电在烟台的法国海军司令，请其立即派遣必要的船只以登陆100名士兵。德国、英国、美国、奥匈帝国、意大利、日本、俄国公使亦都采取了同样的措施。⑤ 5月31日，3名法国军官和72名法国士兵随第一批"使馆卫队"进入北京。

6月3日，毕盛在与格尔思协商后致电外交部长德尔卡赛，指出使

---

① Delcassé à Pichon, 21 mai 1900, *Documents Diplomatiques*, *Chine*, 1899 – 1900, p. 25.

② Delcassé à Vauvineux, Ministre de France à Saint – Pétersbourg, 22 mai 1900, *Documents Diplomatiques*, *Chine*, 1899 – 1900, p. 25. 据李德征等著《八国联军侵华史》（山东大学出版社1990年版）一书所述，其他列强迟至6月上旬才赋予驻华公使自由处理权。

③ Delcassé à Vauvineux, 22 mai 1900, *Documents Diplomatiques*, *Chine*, 1899 – 1900, p. 25.

④ Vauvineux à Delcassé, 24 mai 1900, *Documents Diplomatiques*, *Chine*, 1899 – 1900, p. 26.

⑤ Pichon à Delcassé, 29 mai 1900, *Documents Diplomatiques*, *Chine*, 1899 – 1900, pp. 27 – 28.

馆人员有可能被围困在北京，由于铁路线和电报线被切断，情况更加危急，发出了"解救北京"的请求："直隶的骚乱因为宫廷内部的争执与阴谋而变得复杂化，这使暴乱得到增援，同时也使人担心政府完全解体。……俄国和法国使馆已与英国和美国使馆取得完全一致。为了预防各种可能，使馆间的一致将容易维持。但不管发生什么情况，首先应该对暴动有所准备，这事关中国政府的存亡与所有外国人的安全。形势是如此的严重，以致我们有可能被围困在北京，铁路线与电报线将被切断，暴乱政府可能成为首都的主人。在这种可能的情况下，我与我的同僚们协商，他们也发了与我相同的电报，我恳求您立即给大沽的海军司令下达命令，让他与其他国家的舰队司令进行商议，采取形势所容许的一切措施，解救北京。"①

图6-3 老使馆区
[德] 阿尔方斯·冯·穆默（Alfons von Mumm）拍摄

对于毕盛和公使团会议作出的派兵进军北京的决定，法国政府在收到毕盛6月3日的告急电报后，即给予支持。6月5日，法国外交部长德尔卡赛致电毕盛，对他的决定予以肯定，"表示政府绝对信任"，并告诉他，

① Pichon à Delcassé, 3 juin 1900, *Documents Diplomatiques*, *Chine*, 1899-1900, p. 30.

内阁会议刚刚决定将立即要求海军司令库热尔把他的所有军舰集合在大沽，听从毕盛的安排，并与其他各国舰队司令商议，采取必要措施解救北京。同时，德尔卡赛在训令中指示毕盛遇事除与俄国公使密切配合外，还应尽力与其他国家的同僚保持一致，搞好关系，强调"在目前的形势下，列强之间的团结一致是对各自利益的最可靠的保证"①。为了加强列强的联合行动，1900 年 6 月 5 日，德尔卡赛还通电法国驻维也纳、圣彼得堡、伦敦和意大利的大使，要求他们向驻在国政府转达法国政府在对华问题上希望与各国列强一致行动的愿望。② 6 月 10 日，德尔卡赛回复，虽然批准毕盛的请求，但强调这必须是列强的集体行动，"我批准您在您认为合适的时候参与您 6 月 9 日电报中所说的活动，只有当它是集体行动时才能有效，唯有列强的团结一致才足以胁迫中国政府下定决心，采取有力措施对付暴乱"。同时告诉毕盛，法国将从殖民地越南增调军队，供他支配，"我们可以给我们海军舰队的登陆部队再从东京补充一个步兵营和一个炮兵连以及必要的辅助部队。我让他们通知印度支那总督作好准备，一旦您提出征调要求，他们就立即出发"③。法国公使和外交部长的对华政策和对义和团的态度也得到了法国众议院的支持。④

毕盛遵照法国外交部长的指示，与其他列强的代表采取一致行动，避免单独行动以及由此可能带来的危险。他对形势并不乐观。对于总理衙门的人事变动，特别是端王与庆亲王一起领导总理衙门对外国人可能产生的不利影响，毕盛十分警惕，继续与其他公使保持密切联系。他认为形势的好转只是表面的，实际上，对外国人来说依然十分危险。他在 1900 年 6 月 11 日给法国外交部长德尔卡赛的电报中说："许多暴乱首领或者同犯被任命为总理衙门大臣，皇帝的叔叔、同情义和团的满族人之一端王被召来与庆亲王一起领导总理衙门。我还是认为看上去有所好转的形势实际上处在非常危急的关头，所有外国人都面临生命危险。根据您的英明指示，我会完全避免单独行动，这将十分危险，同时我将设法维持各国使节之间的团结一致。尤其是关于暂时占领天津至北京铁路问题，从一开始就应该注

---

① Delcassé à Pichon, 5 juin 1900, *Documents Diplomatiques*, *Chine*, 1899 – 1900, p. 31.
② Delcassé aux Ambassadeurs de la République française à Vienne, à Saint – Pétersbourg, à Berlin, à Londres et près S. M. le Roi d'Italie, 5 juin 1900, *Documents Diplomatiques*, *Chine*, 1899 – 1900, p. 30.
③ Delcassé à Pichon, 10 juin 1900, *Documents Diplomatiques*, *Chine*, 1899 – 1900, p. 35.
④ Delcassé à Pichon, 11 juin 1900, *Documents Diplomatiques*, *Chine*, 1899 – 1900, p. 37.

意这一点。我继续频繁地会见我的同僚们并与他们协商。"①在此后的日子里，法国一直都将列强的联合行动作为它在义和团运动时期对华政策的出发点。

二 法国的军事行动

在1900年6—8月八国联军进犯北京的军事行动中，法国在军事上与其他列强保持一致，派兵参加了联军的每一次军事行动。

5月底，义和团仍在迅速发展。各国公使在胁迫清政府镇压义和团的同时，开始策划武装，决定进行直接干涉。正是在这一背景下，5月31日和6月3日，列强驻华代表调集在大沽的八国海军426名，分两批到达北京，此即我们常说的"使馆卫队"进京。在这一行动中，法国驻天津总领事杜士兰（du Chaylard）扮演了很不光彩的角色。5月29日，杜士兰代表各国领事致函直隶总督裕禄，称英、法、德、俄、美、意、日驻京公使鉴于目前形势，共同议定，各抽调兵丁百名登岸赴京。为此，各领事奉命协助部队登岸并准备火车运送进京。②30日，杜士兰再次亲自跑到直隶总督衙门，威胁裕禄说："此事系各国公使主意已定，万无改移，各兵今日均已到津，无论总署准否，定准明日赴都"，"若火车不载，亦自行起早前往"。③在列强的威逼下，清政府只好退让，同意各国调兵进京的要求，但提出各国调兵的人数必须控制在30人以内，而且一旦事态平息即应撤退。④但各国并没有理会清政府提出的人数限制，而是规定各国调兵的最高限额为75人，实际派兵人数第一批为356名，法国派兵人数达到了规定的限额，与英、俄相等，为75名，美国63名，意大利42名，日本26名。

"使馆卫队"进京，并没有缓和紧张的局势，反而进一步激化了中外矛盾。6月4日，北京外交团正式作出武装干涉义和团的决定，并得到各国政府的批准。6月10日，英国海军司令官西摩（E. H. Seymour）率领一支由2100余人组成的各国联合特遣部队进军北京。法国参加西摩联军的

---

① Pichon à Delcassé, 11 juin 1900, *Documents Diplomatiques*, *Chine*, 1899 – 1900, p. 37.
② 国家档案局明清档案馆编：《义和团档案史料》上册，中华书局1959年版，第105页。
③ 国家档案局明清档案馆编：《义和团档案史料》上册，第106页。
④ 《英国蓝皮书有关义和团运动资料选译》，胡滨译，中华书局1980年版，第81页。

人数为 158 名。①众所周知,西摩联军不仅遭到义和团的阻截,同时也与清军交战,最后不得不败退天津。

  在积极参与西摩联军的同时,法国不断增兵来华。6 月中旬,法国海军部积极配合外交部,将法国远东舰队集结到直隶附近。6 月 11 日,海军部长拉纳桑电令法国远东舰队总司令库热尔准将,"请做好一切准备以便您的所有军舰在大沽集合,如果它们的出现是必要的话"②。法国政府除了从越南北部派来一个步兵营和一个炮兵连,以增援刚刚登陆的分遣队之外,又命令一支刚刚停靠西贡由 500 人组成的海军舰队接防部队,立即开赴大沽。法国政府还给法国驻华公使毕盛派遣一支增援部队,他们将乘坐一艘快速巡洋舰,于 30 日启程。③ 根据 6 月 12 日法国驻天津领事杜士兰致德尔卡赛的电报,在天津与北京之间的电讯中断后,由 53 人组成的最后一支法军在"昂特勒卡斯托"号(le d'Entrecasteaux)船长的指挥下向北京进军,这使已经到达北京和正在途中的法国海军人数上升到 228 人。直隶总督拒绝提供机车,最后被强行夺得,由一位法国人驾驶。④ 与此同时,法国远东舰队总司令库热尔准将派遣"昂特勒卡斯托"号船长去指挥彼此合作的国际部队。他还决定在法国军舰"帕斯卡尔"号(le Pascal)到达后再派遣 350 人登陆。⑤ 到 1900 年 6 月 14 日,根据法国驻天津领事杜士兰给德尔卡赛的电报,法国军舰登陆了它们所有的后备力量,另外还有"帕斯卡尔"号的 75 名水兵。⑥

  各国不断增兵来华,既是为了应对义和团所造成的严重局势,同时也是为了趁机扩大自己在华军事力量,列强之间在这方面可谓明争暗斗。为了使法国在需要时能够居于非常显赫的地位,法国外交部长德尔卡赛在 6 月 12 日召开的法国部长会议上阐述中国局势的严重性,并呼吁有必要在中国集合足够的武装力量。6 月 13 日,德尔卡赛又致函海军部长拉纳桑,

---

 ① 李德征等:《八国联军侵华史》,第 72 页。

 ② Lanessan au Comte – Amiral Courrejolles, Commandant en chef la Division navale de l'Extreme – Orient, le 11 juin 1900, *Documents Diplomatiques*, *Chine*, 1899 – 1900, p. 38.

 ③ Delcassé à Pichon, 12 juin 1900, *Documents Diplomatiques*, *Chine*, 1899 – 1900, p. 39.

 ④ M. du Chaylard à Delcassé, 12 juin 1900, *Documents Diplomatiques*, *Chine*, 1899 – 1900, p. 39.

 ⑤ Comte – Amiral Courrejolles à Lanessan, 13 juin 1900, *Documents Diplomatiques*, *Chine*, 1899 – 1900, p. 40.

 ⑥ M. du Chaylard à Delcassé, 14 juin 1900, *Documents Diplomatiques*, *Chine*, 1899 – 1900, p. 42.

图 6-4　1900 年法国远征军跨过卢沟桥

提醒后者，让"吉尚"号（le Guichen）在 6 月 20 日及时出发的必要性。①6 月 16 日，德尔卡赛又致函拉纳桑，称："鉴于中国骚乱的进一步发展，我恳切要求您下达必要的指示，再派遣一些军舰以增援库热尔司令的海军舰队。同时，似乎应准备一艘运输舰以运送补充部队，毫无疑问，他们肯定要被派往远东。"②同时，法国殖民部长德克莱（Decrais）在与外交部长德尔卡赛商议后致电法国驻印度支那总督，嘱咐他派遣一营海军陆战队、一个炮兵连到大沽，听从法国驻远东舰队总司令库热尔司令的安排。③ 6 月 17 日，法国海军部长拉纳桑致电库热尔海军准将，命令后者提出他认为有益的各种措施并非常确切地告诉法国政府，强调："由于您与我国驻华公使被分开，保护法国在华所有利益的责任就落到您的头上。"并通知库热尔："'吉尚'号将于 6 月 23 日自布雷斯特启程赴西贡，几天后又有一艘装甲巡洋舰和二等巡洋舰相继出发。印度支那向您派遣的部队，我们会尽快替换。"④

6 月 17 日，正当西摩联军进犯北京期间，各国舰队又对大沽炮台发起

---

① Delcassé à Lanessan, 13 juin 1900, *Documents Diplomatiques*, *Chine*, 1899–1900, p. 41.
② Delcassé à Lanessan, 16 juin 1900, *Documents Diplomatiques*, *Chine*, 1899–1900, p. 42.
③ Decrais à Delcassé, 16 juin 1900, *Documents Diplomatiques*, *Chine*, 1899–1900, p. 43.
④ Lanessan au Comte - Amiral Courrejolles, 17 juin 1900, *Documents Diplomatiques*, *Chine*, 1899–1900, pp. 43–44.

攻击。这一计划是各国驻天津领事和在大沽口的海军将领们在电讯中断、失去与北京公使和西摩联军联系的情况下策划的。此次列强的海军联合行动由俄国主导，法国也积极参与。6月15日，在海军司令第一次联席会议后，有250名俄兵和法兵被派往军粮城火车站，旨在控制津沽铁路，确保进入海河的水路畅通无阻。6月16日，根据事先制定的夺取大沽炮台的作战方案，联军兵分水、陆两路，法国舰队参加了水路作战。法国炮舰"里昂"号与德国炮舰"伊尔提斯"号一起停泊在塘沽和大沽之间的海关附近，担负保护海关的任务，并设法营救和协助受损军舰作战。16日晚，联军派遣代表向大沽守将罗荣光发出最后通牒，强令中方交出大沽炮台，称："俄、英、德、法、意、奥、日七国约定，限令中国军队于17日凌晨两点钟让出大沽南北炮台营垒，以便屯兵，疏通天津京城道路。"①法国远东舰队总司令库热尔海军准将与其他六国海军军官一起在最后通牒上签了字。17日凌晨2点，各国舰队开始对大沽炮台进行轰炸。②中方守军在罗荣光率领下进行英勇还击。原在海关的法国军舰"里昂"号与德国炮舰"伊尔提斯"号立即顺流而下，进入前线舰队，"里昂"号与其他炮舰一起联合轰击南岸炮台。中国的4艘鱼雷艇被俄、英、法、德分占，巡洋舰"海容"号则由各国共同监视。到早晨5点30分至6点30分，西北炮台、北岸炮台、南岸炮台被联军相继占领，大沽之战结束。大沽炮台失守之后，法国驻天津总领事杜士兰于17日上午10点左右代表各国送交直隶总督裕禄16日就已草拟的照会，内容与上述最后通牒相同。

　　大沽之战后，法国继续从本土和殖民地越南向中国增派军舰和部队。6月19日，法国海军部长拉纳桑函告外交部长德尔卡赛，根据后者提出的再派遣一些军舰增援法国驻远东和西太平洋舰队的要求，他已下令向中国海面增派属于北方舰队的一等巡洋舰"吉尚"号。另外，装甲巡洋舰"夏尔纳司令"号（l'Amiral-Charner）和二等巡洋舰"弗里昂"号（le Friant）亦已经在布雷斯特港准备就绪，待命出发，驶往同一目的地。这三艘巡洋舰的加入，大大增强了法国海军舰队的力量。此外，他还下令给运输舰"尼弗"号（la Nive）装备武器，驶入土伦港，该运输舰将运送一

---

① 国家档案局明清档案馆编：《义和团档案史料》上册，第164页。
② Harmand, Ministre de France à To-Kyo, à Delcassé, 18 juin 1900, *Documents Diplomatiques*, *Chine*, 1899–1900, p. 45.

营海军陆战队和一个炮兵连。① 1900 年 6 月 20 日，法国外交部长德尔卡赛又致函殖民部长德克莱，要求后者马上命令法越总督杜梅立即派遣一营海军陆战队和一个炮兵连前往大沽，并告诉总督有 2 营海军陆战队和 2 连炮兵将从法国启程，根据情况需要，他们或者停靠在东京湾，或者继续北上前往大沽。同时，他还提醒说："我迫切要求您千万不要疏忽以便由您安排的集合了弹药手的租来的船只尽早与上述海军陆战队、炮兵连和武器弹药一起出发。"②这样，法国在中国北方的士兵人数将增加到4000 人，在军舰数量方面，到 8 月初法国将有 8 艘现代巡洋舰和 4 艘炮舰。③

根据法国外交部长德尔卡赛 6 月 21 日给俄国驻法大使乌鲁索夫亲王（Ouroussoff）函中所作的通报，到 6 月 21 日时，法国为参与八国联军投入的军事力量如下：由 400 人组成的法国舰队参与进军北京，另由 600 人组成舰队的接防部队，他们正在前往大沽的途中；印度支那提供 2 营海军陆战队（约1200 人）和 2 个炮兵连（约 360 人），尽最快速度前往同一目的地，这些军队时在海上。此外，还有 2 营海军陆战队和 2 连炮兵将于 6 月 29 日从法国本土出发，乘坐一艘运输舰和一艘租船。④军舰数量达到 12 艘。另外，海军司令库热尔在与法国驻华公使中断联系期间被赋予最广泛的权力。⑤

鉴于时局的严重性，同时也鉴于各国向中国派遣的部队的规模和军队人数的增加，为了在当时所进行的国际军事行动中取得与法国相称的地位和保护法国的利益，法国外交部长德尔卡赛认为增派军队人数似必不可少，为此，他于 1900 年 6 月 21 日再次致函海军部长拉纳桑，"在前天部长会议做出决定后，我向殖民部长要求紧急命令印度支那总督向大沽派遣 2 营海军陆战队，每营 600 人。根据已经决定派往远东以取代前述部队的人员编制，我将非常感谢您将每营人数增加到 1000 人，或另外加派一营，人数与前面 2 个营相同。"⑥到 6 月 26 日时，从法国本土出发的军队和炮舰

---

① Lanessan à Delcassé, 19 juin 1900, *Documents Diplomatiques*, *Chine*, 1899 – 1900, p. 46.
② Delcassé à Decrais, 20 juin 1900, *Documents Diplomatiques*, *Chine*, 1899 – 1900, p. 46.
③ Delcassé à Montebello, 20 juin 1900, *Documents Diplomatiques*, *Chine*, 1899 – 1900, p. 47.
④ Delcassé au Prince Ouroussoff, Ambassadeur de Russie à Paris, 21 juin 1900, *Documents Diplomatiques*, *Chine*, 1899 – 1900, p. 48.
⑤ Delcassé à Nisard, Ambassadeur de la République française près le Saint – Siège, 21 juin 1900, *Documents Diplomatiques*, *Chine*, 1899 – 1900, p. 49.
⑥ Delcassé à Lanessan, 21 juin 1900, *Documents Diplomatiques*, *Chine*, 1899 – 1900, p. 48.

由原来的 2 营海军陆战队和 2 个炮兵连增加到 6 营海军陆战队，5 个炮兵连，其中一半将开赴中国北方，还有一半用来增强法国印度支那驻军。①根据 1900 年 7 月 7 日法国外交部长德尔卡赛向议院所作的陈述，当时法国在中国的军队有 3000 人，"另有 4000 人已于星期天出发，20 日，还有 4000 人随后启程赴中国"。②为了确保法国在列强联合军事行动中的地位，法国政府不断增兵，其数量几乎是每天都在发生变化。当 7 月 12 日法国外交部长德尔卡赛在给法国驻华公使毕盛写信时，法国将向中国派遣的军队人数增至 15000 人，其中近一半已在海上或在码头。同时，法国还派出 2 支舰队，分别由 3 艘巡洋舰和 4 艘炮舰组成。③事隔一天，法国派往中国的军队总数即增到 18000 人，其中 3000 人驻扎大沽，4000 人在海上，4000 人即将出发，7000 人正在组建之中。④

图 6-5　用马车运载的法军 75 炮

① Delcassé à Bezaure, 26 juin 1900, *Documents Diplomatiques*, *Chine*, 1899 – 1900, pp. 55 – 56.
② Delcassé à Nisard, 8 juillet 1900, *Documents Diplomatiques*, *Chine*, 1899 – 1900, p. 75.
③ Delcassé à Pichon, 12 juillet 1900, *Documents Diplomatiques*, *Chine*, 1899 – 1900, p. 79.
④ Delcassé à Nisard, 13 juillet 1900, *Documents Diplomatiques*, *Chine*, 1899 – 1900, p. 80.

图 6-6　法军火炮

在增派军队的同时，法国政府为了加强法军在联军中的地位，选派军衔更高的军官担任法国驻远东舰队总司令和远征军总司令。7 月 11 日的总统令任命鲍迪埃（Pottier）少将为法国驻远东舰队总司令，他将以装甲舰"恐怖"号（le Redoutable）为旗舰，这艘军舰将于 7 月 15 日前后启程开往中国海面。[1]接着，法国政府又任命华伦（Voyron）少将为法国远征军总司令，巴尤（Bailloud）准将和福里（Frey）准将在他领导下协助他工作。[2]

在调兵遣将的同时，法国继续积极参与各国在华北的联合军事行动。6 月 17 日的大沽之战为列强进一步入侵天津和北京开辟了道路。占领大沽炮台后，联军开始进犯天津。在 7 月 4 日老龙头火车站进行的夜战中，法国军队与日本军队负责守卫站房和月台，与曹福田为首的义和团交战达 3 小时之久，义和团受到重创，但法军和日军损失也很大，伤亡人数近 150 名。[3]7 月 13 日，联军兵分两路猛攻天津城。一支法军约 800 名，与 4000

---

[1] Lanessan à Delcassé, 14 juillet 1900, *Documents Diplomatiques*, *Chine*, 1899–1900, pp. 80–81.
[2] Delcassé à Harmand, 17 juillet 1900, *Documents Diplomatiques*, *Chine*, 1899–1900, p. 84.
[3] H. C. Thomson, *China and the Powers: A Narrative of the Outbreak of 1900*, London: Longmans, Green and Co., 1902, P. 57.

图 6-7　法军司令瓦隆将军在天津检阅部队

图 6-8　1900 年法国海军士兵在天津上车
［澳］乔治·厄内斯特·莫理循（George Ernest Morrison）拍摄

名俄军、200名德军，共5000人，组成东路联军，在俄国阿列克谢耶夫中将指挥下，从火车站直攻东北角黑炮台。这支联军最后占领了黑炮台、天津城东郊和运河。①另一支法军与日、英、美、奥军共5000人，组成西路联军，在日本福岛少将指挥下，从海光寺冲向天津南门。清军马玉崑部和练军何永盛部坚守城内，炮击联军；义和团则在南门外射击联军。此战使侵略军伤亡达800余人，被认为是天津战役中最激烈的一次战斗。②在参加两路联军进攻天津城的同时，另1000余名法军守卫紫竹林租界。③ 14日，天津失守，侵略军开始对天津进行烧杀抢掠，法军与美、俄、英、日等国的军队一起参与了暴行。

图6-9　法军福里少将及其部下
［日］小川一真拍摄

---

① 李德征等：《八国联军侵华史》，第150页。
② 丁名楠等：《帝国主义侵华史》第二卷，人民出版社1986年版，第118页。按：根据天津社会科学院历史研究所编《八国联军在天津》（齐鲁书社1980年版）一书（第198页）记载，法军没有参加西路联军，意大利与日、英、美、奥组成西路联军，总数为4300余人。
③ 李德征等：《八国联军侵华史》，第150页。

在占领天津后，进军北京的问题就被提到议事日程上来。尽管各国对于进军北京所需要的人数估计不同，对于与此相关的是否立即进军北京的问题也态度不一，但是最后为了解救被围困的北京公使们，联军司令官会议还是作出决定，联军于8月4日下午从天津出发。当时兵分两路，法军与俄、德、意、奥军队沿运河东岸行进。还有一个法国野炮连与俄军两个连负责修复铁路。8月5日，联军攻占北仓，虽然此战主力是西路的日、英、美联军，东路的五国军队未能赶上，但是在俄国军官指挥下的俄、法炮兵抢建炮兵阵地，与西路军夹击清军，在北仓之战中也发挥了一定的作用。8月6日，联军占领杨村。8月8日，法军留守杨村，其他部队或撤回天津，或继续北犯。

8月9日，法国在华远征军司令福里（Frey）在回到天津后主动向德国人、奥地利人和意大利人提议，组成法、德、意、奥四国小分队，由其率领，从杨村出发，准备与其他军队合作占领北京。①同日，联军占领河西务。8月12日，联军进入通州并确定进攻北京的方案。8月12日凌晨，日军首先进入通州，法国将军福里指挥的四国小分队则成为继日本后第二支进入通州的部队。8月13日，俄军抢先进攻北京城。

图6-10　八国联军进入北京大清门

---

① Le Général Frey, Commandant le corps expéditionnaire français en Chine, à Lanessan, 9 août 1900, *Documents Diplomatiques*, *Chine*, 1899-1900, p.117.

8月14日，联军发动对北京的总攻，法军与日、俄军在通惠河北进军。在进攻北京城的军事行动中，法军在人数上虽不占优势，但它与俄、日、美、英军队一起成为攻城的主力，另外，留守通州的由福里将军指挥的四国小分队在14日晚间获悉联军进入北京的消息后也赶赴北京，于当晚12点抵达使馆区。① 八国联军进入北京城后，接着又开始攻打皇城。继美、俄、日后，一部分法军将大炮架在前门东边的内城墙上轰炸皇城，打死清军多人。② 法军还与俄、日军一起占领了皇城和紫禁城东、西、北门。

8月16日的北堂之战，是联军与义和团和清军在北京城内所进行的另一次规模较大的战斗。北堂主教就是我们在前面提到过的力主镇压义和团的法国人樊国梁。自6月中旬义和团发动攻击至8月中旬，北堂已被围困达2个月之久。在使馆解围之后，法国公使毕盛和福里将军立即策划解救北堂。8月16日早晨，由法国福里将军指挥的法、俄、英、奥、意组成的联军部队开始解救北堂的战斗，法国参战的是1个步兵营和2个山炮连。10时半，联军部队攻占北堂。之后，法国又参与了列强对北京的抢劫和烧杀活动，给中国和中国人民带来极大的破坏和灾难。

图6-11 北京西什库教堂

---

① 中国史学会主编：(中国近代史资料丛刊)《义和团》(三)，上海人民出版社1957年版，第309页。
② 中国史学会主编：(中国近代史资料丛刊)《义和团》(二)，上海人民出版社1957年版，第336页。

综上所述，在八国联军进攻天津和北京的联合军事行动中，法国虽然没有成为主力，但是积极参与其中，在军事上与其他列强保持一致，在镇压义和团和武装侵华中扮演了重要的角色。

三　法国的外交活动

在 1900 年 6—8 月八国联军进犯北京的军事行动中，法国虽然派兵参加了联军的每一次军事行动，但它在军事上所起的作用远不及日、俄、英、美等国。相对而言，法国在外交方面所起的作用比较突出。在各列强之间，法国极力协调各方立场，不时为侵华行动献计献策，充当军师角色。

1900 年 6 月，在派兵参加八国联军的同时，法国在外交上主张列强"一致行动"。在指示驻华公使毕盛与其他列强代表一致行动的同时，法国外交部长德尔卡赛还通过法国驻各国使节，呼吁列强在华一致行动，以维护共同利益。法国的提议得到相关国家的响应。6 月 11 日，法国驻奥匈帝国大使勒韦梭侯爵（Reverseaux）致电德尔卡赛，称奥匈帝国外交大臣"戈吕舒斯基（Goluchowski）责成我通知您，为了维持列强间的一致，如果有助于列强对中国政府行动成功的话，他要求奥匈帝国驻华公使参与其同僚们为恢复秩序所采取的所有行动"。[①] 6 月 14 日，法国驻德大使诺阿耶侯爵电告外交部长德尔卡赛，德国外交大臣布洛在与其会晤中表示，在中国问题上，德国的政策与法国的政策完全一致："为了控制目前的危机，所有的列强必须完全一致和团结；一旦秩序恢复，一旦欧洲人的安全得到保证，将努力维持中华帝国的现状和领土完整。"并请诺阿耶将德意志帝国政府的态度转告法国外交部长。[②]

7 月初，在得知西摩联军进犯北京失败的消息后，法国政府再次向列强发出加强联合行动的呼吁。7 月 2 日，法国外交部长德尔卡赛致电法国驻俄、英、德、奥、美、意等国大使，他在回顾了各国为了确保它们在北京和帝国其他地区使节以及侨民的安全，为了维持中国领土现状，为了有效防止人们为之哀叹的最近所发生的悲剧的重演而决定采取的各项措施之

---

① Reverseaux à Delcassé, 11 juin 1900, *Documents Diplomatiques*, *Chine*, 1899 – 1900, p. 38.
② Noailles à Delcassé, 14 juin 1900, *Documents Diplomatiques*, *Chine*, 1899 – 1900, p. 42.

后，指出，各国应共同磋商以便给它们在直隶的军队指挥官发出同文训令，征询进军北京所必需的军队总数，以便各国军队在统一指挥下协调行动。德尔卡赛在电文中强调指出，鉴于西摩联军进军北京失败的教训，当务之急是在华的各国军队应在统一指挥下行动，尽力避免单独行动，只有这样，才能达到解救被围困在北京的外国人这一目的。[①] 对于法国的这一建议，各国反应不一。俄国、日本、奥匈帝国、意大利、德国表示赞成。美国表示愿意与其他列强一起打开通向北京的道路，但同时又表示，为了中国领土的完整，愿维持与中国的和平，通过现有条约所赋予的手段保护美国人的生命和财产。英国则不同意就进军北京所必需的军队人数问题在各国驻大沽舰队司令会议上协商决定，而更愿意由各国征询本国指挥官的意见，认为大沽舰队司令会议所作出的联军人数的建议"可能代表多数能力较弱的人的意见，而不代表其中能力最强的那些成员的意见"[②]。总之，英国不愿在军队人数问题上受它认为的"较弱"国家的牵制。而法国政府为了保护被围困在北京的外国人的安全，又于7月4日致函各国政府，建议在联军到达北京之前，由各国联合向中国政府发一份照会，声明列强一致要求中国政府必须对各国公使及侨民的生命安全负责。[③]法国的这一建议得到英、德、意、奥等国的积极响应。[④]

更为恶毒的是，为从根本上削弱清政府的抵抗力量，法国又在7月中旬最先建议欧美各国对中国实行武器禁运。7月17日，法国外交部长德尔卡赛在致法国驻外使节的通电中指出："根据我所得到的情报，欧洲某些港口仍在继续将枪支运往中国。对于中国不能再从它们国家那里得到武器这一问题，所有列强都有共同的利益，中国已得到太多的武

[①] Delcassé aux Ambassadeurs de la République française à Saint - Pétersbourg, à Londres, à Berlin, à Vienne, à Washington et près S. M. le Roi d'Italie, 2 juillet 1900, *Documents Diplomatiques*, *Chine*, 1899 - 1900, p. 61.

[②] Delcassé à Harmand, 5 juillet 1900; Delcassé à Montebello, 5 juillet 1900; Montebello à Delcassé, 6 juillet 1900; *Documents Diplomatiques*, *Chine*, 1899 - 1900, pp. 71, 73. 《英国蓝皮书有关义和团运动资料选译》，胡滨译，第122页。

[③] Delcassé aux Ambassadeurs de la République française à Saint - Pétersbourg, à Londres, à Berlin, à Vienne, à Washington, et près S. M. le Roi d'Italie, 4 juillet 1900, *Documents Diplomatiques*, *Chine*, 1899 - 1900, p. 68.

[④] Paul Cambon à Delcassé, 4 juillet 1900; Noailles à Delcassé, 5 juillet 1900; Reverseaux à Delcassé, 5 juillet 1900; Barrère à Delcassé, 6 juillet 1900, *Documents Diplomatiques*, *Chine*, 1899 - 1900, pp. 68, 69, 73.

器，况且这些武器又是用来对付列强的。因此，我相信，没有一个政府会拒绝对北京采取必要的谨慎措施，我请你们告诉（驻在国的）外交大臣，共和国政府决定就此与列强进行磋商。"① 法国的这一动议，立即得到各国的响应，且超出正在侵华的八国之外。当日，英国首相索尔兹伯里表示，他与法国外交部长同样关心这一问题，并准备将它提交内阁会议，以便通过一项法律，停止英中之间的军火贸易。次日，比利时、奥匈帝国和荷兰分别作出反应。比利时外长的答复是，虽然比利时政府原则上给军火贸易以很大的自由，但在目前的情况下，鉴于文明国家的共同利益，从现在起它将考虑采取预防措施。奥匈帝国则表示将参与列强可能采取的对中国实行武器禁运的一切措施［20日，维也纳内阁与佩斯（Pesth）内阁达成协议，以中国为目的地的武器运输在帝国的两部分均已被禁止②］。荷兰政府的答复是，荷兰并没有武器制造商，但是他们不知道外国军火商是否使用荷兰港口运输武器，如果存在这种情况，他们将阻止武器运往中国。19日，美国国务卿海约翰表示，美国法律并不允许总统禁止某一种贸易，但联邦政府与法国政府一样，承认有采取谨慎态度的必要性，因此决定在合众国港口尽可能加以警惕。同日，丹麦部长会议主席舒埃斯铁特（Schested）对法国驻丹麦公使朱塞朗（Jusserand）说，从现在起丹麦原则上同意法国外交部长的意见，并表示，"为了将来，把在武器问题上采取的预防措施推广到军事训练上，也许并非没用"③。同时，意大利政府也作出表示，同意与其他列强就禁止武器运往中国问题采取一致行动。20日，俄国政府表示完全赞同法国的建议，并指出列强间有必要就此缔结一个协定，对中国禁运武器的期限至少应到本次战争结束。同日，德国政府也作出赞同法国建议的表示，并指出德国还为此采取了相应的措施。24日，中立国瑞士也加入这一行动，瑞士联邦总统表示，瑞士决定与其他列强一道进行调查，并采取适当措施，以禁止武器运往中国。与此同时，各国相继发布

---

① Delcassé aux Ambassadeurs de la République française à Saint-Pétersbourg, à Londres, à Vienne, à Berlin, à Washington, à Berne et près S. M. le Roi d'Italie, et aux Ministres de France à la Haye, à Bruxelles, à Copenhague et à Lisbonne, 17 juillet 1900, *Documents Diplomatiques*, *Chine*, 1899 – 1900, p. 84.

② Sohier de Vermandois, Chargé d'affaires de France à Vienne, à Delcassé, 20 juillet 1900, *Documents Diplomatiques*, *Chine*, 1899 – 1900, p. 94.

③ Jusserand à Delcassé, 19 juillet 1900, *Documents Diplomatiques*, *Chine*, 1899 – 1900, p. 88.

禁令，不准武器、弹药或军用物资运往中国。① 7 月 25 日，荷兰女王已签署一项关于禁止军火出口的法令，该法令将于二三天内公布。② 8 月 2 日，比利时国王颁布法令，暂时禁止武器、弹药出口到中国。③ 8 月 7 日，英国《伦敦报》刊登了国王关于禁止武器、弹药及海陆军物资出口到中国的公告内容。④ 8 月 14 日，葡萄牙《官报》(*Journal Officiel*) 刊登一道法令，规定，"暂时禁止从各海关、岛屿和各省出口或者再出口军火、武器配件以及弹药到中国"⑤。8 月 15 日，丹麦国王签署了一道临时法令，禁止武器弹药出口中国，该法令自 15 日起生效。⑥ 可以说，这是自近代以来欧美资本主义国家对中国实行的第一次联合武器禁运，而始作俑者便是法国。

法国外交部长在就武器禁运问题与各国政府进行磋商的同时，还努力争取法国政府内部其他部长的支持。1900 年 7 月 20 日，德尔卡赛致函陆军部长安德烈(André)将军、财政部长卡约(Caillaux)、工商部长米勒兰(Millerand)，称："我从多方面获悉中国目前从欧洲得到或者正等待大量武器、弹药的寄达。我不必向你们强调所有的列强因北直隶的暴乱采取共同措施禁止这种贸易的意义。正是受这种想法的驱使，我以通电的方式向各主要的外国政府提议，请他们与共和国政府一道就禁止军火交易问题进行商讨，因为这种交易与他们目前在远东所从事的事业背道而驰。"他请求这些部长密切关注经由法国边境出口的武器、弹药，并告诉他们他打算最近向部长会议提交一项提案，该提案是关于颁布 1895 年 4 月 13 日法

---

① Paul Cambon à Delcassé, 17 juillet 1900; Gérard, Ministre de France à Bruxelles, à Delcassé, 18 juillet 1900; Reverseaux à Delcassé, 18 juillet 1900; Monbel, Ministre de France à La Haye, à Delcassé, 18 juillet 1900; Thiébaut, Chargé d'affaires de France à Washington, à Delcassé, 19 juillet 1900; Barrère à Delcassé, 19 juillet 1900; Montebello à Delcassé, 20 juillet 1900; Noailles à Delcassé, 20 juillet 1900; Bihourd, Ambassadeur de la République française à Berne, à Delcassé, 24 juillet 1900; *Documents Diplomatiques*, *Chine*, 1899 – 1900, pp. 85, 86, 89, 91, 94, 100.

② Monbel à Delcassé, 25 juillet 1900, *Documents Diplomatiques*, *Chine*, 1899 – 1900, p. 103.

③ Gérard à Delcassé, 3 août 1900, *Documents Diplomatiques*, *Chine*, 1899 – 1900, p. 112.

④ Paul Cambon à Delcassé, 8 août 1900, *Documents Diplomatiques*, *Chine*, 1899 – 1900, p. 117.

⑤ Rouvier, Ministre de France à Lisbonne, à Delcassé, 14 août 1900, *Documents Diplomatiques*, *Chine*, 1899 – 1900, pp. 125 – 126.

⑥ Jusserand à Delcassé, 15 août 1900, *Documents Diplomatiques*, *Chine*, 1899 – 1900, p. 128.

令第 2 条所规定的禁止措施，请他们届时予以支持。①

在此期间，对于清政府大沽之战后的求和活动，法国虽然倾向与清朝议和代表李鸿章接触，但亦始终以与各列强保持一致为前提。如针对李鸿章最初提出的不要将大沽之战看作清政府对外开战，希望与列强缔结和约的请求，德尔卡赛虽然认为，在中国目前所处的混乱局势中，鉴于无法与中国政府取得联系，并最终确认它对地方事件的责任，因此，在某一特定的地点使用武力，并不构成正规意义上的战争状态。所以，他个人不反对李鸿章的和平使命，但他在 6 月 21 日给法国驻俄、英、德、奥、美、意大使的通电中表示，须以其他列强也持相同立场为前提，为此，德尔卡赛责成各大使了解各驻在国政府对李鸿章使命的态度。如果其他有关国家亦持同样的看法，那么他将通过中国驻法公使裕庚转告李鸿章："似乎没有任何东西会反对他的和平使命，我们只会鼓励他在为广州的安全采取必要的预防措施后火速启程北上。"②法国的提议得到各国的赞同。6 月 22 日，法国驻奥匈帝国大使勒韦索侯爵电告德尔卡赛，奥匈帝国外交大臣戈鲁肖斯基伯爵认为，中国与列强并不存在常规意义上的战争状态，奥匈帝国将继续与其他各国一致行动，采取一切和平措施。③同日，法国驻意大利大使巴雷尔也致电德尔卡赛，称意大利外长维诺斯泰（Visconti Venosta）认为，李鸿章的干预也许将十分有益，因此他非常乐意赞成德尔卡赛提议的给予李鸿章的答复。④英国政府也告诉法国驻英大使保罗·康邦，英国索尔兹伯里勋爵也收到了李鸿章的电文，其内容与中国驻法公使转交的电文相似。英国首相回复说，如果大沽炮台是在没有接到命令的情况下开火的，如果它们对国际部队的进攻未得到中国政府的准许，那么可以赞同不存在战争状态。他还补充说，如果李鸿章将他的生命视为北京的守护神，并认为可

---

① Delcassé au Général André, à Caillaux et à Millerand, 20 juillet 1900, *Documents Diplomatiques*, *Chine*, 1899 - 1900, pp. 93 - 94. 按：1895 年 4 月 13 日法令修改了关于陆军部长禁止武器、武器配件及各种弹药的条件，第 2 条规定：应陆军部长提议并得到商业部长和财政部长的附议，法令允许禁止武器、武器配件及各种弹药的出口。鉴于目的地的考虑，陆军部长对于这种禁令可以给予例外。对于这种获得例外批准的军火出口，这种货物在到达目的地时将由担保收据作保，并遵照 1791 年 8 月 22 日法令第 4 条第 3 款的规定进行搬运，且由法国领事官员负责监督卸货。

② Delcassé aux Ambassadeurs de la République francaise, à Saint - Pétersbourg, à Londres, à Berlin, à Vienne, à Washington, et près S. M. le Roi d'Italie, 21 juin 1900, *Documents Diplomatiques*, *Chine*, 1899 - 1900, pp. 49 - 50.

③ Reverseaux à Delcassé, 22 juin 1900, *Documents Diplomatiques*, *Chine*, 1899 - 1900, p. 50.

④ Barrère à Delcassé, 22 juin 1900, *Documents Diplomatiques*, *Chine*, 1899 - 1900, p. 50.

以制止义和团暴乱的话，那么英国政府只能支持他的使命。①李鸿章通过驻德公使转交德国政府的电报措辞与给法、英的电报略有不同："我奉命求见（也就是说我是奉皇太后的命令才来的）。大沽事件不构成交战状态，因为炮台开火没有接到皇帝的命令。我今天启程赴往北京。我将向政府提出下列建议：制止内部的混乱，然后着手谈判。请将本电报递交德国政府，并向我转告它的答复。"而德国政府的态度也与其他列强不同，德国外交副大臣的答复是："德国政府不会撤退它的军队，它将让海军司令们来指挥军事行动，中国对其处境的严重性不应存在误解。"②美国也支持法国的提议。1900年6月23日，美国国务卿海约翰答复法国驻美大使朱尔·康邦，联邦政府与法国外交部长持同样的想法，联邦政府不认为在中国某些地方使用武力以保护欧洲人的生命安全构成战争状态，他只希望德尔卡赛的介入能取得成功。③日本的回复虽然没有德国的强硬，但也不完全支持法国的提议，认为李鸿章还没有足够的权力。1900年6月24日，法国驻日公使阿尔曼电告德尔卡赛，日本外务大臣表示，根据他的了解，李鸿章没有足够的权力，他首先必须亲自前往北京，中国政府必须迅速制伏义和团，至少拿出证据证明它有强烈的愿望制止骚乱，只有这样列强才能着手进行谈判。④此外，法国外交部长德尔卡赛还希望在两广总督李鸿章决定北上时法国海军司令向他提供必要的保护。7月3日，法国海军部长拉纳桑函复德尔卡赛，他已就此向库热尔准将下达有关的训令。⑤

1900年7月19日（光绪二十六年六月二十三日），清政府以中国皇帝的名义致函法兰西共和国总统，请求法国为恢复和平进行调停。该函由山东巡抚电报转达中国驻法公使转呈法国总统。内容如下：

> 中国皇帝陛下向法兰西共和国总统致意！
> 很久以前，中国即与贵国建立了友好关系。我们两国在广西和云南边境的所有纠纷都已通过谈判和平解决。我们之间不存在相互损害。近来，当地民众与天主教徒产生敌视，暴乱分子乘机抢掠，以致

---

① Paul Cambon à Delcassé, 22 juin 1900, *Documents Diplomatiques*, *Chine*, 1899 – 1900, p. 51.
② Noailles à Delcassé, 22 juin 1900, *Documents Diplomatiques*, *Chine*, 1899 – 1900, p. 51.
③ Jules Cambon à Delcassé, 23 juin 1900, *Documents Diplomatiques*, *Chine*, 1899 – 1900, p. 52.
④ Harmand à Delcassé, 24 juin 1900, *Documents Diplomatiques*, *Chine*, 1899 – 1900, p. 53.
⑤ Lanessan à Delcassé, 3 juillet 1900, *Documents Diplomatiques*, *Chine*, 1899 – 1900, p. 63.

外国怀疑朝廷偏袒民众,仇视教徒,于是便进攻和占领大沽炮台。此后,军事行动与不幸接连不断,形势越来越复杂危险。我们认为,在中国对外关系中,贵国与中国关系最为友好,中国今天为形势所迫,以致激起全世界的愤怒,为了消除这些困难,解决这些纠纷,我们唯一可以指望的就是贵国了。这就是为什么我们对你们开诚布公,为什么我们非常坦率地向你们表达我们内心的想法。我们给你们写这封信的唯一目的,就是希望总统先生能够找到解决问题的办法,希望你们能带头采取措施扭转目前的局势。同时,我们请你们能给予一个友好的答复,我们带着急切的心情等待你们的回复。

光绪二十六年六月二十三日(1900年7月19日)①

在收到清政府请求法国帮助恢复和平的国书后,法国又立即向其他列强通报这一情况,征询意见,同时以法兰西共和国总统名义作出以下的答复:

我已收到陛下7月19日的电报。就法国对中国一直怀有的感情,陛下没有理解错。但是,陛下不能不承认中国所发生的一系列事件,其中北京和直隶是主要的舞台,陛下也不能否认召唤端亲王及其他高级官员来领导这场运动,他们对外国人的刻骨仇恨和暴行昭著天下,以致在法国和世界各地引起共愤。陛下也一定会理解,在我考虑以何种方式满足您的愿望之前,我必须确信那些招致全世界谴责的因素不再存在,尤其是下面这些条件:

1. 共和国政府的代表和其外交团的同事与其政府之间的通讯完全自由,且得到有效的保护;

2. 端亲王与其他对目前的事件负有责任的高级官员,在等待不可避免的惩罚期间应远离政府;

3. 应命令帝国境内各地方当局及军队停止排外活动;

4. 采取有力措施镇压义和团暴乱。

陛下不会不清楚,只要这些必不可少的保证不能提供,那么只能让位给军事行动。

---

① Delcassé à Noailles, 20 juillet 1900, *Documents Diplomatiques*, *Chine*, 1899 – 1900, p. 92.

德尔卡赛还毫不客气地告诉中国驻法公使裕庚,中国政府必须到法国公使馆等候法国总统的答复。① 法国的这一态度,实际上与其他列强一样,拒绝了清政府的求和请求。②

7月底8月初,在联军准备再次进犯北京前夕,法国外交部长德尔卡赛再次倡议各国加强联合,统一行动,就联军人数问题达成一致意见,以免重蹈覆辙。他指出:"在途中或北京城墙下失败对各国公使和外国人将是致命的,而且这必然会在整个中国引起反应,因此……为了取得完全的成功,各国不但要一致,而且必须同时努力。"③ 在各国尚未达成一致的何时进军北京问题上,为了尽快使各国公使安全离开北京,法国外交部长德尔卡赛首先向法国的盟国俄国表示,形势已发生变化,各国应该尽快达成一致,立即进军北京。他在8月9日给法国驻俄大使蒙塔佩罗的电报中指出:"对列强来说,形势已经发生转变。我们可以相信,而且非常相信,一个月来公使们经受了他们德国同事那样的遭遇。今天我们知道他们仍活着,当务之急是解救他们。一旦各国的远征军到达,在数量上足以保证能够迅速而且安全地进军北京,就立即进军北京。我希望俄国政府与我们一样认为,形势的变化应该使列强赶紧做出决定,请您告诉我俄国政府对这个意见的态度。"④在联军统帅问题上,尽管法国极不愿自己的宿敌德国的瓦德西(A. G. Waldersee)元帅出任统帅,认为如果法国容忍任命德国将军为总司令的话,"可能引起紧急的国内危险"⑤,但为了维持联军的团结,法国最后还是作出让步,于8月14日通知德国政府:"共和国政府对于列

---

① Delcassé à Pichon, 20 juillet 1900, *Documents Diplomatiques*, *Chine*, 1899－1900, pp. 94－95.
② 按:德国外交大臣布洛的答复是:他不能将电报呈递给他的君主,只有中国皇帝对克林德男爵被害事件用更加有力和更令人满意的语气表示歉意,只有中国政府使凶犯得到应有的惩罚并恢复帝国的秩序和人权,这样的信件才能递交皇上(Noailles à Delcassé, 24 juillet 1900, *Documents Diplomatiques*, *Chine*, 1899－1900, p. 101)。英国首相索尔兹伯里勋爵的答复是:只有当大家对北京的欧洲人的安全完全放心时,女王才会答复此信(Paul Cambon à Delcassé, 24 juillet 1900, *Documents Diplomatiques*, *Chine*, 1899－1900, p. 101)。美国与法国一样没有完全拒绝,美国总统在答复中国公使递交的信件时提出以下一些先决条件:1. 保证外国公使仍然无恙,且通告他们的状况;2. 让公使们立即并完全自由地与其各自的政府取得联系,保护他们的生命和自由免遭任何威胁;3. 让中华帝国官员与外交团取得联系,并在拯救使团人员、保护外国人和恢复秩序方面予以合作。只有在这些条件下,美国政府才会与其他各国政府一起愿意对中国皇帝提供协助(Thiébaut à Delcassé, 25 juillet 1900, *Documents Diplomatiques*, *Chine*, 1899－1900, p. 103)。
③ Delcassé à Paul Cambon, 3 août 1900, *Documents Diplomatiques*, *Chine*, 1899－1900, p. 111.
④ Delcassé à Montebello, 9 août 1900, *Documents Diplomatiques*, *Chine*, 1899－1900, p. 119.
⑤ 《红档杂志有关中国交涉史料选译》,张蓉初译,第233页。

强在中国所从事的防卫及保护事业的成功始终非常关心，而且一开始就致力于他们的军事合作，并为此提供一切便利。这就是说，当瓦德西元帅一旦到达中国，并且由于他的军衔最高而在联军各国司令官会议中占有显著地位，法军总司令不会不保证他与元帅的关系。"① 尽管这一答复是非常勉强和含糊的，但它说明法国为在镇压义和团上维护列强间的团结，最后还是捐弃了普法战败之仇，将维护列强的团结置于对华政策的最优先地位。

图 6-12 八国联军总司令瓦德西由联军军官陪同，
率军穿过午门进入紫禁城

[美] 詹姆斯·利卡尔顿（James Ricalton）拍摄

---

① Delcassé à Boutiron, 14 août 1900, *Documents Diplomatiques*, *Chine*, 1899—1900, p. 125.

八国联军进军北京的首要目的是解救各国公使和保护在京外侨。在解救外国公使问题上，法国政府也随时与其他列强沟通，以便一致行动。法国外交部长德尔卡赛首先让中国政府承担安全责任，1900年8月10日，外交大臣德尔卡赛答复中国驻法公使裕庚递交的总理衙门8月6日的电报，称"中国政府希望我们下令外国公使离开首都，这是不可能的，况且路途不安全。中国政府表示，'在等待期间，如果发生什么事情，谁来承担责任？'无疑，将由中国政府来承担责任。它的应尽义务就是保护外国公使如同保护它自己，甚至超过它自己。如果它确实有很大的困难对付暴乱，保护公使们和它自己，那么它就应该命令它的军队给各国联军让路。后者必须也能够打通天津至首都的道路，完成他们肩负的保护公使们的使命。中国政府将会明白，我们也希望如此：对它来说，能够证明其所提出的安排的诚意和减轻它责任的唯一办法，就是停止设置障碍①。同时，他希望其他列强能迅速作出决定，解救公使。8月11日，他就英国驻法大使蒙森爵士10日提出的法国政府认为对于驻京外国公使的处境应该采取哪些必要措施的问题答复后者说："应立刻作出决定，回应公使们一致向其政府提出的紧急呼吁，并设法通过快速的军事行动把他们解救出来。"② 8月13日，德尔卡赛又通电法国驻俄、奥匈、德、西、英、意、梵蒂冈大使和丹、比、葡公使，令他们将前述中国驻法公使递交的总理衙门电报向驻在国政府通报，"总理衙门抱怨说，护送外国公使去天津的事情因为他们要向各自的政府请示而耽搁。为了推卸由此可能导致的意外事件的责任，总理衙门坚持各国政府应催促他们的公使赶紧前往上述城市"。"共和国政府因为不了解当地的形势，应该让我们的驻华公使去决定他是应该留在北京等待联军的到来呢还是在充足的保障下前去与他们会合更可取。因此，我昨天已寄给毕盛训令，在这个问题上给予他自主决定权。"③ 8月18日，德尔卡赛就解救公使问题再次致电法国驻俄、英、德、奥匈、美、意大使和驻比利时公使，向有关列强通报法国对李鸿章8月16日提出的请

---

① Delcassé à Yu‑keng, 10 août 1900, *Documents Diplomatiques*, *Chine*, 1899–1900, pp. 121–122.

② Delcassé à Paul Cambon, 11 août 1900, *Documents Diplomatiques*, *Chine*, 1899–1900, p. 122.

③ Delcassé aux Ambassadeurs de la République française à Saint‑Pétersbourg, à Vienne, à Berlin, à Madrid, à Londres, près S. M. le Roi d'Italie et près le Saint‑Siège, et aux Ministres de France à Copenhague, à Bruxelles, à Lisbonne, 13 août 1900, *Documents Diplomatiques*, *Chine*, 1899–1900, pp. 124–125.

联军不要越过通州以照顾皇太后、皇帝和全中国人民的感情的要求的态度，德尔卡赛派人通知中国公使，"就我们而言，在解救公使们的任务没有完成之前，我们不可能改变决定"①。在这个问题上，法国的态度也与其他列强一致，即只要公使们没有被解救，任何的谈判和或者进军的停止都不会被接受。

从上述情况可见，从1900年6月义和团进入北京到8月八国联军占领北京，法国在外交上发挥了极其重要的作用，在与盟国俄国保持优先协商的前提下，为镇压义和团始终主张列强联合行动，甚至不惜为此捐弃与宿敌德国的矛盾，以便列强一致对华。

四　法国与辛丑和议

在1900年8月中旬到1901年9月《辛丑条约》签订的一年里，法国在一系列重大问题上都提出了自己的看法和主张，继续在外交上扮演重要角色。

首先，法国与俄国和美国一道，较早承认李鸿章的全权代表资格并主张早日议和。在收到中国公使递交的关于李鸿章要求停止敌对状态、在适当的时候撤退军队、请各国任命全权代表进行谈判的照会后，1900年8月25日，法国外交部长德尔卡赛即致电法国驻俄大使蒙塔佩罗，称："我们准备这样答复：我们必须等待我们与我们驻华公使的通讯恢复正常后才能着手进行谈判。"令蒙塔佩罗尽早了解俄国政府是否亦有类似的打算。② 8月28日，德尔卡赛电嘱法国驻上海总领事白藻泰转告李鸿章，"我们很赞赏促使他行动的想法，但一方面由于中国政府处境的不确定性使得现在很难核实他的权力，另一方面，只要我们与我们的驻华公使之间的正常通讯没有恢复，我们就不能进入谈判"③。9月5日，德尔卡赛函告法国海军部长拉纳桑，俄国和美国政府认为各国驻大沽海军司令达成的关于李鸿章的

---

① Delcassé aux Ambassadeurs de la République française à Saint - Pétersbourg, à Londres, à Berlin, à Vienne, à Washington, et près S. M. le Roi d'Italie, et au Ministre de France à Bruxelles, 18 août 1900, *Documents Diplomatiques*, *Chine*, 1899 – 1900, p. 131.
② Delcassé à Montebello, 25 août 1900, *Documents Diplomatiques*, *Chine*, 1899 – 1900, p. 137.
③ Delcassé à Bezaure, 28 août 1900, *Documents Diplomatiques*, *Chine*, 1899 – 1900, p. 141.

协议①不再适合目前的形势，与彼得堡和华盛顿内阁一样，他认为如果李鸿章北上是为了就他的政府与在华作战的列强谈判一事与中国当局进行联系的话，那么对其通讯自由的限制将是不合适的。因此，他希望海军部长命令库热尔司令在必要时加入那些主张取消以前决定的同僚的行列。②次日，德尔卡赛即将这一意思电告法国驻俄、美大使和驻华公使。③法国政府并指示法国在华海陆军司令在李鸿章北上时提供他所要求的保护。9月12日，德尔卡赛向海军部长拉纳桑通报中国驻法公使转交的两封李鸿章的电报（其中一封是关于授予该总督以全权处理的大权，另一封则命令他立即前往北京，"以便与庆亲王讨论和处理所有的事务"）时，告诉后者在9月9日李鸿章将这些谕旨规定转达裕庚时，他要求裕庚争取使法兰西共和国政府致电北京和天津，以便保证他在旅途中获得各国海陆军将领的保护，以便他能尽早前往首都。德尔卡赛要求海军部长将此消息通知库热尔司令和福里将军。④9月14日，德尔卡赛照复中国驻法公使裕庚，法国将为李鸿章北上提供便利，称："甚至在该照会（9月11日中国公使递交的关于李鸿章被授予全权和迅速北上的照会）之前，共和国政府就已决定，就其本身来说，它将为李鸿章的旅行提供便利，并将有关训令寄给法国海军司令。"⑤

为了早日开始议和，法国政府支持盟友俄国的提议。对于1900年9月15日俄国外交大臣拉姆斯道夫（Lamsdorff）伯爵通过俄国驻法大使乌鲁索夫亲王提出的三个问题（1. 列强是否打算通知他们的代表迁往天津？该措施的适时已为大家所承认，即使是那些认为有必要在首都留驻军队的国家；2. 列强是否认为中国皇帝授予庆亲王和李鸿章的全权已经足够；

---

① 各国海军司令联席会议决定致函北京外交团，通知它下面的决定："李鸿章将被扣留在锚地，直至收到外交团关于同意与他开始谈判并指定给他的住处的通知为止。"Comte – Amiral Courrejolles à Lanessan, 26 août 1900, *Documents Diplomatiques*, *Chine*, 1899 – 1900, p. 138.

② Delcassé à Lanessan, 5 septembre 1900, *Documents Diplomatiques*, *Chine*, 1899 – 1900, p. 149.

③ Delcassé aux Ambassadeurs de la République française à Saint – Pétersbourg, à Washington, et au Ministre de France à Pekin, 6 septembre 1900, *Documents Diplomatiques*, *Chine*, 1899 – 1900, pp. 149 – 150.

④ Delcassé à Lanessan, 12 septembre 1900, *Documents Diplomatiques*, *Chine*, 1899 – 1900, p. 155.

⑤ Delcassé à Yu – keng, 14 septembre 1900, *Documents Diplomatiques*, *Chine*, 1899 – 1900, p. 158.

3. 列强是否决定命令他们的代表立即与中国全权代表着手进行预备性谈判?①），法国答复如下：第一，法国同意俄国先前提出的建议，也就是说法国赞成选择天津作为法国使节临时居住的地点；第二，任命李鸿章为全权代表的上谕，其原文已由中国公使转交法国政府，如果是确实可靠的话，它似乎授予李鸿章和庆亲王谈判和处理有关事务所需要的所有权力；第三，在这种情况下，法国政府准备责令毕盛与中国全权代表开始预备性接触。②法国外交部长德尔卡赛并于 9 月 18 日将法国给俄国政府的上述答复电告法国驻英、德、奥匈、美、意大使，以便使节们向驻在国政府通报法国的态度。

其次，为了尽早解决中国问题，同时避免谈判陷入笼统的争论之中，法国根据列强出兵中国的目的以及各国在义和团运动期间多次发表的声明，提出与中国谈判的基础。在与俄国磋商后，9 月 30 日法国外交部长德尔卡赛把法国为列强拟订的与清政府进行谈判的 6 项条件通知法国驻英、德、奥、意、日、美等国大使：1. 惩罚由各国驻北京使节指定的主要罪犯；2. 继续禁止军火进口；3. 对各有关国家、团体及个人给予相应的赔偿；4. 在北京建立一支永久性的使馆卫队；5. 拆除大沽炮台；6. 联军占领大沽至天津之间的二三处地方，以保持北京至沿海的联系畅通无阻。德尔卡赛在该通电中指出，列强解救使馆的目的已经达到，"目前的任务是从中国政府那里获取对过去的适当赔偿和对将来的确实保证"，"这些条件若由各国使节联合提出，并得到各国驻华军队的支持，将不可能不被中国政府很快接受"③。各国对于法国的建议原则上都接受，但有些国家提出一些保留意见。奥匈以其他所有列强的接受为其接受法国建议的前提，理由是"奥地利在中国仅有次要的利益，它首先致力于维护列强间的团结一致"④。德国外交副大臣李希

---

① Télégramme du Comte Lamsdorff au Prince Ouroussoff, 15 septembre 1900, *Documents Diplomatiques*, *Chine*, 1899 – 1900, p. 159.

② Delcassé aux Ambassadeurs de la République française à Londres, à Berlin, à Vienne, à Washington, et près S. M. le Roi d'Italie, 18 septembre 1900, *Documents Diplomatiques*, *Chine*, 1899 – 1900, p. 161.

③ Delcassé aux Ambassadeurs de la République française à Londres, à Berlin, à Vienne et près S. M. le Roi d'Italie, et au Ministre de France à Tokyo, 30 septembre 1900, *Documents Diplomatiques*, *Chine*, 1899 – 1900, p. 174.

④ Sohier de Vermandois à Delcassé, 8 octobre 1900, *Documents Diplomatiques*, *Chine*, 1899 – 1900, pp. 186 – 187.

赫芬虽然表示他希望在表达其本人意见之前尽可能了解其他内阁的态度，但是他也认为法国的通电在德国政府看来来得及时，"面对大家普遍希望有一个和平的解决方案，法国的通电显然极大地有利于提供一个确切的谈判基础，否则谈判可能会陷入笼统的争论之中"①。德国外交大臣布洛则告诉法国驻德国代办布蒂隆，德国政府希望尽早并尽可能圆满结束中国危机，他觉得在这个问题上法国一直与德国保持一致，他可以保证，关于9月的照会，如果有什么麻烦的话，那肯定不是来自他。②英国首相索尔兹伯里勋爵同意法国建议中的前5条，对于第6条占领天津与北京之间的二三个据点问题，他提出以下两点看法。1. 这些防御据点由国际军队占领，可能会由此产生各国军队或者政府之间的分歧的危险。因此，重要的是所占领的据点数量应与有关的国家数量一样多。2. 这些据点应靠近海边，位于大沽至天津间胜过位于天津至北京间。③美国政府对于法国的建议逐一答复如下。1. 中国政府已经表明它想处罚一部分罪犯，各国驻北京使节在谈判时可以对这一名单进行补充。2. 我们不建议这一禁令必须是永久性的。它的期限与执行方式似将成为谈判各方一个敏感的问题。3. 赔款问题是所有列强都关心的问题。俄国政府已提议在遇到延长问题时，可以提交海牙国际仲裁法庭。总统认为这一建议值得各国关注。4. 在未经国会同意的情况下，联邦政府不能做任何永久性的承诺，但是在目前的形势下它已经在北京为其使馆组织了一支人数充足的卫队。5. 在等待获得更全面的有关中国事件的信息期间，总统对这一点持保留态度。6. 鉴于第4段提出的原因，总统不能承诺美国永久参与这样的占领，但是在他看来，如果各国能从中国政府那里获得对他们权利以及保护他们驻京使馆以便在需要时能够不加反对地前往那里的话，那是可取的。美国总统认为，法国政府和其他各国政府不会将这些保留意见视为在法国外交部长德尔卡赛建议的基础上进行谈判的障碍，他希望不久就可以开始谈判。美国国务卿海约翰在随同正式备忘录递交给法国大使的私人信函中表示，"他很高兴从中看到圆满解决中国问题的开始"④。

鉴于各国都同意法国9月30日照会提出的原则本身，为了促使各有关

---

① Boutiron à Delcassé, 9 octobre 1900, *Documents Diplomatiques*, *Chine*, 1899 – 1900, p. 187.
② Boutiron à Delcassé, 13 octobre 1900, *Documents Diplomatiques*, *Chine*, 1899 – 1900, p. 190.
③ Paul Cambon à Delcassé, 9 octobre 1900, *Documents Diplomatiques*, *Chine*, 1899 – 1900, p. 188.
④ Thiébaut à Delcassé, 11 octobre 1900, *Documents Diplomatiques*, *Chine*, 1899 – 1900, p. 190.

列强尽早与清政府开始谈判，10月14日，法国又提出一个新的照会，声明在法国建议的基础上，"某些政府的保留意见，可以在列强之间或他们的驻京公使之间在谈判期间进行商讨，为了尽快达到共同目的，对这些条件可以作些必要的修改"。在照会中，法国再次强调列强在对华态度上应保持一致，指出："目前最重要的是，向已宣称准备谈判的中国政府表明各国都抱有一个共同的思想，它们决定尊重中国的领土完整及其政府的独立，它们还决定要获得它们理应得到的满足。"德尔卡赛建议，由外交团团长以各国驻华公使的名义将已被各国接受的法国建议交给中国全权代表作为谈判基础，认为这"似乎能对中国皇帝及其政府的决心产生有益的影响"①。

谈判正式开始后，法国又在一些有争议的问题上积极协调各国立场。当时，列强间争论最激烈的是惩凶问题。英、德两国主张严厉惩办清政府中的排外官员，俄、日、美等国则倾向从轻处理，并主张缩减罪犯名单。在这个问题上，法国政府开始时与英、德两国立场一致，也主张严惩。9月17日，当德国提出"把交出及惩办祸首"作为谈判的先决条件时，德尔卡赛即向德国驻法大使表示，尽管他没有时间征求部长会议的意见，但法国早在7月19日就已向中国提出惩办端王等人的要求。② 换言之，法国不会反对德国的建议。9月21日，德尔卡赛便以法国政府的名义，正式宣布接受德国的提议。③ 10月2日，德国对清政府9月25日颁布的对载漪等9人革职并交至有关衙门议处的上谕不满足，再次提出关于"惩凶"问题的三点新建议，主张扩大罪犯名单，加重处罚，实行死刑，并对惩罚的执行实行监督。④ 对此，法国也持支持态度。10月7日，德尔卡赛电示法国驻柏林代办，命令他将法国的这一态度通知德国。次日，他又训令驻华公使毕盛与其他各国公使一致行动，"俾使德国建议有实际结果"⑤。但到11

---

① Delcassé aux Ambassadeurs de la République française à Washington, à Berlin, à Vienne, à Londres, à Saint‑Pétersbourg, et près S. M. le Roi d'Italie, et au Ministre de France à Tokyo, 14 octobre 1900, *Documents Diplomatiques*, *Chine*, 1899–1900, p. 191.

② Note remise par l'Ambassadeur d'Allemagne à Paris au Ministre des Affaires étrangères, 18 septembre 1900, *Documents Diplomatiques*, *Chine*, 1899–1900, p. 162.

③ 《德国外交文件有关中国交涉史料选译》第2卷，孙瑞芹译，商务印书馆1960年版，第127页。

④ Le Prince Nunster de Derneburg, Ambassadeur d'Allemagne à Paris, à Delcassé, 2 octobre 1900, *Documents Diplomatiques*, *Chine*, 1899–1900, p. 179.

⑤ Delcassé à Pichon, 8 octobre 1900, *Documents Diplomatiques*, *Chine*, 1899–1900, p. 186.

第六章　加入八国联军，镇压义和团运动　225

月就议和大纲中是否对外交团开列的祸首名单向清政府提出"死刑"的要求，以及是否以"最后通牒"形式提出的问题上，法国改变了以前的严厉态度。为促使议和大纲早日形成，法国对英、德和俄、美、日的态度予以折中，于11月25日向各国提出以下建议："一方面我们可以坚持把惩凶本身作为绝对的、不容争议的要求，其中必须惩罚各国驻京代表会议认定的全部高级官员；另一方面，我们不必将这些惩罚的性质和执行作为先决条件或使用最后通牒的形式，而是警告中国政府将它作为和谈的第一个问题。"① 法国的这一建议推动了列强间就此问题达成妥协，议和大纲的最后措辞即采纳了法国这一建议的精神。

图6-13　各国公使合谋对华的议和大纲

---

① Delcassé aux Ambassadeurs de la République française à Londres, Vienne, Berlin, Rome et Washington, 25 novembre 1900, *Documents Diplomatiques*, *Chine*, 1900-1901, Paris: Imprimerie Nationale, 1901, p. 13.

最后，在是否要求对端王载漪、辅国公载澜和董福祥处以死刑的问题上，法国的态度也起了关键的作用。在这个问题上，英、德、意、奥四国坚持死刑要求，俄、日、美三国则坚决反对。1901年2月5日在外交团讨论惩凶问题的会议上，法国公使毕盛再次出面协调各国立场，声称他已收到本国政府训令，不再继续要求对载漪和载澜处以死刑，建议列强谋求一项各方都能接受的折中方案。由于法国态度的转变，英、德只好作出让步，最后各国公使达成一致意见，要求清政府对端王和载澜判为斩监候，遣往新疆，永远监禁，不得减免。至此，在法国的协调下，列强关于惩凶问题的争论宣告解决。

在和谈过程中，列强间争论激烈的另一个问题是赔款问题。在这个问题上，法国与俄、德一道主张从清政府那里勒索尽可能多的赔款。早在1900年12月27日，法国外交部长就要求驻华公使毕盛将法国国家、团体及个人在义和团运动期间所受损失的大约数额尽早告知，以便政府确定赔款数目。① 在如何确立赔款数额问题上，法国反对组织一委员会确定各国国家、团体及个人的赔款数额，主张由每个国家自己确定其赔款数目以及属于它的团体和个人的赔款数额，然后形成一个赔款总数，如果总数超出中国的偿付能力，再对各国要求的赔款数目按比例削减；指出若由一委员会来确定各国赔款数目，会给问题的解决带来复杂性及不必要的拖延。② 法国的这一主张被大多数列强所接受，3月中旬，列强确定的赔款原则即吸收了法国的意见。结果，法国提出的赔款总数为286500000法郎（约75779250海关两）③，后按比例削减，确定为70878240海关两。法国的这一赔款占庚子赔款总数的15.75072%，在列强中居于第三位，仅次于俄、德两国。④

在有关赔款的偿付方式问题上，法国也从自身利益出发，为尽快获得可观的赔款，与俄国一致，主张由列强联合担保的借款来支付赔款，且一次付清，认为这是"解决赔款问题最好和最快的办法"⑤。但在这一建议遭

---

① Delcassé à Pichon, 27 décembre 1900, *Documents Diplomatiques*, *Chine*, 1900–1901, p. 21.
② Delcassé à Pichon, 14 mars 1901, *Documents Diplomatiques*, *Chine*, 1900–1901, p. 53.
③ Delcassé à Pichon, 29 avril 1901, *Documents Diplomatiques*, *Chine*, 1900–1901, p. 67.
④ 王树槐：《庚子赔款》，"中央研究院"近代史研究所专刊（31），台北"中研院"近代史研究所1974年版，第27页。
⑤ Delcassé à Pichon, 13 mars 1901 et 14 mars 1901, *Documents Diplomatiques*, *Chine*, 1900–1901, pp. 52–53.

图 6-14 《辛丑条约》签字现场

英、美的坚决反对后,法国为避免因此问题使在华列强分裂,最后放弃原来的主张,接受英、美等国提出的用发行债券的方式来支付赔款的建议。6月11日,法国外交部长德尔卡赛在与俄国外交大臣拉姆斯道夫磋商后,训令新任驻华公使鲍渥(Beau)接受列强代表一致同意的偿付方式,无论是借款还是债券,"以使列强重新一致",并命令驻华公使将注意力转到债权的担保上。①

在关于债权的担保品或者说赔款的财源问题上,法国由于对华贸易比重不大,与俄国一样,主张将提高海关关税作为赔款的财源,认为海关关税是最保险、最便利的担保品;提高海关关税,"对中国国内和国际贸易都不会造成损失",如果海关关税还不够,可以常关税和盐税作为补充财源。② 对于英、美等国提出以取消厘金作为提高关税的条件,法国持谨慎态度,认为取消厘金有一定难度,指出"若从中国角度看,不应忘记,在中国负责公共设施的地方当局,是从厘金收入中获得所需费用的,因此,重要的是在取消厘金的情况下,代替的税能给他们带来双重利益,既不会

---

① 1901年5月15日,法国政府任命鲍渥为驻华公使,接替毕盛。Delcassé à Beau, Ministre de la République française à Pékin, 11 juin 1901, *Documents Diplomatiques*, *Chine*, 1900 – 1901, p. 80.

② Delcassé à Pichon, 24 janvier 1901; Delcassé à Pichon, 13 mai 1901, *Documents Diplomatiques*, *Chine*, 1900 – 1901, pp. 29, 70.

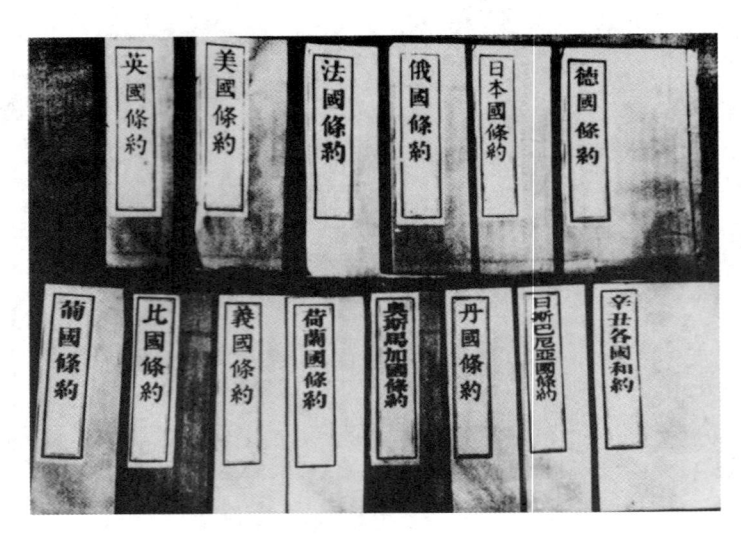

图 6-15　1901 年辛丑各国和约签订

被中央政府所独揽，也不会用作借款的担保"①。尽管法国在赔款的财源问题上与英、美等国存在一些分歧，但在自身利益未遭损害的情况下，法国最后还是与俄国一道从维护列强的一致出发向英、美让步，不坚持将海关税增至值百抽五以上作为预备担保，也不反对英、美等国提出的将海关税值百抽五与取消厘金等财政改革挂钩的要求。

综观法国在义和团运动时期的对华政策，虽然与俄国存在同盟关系，在一些问题上与俄国保持一致，但又不完全被法俄同盟所左右，而是将与英、美、德、日、奥、意等列强的联合行动置于对华外交的最优先地位。法国之所以在义和团运动时期特别重视列强的团结和一致，这完全是由法国当时的国力和它的在华利益所决定的。

---

① Delcassé à Pichon, 24 janvier 1901, Documents Diplomatiques, Chine, 1900-1901, p. 29.

第七章 驻军上海与撤离上海

上海驻军问题的提出几乎与八国联军发动侵华战争同时。列强围绕上海驻军和撤军问题展开的交涉，不仅反映了上海地位的重要，同时也具体揭示了列强之间的矛盾，是19世纪末列强争夺势力范围的一个延续。英国最早提出上海驻军问题，显然将自己视为上海和长江流域的主人，而法国与德、日等国的驻军要求和提出的撤军条件及其他列强的反应，无疑否定了英国在上海和长江领域的特殊地位，一定程度确定了上海是列强的共同"乐园"这一事实。

一 "东南互保"与上海驻军问题的提出

上海驻军问题的提出几乎与八国联军发动侵华战争同时，但与八国联军发动侵华战争系由各国驻华公使会议商请各国出兵不同，上海驻军问题最早系由英国驻沪领事霍必澜（Pelham Warren）单独提出。鉴于英国在长江流域有着巨大的经济利益，并将长江流域视为英国的势力范围，为避免义和团运动波及长江流域，1900年6月14日，就在西摩联军进军北京遇阻退却的时候，霍必澜从上海致电外交大臣索尔兹伯里，建议英国政府提供军事支持，帮助两江总督刘坤一和湖广总督张之洞维护辖区的秩序与和平，指出北方局势越来越坏，"长江流域的任何骚乱将会造成巨大的损失，而且可能使很多人丧命"。[①] 索尔兹伯里在接到霍必澜的电报后，当即赞同他的建议，次日即复电授权霍必澜通知刘坤一和张之洞，表示英国将对他们维持秩序的措施提供军舰支持，同时通报正与英国海军部联系，拟派军

[①] 《霍必澜代总领事致索尔兹伯理侯爵电》（1900年6月14日），《英国蓝皮书有关义和团运动资料选译》，胡滨译，第41页。

舰前往南京和汉口向刘、张转达信件,"保证他们在维护秩序时将获得英国的保护"。①

对于英国政府的建议,刘坤一和张之洞虽然都表示欢迎,表示愿意与英国一道维护长江流域的秩序与和平,但对接受英国海军的保护则持谨慎态度,一则担心其他列强仿效,二则担心引起中国百姓的恐慌。经电商后,刘、张拒绝英军进入包括上海在内的长江各口岸,于18日联合致电驻英公使罗丰禄转告英国政府,表示他们有足够力量维护长江流域的和平,不需要英舰的军事帮助,指出"若英水师入江,内恐百姓惊扰生事,外恐各国援例效尤",于形势反而不利。②

在阻止英国派兵进入长江流域的企图之后,刘、张接着还授意上海道余联沅于26日与各国驻沪领事会晤,就维护上海和长江流域的秩序与和平提出《中外互保章程》9条和《上海城厢内外章程》10条,与各国领事讨论。这两个章程明确反对外国派兵进驻上海和长江流域,规定:"上海租界归各国共同保护,长江及苏杭内地均归各督抚保护,两不相扰";"各口岸已有兵轮者,仍照常停泊,惟须约束水手人等,不可登岸";各国以后如不待中国督抚商允,"竟自多派兵轮驶入长江等处,以致百姓怀疑,借端启衅,毁坏洋商教士人命产业,事后中国不认赔偿";各国兵轮不得靠近吴淞及长江各炮台停泊,水手不可在炮台附近练操;上海制造局、火药局一带,各国答应兵轮勿前往游弋及派洋兵巡捕前往。③

虽然各国驻沪领事对上述内容多有异议,并以未得到本国政府授权而没有签字,但对上海及长江流域由中国地方政府维持治安、外国不派军队前往,还是表示认可。第二天美国驻沪领事古纳(Goodnow)代表各国领事致函余联沅,赞赏刘坤一和张之洞答应在他们辖区内维持秩序,保护中外人民生命和财产,声明"联军驻大沽的各国舰队司令已发表公开宣言,他们作战的对象,仅仅是义和拳以及那些力图阻止他们营救在北京和其他地方遭到危险的外国人的人们。我们希望您向他们两位总督保证:只要他们在所辖省份内能够而且确实维护外国人根据同中国政府订立的条约而享有的权利,我们各国政府过去和现在均无意在长江流域单独地或集体地采

---

① 《海军部致驻上海高级海军军官电》(1900年6月16日),《英国蓝皮书有关义和团运动资料选译》,胡滨译,第43页。
② 张之洞:《张文襄公电稿》卷160,第16页。
③ 中国史学会主编:(中国近代史资料丛刊)《义和团》(三),第338—340页。

图 7-1 长江

［英］乔治·沃伦·斯威尔（G. Warren Swire）拍摄

取任何行动，或派任何部队进行登陆"①。

刘坤一和张之洞与各国领事达成的这一"互保"谅解，不但挫败了英国派兵进驻上海和长江流域的企图，而且也无视英国在长江流域的特殊地位，这是英国政府所不能接受的。7 月 4 日，英国外交大臣索尔兹伯里向中国驻英公使罗丰禄明确表示，互保章程的内容把应属于中国政府的义务强加于英国政府，而且涉及放弃条约义务，因此，"我们不可能把这些建议当作我们必须执行的一项协定而加以接受，而且每件事情都必须根据它的实际情况来决定"。② 在英国政府拒绝受中外互保章程的约束之后，1900 年 7 月 14 日，霍必澜致电索尔兹伯里，再次建议英国政府派兵保护上海安全，称："义和拳运动正在扩大，并且可能在全国发展成为中华民族反对外国人的暴动。今天，从汉口、湖南、温州等地传来不好的消息。上海的失陷将对外国的贸易和影响造成无可弥补的破坏，因为上海是福州以北全中国的航运和贸易基地。海军和志愿兵不能够固守上海防止一切可能发生的事情。因此，我强烈建议：应立即派一支英国部队前往香港或威海卫，他们身边应保有运输工具，准备在得到通知后八小时内动身前往上海。有五百名骑兵、一营炮兵和两千名步兵的一支部队将是够用的。驻上

---

① 《代总领事霍必澜致索尔兹伯理侯爵电》（1900 年 7 月 13 日），《英国蓝皮书有关义和团运动资料选译》，胡滨译，第 128 页。

② 《索尔兹伯里侯爵致代总领事霍必澜电》（1900 年 7 月 12 日），《英国蓝皮书有关义和团运动资料选译》，胡滨译，第 126 页。

海的高级海军军官同意此项建议。"①索尔兹伯里则致电授意霍必澜争取两江总督的支持，询问"目前三千人的部队登陆可否得到他们那方面的完全同意"？②7月28日，霍必澜致电索尔兹伯里，报告登陆上海事获得两江总督的同意，他"将不会绝对拒绝"。③在获得这一报告之后，英国政府决定派兵进驻上海。7月30日，海军部致电海军中将西摩，商定根据目前上海的情况，将派3000名军人在上海登陆。④8月2日，西摩还专门前往南京，与刘坤一晤谈。刘虽然同意英国派军登陆上海，保护租界，但同时提出其他国家的军舰不得驶入长江，以免引起民众的恐慌和反对；西摩也赞同刘坤一所提这一条件，承诺"我答应向我的各国同事建议不派遣他们的任何军舰驶入长江"。⑤8月9日，英国海军司令西摩和驻沪总领事霍必澜通知领事团，英国军队将于12日到达上海，但他们的通知没有收到答复。⑥因当时各国都不愿意把守卫上海的任务交给单独一个国家，因此他们最初的反应是阻止英军进入上海城内，于是就出现了已经到达吴淞的英国军队未能顺利登陆的情形。⑦

需要指出的是，英国驻华外交官这种不顾其他列强、将自己当作上海唯一主人的做法是极不慎重的，使英国在外交上陷于十分被动的地位。英国单独派兵登陆上海，这是其他列强不可能接受的，他们必然要提出相同的要求。如法国外交部长在获知这一消息后就向英国驻法国大使明确表示：在上海的欧洲人并没有什么急迫危险，以致有必要打算派英军在上海

---

① 《代总领事霍必澜致索尔兹伯理侯爵电》（1900年7月14日），《英国蓝皮书有关义和团运动资料选译》，胡滨译，第130页。
② 《索尔兹伯理侯爵至代总领事霍必澜电》（1900年7月27日），《英国蓝皮书有关义和团运动资料选译》，胡滨译，第140页。
③ 《代总领事霍必澜致索尔兹伯理侯爵电》（1900年7月28日），《英国蓝皮书有关义和团运动资料选译》，胡滨译，第142页。
④ 《海军部致海军中将西摩爵士电》（1900年7月30日）、《海军中将西摩爵士致海军部电》（1900年7月31日），《英国蓝皮书有关义和团运动资料选译》，胡滨译，第151—152页。
⑤ 《海军中将西摩爵士致海军部电》（1900年8月3日），《英国蓝皮书有关义和团运动资料选译》，胡滨译，第156页。
⑥ 《代总领事霍必澜致索尔兹伯理侯爵电》（1900年8月13日），《英国蓝皮书有关义和团运动资料选译》，胡滨译，第173页。
⑦ Bezaure à Delcassé, 15 août 1900, Ministère des Affaires Etrangères, *Documents Diplomatiques*, *Evacuation de Shanghai*, 1900 – 1903, Paris: Imprimerie Nationale, 1903, p. 2.

图 7-2　西摩访问两江总督刘坤一（南京，1900）

图片来自 University of Bristol – Historical Photographs of China, reference number: He01-081。原件收藏于 School of Oriental and African Studies Archives, London (SOAS reference PP MS 82/13)

登陆；如果英军在上海登陆，法军也将登陆上海。① 鉴于其他列强也提出与英国相同的要求，两江总督对英军登陆上海的态度也发生改变，希望英国取消这一行动，指出 2000 名英军将在上海登陆的消息在中国人中引起了很大的忧虑，这将引起骚乱，并刺激其他国家采取同样的行动。② 为了阻止英军和其他国家军队登陆上海，1900 年 8 月 10 日刘坤一还与李鸿章、张之洞和盛宣怀联名致电中国驻美公使伍廷芳，希望美国出面阻止各国派兵入驻上海。他们指出："虽然上海的外国租界置于几个列强的联合保护之下，我们也已履行对上海至长江的整个地区的保护责任，任何无法无天

---

① 《索尔兹伯理侯爵致代总领事霍必澜电》（1900 年 8 月 12 日），《英国蓝皮书有关义和团运动资料选译》，胡滨译，第 171—172 页。

② 《索尔兹伯理侯爵致代总领事霍必澜电》（1900 年 8 月 10 日），《英国蓝皮书有关义和团运动资料选译》，胡滨译，第 169 页。

的骚乱将不会被容忍。但目前在附近地区停泊了约20艘外国军舰,其中多数是英国军舰。另外,我们获悉,有两千印度兵预计抵达上海。我们担心这里将由此被人们废弃,商业陷入瘫痪。在这种情形下,军事调动的动机在各个口岸可能会被误解,并引发骚乱,严重损害贸易。请国务卿斡旋,立即采取措施,制止这种调动。"①尽管在英国驻华官员特别是海军司令西摩和驻上海代总领事霍必澜的努力下,两江总督和上海地方当局取消对部队登陆的反对,8月15日两江总督通过驻英公使罗丰禄通知英国外交部,称其与西摩舰队司令及霍必澜领事之间关于派遣几百个部队在上海登陆一事,已经达成了令人满意的协议。②8月18日早上,英国第一批小股部队登陆上海;22日,又有一支从香港前来的3000人的英国军队在上海登陆。③但英国的这一外交胜利最终是得不偿失,是以其他列强也享有同样行动权利的前提下获得的。

8月15日,上海领事团就英军登陆上海问题召开会议,达成一致意见,虽然同意英国士兵登陆上海,但同时提议其他国家也派遣军队前来,组成一支总数为10000人的联军,共同对上海实施有效保护。④

在上海领事团达成协议的次日,法国外交部长德尔卡赛即要求海军部命令"夏尔纳上将"号的舰长与白藻泰保持密切联系,并为赢得时间,指示白藻泰要求巴汉姆(Baëhme)舰长派遣一支海军先登陆上海,并保留向印度支那要求派军的权利,声称"如果外国军队已经登陆上海,那么法国就应该尽早效仿他们"。⑤在8月18日英国第一批部队登陆上海同一天,法

---

① Memorandum handed to Mr. Adee by the Chinese minister, Mr. Wu, August 11, 1900, *Papers Relating to the Foreign Relations of the United States*, 1900, Washington: Government Print Office, 1902, pp. 284 – 285.

② 《两江总督致罗丰禄先生电》(1900年8月15日),《英国蓝皮书有关义和团运动资料选译》,胡滨译,第181页。

③ 《海军中将西摩爵士致海军部电》(1900年8月17日),《英国蓝皮书有关义和团运动资料选译》,胡滨译,第182页;Bezaure à Delcassé, 22 août 1900, *Documents Diplomatiques*, *Evacuation de Shanghai*, 1900 – 1903, p. 4.

④ Bezaure à Delcassé, 15 août 1900, *Documents Diplomatiques*, *Evacuation de Shanghai*, 1900 – 1903, p. 2; Delcassé aux Représentants de la France à Pétersbourg, Londres, Vienne, Rome, Washington, Tokio et Berlin, 3 octobre 1902, *Documents Diplomatiques*, *Evacuation de Shanghai*, 1900 – 1903, pp. 14 – 15. 《代总领事霍必澜致索尔兹伯理侯爵电》(1900年8月15日),《英国蓝皮书有关义和团运动资料选译》,胡滨译,第181页。

⑤ Delcassé à Bezaure, 16 août 1900, *Documents Diplomatiques*, *Evacuation de Shanghai*, 1900 – 1903, p. 3.

图 7-3　上海外滩

图片来自 University of Bristol – Historical Photographs of China，reference number：BL – s076

国军队约 50 人，也在上海登陆。8 月 28 日，由"波江座"号（l'Eridan）运送的法国增援部队到达上海，这支部队有 3 连海军陆战队和 1 连炮兵，次日进入法租界。①法国虽然对中方声称驻军上海是为了与地方当局合作保护租界和维护中国的领土完整，实则主要是牵制英国，防止英国独占长江。关于这一点，法国驻德国代办布蒂隆（Boutiron）曾对德国外交大臣布洛夫表示，法国军队已在上海登陆，这个似乎可以稍稍压制英国并吞扬子江的企图。②

在上海驻军问题上，德国在上海虽然没有自己的租界，但为阻止英国独占长江流域，也与法国持同一立场。早在 1900 年 7 月底，德国皇帝威廉二世就训令德国海军司令与其他相关国家海军司令商议，由列强共同联合监视长江口的中国军舰；8 月初又发出补充训令，指示德国海军司令提出共同保护上海租界的必要性，并尽快派遣两艘德舰进驻上海。德国外交

---

① Bezaure à Delcassé, 4 septembre 1900, *Documents Diplomatiques*, *Evacuation de Shanghai*, 1900 – 1903，p. 5.

② 《外交大臣布洛夫伯爵的亲笔记录》（1900 年 10 月 12 日），《德国外交文件有关中国交涉史料选译》第 2 卷，孙瑞芹译，第 229—230 页。

大臣布洛夫还致电德国驻法代办许乐寿（Scholezer）将此事通知法国外交部长德尔卡赛。① 对 8 月 15 日上海领事团作出关于各国增兵上海的决议，德国外交副大臣德林达尔当日即致电德国驻上海总领事克纳贝（Knappe），表示支持，称"维持自由贸易是我们扬子问题中的总目的。因此，我们的利益是争取尽可能多的列强参加为这个目的服务，所以法国军队开往保护上海，系与我们的政策方针相符"②。为体现上海是列强的共同"乐园"，9 月 1 日德国以支持英国政府防守上海和维持秩序为由，向英国通报德国已命令德国东亚兵团的 2 个连大约 500 人前往上海。③ 9 月 6 日，400 名德国士兵在法租界德国邮船码头登陆，驻扎在英美公共租界内。④

继德国之后，日本政府也于 9 月 9 日派遣 600 名士兵入驻上海。⑤ 这样，在上海驻军的列强有英国、法国、德国和日本四国。各国驻军人数后续有增减，截至 1901 年 9 月，英国首先撤退 750 人，剩下 950 人；德军在 1900 年 9 月后得到补充，此时约有 1200 人；法军与占领初期一样，750 人；日军则减少到 200 人。⑥

除英、法、德、日四国派兵进驻上海外，俄国由于将兵力主要派往中国东北地区，在长江流域和上海没有自己的特殊利益，没有与其他列强采取共同行动，派兵登陆上海，但出于与英国的矛盾和竞争，俄国在外交上则积极支持德国和法国采取旨在防范英国独占长江流域的共同行动。1900 年 7 月 27 日，俄国代理外交大臣拉姆斯道夫在致俄国驻法大使的函件中就指责英国在长江口集中大量海陆军力的举动怀有"某些秘密阴谋"，指

---

① 《外交大臣布洛夫伯爵致驻巴黎代办许乐寿电》（1900 年 8 月 5 日），《德国外交文件有关中国交涉史料选译》第 2 卷，孙瑞芹译，第 193 页。
② 《外交副大臣德林达尔公使致驻上海总领事克纳贝电》（1900 年 8 月 15 日），《德国外交文件有关中国交涉史料选译》第 2 卷，孙瑞芹译，第 195 页。
③ 《索尔兹伯理侯爵致拉色尔斯爵士电》（1900 年 9 月 1 日），《英国蓝皮书有关义和团运动资料选译》，胡滨译，第 202 页。
④ Bezaure à Delcassé, 6 septembre 1900, *Documents Diplomatiques*, *Evacuation de Shanghai*, 1900 - 1903, p. 5. 按，另一种说法为 450 人，参见 Delcassé aux Représentants de la France à Pétersbourg, Londres, Vienne, Rome, Washington, Tokio et Berlin, 3 octobre 1902, *Documents Diplomatiques*, *Evacuation de Shanghai*, 1900 - 1903, pp. 14 - 15。
⑤ Bezaure à Delcassé, 6 septembre 1900, *Documents Diplomatiques*, *Evacuation de Shanghai*, 1900 - 1903, p. 6.
⑥ Delcassé aux Représentants de la France à Pétersbourg, Londres, Vienne, Rome, Washington, Tokio et Berlin, 3 octobre 1902, *Documents Diplomatiques*, *Evacuation de Shanghai*, 1900 - 1903, pp. 14 - 15.

示俄国驻法大使转达法国政府,尽管俄国不能派军舰到上海,与法、德一道监视英国在扬子江的舰队,但对德法两国为挫败英国阴谋采取的共同行动,"他们可以完全得到俄国方面尽可能的道义上的支持"。[1]

另一主要列强美国因忙于占领菲律宾及国内军力有限,也没有派兵登陆上海,但对列强派兵进驻上海,亦持支持态度,并将此看作列强应享有的条约权利。1900年8月11日,美国代理国务卿安迪照会中国驻美公使伍廷芳,明确拒绝刘坤一、李鸿章、张之洞、盛宣怀希望美国出面阻止各国派兵入驻上海的联名请求,表示"我们不可能在这方面采取任何措施",并且声称:"关于任何国家是否派军队在上海登陆,以保护其侨民和利益的问题,必须由每个国家自己决定。如果我们认为有必要为了保护我们在上海的侨民而在那里登陆军队的话,我们也会那样做,正如我们在大沽所做的那样。我们不能对任何其他国家在该口岸采取行动的条约权利提出质问。"[2]

由此可见,上海驻军问题除了保护外侨和维护上海秩序之外,同时也是19世纪末列强争夺势力范围的一个延续。这在随后列强围绕撤军问题的交涉中得到进一步的体现。

二 中国的撤军要求与各国的态度

撤退上海外国驻军的动议,最初来自中国方面。早在1901年5月底,刘坤一即向有关国家的驻沪使节就撤兵问题进行试探。据法国驻上海署理总领事巨籁达(Ratard)5月31日给法国外交部长德尔卡赛的报告,刘坤一向他打听法国政府准备何时撤退法国在上海的驻军。[3]另据德国驻上海总领事是年7月1日给德国驻华公使的报告,中国铁路督办盛宣怀奉刘坤一之命,向德国和其他占领上海的英国、法国、日本三国领事提出关于撤退外国军队的要求。8月初,中国政府对占领各国直接采取同样的步骤。[4]

---

[1] 《代理外交大臣致驻巴黎大使函》(1900年7月27日),《红档杂志有关中国交涉史料选译》,张蓉初译,第230—232页。

[2] Adee to Wu Ting-fang, August 11 1900, *Papers Relating to the Foreign Relations of the United States*, 1900, p. 285.

[3] Ratard à Delcassé, 31 mai 1901, *Documents Diplomatiques*, *Evacuation de Shanghai*, 1900-1903, p. 7.

[4] 参见《德国外交文件有关中国交涉史料选译》第2卷,孙瑞芹译,第415页注一。

1901年9月《辛丑条约》签订后，刘坤一又向上海领事团团长美国领事古纳请求将撤退上海外国驻军的问题提交领事团会议讨论。[①]

对于中国提出的撤军要求，各国态度不一。其中，美国与英国态度比较积极。据法国驻上海署理总领事巨籁达说，美国领事以个人身份私下向他提出这一问题，他似乎已下定决心尽其所能促使领事团满足总督的要求，同意有利于撤军的方案。9月12日，上海领事团召开会议，决议由团长答复总督，相关领事将该问题提交各自政府审查。[②]英国政府也要求印度部召回在上海负责指挥的理查森（Richardson）将军，同时撤退750名士兵。[③]

与英、美两国态度不同，法国和德国都持反对态度。对于美国领事提出领事团讨论刘坤一的撤军要求，当时负责上海法国领事馆事务的巨籁达拒绝讨论，声称领事团既无资格亦无责任讨论这样一个完全不属于其职责范围内的问题。[④]德国则以当时中国和上海的局势未稳定为借口，认为撤军时机尚未成熟。9月20日，英国驻德国大使拉赛尔奉英国政府之命，就共同确定一个撤退上海驻军的日期问题征求德国政府的意见。29日，德国外交大臣李福芬回复表示，虽然德国也希望迅速撤退它在上海的驻军，但基于各种因素，特别是军事和财政的原因，德国政府认为目前还不能决定撤军的日期。有关各种骚乱、特别是发生在长江以北的骚乱的报告，说明中国的局势还没有取得永久的稳定。德国不像英国拥有香港，可以随时调集兵力，一旦骚乱重演，有可能危及德国在华利益。因此，它认为外国驻军再留一段时间在上海，对于进一步巩固局势，暂时是有利的。[⑤]由于当时华北的外国军队尚未完全撤离以及法、德两国的反对，上海撤军问题就暂时被搁置下来。

[①] Ratard à Delcassé, 14 septembre 1901, *Documents Diplomatiques*, *Evacuation de Shanghai*, 1900 – 1903, pp. 7 – 8.

[②] Ratard à Delcassé, 14 septembre 1901, *Documents Diplomatiques*, *Evacuation de Shanghai*, 1900 – 1903, pp. 7 – 8.

[③] Ratard à Delcassé, 15 septembre 1901, *Documents Diplomatiques*, *Evacuation de Shanghai*, 1900 – 1903, p. 8.

[④] Ratard à Delcassé, 14 septembre 1901, *Documents Diplomatiques*, *Evacuation de Shanghai*, 1900 – 1903, pp. 7 – 8.

[⑤]《外交大臣李福芬男爵致英国驻柏林大使拉赛尔爵士》(1901年9月29日)，《德国外交文件有关中国交涉史料选译》第2卷，孙瑞芹译，第416—417页。

一年之后，外国军队拟撤离天津，上海撤军问题被重新提出来。1902年7月19日刘坤一致电外务部，请外务部与驻京各使协商上海撤兵事宜，其理由是"津既即日交还，驻津之兵必撤，前因沪兵久驻不撤，曾电请商各使，得覆电云，俟津事议定，再与申论。南洋前经敝处保护周至，非津可比，岂有津已还而沪兵再延不撤"①。同时，刘坤一命令上海道台向德、英、法、日领事提议撤退上海外军，坚请在外国军队交还天津之日，撤退上海驻军。7月30日，有关各国驻华使领致电本国政府，请示上海撤军问题。②

对于刘坤一和上海道的撤兵要求，英国为促使其他国家早日从上海撤兵，继续持积极态度。7月31日，英国外交大臣蓝斯顿即致电驻华公使萨道义（Satow），表示如果各国均同意撤退上海驻军，英国自无异议，令其将此意告诉中国政府。同日，他又致电英国驻法、德、日各使，出面建议有关国家响应清政府的撤军要求，指出中国政府的撤兵要求合理，英国政府已将此意通告中国政府，希望能听取法、德、日三国的意见。③

对于英国的撤军建议，法、德、日三国不便直言反对，但都不愿无条件撤兵，丧失自己在上海的存在感。法国外交部长德尔卡赛在接到英国驻法大使蒙森提交的蓝斯顿电报后，并没有立即表态，而是于8月1日致电法国驻华代办贾思纳（Casenav），征询他对上海撤兵问题的意见。④同日晚上，他又将此事转告法国驻俄、德大使，希望了解俄国、德国政府的态度。⑤俄国因为没有在上海驻军，并未收到英国关于上海撤军问题的任何通知，但俄国外交大臣拉姆斯道夫站在牵制英国的立场上，向法国驻俄大使蒙塔佩罗建议，如果法国撤退上海驻军的话，应该在达成一个满意的协议

---

① 王彦威、王亮辑编：《清季外交史料》卷159，外交史料编纂处1935年版，第12页。
② 《驻北京代办葛尔士男爵致外部电》（1902年7月30日），《德国外交文件有关中国交涉史料选译》第2卷，孙瑞芹译，第421页。《驻华公使萨道义致蓝侯电》（1902年7月30日），《蓝皮书上海撤兵册》，湖北洋务译书局刊，无出版日期，第14页。
③ 《蓝侯致驻法德日各公使电》（1902年7月31日），《蓝皮书上海撤兵册》，第15页。
④ Delcassé à Casenave, 1er août 1902, *Documents Diplomatiques*, Evacuation de Shanghai, 1900 – 1903, p. 10.
⑤ Delcassé aux Ambassadeurs de France à Pétersbourg et Berlin, 1 août 1902, Ministère des Affaires Etrangères, *Documents Diplomatiques Français (1871 – 1914)*, 2e série (1901 – 1911), Tome 2, pp. 420 – 421.

图 7 - 4　两江总督刘坤一
［德］阿尔方斯·冯·穆默（Alfons von Mumm）拍摄

之后，而且只有在撤出所有军队后才完全撤退法国在上海的驻军。①法国驻华代办也认为，法国撤兵应以所有列强都撤退上海驻军为条件。②8月6日，法国政府通过驻英大使康邦正式通知英国外交大臣蓝斯顿，法国对于撤退上海国际军队问题并无异议，但有两个条件：一是撤退必须经过协商，且各国军队必须同时撤出上海；二是如果将来有他国重新向上海派兵，法国也有权派兵至沪。③8月7日，德尔卡赛又将此意正式通知英国驻法大使蒙森。日本政府在撤兵问题上与法国保持一致，向英国表示，只要各国均撤，日本并无异议，也将照办，④并赞同法国提出的关于将来重新

---

① Montebello à Delcassé, 2 août 1902, *Documents Diplomatiques Français（1871 - 1914）*, 2ᵉ série, Tome 2, p. 424.

② Casenave à Delcassé, 5 août 1902, *Documents Diplomatiques Français（1871 - 1914）*, 2ᵉ série, Tome 2, p. 434.

③ Delcassé à Paul Cambon, 6 août 1902, *Documents Diplomatiques Français（1871 - 1914）*, 2ᵉ série, Tome 2, p. 436.

④《驻日英使窦纳乐致蓝侯电》（1902年8月1日），《蓝皮书上海撤兵册》，第15—16页。

登陆上海的保留条件，只要英国政府和德国政府都接受该条件的话。① 德国政府除要求只能与其他列强一致行动、"德国的士兵只能与其他三国的士兵同时离开上海"之外，② 还特别强调在德国与其他国家同时撤军时，必须使人注意到"德国在上海与其他国家有同等的权利，但又不能表现出德国不愿撤出上海或是迫于其他列强的联合压力才撤出"。③ 这预示德国在上海撤兵问题上的态度和要求，将较之法国和日本更为复杂。

鉴于英、法、德、日四国对与其他国家同时撤兵都无异议，英国在内部商议后，决定将1902年11月1日作为四国撤退上海驻军的日期，④ 9月19日英国外交大臣电令英国驻日、法、德三国使节和驻华公使萨道义将此撤兵日期知照三国政府和中国政府，并嘱英国驻上海领事转达两江总督。⑤ 对于英国提议的撤兵日期，法国外交部长令法国驻德、日使节向德国和日本政府打听他们是否准备接受这个日期。⑥ 日本同意11月1日作为撤兵的日期。⑦ 清政府对于英国拟定的撤兵日期自然也不会反对，只是向英国表达感激并希望它促使其他三国尽早撤兵。9月28日，外务部照会英国公使萨道义，称"贵政府顾全睦谊，商撤沪兵，本爵大臣接阅之余，实深欣佩，仍希转达贵政府与德法日本各国政府实力赞成，届期一律撤退，尤为感盼"。⑧ 但德国为达到自己的目的，排除上海和长江流域成为英国

---

① Dubail à Delcassé, 1er octobre 1902, *Documents Diplomatiques*, *Evacuation de Shanghai*, 1900–1903, p. 13.

② 《驻德英使黎士鲁司致蓝侯电》（1902年8月1日），《蓝皮书上海撤兵册》，第15页。《驻德英使署头等参赞布嘎南上蓝侯电》（1902年8月12日），《蓝皮书上海撤兵册》，第16—17页。《德国外交副大臣米尔堡致驻北京代办葛尔士男爵电》（1902年8月1日），《德国外交文件有关中国交涉史料选译》第2卷，孙瑞芹译，第421—422页注3。

③ 《帝国首相布洛夫致外部电》（1902年8月8日），《德国外交文件有关中国交涉史料选译》第2卷，孙瑞芹译，第422—423页。

④ 《外部致印度部书》（1902年8月20日），《印度部致外部书》（1902年8月26日），《外部致印度部书》（1902年9月9日），《印度部致外部书》（1902年9月15日），《蓝皮书上海撤兵册》，第18—19页。

⑤ 《蓝侯致驻华英使萨道义电》（1902年9月19日），《蓝皮书上海撤兵册》，第19页。

⑥ Delcassé aux Représentants de la France à Pétersbourg, Londres, Vienne, Rome, Washington, Tokio et Berlin, 3 octobre, 1902, *Documents Diplomatiques*, *Evacuation de Shanghai*, 1900–1903, pp. 14–15.

⑦ Dubail à Delcassé, 1er octobre 1902, *Documents Diplomatiques*, *Evacuation de Shanghai*, 1900–1903, p. 13.

⑧ 《外务部致英国公使萨》（1902年9月28日），台北"中研院"近代史研究所档案馆藏，外务部档案，02-26-002-02-076。

的势力范围,拟对英国提出的上海撤军提出保留条件。1902 年 8 月下旬,德国政府已就上海撤军条件正式作出决定,除重申法国的两个保留条件外,提出第三个保留条件,即要求中国政府正式保证,现在或者将来不予任何国家在长江流域政治、军事或海事性质的特权,特别不许占据控制长江口或其航道中的任何据点。① 当 9 月 22 日英国驻德大使拉赛尔奉命向德国政府提议撤兵日期为 11 月 1 日时,德国政府决定以这一保留条件答复英国。②

德国之所以提出这一保留条件,目的就是要排除英国将上海和长江流域作为自己的势力范围。为维护自己在长江流域的利益,1900 年 10 月 16 日德国与英国就长江流域门户开放问题签订协定,其第一款声明"中国沿海沿江口岸对各国贸易和合法的经济活动,不加区别的保持开放和自由,这是国际社会共同和持续关注的事情;两国政府同意在他们能施加影响的所有中国领土上拥护这一原则"。其第二款声明"英国政府和德国政府不会利用目前的复杂局势,为自己谋求任何的中国领土"③。英德协定签订后,德国对英国独占长江流域的野心始终存有戒备心理。1902 年年初,德国政府就指示德国驻华公使穆默严密注视英国人在长江流域的活动,以免造成德国独自面对英国的既成事实,使中国最大的流域对德国关闭。2 月 15 日,德皇威廉二世还下令通知德国舰队司令,德国必须有一两艘炮舰在长江上行驶,时常视察长江。德国驻华公使穆默接到训令后即令德国驻长江一带各领事作相应的观察,并准备做进一步的调查。根据德国驻汉口领事的报告,他从权威人士获得消息,英国政府于 3 月前派一位全权代表向张之洞和刘坤一提出签订一个保护长江流域的密约,总督们给了一个搪塞的答复。这引起德国的警惕。为了防止英国的企图,德国首相布洛夫向德国皇帝威廉二世提议将长江置于国际保护之下,并就此与美国政府进行谈

---

① 《外交副大臣米尔堡致驻巴黎代办许乐寿电》(1902 年 8 月 12 日),《德国外交文件有关中国交涉史料选译》第 2 卷,孙瑞芹译,第 425 页。按:从第 425 页注二和文件编排顺序来看,这份文件的时间似应为 8 月 21 日。

② 《外交大臣李福芬上帝国首相布洛夫伯爵的记录》(1902 年 9 月 27 日),《德国外交文件有关中国交涉史料选译》第 2 卷,孙瑞芹译,第 426—427 页及第 427 页注二。

③ Lord Pauncefote to Hay, October 23, 1900, *Papers Relating to the Foreign Relations of the United States*, 1900, p. 354.

判，力图把美国争取过来。① 1902年8月中旬，德国驻汉口领事又向德国驻华代办报告，与中国进行商约谈判的英国代表马凯，企图从湖广总督张之洞处获得特权，即英国为保护商业或遇骚动时，可以占领江阴炮台，并在镇江港内停泊若干军舰。② 虽然张之洞没有给英国肯定的答复，但此事进一步引起德国的忧虑。德国首相布洛夫10月17日上奏德皇的公文和他11月12日给德国驻英大使梅特涅的电报，也解释了德国提出第三个保留条件的目的，就是防止长江落入英国一国之手。布洛夫在给威廉二世的公文中明确指出，"鉴于英国在本年内屡次有在扬子江地区攫取一个保护人地位的企图，帝国政府于执行皇上的命令时（即只有在证实其他外国军队同时撤出上海的事实后才能讨论德国军队的撤退），必须特别慎重行动。陛下政府因此认为它的任务是附加撤退条件使违反在扬子江流域均等机会原则的行为尽可能地成为困难"③。在给梅特涅的电报中，他也指出："自中国乱事结束以来，德国政策认为，德国在扬子江地带保持均等机会，是它在东亚最重要的任务之一，因此我们一知道英国商约谈判代表马凯最近企图为英国在控制扬子江的江阴炮台及镇江获得一个军事地位后，毫不迟疑地加第三个条件于我们和法国协议的上海撤兵条件中，即中国不应在扬子江予任何列强军事或其他性质的特权以破坏英国独霸扬子江的企图。"④

为共同对付英国，德国在确定这一保留条件后并没有立即通知英国，而是先与法国沟通，以达到联合法国，共同牵制英国的目的。1902年8月13日，德国首相布洛夫致电德国驻法代办许乐寿，指示他将前述德国驻汉口领事8月所得情报透露给法国政府，促使法国对英国的企图引起注意。⑤ 德国的这一用意对法国确实产生了影响。在德国代办向法国外交部长德尔卡赛透露这一情报后，法国外交部长表示，如果英国政府的要求得到中国

---

① 《帝国首相布洛夫伯爵奏威廉二世公文》（1902年2月13日），《德国外交文件有关中国交涉史料选译》第2卷，孙瑞芹译，第420—421页。
② 《帝国首相布洛夫伯爵奏威廉二世公文》（1902年10月17日），《德国外交文件有关中国交涉史料选译》第2卷，孙瑞芹译，第430—431页。
③ 《帝国首相布洛夫伯爵奏威廉二世公文》（1902年10月17日），《德国外交文件有关中国交涉史料选译》第2卷，孙瑞芹译，第431页。
④ 《帝国首相布洛夫伯爵致驻伦敦大使梅特涅伯爵》（1902年11月12日），《德国外交文件有关中国交涉史料选译》第2卷，孙瑞芹译，第443页。
⑤ 《帝国首相布洛夫致驻巴黎代办许乐寿》（1902年8月13日），《德国外交文件有关中国交涉史料选译》第2卷，孙瑞芹译，第423—424页。

图 7-5　德国海军在南京，1900 年

图片来自 University of Bristol - Historical Photographs of China, reference number: He01-096，原件收藏于 School of Oriental and African Studies Archives, London（SOAS reference PP MS 82/13）

政府同意，那么法国也会采取必要的措施，以确保法国的利益。① 8 月 23 日，许乐寿再次就英国人窥视长江某出口问题与法国外交部长做了交流，并将德国的保留条件首先告诉法国。② 法国对英国本来就抱有戒备心理，因此对于德国拟订的针对英国的保留条件，表示赞同和支持。8 月 27 日，德尔卡赛致电法国驻华代办贾思纳，授权他参与要求中国政府承诺不将长江流域的政治、军事和海事权益让与任何国家，也不能将占领任何控制长江的据点的权利出让，或者以德国政府所建议的方式，或者采用其他能获得有关政府同意的有效措施，来要求这一担保。③ 德尔卡赛同时将此意电达法国驻英、德大使，表示法国一直主张防止某一列强单独占领长江上的某

---

① Delcassé à Prinet, 19 août 1902, *Documents Diplomatiques Français (1871-1914)*, 2ᵉ série, Tome 2, pp. 454-455.

② Delcassé aux Ambassadeurs de France à Londres et Berlin, 23 août 1902, *Documents Diplomatiques Français (1871-1914)*, 2ᵉ série, Tome 2, p. 457.

③ Delcassé à Casenave, 27 août 1902, *Documents Diplomatiques Français (1871-1914)*, 2ᵉ série, Tome 2, p. 460.

一据点。

当9月22日英国向德国正式提出撤兵日期后，德国外交大臣李福芬即于9月27日向德国首相布洛夫建议，在答复英国之前先将德国的答复通知法国，布洛夫同意此建议。① 法国外交部长虽然已授权法国驻华代办参与德国所提议的要求中国政府承诺的行动，但是对德国政府则建议在撤兵前暂缓提出这一保留条件。② 对于法国欲见好英国而敷衍德国的做法，德国政府自然不满，德国外交大臣李福芬因此建议首相布洛夫，认为先取得巴黎的谅解似乎是多余的，在这种情形下，德国必须尽快在伦敦和北京提出自己的撤出上海的保留条件，并同时通知法国、日本和美国。布洛夫对此建议表示赞同。③ 10月3日，德国政府同时将德国的保留条件通知德国驻伦敦和北京的使节。

10月7日，德国驻英代办和驻华代办同时向英国和中国政府提出德国撤出上海驻军的保留条件。德国驻英国代办艾格斯坦因在致英国外交大臣的照会中就德国的保留条件做了详尽的说明，其大意是，德国同意英国提出的11月1日这一撤兵日期的前提条件是：1. 各国当预先议定退兵之事，且同时撤离；2. 此后如有一国重新派兵占领上海，德国也有照办之权；3. 为预防发生第二条所提不快之事，中国政府以及扬子江各总督，不得将政治、军事、海事及经济等特别利权，让与一国，也不准一国占领上海或长江上下游任何据点，致使违背门户开放原则，声称德国政府"深愿不得有一国或明索或暗索，向中国要求利权，以酬其撤退上海戍兵之事，而独令此一国得沾利益也"。④ 上述照会内容也由德国外交大臣通知了英国驻德大使。

对于德国政府提出的上述三条撤兵保留条件，英国外交大臣蓝斯顿于10月11日照复德国代办艾格斯坦因。在复照中，蓝斯顿对德国提出的前两个条件，表示"无异词"，"深以为然"。对德国提出的不得利用撤兵一

---

① 《外交大臣李福芬上帝国首相布洛夫伯爵的记录》（1902年9月27日），《德国外交文件有关中国交涉史料选译》第2卷，孙瑞芹译，第426—427页及第427页注二。
② 《外交大臣李福芬上帝国首相布洛夫伯爵的记录》（1902年9月27日），《德国外交文件有关中国交涉史料选译》第2卷，孙瑞芹译，第426页。
③ 《外交大臣李福芬的记录》（1902年10月1日），《德国外交文件有关中国交涉史料选译》第2卷，孙瑞芹译，第427—428页。
④ 《驻英德使署头等参赞男爵伊克师颠致蓝侯电》（1902年10月7日），《蓝皮书上海撤兵册》，第22页。

事单独向中国索取利权，蓝斯顿也表示赞同，但他坚决反对德国主张与中国政府和长江各总督订立条约，约定不得以政治、军事、海事及经济之特权，让与一国，亦不准一国占领上海或长江之任何一处，以维持这一地区的门户开放原则。蓝斯顿指出德国政府的这一建议既无必要，也不合适，德国政府希望维护门户开放原则，英国政府也坚守此原则，且深信各国现有条约已足以保证这一原则；如与中国政府另定条约，以此易彼，不但有碍经济利权，且于此处的政治、军事和海事利权，无不有碍，况此条款仅能约束寥寥数国，限制中国区区一隅，英国政府不能同意。蓝斯顿认为防止一些国家利用撤兵一事单独向中国索取利权的最简单和有效的办法，是由四国彼此声明"于兹撤退上海戍兵之事，无论何项利权，斯时未有所得，此后亦不求得"，表示"吾英政府深信如此宣示，以申此意，已可尽其能事，且此即德政府之意也"。①蓝斯顿的意见实际上是要尽可能维持英国在长江流域的既有地位，避免因上海撤兵一事另生枝节。次日，英国外交大臣又将此复照电告英国驻法大使蒙森，令其转达法国政府。

与此同时，德国政府也将其所拟的上海撤兵保留条件通知中国政府和长江地区总督。10月7日，德国代办葛尔士（Goltz）照会外务部大臣庆亲王，要求中国政府尽快答应不将长江一带政治及兵政、海政等权利让与一国，只有这样，他才会转达本国政府确定撤兵日期。②10月10日，法国代办贾思纳也给外务部发了一个内容与德国照会相似的照会，希望中国政府尽速回复，以便转达法国政府，俾将撤兵日期酌定。③

因当时中国最关切的是列强尽早撤兵，而德国的保留条件在中国官员看来对于中国的利益并没有实质的损害，中国政府、湖广总督兼代理两江总督张之洞以及张到南京之前的代理两江总督（即护理两江总督李有棻），均以电报或书面声明，准备接受德国的条件。④10月13日，外务部照复德国代办葛尔士，首先对德国愿意与英法日等国同时撤兵表示赞赏，并声明，"扬子江一带政治及兵政海政，皆系中国自有之权利，断不能让与他

---

① 《蓝侯致驻英德使署头等参赞男爵伊克师颠书》（1902年10月11日），《蓝皮书上海撤兵册》，第25—26页。
② 《德葛署使致外务部》（1902年10月7日），外务部档案，02-26-014-01-001。
③ 《法国贾使致外务部》（1902年10月10日），外务部档案，02-26-014-01-002。
④ 《帝国首相布洛夫伯爵奏威廉二世公文》（1902年10月17日），《德国外交文件有关中国交涉史料选译》第2卷，孙瑞芹译，第430—431页。

国，他国亦并未言及"，希望德国政府早定撤兵日期。①10月15日，外务部也给法国代办发去一封内容相似的照会，希望法国早日确定撤兵日期。②

然而，需要指出的是，中德之间就上海撤兵之事所达成的这一谅解，显然有损英国在长江流域的地位，这是英国政府不能接受的。在接到这一消息后，英国政府便放弃11月1日的撤兵计划，10月16日通知印度部，撤兵之事不能于11月1日举行，所有撤兵部署运船装兵工作暂时停止，等待英中德在撤兵条件问题上达成一致。

三　撤离上海

为迫使德国放弃上海撤兵的第三个条件，英国首先向清政府施加压力，要求清政府拒绝德国的要求。1902年10月10日，英国外交大臣蓝斯顿将德国的保留条件电告英国驻华公使萨道义，并谓中国政府业已应允德国的要求。③10月13日，萨道义就此事与庆亲王交涉，庆亲王和外务部则一再否认与德国代办曾就长江流域问题有过协议，表示仅就德国与其他国家同时撤兵问题做过讨论。④10月16日，蓝斯顿电令萨道义转告庆亲王，阐述英国政府在上海撤兵问题上的态度，对清政府与德国就长江流域问题达成协议表示强烈不满，并威胁清政府须承担由此产生的后果，指出在上海撤兵问题上"中国利权之得能保全者，皆英国维持之力，即德法两国之得能允从者，亦吾英提倡之力。今吾英政府，转受其欺，势不得不于其所施政策，再行斟酌。设如各国戍兵，因此不能撤退，当惟庆王实任其咎"，并声明无论中国政府或总督与德国有何约定，限制中国或英国在长江一带的自由，英国概不承认。⑤10月17日，萨道义并奉命将上述意思电告英国驻汉口和南京的领事，令他们分别面谒湖广总督和两江总督，告诉后者，英国政府对于他们应允德国的第三个保留条件"大不以为然"，无论中国政府或总督有何约款，英国概不承认。⑥

---

① 《外务部致德葛署使》（1902年10月13日），外务部档案，02-26-04-01-003。
② 《外务部致法贾署使》（1902年10月15日），外务部档案，02-26-04-01-004。
③ 《蓝侯致驻华英使萨道义电》（1902年10月10日），《蓝皮书上海撤兵册》，第24—25页。
④ 《驻华英使萨道义致蓝侯电》（1902年10月15日），《蓝皮书上海撤兵册》，第27页。
⑤ 《蓝侯致驻华英使萨道义电》（1902年10月16日），《蓝皮书上海撤兵册》，第27页。
⑥ 《驻华英使萨道义致蓝侯电》（1902年10月17日），《蓝皮书上海撤兵册》，第28页。

10月20日，萨道义将蓝斯顿16日来电内容照知外务部，除强调英国在撤兵问题上的首倡之功，责备中国政府在未知会英国的情况下答应德国和法国提出的关于撤兵的先决条件外，谴责中国此等举动"有乖睦谊，殊深诧异"，亲王明知英国政府帮助中国退兵之事，却"暗相私议，讳莫如深"。既然如此，英国政府对于撤兵一事不得不另行斟酌。另外，他将英国政府给德国的答复大意转告中国政府，明确表示，德国所提关于长江一带的保留条件，英国政府认为"此节本可不必，而此时尤为不可"。最后，萨道义声明，无论中国政府及江湖两督如何应允各情，所有长江一带中英两国弹压及保护一切英国利益自由之权均不能为其限制。①

在英国方面提出抗议之后，清政府方面也认识到此前向德国所做的承诺有些不妥。10月20日，庆亲王在接到英国公使萨道义的照会后当即承诺，中国不会作任何约定，妨碍英国在长江所有的利权。②同时，署湖广总督端方也向英国驻汉口总领事保证，无论何项密约、无论何项约款，未经知会各国，特别是英国政府，概不签押；并向英国领事表示，撤退上海驻军问题，若欲议订条款，应秉公更改，统指中国所属之地（即不限于长江），由各国与中国政府立一公约，以为担保。③代理两江总督张之洞则一方面向英国驻南京领事表示他并未听说与德国所拟条款之事，且谓此等条款自己不会拟订，因为这会限制中国自主之权，且有损中国自主之国体；④另一方面，张之洞于10月21日致电外务部，也认为清政府此前就保护长江流域权利向德国所做的承诺不妥，应扩大到全国，建议外务部致电德国驻华公使，加以纠正。⑤

根据张之洞、端方等人的建议，10月26日外务部再次照会德国代办葛尔士和法国代办贾思纳，将保护中国自主之权由长江流域扩大到中国全境，照会称，"各国允撤驻沪兵队一事，前准驻署大臣照会业于本月十二日、十四日照复在案，兹因前文意犹未尽，特再详细声明以免误会，查中国与各友邦同敦睦谊，均系一律相待并无歧视，中国系独立自主之国，应

---

① 《英国公使萨道义致外务部》（1902年10月20日），外务部档案，02-26-002-02-118。
② 《驻华英使萨道义致蓝侯电》（1902年10月20日），《蓝皮书上海撤兵册》，第29页。
③ 《驻华英使萨道义致蓝侯电》（1902年10月20日），《蓝皮书上海撤兵册》，第29页。
④ 《驻华英使萨道义致蓝侯电》（1902年10月22日），《蓝皮书上海撤兵册》，第30页。
⑤ 《署两江总督致外务部》（1902年10月21日），外务部档案，02-26-002-02-119。

享自主之权，不独扬子江一带为然，凡中国十八省满洲蒙古所有大清一统全境地方皆系中国自有之权利，皆不能专让他国，无论何国，无论何处，亦均不能让与各项权利，致与中国自主之权稍有妨碍，此系中国政府一定之宗旨，事事统论全局并非专指一隅而言，为此再行明晰照会贵署大臣，仍希转达贵国政府"①。

对于清政府的这一补充声明，德国政府自然不便反对。10月27日，德国首相布洛夫致电德国驻华代办葛尔士，表示同意中国中央政府与张之洞总督现在的保证，即将限定的范围由长江扩充到全中国。针对英国公使责备中国政府在未得到所有占领上海国家同意的情况下即同意德国的要求，德国政府为了坚定中国的态度，令代办转告中国政府，中国是独立自主的国家，发表宣言不需要其他国家的许可，所以也不需要英国的许可，来向德国发表一个仅仅是为保持现状的宣言。另外，布洛夫请代办再次向中国保证，无须顾虑德国所要求的宣言会造成任何困难，德国正就此事与英国友好地交换意见，希望能迅速达成谅解，德国为了迁就中国的愿望已放弃只限于扬子江的说法，以消除英国的疑虑，德国直接与中国达成谅解，证明了德国为迅速撤退上海驻军事不准备制造困难，因此其他有关列强也应该在这问题上勿与中国为难。②

与此同时，英、德两国通过谈判，在上海撤兵问题上也很快达成谅解。10月26日，德国首相布洛夫致电德国驻英大使梅特涅，对英国外交大臣蓝斯顿10月11日的照会提出异议，坚持德国提出的上海撤兵第三个条件是合理的。他指出德国可以不反对英国提议由四国彼此声明保证现在或将来不向中国要求任何利益，但要达到双方所期待的目的，这是不够的，因为这样做不能阻止中国因其他理由对另一国让与特殊权利，因此德国政府要求中国方面作一个包括各种可能的声明并不多余。并且，中国政府声明不放弃中国的任何主权，这并不违反门户开放原则，也不会使任何与中国有关的国家感到不快，因为它们曾屡次宣言，欲尊重中国的主权和门户开放的原则。再者，布洛夫坚持认为，鉴于长江流域对世界商业的重要性，在上海撤兵之际要求清政府就维护长江流域主权和完整向列强发表

---

① 《外务部致德国署公使葛、法国公使贾》（1902年10月26日），外务部档案，02-26-002-02-133。
② 《帝国首相布洛夫伯爵致驻北京代办葛尔士男爵电》（1902年10月27日），《德国外交文件有关中国交涉史料选译》第2卷，孙瑞芹译，第437—438页。

一个宣言，这是十分必要的。而考虑到德国当初参加占领上海的动机是由于它担心中国两年前所经历的严重的内政危机可能促使长江流域现状的改变，因此，德国要求就长江流域发表一个宣言，也是十分合理的；相反，现在把保留主权扩充到长江流域以外地区作为撤出上海的先决条件，反而是不合理的。此外，针对英国所谓现有的协定已经足够保证门户开放原则，以及中国政府的新宣言反而有碍现有协定的说法，布洛夫表示，现有的各种协定，特别是1900年10月16日德英协定和列强由美国动议而公开宣布承认的门户开放原则，将不会因为中国的这个宣言而受损害，因为中国没有参加这些协定，形式上不受它们约束，这些协定反而将因为这一宣言而得到补充和巩固。①

10月27日，在德国驻英大使梅特涅当面转达德国首相布洛夫上述意见后，英国外交大臣蓝斯顿对上海撤兵谈判因为德国要求与中国政府及长江地区总督缔结一个新条约而忽然停顿表示遗憾，同时坦率阐述了英国反对德国这一要求的理由，指出在德国、法国和俄国分别在中国山东、云南和华北地区获取特权的情况下，德国政府要求清政府就长江流域主权问题做出承诺，缔结一个条约，严重妨碍英国在长江流域的利益，"以束缚它的自由，并断绝将来可能给它的有利机会"，这是英国政府无法接受的。蓝斯顿还表示在英国政府既已赞同德国所提撤兵第一、第二两个条件的情况下，德国的要求将严重损害两国关系，"予此间舆论一个反对德国的新借口"。②

在这次会谈之后，德国方面为避免恶化与英国的关系，尤其担心英国在撤兵谈判失败情况下可能会设法在一个不违反门户开放原则的方式下在扬子江任何地方取得一个立足点，③ 很快改变态度，决定放弃第三个撤兵条件。10月30日，德国驻英大使照会英国外交大臣，声称德国所拟上海撤兵的第三条件"已承中国政府允许，颇见满意，则此第三条款，毋庸再赘一词"。④英国外交大臣也于同日致电驻德、法、日各使，通知他们德国

---

① 《帝国首相布洛夫伯爵致驻伦敦大使梅特涅伯爵电草稿》（1902年10月26日），《德国外交文件有关中国交涉史料选译》第2卷，孙瑞芹译，第434—435页。
② 《驻伦敦大使梅特涅伯爵上帝国首相布洛夫伯爵公文》（1902年10月27日），《德国外交文件有关中国交涉史料选译》第2卷，孙瑞芹译，第435—437页。
③ 按：德国皇帝威廉二世在梅特涅10月27日的报告中就这样批注道："这正是我所经常害怕的，也是我们海军官员对之应该有所警惕的。"
④ 《蓝侯致驻德英使黎士鲁司书》（1902年10月30日），《蓝皮书上海撤兵册》，第31页。

放弃第三条的消息。①德国与英国在撤兵问题上的意见分歧由此消除。

尽管英、德最终和解,但经此龃龉之后,四国撤兵并不像当初所约定的那样经协商同时进行,而是各自分头行动。其中,日本在四国之中最早撤出上海,1902年11月16日日本代办松井庆四郎照会外务部,通知清政府,日本政府决定日内撤退沪兵,并声明将来如有别国军队登岸,日本也保留有同样权利,仍应派遣前往,无论有何条款,概不受其牵制。②11月21日,日本驻上海军队全部撤回。③继日本之后,英国政府于11月24日派遣运输舰"克利夫"号(Clive)从孟买出发开往上海;④11月28日晚命令上海英军于12月20日撤离上海前往印度。⑤在得知日本和英国的撤兵消息之后,法国政府于12月2日召开部长会议,决定由海军和殖民地部具体负责撤兵事宜,拟于20日与英国同时撤军。⑥12月20日下午4点半,由印度支那总督租用的"埃克塞尔曼上将"号(l'Amiral Excelman)到达上海,12月26日9时整法国军队全部上船、撤离上海。⑦德国政府虽然有意与其他国家一道撤兵,11月23日德国外交大臣李福芬致电德国驻华代办葛尔士,要求他通知德国驻沪领事,授权上海的德国占领军司令与其他国家的驻军司令协商同时撤兵的时间与方式。⑧但在得知英国驻军已决定单独撤兵的消息后,德国方面也放弃与英国协商,12月2日德国外交大臣指示驻英大使无须主动与英国外交大臣进一步讨论撤兵问题。⑨12月7日,

---

① 《蓝侯致驻德驻法驻日各公使电》(1902年10月30日),《蓝皮书上海撤兵册》,第30页。
② 《日本国署公使松井庆四郎致外务部》(1902年11月16日),外务部档案,02-26-003-01-033。
③ 《日本国署公使松井庆四郎致外务部》(1902年11月26日),外务部档案,02-26-003-01-046。
④ Delcassé au Général André, 26 novembre 1902, *Documents Diplomatiques*, *Evacuation de Shanghai*, 1900-1903, p. 19.
⑤ Ratard à Delcassé, 29 novembre 1902, *Documents Diplomatiques*, *Evacuation de Shanghai*, 1900-1903, p. 19.
⑥ Delcassé à Dubail, Delcassé au Général André, 4 décembre 1902, *Documents Diplomatiques*, *Evacuation de Shanghai*, 1900-1903, pp. 20-21.
⑦ Ratard à Delcassé, 26 décembre 1902, *Documents Diplomatiques*, *Evacuation de Shanghai*, 1900-1903, pp. 25-26.
⑧ 《外交大臣李福芬男爵致驻北京代办葛尔士男爵电》(1902年11月23日),《德国外交文件有关中国交涉史料选译》第2卷,孙瑞芹译,第447—448页。
⑨ 《外交大臣李福芬男爵致驻伦敦大使梅特涅伯爵电》(1902年12月2日),《德国外交文件有关中国交涉史料选译》第2卷,孙瑞芹译,第449页。

德国政府在首相官邸举行会议,就撤军问题做出部署。① 1903 年 1 月 3 日上午 9 时,除留下 50 人从事清算工作和保卫营地外,德军全部撤离上海。②

　　义和团运动时期,列强围绕上海驻军和撤军问题展开的交涉,一方面反映了上海的重要地位,另一方面也具体揭示了列强之间的矛盾,是 19 世纪末列强争夺势力范围的一个延续。英国最早提出上海驻军问题,显然将上海和长江流域当作自己的势力范围,视自己为这一地区的主人。而德、法、日等国的驻军要求和提出的撤军条件及其他列强的反应,无疑否定了英国在上海和长江领域的特殊地位,一定程度确定了上海是列强的共同"乐园"这一事实。因此,上海驻军和撤军问题是义和团运动时期英国对华政策的一个失败之举,表明随着德、法、日、俄、美等列强在华势力的扩大,大英帝国的优势地位正在逐渐丧失,英国并不是上海和长江流域的唯一主人。

---

　　① 《外交大臣李福芬男爵的记录》(1902 年 12 月 7 日),《德国外交文件有关中国交涉史料选译》第 2 卷,孙瑞芹译,第 449—450 页。
　　② Ratard à Delcassé, 3 janvier 1903, *Documents Diplomatiques*, *Evacuation de Shanghai*, 1900 – 1903, p. 26.

第八章 法国与清朝的覆灭

1901年《辛丑条约》签订后，随着中国半殖民地化的加深，中国政局愈益受到列强的影响，同时，列强也更加关注中国政局的演变。法国作为在东亚和中国拥有巨大利益和影响的国家，如同英、美、俄、德、日等列强一样，对清末政局的演变也给予极大的关注并采取了相应的措施。本章拟从中法两国政府关系的角度，来考察法国政府在革命酝酿阶段对革命党和清政府的态度、法国外交官对清末政局的观察与预测、清王朝的覆灭与法国的反应以及法国与其他国家的合作和竞争，从中揭示包括法国在内的列强在中国政局动荡之际的反应及其决策背后的深层动机。

一 避难与引渡：从中立走向法清合作

清末政局出现的最大挑战是革命的形成。而在革命的形成过程中，以孙中山为首的革命党人曾长期在法国的势力范围华南地区及法属殖民地越南等地从事反清武装起义。这样，如何对待在越革命党人的避难、反清活动与清政府的引渡要求，就成为辛亥革命爆发前法国对华关系中面临的一个重要问题，特别是在1905年同盟会成立、革命形势迅速发展之后。

在这个问题上，法国政府内部一度存在不同意见。大体说来，法越当局和中国南方地区的法国外交官考虑到革命党人在华南和东南亚等地的势力和影响及海外华侨对革命党人的支持，对孙中山革命党人的活动持容忍或默许态度，倾向于加以利用。如法国驻蒙自领事侯耀（Réau）在1905年2月9日《与孙逸仙的谈话》报告中就比较肯定孙中山革命党人的影响力，写道："我们知道这位有名望的煽动者在中国南方诸省中拥有赫赫权势，以及他如何三次试图在这些省份发动起义（1895年、1900年、1903

年)。目前广西的暴动便是在他的领导下,由他的党提供基金,由他的拥护者们进行的。广西的暴动两年来使官兵受困、束手无策。所以,孙逸仙和革命党人的改革运动代表了中国问题中的重要因素。因此,我们觉得,尽管他的声明有点奇怪且带着颠覆性,把它们收集起来却有一定意义。"① 法国驻上海总领事巨籁达对孙中山的事业也抱有同情的态度,在孙中山途经上海赴日本时,还专门安排人去采访,并称孙中山为"伟大的革命家"。

对于清政府引用1886年4月25日中法签订的《越南边界通商章程》第17款的条文②,要求法国政府命令法越当局引渡革命党人,法越当局和中国南方地区的法国外交官也持反对态度。1906年6月,两广总督派遣温宗尧道台和负责广州警务的杨士成到法国驻广州领事馆咨询并希望法国驻广州领事甘司东(Kahn)要求西贡当局逮捕和引渡孙中山,甘司东当面加以拒绝,表示不能随意逮捕和引渡孙中山,因为孙中山不是一般的罪犯,而是政治煽动者,而且孙中山是否到西贡也未能确定。在发给越督博努尔和法国驻华公使的电报中,他也主张对革命党人采取中立态度,指出"让孙逸仙留在印度支那或逮捕他显得同样的危险";③"暴乱煽动者和政府当权者同样都不怎么排外,所以外国人似乎无所谓采取支持或反对这一方或那一方的态度","在这种情况下,对煽动者们保持严格的中立是有好处的,而且最理想的是让孙逸仙离去"④。法越总督博努尔也基本赞同甘司东的建议,在写给法国殖民部长的报告中同意一旦孙中山试图返回印度支那,将即刻请他离开法国的这个属地,但同时坚决反对将孙中山和革命党人引渡给清朝政府,指出鉴于英国和日本对孙中山的友好态度,"要我们把一个仅仅被指控为政治煽动分子的人交给中国政府是不可能的"。⑤

与此相反,法国驻北京使馆的外交官则明显倾向清政府,认为孙中山

---

① 《与孙逸仙的谈话》(1905年2月9日),章开沅、罗福惠、严昌洪主编《辛亥革命史资料新编》(7),湖北人民出版社2006年版,第3页。
② 第17款条文规定:"至中国人民因犯法逃往越南,由中国官照会法国官,访查严拿,查明实系罪犯交出,照法国与别国所订互交逃犯之约最优之章办理。"王铁崖编《中外旧约章汇编》第1册,生活·读书·新知三联书店1957年版,第482页。
③ 《甘司东致印支总督》(1906年6月15日),《辛亥革命史资料新编》(7),第34—35页。
④ 《甘司东致法国驻华公使》(1906年6月15日),《辛亥革命史资料新编》(7),第35页。
⑤ 《殖民部长致外交部长》(1907年6月20日,巴黎)、《外交部长致殖民部长》(1907年6月24日,巴黎),《辛亥革命史资料新编》(7),第57—58页。

及其领导的革命运动没有前途,容忍孙中山革命党人在华南和越南等地从事反清活动不符合法国利益,损害法国与清朝政府的关系。如法国驻华代办吕班对革命党人充满敌意,将孙中山看作"骚乱"的"煽动者"和"阴谋家",认为法国与孙中山革命党人发生关系没有价值,他在1905年11月1日写给法国外交部长的《关于煽动者孙逸仙》的报告中这样写道:"我们与孙逸仙搅在一起毫无好处。当然,孙曾经在某段时间中得到过他的许多南方同胞的好感,但是现在他的会员正在一天天减少,同时他的资金也将告罄,当初相信他的信仰的人,信心也日渐衰退。"①法国驻华公使巴思德(Bapst)对孙中山及其领导的革命事业也不予同情,认为孙中山计划即使能成功,对法国而言,也没有什么值得庆幸的地方,因为"改革主义分子,不管他们眼下对外国人有多么温柔体贴,我担心,他们在民族观念上,比当前这个软弱而无威望的政府更加强硬"。②对于清政府提出的引渡革命党人的要求,巴思德更倾向于配合,他在1907年6月13日写给法国外交部长毕盛的函中,虽然承认孙中山在华南的反清活动并没有给法国人的人身和财产造成损失,但同时极力诋毁孙中山,认为孙中山不可能成为未来中国的领导人,与之联合没有好处,劝说法国政府不要支持孙中山的革命事业,指出:"给这个人以庇护就成了中国政府眼里明显的敌对行为。所以如果我们不想使中国政府不满,那我们就得同孙和他的事业分开。……我重申一遍,我不能相信孙逸仙是一股有前途的力量,同他联合有什么好处。在我看来,即使满清皇朝垮台了,他也不会被请来当中国的领导人。"③

在如何对待孙中山和革命党人在印度支那的革命活动问题上,法国政府截至1907年6月底基本上采纳了两派的意见。在收到驻华公使巴思德1906年10月15日、18日的来电后,法国外交部长即于10月27日致函殖民部长,称"在中国目前的舆论状况下,不要让人家指责我们帮助满清皇朝仇敌的犯罪活动谋求好处"。④殖民部长在11月9日的回复中表示,"在这一点上,我完全同意您的看法",并于当天寄发急件,要求越南总督采

---

① 《吕班致外交部长》(1905年11月1日),《辛亥革命史资料新编》(7),第8—9页。
② 《巴思德致外交部长》(1906年10月15日),《辛亥革命史资料新编》(7),第46—47页。
③ 《巴思德致外交部长》(1907年6月13日),《辛亥革命史资料新编》(7),第56页。
④ 当时革命党人正争取在印度支那购买一些武器。

取必要措施，以防止孙中山的信奉者们在法国殖民地获得补给。①而在1907年6月底法国外交部长和殖民部长彼此通信中，他们又一致对法越总督博努尔的意见表示认可，即既不让孙中山在越南避难，但也拒绝清政府提出的逮捕和引渡的要求。②

法国政府的这一态度显然不是清政府愿意接受的。不久，清政府就因"梁秀春案"③加强与法国政府的交涉。1907年7月20日，外务部照会法国公使巴思德，要求后者致电越督按照1886年中法签订的《越南边界通商章程》第17款规定，将革命党人梁秀春、李世桂等严密查拿，解交中国官员审办。④8月8日和21日，在得知梁秀春等在谅江府被法越当局拿获的消息后，外务部又两次照会法国代办潘苏纳（Boissonnas），要求潘迅即致电越督，务必将梁等照约扣留交解中国，强调梁秀春系侵蚀饷项要犯，与国事犯不同，不能将之释放，其罪案凭据可抄送法领阅看。⑤

对清政府所提要求，法国代办潘苏纳倾向于配合。他在收到外务部第一封照会后即将外务部要求转达越督。⑥而在收到21日清政府照会，得知越督并未将案犯解交清朝地方政府后，他不但将案情咨行越督，希望越督配合，还于8月31日致电法国外交部长，抱怨越督拒绝清政府方面的要求，不将梁秀春等移交给清政府是不明智的，"会给我们在中国的利益带来某种损害"，指出："我不知道清皇朝在中国还能统治多久，但是目前它还统治着中国。我们要打交道的是清皇朝的政府。我们在这个国家要维护和发展巨大的利益，这只有在中国政府的帮助和支持下才可能做到。"他

---

① 《殖民部长致外交部长》（1906年11月9日），《辛亥革命史资料新编》（7），第48页。

② 《殖民部长致外交部长》（1907年6月20日）、《外交部长致殖民部长》（1907年6月24日），《辛亥革命史资料新编》（7），第57—58页。

③ 按：梁秀春系广西提督苏元春旧部，1904年初因"亏饷短械"被革职拿办而潜逃越南，后参加孙中山领导的反清革命活动。1907年，梁秀春与已被革职的广东都司李世桂及江子山、杨寿彭、黄龙生等人在中越边界聚集力量，准备起义，引起两广地方当局的不安，此即外务部与法国公使交涉，要求将梁秀春引渡回国的背景。参见广西壮族自治区地方志编纂委员会编《广西通志·外事志》，广西人民出版社1998年版，第四篇第四章第二节司法交涉。

④ 《外务部致法巴使》（1907年7月20日），台北"中研院"近代史研究所档案馆藏，外务部档案，02-18-003-04-001。

⑤ 《外务部致法潘署使》（1907年8月8日）、《外务部致法潘署使》（1907年8月21日），外务部档案，02-18-003-04-002、02-18-003-04-003。

⑥ 《法潘署使致外务部》（1907年8月27日），外务部档案，02-18-003-04-004。

建议法国政府不要对孙中山等革命党人寄予希望，应认真考虑清政府方面的要求。① 而在 9 月 20 日与外务部左侍郎联芳的晤谈中，鉴于越督已经以政治犯释放了梁秀春，潘苏纳虽然为越督辩护，表示梁秀春此次所犯之罪确系公罪，无交出之理，但他建议外务部将犯罪证据交由中国驻法公使，由后者向法国政府直接交涉。②

在潘苏纳等人的建议下，法国政府的态度开始发生转变，重新考虑和制定对南方革命党人的政策，并与清政府合作协商解决办法。在法国政府的授意下，1907 年 12 月法国驻广州领事甘司东就如何对待逃到越南避难的革命党人拟定了一个详细的《备忘录》。该《备忘录》虽然将那些可能影响中法两国关系的人按情况分为四类：交战者、叛乱分子、海盗和革命者，并拒绝清政府在法属越南领土上对革命党采取行动，但明确宣称其基本精神"主要是为了使中国政府感到满意、放心，从而消除对法国的成见"。因此，该《备忘录》在处理革命党人问题上最大限度地满足了清政府的要求，主张对在法属领土上从事反清活动的革命党人采取直接措施，必须立即解除他们的武装，并加以拘禁，以免他们重新回到中国境内从事革命活动，拘禁费用则由清政府负担。为不给革命党人以政治犯身份要求避难提供法律依据，该《备忘录》还授意在与清政府协商时"建议尽可能扩大'叛乱'这个概念的范围，将它援用在印度支那避难的一切革命者身上，以便指控他们犯有手持武器的叛乱行为"。③ 1908 年年初，清政府进一步就中法合作取缔和镇压南方革命党人活动提出 5 条具体建议，概括起来就是：中法联合驱散革命党人在法国属地集会、禁止从事反清宣传活动、拘禁在越南避难的革命党人、引渡触犯普通法的罪犯、在边界禁止军火走私和军需供应。④ 对于清政府所提这 5 条建议，法国殖民部代理部长除对个别文字做了修改外，于 5 月 22 日致函

---

① 《潘苏纳致外交部长》（1907 年 8 月 31 日），《辛亥革命史资料新编》（7），第 60—62 页。
② 《法潘使偕翻译到署联大人接晤》（1907 年 9 月 20 日），外务部档案，02-18-003-04-006。
③ 《关于中国南方的骚乱，对在印度支那属地上的避难者应采取的立场》（1907 年 12 月 9 日），《辛亥革命史资料新编》（7），第 67—70 页。
④ 《外务部致法巴使节略》（1908 年 3 月 13 日），外务部档案，02-18-003-05-002；《外务部致法国驻华公使》（1908 年 3 月 15 日，北京），《辛亥革命史资料新编》（7），第 72—73 页。

外交部长毕盛，表示"可以接受"①。

随着法国政府对南方革命党人政策的转变，法越当局和法国政府一道采取措施，与清政府配合，对革命党人在越南的活动加以取缔。1908年2月14日，法国殖民部长致函毕盛，通告法越当局甚至将在河内的革命党人拘捕、关押，拘禁了58人。为防止他们逃跑，越督博努尔下令加强警戒，如发生逃跑，则把这些政治避难者关进昆仑岛，敦请将此情况通报清政府。②

正当中法两国政府就合作镇压革命党问题进行磋商之际，4月30日发生云南河口起义。③5月4日和6日，外务部通过驻法公使刘式训和法国公使巴思德，要求法国政府迅速饬令越督查照会巡章程，严令有关官员认真禁办，严密稽查，万勿隐助或纵容"该乱党等僭匿越境，遇便滋扰，庶两国边境可保治安，中法邦交益臻亲睦"④。并要求云南境内火车准中国官兵随时登车检查。⑤对此，法国政府表示愿配合。5月6日，法国外交部长向中国公使刘式训表示："滇边滇路关系重要，中法友谊素敦，自当竭力相助，已切电越督查报详情，并按照商定办法，将窜入匪党捕拏圈禁，另严饬文武认真防范，不准稍有纵容。"⑥5月7日，法国殖民部政务和行政事务司司长R.伐塞尔也致电越督，令其对边界实行有效的警戒，阻止革命党人在越南避难，拘捕一切可疑分子并禁止在大城镇进行任何革命宣传，需要时驱逐任何已确实证明与叛匪持有联系的个人。⑦甚至对于清政府提出的滇省拟派员登火车稽查要求，法国政府也表示"苟于路工及行车无碍，则甚愿婉商公司照允，以示坦白而表睦谊"⑧。另外，法国外交部与殖民地部达成协议，在河内的华商如经证实确与革命党人有关系，将被催促即刻离开东京湾。毕盛向刘式训表示，"法国当局对帝国政府的态度完全正确，

---

① 《殖民部代理部长致外交部长》（1908年5月22日），《辛亥革命史资料新编》（7），第95—96页。
② 《殖民部长致外交部长》（1908年2月14日），《辛亥革命史资料新编》（7），第72页。
③ 按：这是孙中山在华南地区亲自领导的第六次武装起义。既往的研究多将这次起义的失败归咎于革命军内部的矛盾。但从清方档案来看，这次起义的失败实与清政府的高度重视分不开。
④ 《外务部致驻法公使刘式训电》（1908年5月4日），中国史学会编：（中国近代史资料丛刊）《辛亥革命》第3册，上海人民出版社1957年版，第271—272页。
⑤ 《外务部致云贵总督锡良电》（1908年5月6日），《辛亥革命》第3册，第278页。
⑥ 《驻法公使刘式训致外务部电》（1908年5月6日），《辛亥革命》第3册，第280页。
⑦ 《殖民部致法印度支那总督》（1908年5月7日），《辛亥革命史资料新编》（7），第91页。
⑧ 《驻法公使刘式训致外务部电》（1908年5月14日），《辛亥革命》第3册，第292页。

这是不容否认和不应该加以怀疑的"。① 5月26日，清军攻占河口。清政府担心革命党人逃入越境，便照会法国公使，请其电越督严饬各防汛认真堵截。据5月27日驻法公使刘式训给外务部的电报，法方确实配合了清政府，"窜入北圻之匪党皆截捕圈禁"②，"圈禁匪数共百余名"。③由此可见法国政府的合作态度。

1908年6月底，法国政府在一份关于中国南方的骚乱和法国的要求的文件中，对于法国的对华政策、在革命党与清政府之间的选择及其动机做了剖析，指出法国政府之所以不支持中国革命党人在越南的活动和居留，是因为革命党人是"明确地反对皇朝、反对洋人的"，"如果我们不考虑任何法律问题，支持革命党人，那么，我们给予他们的支持很可能便会回过头来反对我们，在东京湾的百姓中传播危险的动乱"④。

此后，法国政府为了利用清政府的政治危机扩大法国在华权益，实现其长期以来未能获得满足的愿望，继续成批拘捕革命党人，以致法越当局不堪重负，向法国政府建议将一部分在押的革命党人解往柬埔寨和交趾支那，他们在东京拘禁点的数目缩减到六百余人。⑤尽管法国外交部长毕盛将拘禁的革命党人作为向清政府索取利益的筹码，反对将拘禁的革命党人转移他处，甚至主张拘禁更多的改革主义分子和革命党人，认为"继续通过行政措施拘禁被我军捕获的改革主义分子和革命党人，这对我们有百利而无一弊"。⑥但考虑到拘禁大批革命党人给法属殖民地安全所带来的危险以及由此产生的巨额费用，法国政府最终还是接受法越当局的意见，与英国政府协商，就遣送被驱逐出印度支那的革命党人到新加坡的条件、人数、程序等问题达成协议。⑦

在与清政府展开合作的基础上，1909年1月4日法国政府就处理越南

---

① 《毕盛致中国驻法公使》（1908年5月18日），《辛亥革命史资料新编》（7），第93—94页。
② 《驻法公使刘式训致外务部电》（1908年5月27日），《辛亥革命》第3册，第308页。
③ 《驻法公使刘式训致外务部电》（1908年5月29日），《辛亥革命》第3册，第310页。
④ 《外交部长工作参考材料摘要》（1908年6月30日），《辛亥革命史资料新编》（7），第113—119页。
⑤ 《外交部长致殖民部长》（1908年7月16日），《辛亥革命史资料新编》（7），第122—123页。
⑥ 《外交部长致殖民部长》（1908年7月29日），《辛亥革命史资料新编》（7），第124—125页。
⑦ 《殖民部长致外交部长》（1908年8月27日），《辛亥革命史资料新编》（7），第128页。

境内的中国革命党人问题，与清政府最终达成并签署正式协议——《中法会商禁止逆党章程》，共5条：

> 第一条 法国官员如查知有中国叛匪在越境成股，即当随时实力解散，如有前项情事，由中国官员查出。一经知会法汛或由领事转达，越督亦当照办。
> 第二条 如有匪党在越境或用报章或用他项宣布之法传播悖逆之论说，均由法国官员禁止并将为首之人或驱逐出境或按法国律例惩治，若有越文报纸干犯前项，亦随时停禁。
> 第三条 凡携带军械单行或成股之匪业经与中国官军抗敌，或在中国地方扰乱治安逃匿在法界者，当将军械索扣，匪人拘管，由法国政府酌定拘管期限，俟限满后，将该匪驱逐出境，并一面知会中国政府。其所有一切拘管用费，由法官知照中国官担承拨还。又或将该匪党逐出境外，亦可永远不准在越南或越属来往并设法使其人不能再入中国边界。
> 第四条 凡曾在中国抢劫或犯私罪人犯，中国有请解交者，应由中国官照会越督并将其人犯罪案由全卷随文附送以便核办，如有可以允交之处，一经交犯，案件应行各事均皆办妥后，即照光绪十二年三月二十二日商约第十七款将该犯解交中国官办理，如其人供称系国事犯或与国事犯有涉及者，应将所犯罪案切实根究毋任朦脱。
> 第五条 如有匪徒私运军火，两国边界官员应均设法实力查禁以杜偷漏接济等弊。①

从上述内容看，法国政府已与清政府合作禁止革命党人在法属印度支那境内从事革命活动、宣传或运送革命所需要的武器弹药等军需物资，从精神、物质与组织等全方位阻止革命党人在越南领土上从事反清活动。法国选择与中国的合法政府合作，自然是为了自身利益的现实考虑，同时也怕革命者的活动影响越南殖民地人民起来反抗法国的殖民统治，从而引火烧身。至此，法国与清政府在镇压革命党问题上的合作已通过法律的形式确定下来，法国从最初的中立走向与清政府的合作。

---

① 《中法会商禁止逆党章程》(1909年1月4日)，外务部档案，02-18-003-02-001。

二　法国外交官对清末政局的观察与研判

　　清末政局出现的另一个引人注目的问题是清廷朝政的变动和走向，特别是1905年日俄战争结束、清政府推出预备立宪改革方案之后，不但国内舆论争论不断，各国在华外交官们也密切关注。

　　对于日俄战争之后中国境内普遍出现的改革思潮，法国外交官并不看好。1906年5月17日，法国驻华代办顾瑞（F. Gouget）在一份致外交部长的报告中就尖锐批评当时中国朝野所表现出来的不顾实际、急于求成的激进改革心理，将不但造成人们思想的严重混乱，且激化统治集团内部的权力斗争，指出："中国人带着即刻改革的毫无理由的非分之想，砸碎了使大家俯首帖耳的陈旧枷锁"，在新房子的工程图都还没定下来之前，先摧毁了旧屋。"人人都寻找能使中国尽快独立于世界民族的方法，效法日本便在他们看来成了必然的途径。但是，在如何进行这种改革的方法问题上，人人的意见都不一致。"在这种情况下，清政府所推出的各项改革并无益于巩固清朝的统治，"既不能为它取得本国国民们的赞同，又常常引起外国人的不满，结果使骚乱有增无减"。他预测清政府很有可能在中国民族主义的风暴中被推翻，中国由此会陷入内战和分裂之中，"如果形势不揭示出那个负有天命的人，使一切恢复秩序，那么我们也许将看到这个国家在来自内部的各种力量的推动下四分五裂，从而实现'瓜分中国'"。而有意思的是，在分析了中国的现状和可怕的将来之后，这位法国代办还认为欧洲列强对导致这一局面负有很大一部分责任："正是欧洲在说明那些方法的裨益之前，便急急忙忙地把那些中国不想要的方法强加给它。因为正是欧洲，在1900年动乱之后，粗暴而又没有决心地干预这个国家，接着，在它的利益还没有得到任何有效的保障前，便懈怠了，松了手。真可以说，每个列强都随时准备为了一点点眼前利益而弃共同行动于不顾，殊不知，以损害他人利益为代价取得的胜利却正是全体列强的失败。"[①]如实道出了列强对中国政局的影响。

　　1907年春夏之交清朝统治集团内部发生的"丁未政潮"，进一步加深

---

① 《法国驻华公使馆代办顾瑞致外交部长》（1906年5月17日），《辛亥革命史资料新编》(7)，第33—34页。

了法国外交官对清朝统治的担忧。同年 8 月 31 日，法国代办潘苏纳在写给法国外交部长的报告中就认为这场权力斗争严重削弱了清政府的统治能力，写道："国事不宁，内阁混乱，这八个字很能说明皇太后最近颁布的几道前后不连贯的圣谕所造成的形势的特点。人们今晚不知道明天谁当阁员；人们不知道政府为什么要不断地进行阁部人事变换。颐和园宫墙里，在一个沦落成幽灵状态的皇帝周围，在一个年逾七旬，由于偏瘫而口歪鼻斜、但统治之心执拗不变的皇太后周围，正进行着一场关系中国前途的争斗。接二连三但又前后矛盾的圣谕不时告诉我们谁是当日的胜利者，然而，归根到底却没谁占上风，争斗还在继续。"他转述美国驻华公使柔克义当天对中国形势的看法："中国的形势的确严重，这不仅是由于革命党人力量大，更是由于政府的衰败。政府没有人，没有一个人。倘使发生什么事变，一次普通的谋杀，皇太后身故，便将引起一片恐慌和混乱。中国政府不会再反抗，它很衰弱，从来也没有这么衰弱过。它很清楚危机四伏。它感受到了老百姓的不满对它的威胁，感受到了在它周围缔结的、既不听取它的意见又在保证其独立自主的那些国际协定对它的威胁。它眼下有高丽作为榜样，这个榜样使它感到震惊。它甚至看到了解救的办法：一支强大的军队，一个中央集权政府。只是，如果说它已经清楚地看到了应该达到的目标，事实上它却不知道如何才能达到它。各人提出各人的解救办法，从而导致了那些圣谕接二连三地颁布，却又互相矛盾。"对于当时中国朝野把挽救清廷、扭转衰败的希望寄托在袁世凯和张之洞身上，潘苏纳也持怀疑态度，他转引柔克义的看法："人们相信袁世凯。此人的确很聪明。他能把有才能的人搜罗在自己身边，这便是他的主要优点。但他自己却不清醒。他能够组织起几个师，能比别人更好地治理他的总督管辖区。然而，订出一个深远的改革规划、领导这个规划的实施却要求具有技术上的学识，他没有，目前还没有一个中国人有。""至于张之洞，声望虽很高，是中国的第一流学者，但是如果有朝一日他到了北京"，他的声望也会面临考验。[1]

尽管法国外交官对清廷朝政和统治能力表示担忧，但鉴于革命党人发动的武装起义被清政府成功镇压，这又使得法国外交官对清朝继续维护统治怀有信心。对于当时舆论关于清政府最近有可能被革命党人推翻的传

---

[1] 《潘苏纳致外交部长》（1907 年 8 月 31 日），《辛亥革命史资料新编》（7），第 63—64 页。

言，法国驻华公使巴思德并不以为然，在 7 月 9 日发给法国政府的电报中断言这只是日本人别有用心的愿望，"他们希望看到中国一片混乱，以便从中浑水摸鱼，他们是很愿意使这种希望变成事实的。而且，我们知道，一有时机，他们便会毫不犹豫地助内讧者们一臂之力。"他指出由于缺乏领袖和四分五裂，革命党并不显得十分可怕。清王朝不管动摇到何等程度，也并不像处于下台的前夕，如果皇帝驾崩，他相信皇太后能够为他指定一个继承人，而如果皇太后也仙逝了，那么一定会有一个亲王很快掌握大权，并使之无可争议。"宫廷革命是有可能的，然而我并不以为革命党能在短期内推翻当今皇朝。"①

正是基于这种分析和判断，当清朝的两位最高统治者光绪皇帝和慈禧太后于 1908 年 11 月 14 日、15 日相继去世后，法国驻华公使巴思德一点也不为清廷朝政出现的这一重大变故感到不安和担忧。他在 15 日的报告中将光绪皇帝的去世看作是他本人的一种解脱，"是他遭受的最后一次苦难"，并认为光绪皇帝系正常病故，"陛下龙体始终十分虚弱，今年夏天的酷暑使他特别难受，哮喘发得比往常都厉害。有时，由于衰弱之极，他不得不取消大多数与外界的礼仪性接触。阁下记得，去年 9 月，我们的海军分舰队司令未能觐见皇帝，原因也在于此。差不多一个月前，陛下回到冬宫（暖香阁），健康状况更加趋于衰竭，已经到了经不住一点意外的程度。而这种意外终于以肠梗阻的形式出现。由于中国的习惯阻止医生使用也许能为皇帝排除阻塞的有效药物，而皇帝本人也再无必需的力量恢复其器官功能的正常活动。他于四十八小时后死亡。"② 在 16 日发给法国政府的报告中，巴思德对慈禧太后的去世对清廷朝政的影响不但没有担忧，反而表示庆幸："不管怎样，她的去世对新政体倒是大有裨益，因为这位性格暴躁、爱统治人的妇人的存在，终究是经常引起麻烦的原因。"与当时其他国家驻华公使和后来学者认为慈禧太后系正常病故不同的是，巴思德怀疑慈禧太后之死系被人谋害，写道：

> 不用说，公众对这位独断专横的太后的死因始终是有疑问的，不少人倾向于认为她的死不只是由于疾病的作用。前天，人们让我们相

---

① 《巴思德致外交部长》（1908 年 7 月 10 日），《辛亥革命史资料新编》（7），第 120 页。
② 《巴思德致外交部长》（1908 年 11 月 15 日），《辛亥革命史资料新编》（7），第 134 页。

图 8-1　慈禧太后着色照

信她还能颁发诏书，任命醇亲王为帝国摄政，指定小亲王溥仪为皇位继承人，接着又为溥仪登基表示庆贺。颁发这些诏书的结果是剥夺了她自己的大权，因为她没有为自己保留与醇亲王共同摄政的权利。而就在颁发这些诏书后，她竟无缘无故地去世了。所以，不管官方如何声明，流传颇广的说法却是，有人在她与外界隔绝的病房里强行取得建立新秩序的诏书后，按照中国古老的习俗，给了她一片薄薄的金子，她不得不吞服金子，金片卡住喉咙，把她窒息了。①

---

① 《巴思德致外交部长》（1908 年 11 月 16 日），《辛亥革命史资料新编》（7），第 136 页。按：有关当时列强对光绪皇帝和慈禧太后之死的反应及后人的研究，可参见崔志海《光绪皇帝和慈禧太后之死与美国政府的反应——兼论光绪死因》（《清史研究》2009 年第 3 期）及戴逸《光绪之死》（《清史研究》2008 年第 4 期）等文。

第八章 法国与清朝的覆灭　265

图 8-2　摄政王载沣与其子溥仪和溥杰

图片来自 University of Bristol - Historical Photographs of China, reference number: He03-217

　　对于摄政王载沣执政后不久就以足疾为由，将军机大臣外务部尚书袁世凯罢黜回籍，巴思德和代办潘苏纳的看法和反应也与当时美英外交官不同，认为这一事件只是对袁世凯在1898年戊戌政变中出卖光绪帝的一个报复，并不意味清廷改革政策的倒退，也不会在外交上危害列强的利益。因此，他们对就此问题向清政府进行交涉持谨慎态度，认为合适的做法是，告诫中国政府应当谨慎和节制，或使他们意识到，如果措施轻率，就有可能遭到列强的反对。①但在摄政王执政8个月之后，法国驻华代办潘苏纳便对载沣缺乏执政能力和以载沣兄弟为首的满族亲贵控制朝政深感失望和担忧。他在1909年8月2日写给法国政府的报告中指出："人们对摄政

---

① 《巴思德致外交部长》（1909年1月4日），《辛亥革命史资料新编》（7），第142页。按：有关美、英、日等列强对载沣驱袁事件的反应，请参见崔志海《摄政王载沣驱袁事件再研究》，《近代史研究》2011年第6期。

图 8-3　皇族内阁

亲王曾寄托过很大的希望。遣退袁世凯的举动给人们、即使是反对这个措施的人们的印象是，帝国元首是一个刚毅果断的人。今天，我们应当承认这个印象是错误的。摄政亲王这个抱着崇高的善良愿望的年轻人就他个人而言是无私的，然而出于无知、胆怯和软弱，他把握不了政府，也没有找到一个能人以他的名义去把握政府。"①

除关注清廷朝政的变动和走向之外，法国外交官们更关心的还是摄政王载沣上台之后中国国内出现的要求收回中国利权的高涨的民族主义运动及革命党人的起义和连绵不断的民变，担心这种局面将损害包括法国在内的欧洲列强的利益。

1909 年 12 月 25 日，新任法国驻华公使马士理（De Margerie）在致法国外交部长的报告中就对中国各地"逐日激化"的民族主义情绪表示强烈

---

① 《藩苏纳致外交部长》（1909 年 8 月 2 日），《辛亥革命史资料新编》（7），第 153—154 页。

不满和忧虑,指出社会显要和学校青年竞相宣传蛊惑人心和无政府主义的思想,这种情况使地方当局和中央政权感到恐惧和不安,捣乱的舆论和"知识分子"对国家事务的日常干预令这个政权胆战心惊。新闻界的几份主要机关报周期性地提醒持续不断地发生在广东和广西的骚乱、广州"自治政府协会"和学校青年的联合行动、自诩为新中国先锋的那些人随意散布的谣言等。所有被称为"边界的"事件,不管是在满洲,还是在蒙古、西藏、澳门,所有外国政府或辛迪加介入的事务,铁路、矿藏、军用器材或航海设备的整修,尤其成为攻击的对象。"我们可以毫不夸张地说,中国表现出了前所未有的民族感,而这种民族感的表现形式主要是对外国的仇恨,而不是对祖国的爱。"①

1910年摄政王载沣当政的第二年,中国社会危机进一步恶化。各种形式的民变愈演愈烈,多达217起,为清末十年中最多的一年,且规模和影响也越来越大,如是年发生的长沙抢米风潮和山东莱阳民变都曾震惊中外。

对中国政局所发生的这一变化,法国驻华外交官高度关注,均及时向法国政府做了汇报。其中,在1910年6月18日的一份报告中,马士理指出其所有的同僚、所有的法国代表、包括在中国居留时间较长的传教士们,一致认为形势严重。"官员们都不掩饰自己的焦虑不安。近来这种不安在某些人身上都快变成慌乱了。在这个幅员如此广大、而在这以前相对比较安定的帝国里,一段时期以来,骚乱从四面八方大幅度增长,其次数如此之多,以至我们的代理人在他们的来信中只能择要而谈了。"②在相关报告中,虽然法国驻华外交官肯定革命党人的广州起义和湖南长沙的抢米风潮并没有针对外国人,尤其广州起义不但对欧洲殖民地的安全没有产生影响,而且未引起任何排外情绪③,但他们还是认为民众的骚动随时存在转向排外的可能性。因此,马士理提醒道:"如果说十年时间已足够使中国人忘却1900年的事变,那么欧洲人对此保持记忆却不无益处。"④

对于1911年5月清政府宣布铁路收归国有政策之后中国尤其是四川爆发的保路运动,法国外交官开始时并没有意识到这一运动的严重性,认为

---

① 《马士理致外交部长》(1909年12月25日),《辛亥革命史资料新编》(7),第165页。
② 《马士理致外交部长》(1910年6月18日),《辛亥革命史资料新编》(7),第185页。
③ 《中国的事变和政局》(1910年4月2日),《辛亥革命史资料新编》(7),第167页。
④ 《马士理致外交部长》(1910年5月19日),《辛亥革命史资料新编》(7),第179页。

四川的保路运动仅仅是文人们在兴风作浪,"搞一个表面看来具有普遍意义的抗议运动"。6月,法国驻重庆的外交官仍认为这些示威活动根本不符合民众的真实感情。①在四川保路运动演变为武装起义之后,法国驻华外交官虽然对此有所认识,报告这场运动很快走向反对统治者和反对王朝的革命运动,称"斗争是严酷的,叛乱组织得非常有力"②,但仍然没有意识到它的严重性。10月9日,就在武昌起义爆发前夕,法国驻华代办乔治·裴格(Georges Picot)在向法国外交部长报告四川保路运动情况时,一方面指出"虽然官方报刊作了乐观的声明,但全省平定尚需一定时日",声称"形势仍然相当复杂,谁也不能预料乱糟糟的局面将持续多久。不安并未在朝廷和阁部中消失,前途尚不明确"。另一方面他对保路运动没有针对外国人感到庆幸,写道:"迄今为止还没见到有任何排外的表现。这是这场骚动的一个特点。正因为叛乱分子用来为造反行动辩护的理由是外国人参与了铁路国有化,因此这个特点更令人惊讶。外国人本来仿佛应该是首当其冲的受害者。"并建议法国政府和列强对主张铁路国有化的邮传部尚书盛宣怀给予支持,宣称"外国人完全应该关心旨在帮助这位大臣的行动,因为,一年来,他不顾前进道路上的一切障碍,制定了一种有利于铁路建造的政策,并使这种政策获胜",从而为中国对外开放和发展自身的经济力量做出了贡献。希望盛宣怀战胜对手们的阴谋,并对列强没有给予他必不可少的贷款表示遗憾。③而根据法国学者巴斯蒂教授的研究,在巴黎,法国政府对四川的保路运动也同样不很担心,关于这次反叛,除了报纸上简短的电讯之外,法国政府所收到的仅仅是来自北京的消息。法国政府关心的是维护法国通过各项条约所得到的权利,对清政府的命运没有表现出任何特别的不安。④

纵观法国外交官对辛亥前夕中国政局的观察,他们虽然看到中国社会危机四伏,但站在法国的立场上,他们对中国国内掀起的民族主义运动和民众的起义充满敌意,没有意识到同时也不愿看到清朝政府在即将到来的

---

① 《每月汇报第七号》(1911年6月),《辛亥革命史资料新编》(7),第194页。
② 转引自巴斯蒂《法国外交与辛亥革命》,《国外中国近代史研究》第4辑,中国社会科学出版社1983年版,第72页。
③ 《裴格致外交部长》(1911年10月9日),《辛亥革命史资料新编》(7),第205—206页。按:此书中均将Georges Picot译为斐格,本书采用《清季中外使领年表》的译法,改为裴格。
④ 详见巴斯蒂《法国外交与辛亥革命》,《国外中国近代史研究》第4辑,第73页。

辛亥革命中覆灭。

三　辛亥革命与法国的因应

尽管法国政府和法国外交官没有意识到也不愿看到中国革命的到来，但在1911年10月10日武昌起义爆发后，法国方面很快意识到清政府大势已去，迅速改变态度，在清朝政府和革命党人之间保持中立，听任清朝覆灭。

武昌起义爆发的次日，法国驻汉口领事侯耀在电告法国驻上海总领事喇伯第（Dejean de la Batie）武昌已落入革命党人手中的消息的同时，即带头拒绝汉口道台向外国领事提出的提供军舰执行巡逻，以阻止革命军渡江占领该城的请求；另一方面，他也拒绝对湖北军政府都督黎元洪送来的关于中华民国军政府成立的通告做出正式答复，仅告知收到通告。他建议与革命军政府建立非正式关系，签署可接受的临时协议，尽快解决一些重要问题："第一，必须通过建立新巡警局恢复汉口秩序；第二，应该重新组织好金融市场。"他认为孙中山领导的这场革命有可能获得成功，指出："孙逸仙似乎第一次有望扭转迄今为止仍如影随形的逆运，落实其建立中华民国政府的计划。事实上，就算清政府最终可能会收复武昌和汉口，但革命军完全可以在这两个城市治理一段时间，奉献他们的力量，并让人们相信，他们最终会取得成功。"[①]

尽管如此，侯耀也并不主张承认和支持革命军政府。对于湖北革命军政府向汉口领事团提出的许多要求，侯耀只接受对租界发表中立声明的要求，因其"符合我们自己的愿望"，"其余均不予配合和支持，以秉持最严格的中立原则为理由，既拒绝军政府提出的将与革命军为敌的湖北提督、陆军副都统张彪及其他清朝官员家属驱逐出租界的要求，也不应允军政府提取京汉铁路资金管理处2万两白银和将新设机构设在京汉铁路管理局大楼的要求，并坚决反对英国领事同意军政府登船检查战争走私物品，主张在等待外交团答复的同时，要求黎将军暂缓执行该措施。"侯耀认为承认民国政府问题，"应该是外交团审议的问题，外交团应该找到一个适应形

[①] R. Reau, Consul de France à Han - K'eou à F. Georges - Picot, 13 octobre 1911, Archives du Ministère des Affaires Etrangères, Nouvel Série, Chine, Volume 27, pp. 312 - 313.

势需求的办法。"①

法国的其他驻华领事大致也采取了与汉口领事侯耀相同的中立政策。例如，法国驻天津领事在11月20日的报告中就强烈建议在目前中国政局比较混乱的情况下，在各派之间保持中立，最有利于保护法国侨民的生命和利益不受损害，免遭报复。②从这一立场出发，他不但拒绝袁世凯派人要求取缔法租界内两家宣传革命的报社，并阻止袁世凯当局在租界逮捕报社记者或暗杀社长③，而且也拒绝将躲藏在租界的两名试图暗杀袁世凯的革命党人移交给袁世凯，以维护中立和保护租界侨民为由，在对两名革命党人进行训诫后即将他们释放。声称："我们既不能容忍租界成为'避难所'，让谋反者在此筹备打击他们的政敌，也不能忘记因俄国领事的一个愚蠢行动，把制造炸弹的革命者送到总督手中，最后未经审判就被处死，促使武昌事件更快地爆发。"④

在革命军与清军交战过程中，对于清军在武昌和汉口炮轰平民、焚毁市区的残暴行径，以及革命军在山西太原独立过程中滥杀无辜满人的行为，法国驻华代办乔治·裴格极力支持北京外交团照会清政府，向交战双方提出抗议。在11月16日的照会中，外交团对清政府11日上谕宣布、承诺对满汉军民毫无歧视表示赞赏，认为它"完全符合仁爱和人道主义的思想，这些思想体现了现代文明的辉煌"，但同时明确声明"近来武昌、汉口和太原府成为大屠杀的舞台，恐怖的杀戮遭到全世界的谴责。各列强使节非常希望这个帝国的政府和人民能够全力避免未来再发生类似惨案。在这种情况下，外交团有权力和责任提请各法定政权，必须立即采取一切措施，使之能够有效地阻止这些暴行回潮"⑤。在外交团会议上，裴格还建议公使们将照会精神通知各国领事，让他们进行斡旋。根据他的建议，外交

---

① R. Reau à F. Georges – Picot, 23 octobre 1911, Archives du Ministère des Affaires Etrangères, Nouvel Série, Chine, Volume 128, pp. 163 – 166.

② 《法国驻天津领事致外交部长》（1911年11月20日），《辛亥革命史资料新编》（7），第232—233页。

③ Le Consul de France à Tientsin, à Poincaré, Président du Conseil, Ministre des Affaires Etrangères, 19 Janvier 1912, Archives du Ministère des Affaires Etrangères, Nouvel Série, Chine, Volume 204. pp. 120 – 121.

④ Le Consul Général, Charge du Consulat de France à Tientsin, à Poincaré, 1er février 1912, Archives du Ministère des Affaires Etrangères, Nouvel Série, Chine, Volume 204, p. 135.

⑤ Note adressée par le Corp Diplomatique au Gouvernement chinois, 16 Novembre 1911, Archives du Ministère des Affaires Etrangères, Nouvel Série, Chine, Volume 128, p. 269.

团同日致函驻上海和汉口领事团团长,责成他们向上海和汉口当局发出类似的信息,提请他们承担应由其自己承担的重大责任。①稍后,裴格在发给法国政府的电报中对这一干预的效果和意义做了充分肯定,指出:"中国政府表示尊重我们进行干预的考虑,同意下令清军停止杀伤非战斗人员和无辜民众",宣称外交团的这一行动利用其所有的道德影响力,"在一个文明还不能最终保障公民权的国家里限制了内战的暴行"。②

法国驻华外交官除与其他列强代表一道奉行中立政策,以保护本国侨民生命和财产安全之外,他们关注和考虑更多的是如何应对其他列强的反应,以维护和巩固法国在中国的利益和影响,并与其他列强进行角逐。在武昌起义爆发后,日本、俄国想利用中国动荡的局势趁机在华谋取特殊利益,侵占领土,瓜分中国,但将中国变成各国的势力范围并不符合所有国家的利益,欧美列强对日本和俄国的阴谋和活动深感疑虑和不安。同时,当时各国普遍担心其他国家捷足先登,自己落于他国之后。因此,纷纷以保护侨民为由,不断增兵来华,既可应对中国局势的变化,同时也便于与其他国家展开竞争,更好地维护和扩大自己在华的权益与地位。

正是在这种背景下,法国外交官在武昌起义爆发后对日本的行动持高度怀疑和警戒态度,认为日本乘机扩大其在中国的势力和影响,进而达到控制中国的目的。10月13日,法国驻汉口领事侯耀在向法国驻华代办裴格汇报武昌起义的过程和敌对双方的情况与形势时,就对日本巡洋舰"对马岛"号(le Tsoushima)和日本海军元帅川岛(Kavashima)于12日早晨及时到达汉口表示怀疑,认为日本可能事先就了解情况,有所准备,"川岛元帅军衔较高,借此掌握了保护租界的指挥权"。尽管他认为当时列强已有足够的军队保护汉口外国人的安全,但他对法国军舰未能及时到达汉口,体现法国的存在,表示非常遗憾。③为此,法国政府调派"决定"号(La Décidée)军舰前往汉口,以显示法国的力量和存

---

① Télégrmme du Corps Diplomatique au Doyen du Corps consulaire à Shanghai et à Hankéou, 16 Novembre 1911, Archives du Ministère des Affaires Etrangères, Nouvel Série, Chine, Volume 128, p. 271.

② F. Georges - Picot, à Selves, Ministre des Affaires Etrangères, 9 Décembre 1911, Archives du Ministère des Affaires Etrangères, Nouvel Série, Chine, Volume 128, p. 268.

③ R. Reau à F. Georges - Picot, 13 octobre 1911, Archives du Ministère des Affaires Etrangères, Nouvel Série, Chine, Volume 27, pp. 310 - 311.

图 8-4　汉口，1911

［英］尔尼斯特·亨利·威尔逊（Ernest Henry Wilson）拍摄

在。法国驻天津领事也对日本的动向保持高度警惕，认为日本有可能乘机将满洲变成第二个朝鲜。[①]

对于汉口领事团以保护外侨需要为名，建议扩大汉口租界区，侯耀和裴格在写给法国政府的报告中，一方面揭露一些列强提出这个建议的真实意图："各方对自己的贪婪，一直小心加以掩盖，只以一种审慎但非常明显的方式来表露。"为阻止某些列强乘机扩大在华势力，他们俩都不赞成扩大租界，裴格在 11 月 2 日北京外交团会议上指出这一计划弊大于利，清军已从造反者手中收复汉口的中国地界，租界应该不会再受到威胁，此后也很难要求外务部同意扩大租界。但另一方面他们都建议法国政府应有所准备，一旦扩大租界的计划付诸实施，法国也应该得到同样的份额。为此，侯耀建议从法国巡洋舰和驻印度支那的营地紧急调遣一支小部队前往汉口增援，以便在需要时能够与邻国以同样的条件扩张法国租界，指出："英国人有 5 艘军舰对准汉口，有足够的力量实施这个行动。俄国的 2 艘

---

① 《法国驻天津领事致外交部长》（1911 年 10 月 26 日），《辛亥革命史资料新编》（7），第 227 页。

炮艇也指日可待。有传言说,德国和日本的部队即将到达此地。我们的军事力量减少到只有'决定'号独家在此支撑大局。"裴格则明确指示侯耀:"如果您的同僚们在这方面采取行动,那么,理所当然要保证我们也获取相同的利益。我们可以让'决定'号的海军分遣队上岸。确实,如果混乱局势蔓延到汉口,我认为我方单独保留大公无私的态度是没有益处的,因为我们的竞争者决不会采取这样的态度。"为此,他直接与海军上将德卡斯特里(l'Amiral de Castries)联系,从"克莱贝尔"号(le Kléber)巡洋舰调派25名小分队,加强汉口的法国兵力,指出:"倘若革命党人重新发起进攻,而清军最终撤退,当领事团认为在异常情况下应该实现上述图谋时,这些兵力足以让我国领事有能力拿到我们应得的份额。"①

  法国在华外交官的要求和行动得到法国政府的支持。为了不落人后,法国政府密切注视各国在华军事动向,设法加强法国在华军事力量。截至10月15日,法国有"杜布雷"号(le Dupleix)、"克莱贝尔"号2艘巡洋舰在吴淞口集结,但因吃水原因在这个季节无法重返长江,由巡洋舰"决定"号前往汉口;另由海军部指令停泊在西贡的"迪贝维尔"号(la d'Iberville)前往上海;广州有"阿耳戈斯"号(l'Argus)和"警戒"号(le Vigilante);天津有"白河"号(le Pei Ho);长江上游则有"杜达尔·德拉格雷"号(le Doudart de Lagrée)警戒。11月6日,应法国驻天津领事要求,外交部请求陆军部紧急派遣500人补充北直隶占领军的兵力,但他们的替换因预算原因没有完成。外交部同时要求陆军部和殖民地部共同商议,在北部湾组建一个后备队,如果事态发展需要,可以立即采取行动。② 截至12月13日,法国在中国的军事部署除上述军舰分布之外,在华北有1026名驻军,其中,驻北京300人,驻天津从500人增加到600人,驻山海关56人,驻塘沽28人,驻秦皇岛28人。当时其他国家在华北的驻军如下:英国有300人驻北京,8000人驻天津,约200人在秦皇岛、塘沽和山海关之间往返。美国只有300人在北京,800人留守在马尼拉。

---

 ① F. Georges – Picot à Selves, 2 novembre 1911, Archives du Ministère des Affaires Etrangères, Nouvel Série, Chine, Volume 128, pp. 177 – 178. 按:当时列强驻扎汉口的军舰情况如下:英国有5艘,美国有3艘,德国和日本各有2艘,法国只有1艘。《代总领事葛福致朱尔典爵士函》(1911年10月16日),《英国蓝皮书有关辛亥革命资料选译》(上),胡滨译,中华书局1984年版,第51—52页。

 ② Note pour le Ministre, 25 novembre 1911, Archives du Ministère des Affaires Etrangères, Nouvel Série, Chine, Volume 204, pp. 81 – 82.

德国人在青岛的驻地有 2500 人，从中抽调 300 人派往北京。俄国从满洲部队中抽调 300 人防卫北京。日本有 1243 人在北直隶，其中 300 人到北京。奥地利约有 40 人在北京。意大利 170 人。法国外交部认为鉴于法国与华北距离遥远，没有条件快速派来增援部队，法国维持较多兵力是正确和有益的，但同时认为法国海军军力的部署尚有欠缺，海军力量的构成适应不了需要，很多军舰吃水太深，一年四季都无法在长江航行。①

1912 年 1 月 31 日和 2 月 1 日，法国内阁总理兼外交部长普恩加莱又连续致函陆军部长，要求军方采取措施，加强在中国的军事部署，以与列强竞争，有效维护法国的利益。他认为尽管法国在中国的兵力总计近 1800 人，另有 1 艘装甲巡洋舰和 6 艘小型炮舰，但由于列强都采取了重要军事措施，相比之下，法国在华的军事部署"充其量只是在列强部署真正军事力量的地方代表法国的国旗，这种状况无法保护法国在远东的利益"。声称："任何大国都能够一夜之间调集优于我国的兵力。葡萄牙在澳门殖民地增加 600 名士兵，并配备有大炮。英国和德国在中国本土有军队集结基地，俄国、日本、美国已经准备派出大批部队。法国在印度支那有一个团作为后备部队在待命。在上海和汉口，防务委员会不得不考虑动用外国军队来保护法国的租界，届时恐怕列强会以我军事援助能力弱小为由反对我们的外交需求。总之，无论怎样，有弱点存在，就会削弱我们的权威。"普恩加莱强调中国革命和其他列强的军事政策导致中国面临新的形势，法国在远东必须拥有足够的陆海军力量，它们不仅仅是为了代表法国的旗帜，为了法国的荣誉，还要实现以下三个目标：1. 保护法国在印度支那的边界；2. 保护法国国民在中国的生命与财产；3. 保护法国在远东的影响力。为此，他建议陆军部、外交部和海军部共同努力，在中国组建一支稳定和灵活的陆、海军力量，"使法国在中国或印度支那部署的军事力量，能够在各个地方采取与大国地位相称的军事行动"。②

在与其他列强合作和竞争的同时，法国对于中国各派政治势力虽然基本保持中立，但出于对革命所固有的民族主义的恐惧，法国驻华外交官和法国政府为维护在华利益和特权，并不愿意看到革命党人夺取政权，建立

---

① Note pour le Monistre, 13 décembre 1911, Archives du Ministère des Affaires Etrangères, Nouvel Série, Chine, Volume 128, pp. 277 – 278.

② Le Président du Conseil, Ministre des Affaires Etrangères au Ministre de la Guerre, 1er février 1912, Archives du Ministère des Affaires Etrangères, Nouvel Série, Chine, Volume 204, pp. 164 – 169.

民主共和国,其立场明显站在旧势力和旧政权一边。例如,法国驻上海领事喇伯第在 10 月 12 日的报告中虽然对清朝政府能否维持统治表示怀疑,认为武昌起义是推翻清朝统治的前奏,肯定起义有着明显的反清性质,在起义中外国人受到尊重,但他还是对革命表示不能放心,指出:"参与这场起义的人形形色色,在这样的人群之中,运动的领导者能否长期维持纪律还是个疑问。无论如何,虽然欧洲人的安全没有受到威胁,但他们的利益受到了损害,在汉口所有贸易均不复存在。"①法国驻汉口领事侯耀虽然认为孙中山领导的辛亥革命可能取得成功,但他对革命军政府能否最终保护外人利益也不放心,在军政府 1 月 19 日扣押两艘悬挂法国和俄国旗帜的汽艇,拖延到 21 日晚才归还的事件发生之后,他表示不能对革命党人保护外人利益寄予希望,"一旦'中国青年'完全赢得权力,他们的放肆和自命不凡就要给我们带来难题"。②法国驻华代办乔治·裴格虽然也多次肯定革命具有反清性质,革命党人对外人进行了保护,但他同样对革命是否最终会保护外人利益表示怀疑和担忧,指出:"谁也难以说它以后会变得怎样,会有哪些影响使它偏离已经走上的道路。"③在 11 月 21 日写给法国政府的报告中,他明确批评那些主张承认新政权的人过于乐观,认为那些旧官吏比新政权对外国人更友好和有利,指出:"从各起义省份的主要情势来看,我们能够肯定的,至少外国人的安全并未有所好转。一旦革命党人取得了决定性的优势,那么值得担心的倒是在其他方面,新政体别给那些早就在为它歌功颂德的人们带来五花八门的令他们失望的事情。"④

  法国政府也因同样原因拒绝与孙中山接触或向他提供支持。11 月 21 日,当孙中山自英国回国途经巴黎,寻求法国政府对中国革命的支持时,法国政府就采取了回避的态度。在孙中山停留巴黎的几天中,尽管法国政界、财界和新闻界一些人以个人身份会见了孙中山,但法国外交部长或其他政府官员却始终拒绝会见。11 月 23 日,孙中山在同法国东方汇理银行经理西蒙(Simon)的会谈中要求东方汇理银行立即或者在最短期限内向

---

  ① Moe. Dejean de la Batie, Consul Général de France à Shanghai à Selves, 12 octobre 1911, Archives du Ministère des Affaires Etrangères, Nouvel Série, Chine, Volume 27, p. 304.

  ② R. Reau au Ministre des Affaires Etrangères, 27 janvier 1912, Archives du Ministère des Affaires Etrangères, Nouvel Série, Chine, Volume 204, p. 126.

  ③ 《裴格致外交部长》(1911 年 10 月 16 日),《辛亥革命史资料新编》(7),第 208 页。

  ④ 《裴格致外交部长》(1911 年 11 月 21 日),《辛亥革命史资料新编》(7),第 234—235 页。

临时政府提供贷款,但西蒙以四国银行团和它们的政府遵守所谓的"严格的中立"为借口,断然拒绝。至于孙中山提出的希望改变现有借款的担保品,将成立的革命政府要求"收回海关的征税权及控制权"的问题,西蒙坚决反对,声称这是"绝对不可能的"。① 11月24日,在孙中山离开法国的当天,孙中山的代表胡秉柯访问法国外交部,询问法政府对即将成立的共和政府是否有承认的打算。接待胡秉柯的外交部官员潘苏纳对此也不作正面答复,只是要求革命方面对"法国人的安全"负起责任。在孙中山归国出任中华民国临时大总统之后,法国政府也继续拒绝与孙中山正式接触,不予承认。对于南京临时政府1月11日拍发的要求法国承认的电报,法国置之不答。法国外交部在1月13日呈法国总统的报告中解释了法国不能承认南京临时政府的原因,因"这些革命者尚不能代表全部叛乱的省份。法国政府只与北京的王朝政府保持关系,不能承认临时在南京成立的政府"②。1月17日和19日,南京临时政府外交总长王宠惠再次要求法国承认新政府,这两份电报也被搁置一边。法国官员也不接待临时政府的代表张翼枢。法国政府认为,新秩序成立之前,只能承认合法派遣法国的中华帝国政府的公使。③ 2月13日,就在清帝下诏宣布逊位的次日,张翼枢再次照会法国外交部长,通知此事,希望法国政府承认他的外交代表身份。④但法国政府仍不愿意承认张的身份,复函称:"从本月14日的一个官方通报得知,中国现任驻巴黎公使将暂时担任驻巴黎临时外交代表,并将继续负责公使团事务。"⑤

在拒不承认南京临时政府的同时,法国政府却支持借款给清政府。鉴于当时清政府和革命派都面临严重的财政危机,因此,列强借款给哪一方

---

① Entretien de M. Stanislas Simon, avec le Dr. Sun Yat Sen, 11 janvier 1912, Archives du Ministère des Affaires Etrangères, Nouvel Série, Chine, Volume 204, pp. 107 – 111.

② Note pour le Président de la République, 13 janvier 1912, Ministère des Affaires Etrangères, *Documents Diplomatiques Français (1871 – 1914)*, 3e série, Tome 1, Paris: Imprimerie nationale, 1929, p. 482.

③ Ministère des Affaires Etrangères à l'Ambassadeur d'Angleterre, 19 janvier 1912, Archives du Ministère des Affaires Etrangères, Nouvel Série, Chine, Volume 204, pp. 118 – 119.

④ Tchang I – tchou, le Représent du Gouvernement provisoire de la République Chinoise à Paris au Ministre des Affaires Etrangères, 13 février 1912, Archives du Ministère des Affaires Etrangères, Nouvel Série, Chine, Volume 204, p. 172.

⑤ Le Ministre des Affaires Etrangères à Tchang I – tchou, 16 février 1912, Archives du Ministère des Affaires Etrangères, Nouvel Série, Chine, Volume 204, p. 173.

实际上就意味着对哪一方的支持。武昌起义爆发后不久，清政府为了进行军事行动，曾多次向四国银行团提出借款要求，最近的一次借款数额为500万两。英国公使朱尔典对此予以反对，其理由是，即使清政府能够继续存在下去，它的清偿能力也是可疑的。法国驻华代办乔治·裴格与德、美驻京代表一起赞成援助中国政府。10月18日，他致电法国外交部，建议在取得清政府的担保和对资金使用的监督情况下向清政府提供贷款，称"我们似很难拒绝对中国当局提供这样有限度的帮助，既然我们并没有表示出反对它的立场"。希望法国外交部长与英国外交部协商，促使朱尔典改变态度。①次日，当英国驻法使馆就清政府要求借款问题征求法国意见时，法国外交部明确表示同意借款，并提出两项条件：一是对款项的使用实行监督，以便资金用于指定用途而不被挪作他用；二是这次借款对将来没有任何约束，尤其不能与币制改革借款发生任何关联。②10月23日，法国外交部长又致电法国驻美、中、英、俄、日使节，表示："既然该贷款与涉及满洲的借款没有任何关联，那么法国政府就没有理由阻止法国财团提供中国所要求的贷款。"③虽然后来由于革命形势的进展和清政府的借款要求由500万两增加到1200万两，法国外交部长改变了先前的态度，转而赞同英国政府提出的不要急于同意中国政府的借款要求的主张，在10月25日答复英国使馆的照会中表示"革命派可能取得的进展，使列强采取非常谨慎的态度。法国政府与英国政府一样认为，最适当的做法是，各有关政府在答复中国时采取一致行动"。但他对英国提议的借款担保条件表示疑虑，"如果列强迫使中国政府接受十分苛刻的条件的话，那么它们可能会对已经十分脆弱的王朝造成致命的伤害，它会立即被指责为将帝国出卖给外国人"。对于英国提出的由袁世凯和载泽亲王来组建新政府的条件也持保留态度，称："袁世凯和载泽亲王在欧洲人的保护下取得政权，但在一个民族意识高涨的国家中，他们的威信同样会受到影响。因此，各

---

① F. Georges – Picot au Ministre des Affaires Etrangères, 18 octobre 1911, Archives du Ministère des Affaires Etrangères, Nouvel Série, Chine, Volume 355, p. 91.

② Note pour l'Ambassade d'Angleterreen France, 20 octobre 1911, Volume 355, p. 96. 按：法国政府之所以要求此次借款不能与币制改革借款发生关联，是因为币制改革借款合同第16款遭到法国的盟国俄国的反对，法国为了支持俄国也反对此条款。

③ Le Ministre des Affaires Etrangères à Washington, Pékin, Londres, Pétersbourg, Tonkin, 23 octobre 1911, Archives du Ministère des Affaires Etrangères, Nouvel Série, Chine, Volume 355, p. 104.

国对他们的支持也只能十分谨慎。"①

随着清政府重新起用袁世凯,特别在 11 月 1 日清廷任命袁世凯为内阁总理大臣,11 月 16 日袁世凯组成"责任内阁"后,法国外交官和法国政府又极力支持袁世凯出面建立"新秩序",认为由袁世凯继承清朝权力,建立君主立宪制度,最能符合法国和列强的利益。自 11 月中旬起,法国驻华代办裴格和各国驻华公使就政体问题分别同袁世凯举行秘密会谈,支持实行君主立宪制。12 月 7 日,清廷任命袁世凯为议和全权大臣,袁世凯即日派唐绍仪为北方的议和代表南下。12 月 8 日,法国政府即训令驻上海总领事喇伯第通知南方的议和代表伍廷芳,"为了中国的利益,这些谈判应该尽早结束"。②同日,法国外交部还在答复英国使馆的照会中表示赞同英国外交大臣的意见,向袁世凯提供贷款,以促使南北和谈取得进展,通知法国财团与其他财团进行协商。③对于英国政府提出的给袁世凯的贷款必须取得革命党人默许的建议,法国外交部长答复道,"我们只限于将此项决定通知革命党人"。④

12 月 15 日,在法国驻华代办裴格和美、德驻华公使的倡议下,各国公使秘密举行紧急会议,讨论南北议和开始后支持袁世凯的行动计划。会议决定由英、美、法、德、日、俄六国共同出面,在取得各自政府的同意后,向议和双方致送一封同文照会。这封照会的内容即由裴格和俄国代办谢金共同起草。当天,裴格在给法国外交部的报告中解释说,袁世凯是能使中国避免出现一个混乱时期的唯一力量,北京外交团这样做,是预定支持袁世凯的,强烈要求法国政府批准这个干涉措施。⑤12 月 20 日,六国驻沪总领事奉命向议和双方代表致送了这封同文照会,并威胁说,"需要尽

---

① Note pour l'Ambassade d'Angleterreen France, 25 octobre 1911, Archives du Ministère des Affaires Etrangères, Nouvel Série, Chine, Volume 355, p. 109.

② Le Ministre des Affaires Etrangères au Consul Géneral de France à Shanghai, 8 décembre 1911, Volume 355, p. 179.

③ Note pour l'Ambassade d'Angleterreen France, 8 décembre 1911, Archives du Ministère des Affaires Etrangères, Nouvel Série, Chine, Volume 355, p. 191.

④ Le Ministre des Affaires Etrangères à Légation de France à Pékin, 18 décembre 1911, Archives du Ministère des Affaires Etrangères, Nouvel Série, Chine, Volume 355, p. 199.

⑤ F. Georges – Picot à Selves, 15 et 22 décembre 1911, Archives du Ministère des Affaires Etrangères, Nouvel Série, Chine, Volume 128, pp. 289, 292 – 294.

快达成一项旨在结束目前冲突的协议"。①

法国驻华公使马士理早在 1 月 14 日得知清廷决定逊位的消息后，立即前往袁世凯府上拜访，认为袁世凯最有资格建立一个能够维持秩序的新政权，并劝说袁世凯"不要拒绝这项爱国的使命"，向袁表示法国将会欢迎和支持由他领导的临时政府。当晚在给法国外交部长的绝密电报中，马士理称"袁世凯当权有利于维护我们的影响和事务"。法国政府于次日即回电，赞同马士理对袁世凯所采取的行动。② 2 月 11 日，就在清帝下诏宣布退位的前一天，法国外交部长向法国驻外大使发出训令，要求他们和其他列强政府恢复讨论未来对袁世凯的贷款问题，以便用于"恢复秩序"。③

为帮助袁世凯恢复秩序，法国还积极撮合俄、日两国加入四国银行团。1913 年 3 月，在美国退出银行团后，法国政府为避免国际银行团瓦解，又出面积极主张赶快同袁世凯政府签订借款合同。为使善后大借款早日落实，法国驻华公使康悌（Conty）还与其他公使商定，不必交由中国议会讨论通过，只要由中国政府发表正式声明，借款合同即可签订。4 月 26 日，在未经中国议会通过的情况下，国际银行团即与袁世凯政府在北京东交民巷汇丰银行大楼正式签订 2500 万英镑的善后大借款。5 月 7 日，法国外交部长毕盛（Pichon）不顾中国人民的抗议和反对，致函东方汇理银行经理，通知银行提供贷款。不久，袁世凯政府即用这笔善后大借款镇压了孙中山领导的二次革命。

此外，法国政府还为袁世凯提供了部分武器和弹药，法国军官格里索—德斯玛约上校还充当袁世凯的军事顾问，参与指挥对革命党人的作战。迟至 1913 年 10 月 7 日，在袁世凯正式当选总统后，法国政府才宣布正式承认中华民国，以表示对袁世凯的支持。

透过对法国与清末政局关系的考察，我们不难看到，对于孙中山领导的革命党人在西南和法属印度支那的活动，法国政府的态度以 1907 年底为界，经历了由此前的默许和容忍到与清政府合作镇压的转变过程，并以

---

① 《同文照会》（1911 年 12 月 20 日），《英国蓝皮书有关辛亥革命资料选译》（上），胡滨译，第 270—271 页。

② De Margerie à Poincaré, 14 janvier 1912; Poincaré à de Margerie, 15 janvier 1912, Documents Diplomatiques Français (1871–1914), 3ᵉ série, Tome 1, pp. 482–483.

③ Le Ministre des Affaires Etrangères à Londres, Pétersbourg, Berlin, Washington, Tokyo, Pékin, 11 février 1912, Archives du Ministère des Affaires Etrangères, Nouvel Série, Chine, Volume 356, p. 68.

此作为向清政府索取回报的一个筹码。法国政府的这一转变给革命党人的活动造成极大的障碍，也是革命党人在西南发动的反清武装起义屡屡失败的一个重要外部原因。对于清政府实施的一系列新政，法国驻华外交官并不看好，认为新政缺乏周密计划，盲目模仿西方，既激化了清朝统治集团内部的矛盾和斗争，也增添了朝野思想的混乱，意识到清政府处于一个极大的社会危机和政治危机之中。但在革命党人发动的武装起义和各地的民变都被清政府成功镇压之后，法国驻华外交官又对清朝继续维护统治抱有幻想。1911年10月10日武昌起义爆发后，慑于革命形势的快速发展，法国驻华外交官和法国政府眼看清政府大势已去，从法国自身利益考虑，并没有帮助清政府镇压革命，而是奉行了中立政策。但在孙中山革命党人和袁世凯之间，出于对革命党人民族主义的恐惧，法国政府又明显站在袁世凯一边。法国政府对清末政局的态度和反应，很大程度与英、美等列强相似。清末政局的演变既是中国国内各种矛盾和斗争的产物，同时也强烈凸显了列强影响的痕迹。

参考文献

一 中文档案文献（含中译外国档案文献）

《筹办夷务始末》（道光朝），中华书局 1964 年版。

《筹办夷务始末》（咸丰朝），中华书局 2008 年版。

《德国外交文件有关中国交涉史料选译》，孙瑞芹译，商务印书馆 1960 年版。

广西壮族自治区地方志编纂委员会编：《广西通志·外事志》，广西人民出版社 1998 年版。

郭廷以编：《近代中国史事日志》下，中华书局 1987 年版。

国家档案局明清档案馆编：《义和团档案史料》上册，中华书局 1959 年版。

《红档杂志有关中国交涉史料选译》，张蓉初译，生活·读书·新知三联书店 1957 年版。

《蓝皮书上海撤兵册》，湖北洋务译书局刊，无出版日期。

戚其章主编：《中日战争》（中国近代史资料丛刊续编）第 10 册，中华书局 1995 年版。

戚其章主编：《中日战争》（中国近代史资料丛刊续编）第 11 册，中华书局 1996 年版。

汤志钧主编：《近代上海大事记》，上海辞书出版社 1989 年版。

天津社会科学院历史研究所编：《1901 年美国对华外交档案》，齐鲁书社 1983 年版。

天津社会科学院历史研究所编：《八国联军在天津》，齐鲁书社 1980 年版。

外务部档案，台北"中研院"近代史研究所档案馆藏。

王铁崖编：《中外旧约章汇编》，生活·读书·新知三联书店 1957 年版。

王彦威、王亮辑编：《清季外交史料》，1933 年铅印本。

徐继畬：《瀛环志略》，清道光三十年刊本。
徐雪筠等译编：《上海近代社会经济发展概况（1882—1931）〈海关十年报告〉》，上海社会科学院出版社 1985 年版。
薛福成：《筹洋刍议：薛福成集》，徐素华选注，辽宁人民出版社 1994 年版。
《英国蓝皮书有关辛亥革命资料选译》，胡滨译，中华书局 1984 年版。
《英国蓝皮书有关义和团运动资料选译》，胡滨译，中华书局 1980 年版。
苑书义、孙华峰、李秉新主编：《张之洞全集》，河北人民出版社 1998 年版。
章开沅、罗福惠、严昌洪主编：《辛亥革命史资料新编》，湖北人民出版社 2006 年版。
中国第一历史档案馆、福建师范大学历史系合编：（中国近代史资料丛刊续编）《清末教案》，中华书局 1996—2006 年版。
中国近代经济史资料丛刊编辑委员会主编：《帝国主义与中国海关》，科学出版社 1958 年版。
中国史学会主编：（中国近代史资料丛刊）《第二次鸦片战争》，上海人民出版社 1979 年版。
中国史学会主编：（中国近代史资料丛刊）《辛亥革命》，上海人民出版社 1957 年版。
中国史学会主编：（中国近代史资料丛刊）《义和团》，上海人民出版社 1957 年版。
中国史学会主编：（中国近代史资料丛刊）《中日战争》，新知识出版社 1956 年版。
朱寿朋编：《光绪朝东华录》，中华书局 1958 年版。
总理各国事务衙门档案，台北"中研院"近代史研究所档案馆藏。

二 中文期刊

《申报》
《万国公报》

三 中文论著

崔志海：《光绪皇帝和慈禧太后之死与美国政府的反应——兼论光绪死

因》,《清史研究》2009 年第 3 期。

崔志海:《美国政府与中日甲午战争》,《历史研究》2011 年第 2 期。

崔志海:《摄政王载沣驱袁事件再研究》,《近代史研究》2011 年第 6 期。

崔志海:《新中国成立以来的国内义和团运动史研究》,《史学月刊》2014 年第 9 期。

曹胜梅:《四明公所事件之根源——四明公所地产权问题试析》,《档案与史学》2002 年第 4 期。

戴海斌:《"东南互保"之另面——1900 年英军登陆上海事件考释》,《史林》2010 年第 4 期。

戴逸:《光绪之死》,《清史研究》2008 年第 4 期。

丁名楠、余绳武等:《帝国主义侵华史》第一卷,人民出版社 1973 年版。

丁名楠等:《帝国主义侵华史》第二卷,人民出版社 1986 年版。

丁名楠:《关于美国对华门户开放政策的若干历史考察》,中美关系史丛书编辑委员会、复旦大学历史系编《中美关系史论文集》第 2 辑,重庆出版社 1988 年版。

董小川:《关于美国对华门户开放政策的几个问题》,《美国研究》1998 年第 4 期。

费成康:《中国租界史》,上海社会科学院出版社 1991 年版。

葛夫平:《法国与中日甲午战争》,《中国社会科学》2013 年第 3 期。

葛夫平:《法国与门户开放政策》,《中国社会科学》2019 年第 4 期。

葛夫平:《中法关系史话》,社会科学文献出版社 2011 年版。

郭华榕:《法兰西第二帝国史》,北京大学出版社 1991 年版。

何品:《上海四明公所档案选》《四明公所档案史料的开发与研究》,《档案与史学》1996 年第 6 期、1999 年第 1 期。

黄家信:《论马赖》,《右江民族师专学报》1994 年第 4 期。

胡绳:《帝国主义与中国政治》,人民出版社 1952 年版。

蒋孟引:《第二次鸦片战争》,生活·读书·新知三联书店 1965 年版。

蒋廷黻:《中国近代史》,岳麓书社 1987 年版。

蒋廷黻编:《近代中国外交史资料辑要》(上、中卷),商务印书馆 1931 年版。

李德征、苏位智、刘天路:《八国联军侵华史》,山东大学出版社 1990 年版。

刘大年：《美国侵华史》，人民出版社 1951 年版。

刘彦：《帝国主义压迫中国史》（原名中国近时外交史），上海太平洋书店印行，出版年月不详。

茅海建：《第二次鸦片战争中清军与英法军兵力考》，《近代史研究》1985 年第 1 期。

茅海建：《天朝的崩溃》，生活·读书·新知三联书店 1995 年版。

牛大勇：《英国与对华门户开放政策的缘起》，《历史研究》1990 年第 4 期。

钱亦石：《中国外交史》，生活书店 1947 年版。

戚其章：《甲午战争国际关系史》，人民出版社 1994 年版。

卿汝楫：《美国侵华史》，生活·读书·新知三联书店 1956 年版。

孙毓棠：《抗戈集》，中华书局 1981 年版。

束世澂：《中法外交史》，商务印书馆 1928 年版。

邵循正：《中法越南关系始末》，国立清华大学出版事务所 1935 年版。

苏智良：《试论 1898 年四明公所事件的历史作用》，《学术月刊》1991 年第 6 期。

唐振常主编：《上海史》，上海人民出版社 1989 年版。

吴健熙：《对第二次四明公所事件中诸现象之考察》，《史林》2001 年第 4 期。

吴乾兑：《1911 年至 1913 年间的法国外交与孙中山》，《近代史研究》1987 年第 2 期。

吴心伯：《金元外交与列强在中国（1909—1913）》，复旦大学出版社 1997 年版。

王树槐：《庚子赔款》，"中央研究院"近代史研究所专刊（31），台北"中研院"近代史研究所 1974 年版。

王昭明：《孙中山与法国》，《近代史研究》1984 年第 1 期。

外交学院中国对外关系史教研室编：《中国近代外交史（1840—1919）》，外交学院 1965 年版。

向荣：《论"门户开放"政策》，《世界历史》1980 年第 5 期。

熊月之等：《上海通史 第 3 卷：晚清政治》，上海人民出版社 1999 年版。

许明龙：《黄嘉略与早期法国汉学》，中华书局 2004 年版。

袁训利：《"马神甫事件"是怎么回事？》，《历史学习》2005 年第 3 期。

尤乙:《四明公所与法租界的两次流血冲突》,《档案春秋》2009 年第 4 期。

俞辛焞:《辛亥革命时期中日外交史》,天津人民出版社 2000 年版。

汪敬虞:《外国资本在近代中国的金融活动》,人民出版社 1999 年版。

曾志:《英国与门户开放政策的提出》,《社会科学战线》1993 年第 5 期。

曾友豪:《中国外交史》,上海商务印书馆 1926 年版。

张雁深:《中法外交关系史考》,史哲研究社 1950 年版。

张振鹍:《辛亥革命期间的孙中山与法国》及续篇,《近代史研究》1981 年第 3 期、1983 年第 3 期。

张芝联:《历史上的中法关系》,《历史教学》1980 年第 3 期。

钟叔河:《走向世界:近代中国知识分子考察西方的历史》,中华书局 2000 年版。

邹明德:《美国门户开放政策起源研究》,《中美关系史论文集》第 2 辑,重庆出版社 1988 年版。

中国社会科学院近代史研究所:《日本侵华七十年史》,中国社会科学出版社 1992 年版。

中国社会科学院近代史研究所:《沙俄侵华史》,中国社会科学出版社 2007 年版。

中国孙中山研究学会编:《孙中山和他的时代——孙中山研究国际学术讨论会文集》,中华书局 1989 年版。

四 中译论著

[美] 安德鲁·马洛泽莫夫:《俄国的远东政策(1881—1904 年)》,商务印书馆翻译组译,商务印书馆 1977 年版。

[苏] 鲍里斯·罗曼诺夫:《俄国在满洲(1892—1906)》,陶文钊、李金秋、姚宝珠译,商务印书馆 1980 年版。

[英] 伯尔考维茨:《中国通与英国外交部》,江载华、陈衍译,商务印书馆 1960 年版。

[法] 巴斯蒂:《法国外交与辛亥革命》,《国外中国近代史研究》第 4 辑,中国社会科学出版社 1983 年版。

[苏] 福森科:《瓜分中国的斗争和美国的门户开放政策(1895—1900)》,杨诗浩译,生活·读书·新知三联书店 1958 年版。

［澳］黄宇和：《两广总督叶名琛》，区𨱇译，中华书局1984年版。

［英］季南：《英国对华外交》，许步曾译，商务印书馆1984年版。

［法］加略利：《1844年法国使华团》，谢海涛译，广西师范大学出版社2013年版。

［英］克拉潘：《1815—1914年法国和德国的经济发展》，傅梦弼译，商务印书馆1965年版。

［英］R. K. I. 奎斯特德：《一八五七——一八六〇年俄国在远东的扩张》，陈霞飞译、陈泽宪校，商务印书馆1979年版。

［美］赖德烈：《早期中美关系史（1784—1844）》，陈郁译，商务印书馆1963年版。

［美］雷麦：《外人在华投资》，蒋学楷、赵康节译，商务印书馆1959年版。

［美］李约翰：《清帝逊位与列强：第一次世界大战前的一段外交插曲》，孙瑞芹等译，商务印书馆1982年版。

［日］陆奥宗光：《蹇蹇录》，伊舍石译，谷长青校，商务印书馆1963年版。

［美］马士：《中华帝国对外关系史》第三卷，张汇文译，上海书店出版社2000年版。

［美］马士、宓亨利：《远东国际关系史》，姚曾廙等译，商务印书馆1975年版。

［法］梅朋、傅立德：《上海法租界史》，倪静兰译，上海译文出版社1983年版。

［法］卫青心：《法国对华传教政策》，黄庆华译，中国社会科学出版社1991年版。

［美］巴巴拉·杰拉维奇：《俄国外交政策的一世纪（1814—1914）》，福建师范大学外语系编译室译，商务印书馆1978年版。

［法］施阿兰：《使华记：1893—1897》，袁传璋、郑永慧译，商务印书馆1989年版。

［苏］罗琴斯卡娅：《法国史纲（十七世纪—十九世纪）》，刘立勋译，生活·读书·新知三联书店1962年版。

［美］泰勒·丹涅特：《美国人在东亚——十九世纪美国对中国、日本和朝鲜政策的批判研究》，姚曾廙译，商务印书馆1959年版。

［美］韦慕廷：《孙中山——壮志未酬的爱国者》，杨慎之译，中山大学出版社1986年版。

［英］菲利浦·约瑟夫：《列强对华外交》，胡滨译，商务印书馆1959年版。

［日］信夫清三郎编：《日本外交史》，天津社会科学院日本问题研究所译，商务印书馆1992年版。

［英］杨国伦：《英国对华政策（1895—1902）》，刘存宽、张俊义译，中国社会科学出版社1991年版。

五　外文档案文献

Archives du Ministrère des Affaires étrangères, *Affaires divers politiques*, *Chine*, Volume 1.

Archives du Ministère des Affaires étrangères, *Correspondance politique*, *Chine*, Volume 1.

Archives du Ministère des Affaires étrangères, *Correspondance Politique*, *Chine*, Volume 18.

Archives du Ministère des Affaires Etrangères, *Mémoires et documents*, *Chine*, Volume 4.

Archives du Ministère des Affaires étrangères, *Mémoires et documents*, *Chine*, Volume 6.

Archives du Ministère des Affaires étrangère, *Mémoires et documents*, *Chine*, Volume 16.

Archives du Ministère des Affaires étrangères, *Mémoires et documents*, *Chine*, Volume 17.

Archives du Ministère des Affaires étrangères, *Mémoires et documents*, *Chine*, Volume 24.

Archives du Ministère des Affaires Etrangères, *Nouvel Série*, *Chine*, Volume 27.

Archives du Ministère des Affaires Etrangères, *Nouvel Série*, *Chine*, Volume 128.

Archives du Ministère des Affaires Etrangères, *Nouvel Série*, *Chine*, Volume 204.

Archives du Ministère des Affaires Etrangères, *Nouvel Série*, *Chine*, Volume 355.

Baron Gros, *Négociations Entre La France et La Chine en 1860*, *Livre Jaune du Baron Gros*, Paris: Librairie Militaire Dumaine, 1864.

Charles de Mutrecy, *Journal de la Campagne de Chine（1859 - 1860 - 1861）*, Paris: Dentu, 1862.

Charles Lavollée, *France et Chine*, Paris: Plon – Nourrit et Cie, Imprimeurs – Editeurs, 1900.

Cousin de Montauban, Charles: L' Expédition de Chine de 1860, Souvenirs du Général Charles Cousin de Montauban, Comte de Palikao, Paris: Librairie Plon, 1932.

Henri Cordier, Histoire des relations de la Chine avec les Puissances occidentales, 1860 – 1900, Paris: Félix Alcan, 1902.

Henri Cordier, Expédition de Chine de 1857 – 1858, Paris: Félix Alcan, 1905.

Henri Cordier, Expédition de Chine de 1860, Paris: Félix Alcan, 1906.

Henri Cordier, La Mission Dubois de Jancigny dans l' Extrême – Orient (1841 – 1846), Paris: Champion & Larose, 1916.

H. Knollys, Incidents in the China War of 1860, Compiled from the private Journals of General Sir Hope Grant, Edingburgh and London: William Blackwood and Sons, 1875.

John V. A. MacMurray, Treaties and Agreements with and concerning China, 1894 – 1919, New York: Oxford University Press, American Branch, 1921, Vol I: Manchu Period (1894 – 1911).

British Parliamentary Papers, China 5, Diplomatic Affaires (1860 – 1899), Shannon Ireland: Irish University Press, 1971.

British Parliamentary Papers, China, Volume 23, Shannon Ireland: Irish University Press, 1971.

Ministère des Affaires Etrangères, Documents Diplomatiques Français (1871 – 1914), 1ère série, Tome 11, Paris: Imprimerie nationale, 1947.

Ministère des Affaires Etrangères, Documents Diplomatiques Français (1871 – 1914), 1ère série, Tome 12, Paris: Imprimerie Nationale, 1951.

Ministère des Affaires étrangères, Documents Diplomatiques Français (1871 – 1914), 1ère série, Tome 14, Paris: Imprimerie Nationale, 1957.

Ministère des Affaires étrangères, Documents Diplomatiques Français (1871 – 1914), 1ère série, Tome 15, Paris: Imprimerie Nationale, 1959.

Ministère des Affaires Etrangères, Documents Diplomatiques Français (1871 – 1914), 2e série (1901 – 1911), Tome 2, Paris: Imprimerie Nationale, 1931.

Ministère des Affaires Etrangères, Documents Diplomatiques Français (1871 – 1914), 3e série, Tome 1, Paris: Imprimerie nationale, 1929.

Ministère des Affaires Etrangères, *Documents Diplomatiques*, *Chine*, 1894 – 1898, Paris: Imprimerie Nationale, 1898.

Ministère des Affaires Etrangères, *Documents Diplomatiques*, *Chine*, 1898 – 1899, Paris: Imprimerie Nationale, 1900.

Ministère des Affaires Etrangères, *Documents Diplomatiques*, *Chine*, 1899 – 1900, Paris: Imprimerie Nationale, 1900.

Ministère des Affaires Etrangères, *Documents Diplomatiques*, *Chine*, 1900 – 1901, Paris: Imprimerie Nationale, 1901.

Ministère des Affaires Etrangères, *Documents Diplomatiques*, *Evacuation de Shang-hai, 1900 – 1903*, Paris: Imprimerie Nationale, 1903.

American Diplomatic and Public Papers: *The United States and China*, series III, Volume 8, Wilmington, Delaware: Scholarly Resources Inc. , 1981.

Notes on the policies of the "Open door" and of the preservation of the territorial and political integrity of the Chinese Empire…including copies of the principal declarations made and received by the government of the United States, Washington, 1908.

Papers Relating to the Foreign Relations of the United States, 1899, Washington: Government Printing Office, 1901.

Papers Relating to the Foreign Relations of the United States, 1900, Washington: Government Printing Office, 1902.

The Chinese Repository.

六 外文论著

Jeffrey G. Barlow, *Sun Yat – sen and the French, 1900 – 1908*, Institute of East Asian Studies, University of California, Berkeley, 1979.

D. Bonner – Smith and E. W. R. Lumby, ed. , *The Second China War, 1856 – 1860*, London: Navy Records Society, 1954.

John F. Cady, *The Roots of French Imperialisme in East Asia*, Ithaca, N. Y. : Cornell University Press for American Historical Association. 1954.

W. C. Costin, *Great Britain and China, 1833 – 1860*, Oxford University Press, 1937.

Fauvel, Albert – Auguste, *Histoire de la concession française de Chang – haï (Chine)*,

1899, Paris: L. de Soye et Fils, Imprimers, 1899.

Masataka Banno, *China and the West, 1858 – 1861*, Cambridge, Massachusetts: Harvard UniversityPress, 1964.

J. Kim Munholland, "The French Connection That Failed: France and Sun Yat – Sen, 1900 – 1908," *The Journal of Asian Studies*, Vol. 32, No. 1, Nov. 1972.

George Nye Steiger, *China and the Occident*, Ph. D. , New Haven: Yale University Press, 1927.

Paul Varin, *Expédition de Chine*, Paris: Michel Lévy frères, 1862.